INHALT

Den Ahnen – sie prägen uns mehr als wir ahnen.

GEDANKEN ZU ERINNERUNGEN

Weltgeschichte einer Familie?
Bin ich mit diesem Anspruch vermessen? Ich denke nein und kann es begründen. Wie jede Familie in der Welt ist auch Familie Wolffsohn Teil der Welt. Wie nicht gar so viele Familien, doch besonders jüdische und noch mehr deutschjüdische, ist sie über die ganze Welt verstreut. Eher unfreiwillig als freiwillig.
Und so ist die Wolffsohn'sche Familiengeschichte tatsächlich auch Weltgeschichte. Nicht »die« Weltgeschichte, aber doch – wenn auch nur ein kleiner – Teil »der« Weltgeschichte. Wir haben keine Weltgeschichte gestaltet oder geprägt. Vielmehr hat die Geschichte uns geprägt.
Wolffsöhne haben, wie Abermillionen Menschen, Geschichte erlebt, erliebt, erlitten. In diesem Buch versuche ich das Wechselspiel von großer Welt, kleiner Welt, Außenwelt und Innenwelt nachvollziehbar zu machen. Diese Geschichte, liebe Leser, hätte auch Ihre Geschichte sein können. Wir alle werden ins Zufällige hineingeboren. Jeder wird in diese oder jene Nation, in diese oder jene Geburtsraumgemeinschaft hineingeboren. Nation kommt von »natus«, geboren. Viele verwechseln dieses Teil- und So-Sein, ihre Welt, mit dem Ganzen.

Glückskinder?
Dies ist keine Opfer- und Unglücks-, sondern eine Glücksgeschichte. Oder sagen wir lieber: fast eine Glücksgeschichte. Nicht einmal fast alle werden diese Geschichte und Geschichten »glücklich« nennen. Sie werden jedoch vielleicht nicht umhin können, den einen oder anderen neuen Gedanken oder Eindruck über Glück und Unglück sowie, o ja, Deutsche und Juden, überhaupt Kollektiv und Individuum nachzuvollziehen oder gar selbst zu entwickeln.

Auch von guten Deutschen wird hier erzählt. Sogar von dem einen oder anderen jüdischen Schlitzohr, um keine gröberen Ausdrücke zu gebrauchen. Selig- und Heiligsprechungen kann ich nicht versprechen. Während Millionen anderer Juden ermordet wurden, auch Angehörige, Geliebte, Freunde und Bekannte, ging das Alltagsleben der Wolffsohns und anderer jüdischer Flüchtlinge, die sich nach Palästina retten konnten, sozusagen normal weiter. Üppig war es nicht, meist arg karg, aber trotzdem oft sehr schön. Nicht nur in der Erinnerung. Die Sonne strahlte, der Strand lockte, es wurde gelebt und geliebt. Ja, so sagte mir meine Mutter vor einigen Jahren, wir »hatten gehört, was da Schreckliches an den Juden Europas verbrochen wurde, aber so genau wollten wir es, ehrlich gesagt, gar nicht wissen. Wir waren, so grausam und unmoralisch es klingt und ist, glücklich.«

In gut deutschjüdischer Tradition hatte sie ein Zitat »zur Hand«, Prediger Salomonis (8, 15), das sie sogar als »Resümee« ihres Lebens bezeichnete: »Wer ist glücklich? ›Der, der sich über seinen Teil freut.‹ Und da habe ich allen Grund, zufrieden und glücklich zu sein.«

Ganz korrekt zitiert hat meine Ima (= Mutter) nicht. Der vermeintliche Autor, König Salomon, pries an jener Stelle als einzig wahre (Lebens-)Freude (gutes) »Essen, Trinken und Freude«. »Freude« (Simcha) wird durch »Freude« erklärt, was die Interpretation nicht gerade erleichtert. Raschi (1040–1105), der bis heute einflussreichste Kommentator, erklärt es so: Glücklich sei, wer mit seinem Teil zufrieden. Meine Mutter liefert automatisch den Kommentar mit. Von wem ich das wohl habe? »Der Apfel fällt nicht weit vom Stamme.«

Wie für die Überlebenden im »Volk der Täter« ging es nach der Katastrophe auch für die Überlebenden im »Volk der Opfer« aufwärts. Langsam, aber eben doch aufwärts. Glückskinder?

Ja und nein. Die Dialektik ist so alt wie das Nachdenken und Nacherzählen der Menschen über die Menschheit. Sie entspricht der Schöpfungslogik: Heiliges neben Profanem, Gutes neben Schlechtem, Helles neben Dunklem, Sabbatruhe einerseits und Hektik der Werktage andererseits. Sind deutsche Juden, wie die Wolffsohns, Holocaust-Überlebende? Ja und nein. Dazu wieder meine, wenngleich nicht intellektuelle, doch selbstkritische und (manchmal) selbstironische Mutter in ihrem Lebensherbst, im Februar 2015: »Ich fühlte mich eigentlich nie als Überlebende der Schoah, sondern als Israelin und in Berlin als Deutsch-Israelin. Ehrlich gesagt hab ich mich bis jetzt nie mit dieser Frage beschäftigt. Das ist sicher ein Zeichen meiner Oberflächlichkeit.« Ist das wirklich oberflächlich? Es ist ihre subjektive Wahrheit.

Objektiv ist meine Mutter sehr wohl Holocaust-Überlebende, denn sie hat den Holocaust überlebt; nicht in Auschwitz oder einer anderen Hölle, sondern in der Hitze Palästinas. Das Wo besagt viel über das Wie, es ändert nichts am Dass.

Bekannt, relevant und umstritten ist der Begriff »zweite Generation Holocaust-Überlebender«. Hier sollte ebenfalls zwischen der subjektiven und objektiven Wirklichkeit (nicht zu verwechseln mit Wahrheit) der Einzelnen unterschieden werden. Subjektiv fühle ich mich, meiner Mutter in der ersten Generation vergleichbar, nicht als zweite Generation der Opfernachfahren. Objektiv ist an dieser Wirklichkeit nicht zu rütteln. In manchen Situationen führte meine subjektive Sicht zu grotesken Reaktionen. Im April 2015, in einer Fernsehgesprächsrunde des Ersten Deutschen Fernsehens, wollte mich Bundesjustizminister Heiko Maas, dritte Generation der Täternachfahren und individuell so wenig Täter wie ich Opfer, belehren, wie ich die ns-deutsche Geschichte aus der Opferperspektive zu betrachten hätte. Dass sich der fürs Recht zuständige Minister Maas dieses Recht anmaßte, ging nach meinem unmaßgebenden Geschmack einen Schritt zu weit. Geschichtsmoralisch hatte der Rechtsminister ein krummes Ding gedreht. Ich habe, etwas heftig, seine schiefe Sicht begradigt. Wie gesagt, ich bin nur objektiv und nicht subjektiv Holocaust-Überlebender der zweiten Generation. Ganz anders meine gleichaltrige Freundin R. und mein etwas jüngerer Freund J. Ihre Eltern hatten die NS-Höllen im NS-Machtbereich überlebt. Sie blieben ihr Leben lang hiervon seelisch und körperlich schwerstverwundet, schwerstkrank. Nachts hatten sie oft Albträume und schreckten ihre Kinder auf, tagsüber war ihr Nachleid jedermann erkennbar. An den leidvollen Leidfolgen ihrer Eltern leiden R. und J. noch heute. Das Leid ihrer Eltern ist ihr Leid. Beide sind subjektiv und objektiv Holocaust-Überlebende der zweiten Generation.

Gibt es eine »dritte Generation von Holocaust-Überlebenden«? In schwersttraumatisierten Familien gewiss, wenngleich diesbezügliche Studien aus meiner Sicht noch kein wissenschaftlich schlüssiges Gesamtbild ermöglichen. Und sonst? Die »dritte Generation von Holocaust-Überlebenden« trifft man eher in der deutsch-amerikanisch-jüdischen Wirklichkeit. Erfunden wurde der Begriff nicht von jüdischer, sondern deutscher Seite. Die Erfinder hatten eine auf dem wirtschaftlichen und politischen US-Markt hochwerbewirksame Formel gefunden, eine weltliche Monstranz, mit der sie ihr deutsches Gutsein demonstrieren und ihre Produkte bestens platzieren können. Nach der dritten Generation von Holocaust-Überlebenden dürfte sich der Effekt der Inflation bemerkbar machen.

Die Fast-Glücksgeschichte der erweiterten Familie Wolffsohn endet nicht 1945. Sie führt in die Gegenwart und in eine Zukunft, die – wer weiß? – vielleicht jüdisch ist und vielleicht auch nicht. Ihre deutsch-jüdische oder deutsch-nichtjüdische oder deutsch-teiljüdische Zukunft ist offen. So offen wie die Offene Gesellschaft, denn inzwischen ist die Familie Wolffsohn durch zahlreiche sogenannte Mischehen sowie ihre Lebensweise und Weltsicht längst nicht mehr »rein« jüdisch. Wahrscheinlich, hoffentlich, wird sie bei aller Weltoffenheit inhaltlich nie »judenrein«.

Jüdisch?

Meine Enkelin Anna ist nicht jüdisch. Als sie zwei Jahre alt war – ihr Wortschatz war noch begrenzt – wünschte sie mir zum Pessachfest in reinstem Hebräisch »chag sameach«, ein frohes Fest. Sollte, konnte, durfte das für mich weniger beglückend sein als wenn es eine jüdische Anna gesagt hätte?

Hat es mich provoziert, dass mir, dreijährig, mein ebenfalls nichtjüdischer Enkel Noah, am ersten Weihnachtsfeiertag begeistert erzählte, am Abend zuvor sei »der echte Weihnachtsmann« gekommen? Beglückt hat mich das Kinderglück.

Zu unserer engsten Familie gehört ein Atheist, der politisch links steht. Er ist ein offener Mensch. Das gilt auch für ein anderes Mitglied unserer Kernfamilie. Sie ist praktizierende Katholikin mit großem Interesse am Judentum und breiten Kenntnissen darüber.

Beide sind, jiddisch gesagt, »a Mentsch« und mir als Menschen lieb. Unter Menschen zählt die Menschlichkeit, nicht ihre politische oder konfessionelle Verortung.

Kein schlechtes Gewissen
Im doppelten Sinne gibt es auch die deutsch-jüdische Familie Wolffsohn eigentlich nicht mehr. Sie ist längst untergegangen. Das deutsche Judentum ist, die deutschen Juden sind tot. Geflohen, gestorben oder ermordet. Kaum jemand kehrte zurück. Die deutsch-jüdische Familie Wolffsohn ähnelt überlebenden Dinosauriern. Freilich, es gibt heute wieder rund zweihunderttausend Juden in Deutschland. Nur die Hälfte ist zur Mitgliedschaft in den jüdischen Gemeinden bereit.

Es ist kein Werturteil, doch eine geografisch-kulturelle Tatsache: Die heute in Deutschland lebenden Juden haben mit dem traditionellen deutschen Judentum nichts mehr gemein. Der Großteil stammt aus Polen und der Sowjetunion. Sie hatten die nationalsozialistisch-deutschen Vernichtungshöllen überlebt und waren am östlichsten Punkt des Westens gestrandet. Meist mit schlechtem Gewissen vor sich selbst und der jüdischen Mitwelt außerhalb Deutschlands. Dieses schlechte Gewissen hatte keiner der aus Israel zurückkehrenden Wolffsohns.

Die Mehrheit der Juden der frühen Bundesrepublik hatte ein ausschließlich jüdisches Wir-Gefühl, kein deutsches. Das ist aufgrund ihrer Biografie und Kulturgeografie verständlich. Das Wir-Gefühl der Wolffsohns war atypisch. Es war zugleich deutsch und jüdisch und nicht nur diasporajüdisch, sondern nicht zuletzt israelgeprägt jüdisch, aber nicht (mehr) israelisch. Nie klebte es nur am Juden- oder Deutschtum. Offen und offensiv war es.

Einer meiner jüdischen Klassenkameraden in der Westberliner Grundschule (die ich von 1954 bis 1959 besuchte) war Hans, ein anderer Dieter. Jahrzehnte später erfuhr ich ihren richtigen Namen: Oded der eine, David der andere. Der jüdische Pressesprecher einer großen deutschen Bank – wie ich nach 1945 geboren und in der Bundesrepublik aufgewachsen – heißt Siegfried. In allen drei Fällen (es gibt freilich viel mehr) handelten die namensgebenden Eltern defensiv, weil sie, historisch und psychologisch durchaus verständlich, »den« Deutschen misstrauten. Siegfried hieß wirklich Siegfried, weil der Vorname sein jüdisches Sein tarnen sollte. Hans und Dieter trugen eine doppelte Tarnkappe. Ihr Nenn-Vorname sollte sowohl ihren wahren Vornamen als auch ihr wahres Sein verdecken und überdecken. Kein möglicher Judenfeind sollte ihr Judentum entdecken. Der Schein-Vorname der Kinder war Tarnkappe und Schutzpanzer zugleich, weil die traumatisierten Eltern Angst vor Deutschland, genauer: vor »den« Deutschen hatten. Bei den Wolffsohns galt Misstrauen keinem Kollektiv, sondern Individuen. Das eigene Sein und Dasein, ob jüdisch oder nicht, vertrat man offensiv. Wer die Nazizeit in Vernichtungshöllen überlebt hatte, war individuell und kollektiv misstrauischer als die Wolffsohns oder andere Juden, die sich ins relativ sichere Britisch-Palästina oder in echte Schutzburgen retten konnten. Aber auch da hatte es keine »Willkommenskultur« gegeben.

Seit 1990/91 besteht der Großteil der hiesigen Juden aus Zuwanderern. Sie sind oft hochgebildet, doch jüdisch betrachtet meistens Analphabeten und manchmal auch Scheinjuden. Sie kamen freiwillig und gerne aus der zerfallenden Sowjetunion ins wiedervereinigte Deutschland. Ironie der Geschichte. Das »Land der Mörder« war und blieb für sie so etwas wie das Gelobte Land.

Ins biblisch-jüdisch »Gelobte Land«, nach Israel, wollten sie nicht. Höchstens zu Besuch. Dieser Teil des neubundesdeutschen Judentums blüht und gedeiht. Er entwickelt hoffentlich ein ganz neues, eigenständiges deutsch-jüdisches Sein. Sicher ist das nicht. Und wenn es dazu kommt, wird dieses neue deutschjüdische Sein zwangsläufig ganz anders – egal, ob besser oder schlechter – als das einstige deutsch-jüdische Sein der Wolffsohns und anderer Deutschjuden von »damals«. Morgen gibt es mehr Puschkin, Dostojewski und Tolstoi als vorgestern Goethe und vor allem Schiller. Wir Wolffsohns, auch die jungen und quicklebendig in die Zukunft schauenden, sind überlebende oder nachgeborene Tote. Unsere Epoche ist vorbei. Auch wo und wenn deutschjüdische Individuen leben, das Kollektiv ist ausgestorben (worden).

Das Deutschland-Verständnis und -Verhältnis der Wolffsohn-Rückkehrer fasst die Grabinschrift meines Vaters Max Wolffsohn (1919 bis 2000) zusammen: »Von Berlin nach Israel und trotz allem zurück nach

Berlin.« Unsere Geschichte ist nicht einzigartig, aber, weil atypisch, doch quasi einzig. Sie zeigt den Lesern hoffentlich, dass nach allem und trotz allem im Mikrobereich ein deutsch-jüdisches Wir möglich war und ist.

Die Offene Gesellschaft gibt uns die menschheitsgeschichtlich erstmalige (auch einmalige?) Gelegenheit, die Fesseln der Herkunft zu sprengen – oder sie nicht als Fesseln, sondern als Stützen zu betrachten. Es liegt an uns. Es ist unser Recht auf Selbstbestimmung. Ein Recht, das uns in die Pflicht nimmt, wir selbst zu sein. Der Weg zu uns selbst, individuell und kollektiv, ist eine schwer zu lösende Aufgabe. Kein Schüler, Rabbi, Pfarrer oder Imam kann sie uns abnehmen. Sie kann unser Glück oder Unglück sein.

I

PERSONEN-BILDER

Karl – Der Über-Wolffsohn[1]: Pionier der Film- und Immobilienwirtschaft

Der Knoten platzt: »*Judenschule*« *und Wasserschlauch*

»Wie in der Judenschule«. Vielleicht dachte Karl Wolffsohn, mein »Opa Karl«, an dieses böse Wort? Jedenfalls wurde er im Sommer 1948 handgreiflich. Er nahm am Eingang seines Tel Aviver Mehrfamilienhauses den Wasserschlauch in die Hand und rief seiner Frau Recha zu: »Muckchen, bitte dreh das Wasser auf.« Heftig spritzte der Wasserstrahl ins gegenüberliegende Klassenzimmer. Karls Bewässerung war keine biblische Sintflut, doch seine ungöttliche Strafe wirkte. Seit Stunden hatten dort die hemdsärmeligen, sozialistisch-zionistischen Lehrer, allesamt Herkunfts-Bourgeoisie, heftig und lautstark darüber gestritten, ob sie ihren ewigen Streik gegen »die bürgerliche Reaktion« fortsetzen sollten. Streik und Streit gehörten zum guten progressiv klassenkämpferischen, weltlich-messianischen Ton der frühzionistischen Kopf- und Handarbeiter.

Was, zum Teufel, hatte bei Karl Wolffsohn dieses Feuer ausgelöst, das er, wie ein Feuerwehrmann, mit dem Wasserschlauch löschen wollte? Mein Großvater hatte zwar cholerische Züge, aber für gewöhnlich benahm er sich im damals zionistisch-sozialistisch-flapsig-emanzipatorisch-partizipatorisch geprägten jüdischen Morgenland wie ein zivilisierter Abendländer.

Wie der Knoten entstand: Erinnerungs- und Gefühlsschichten
Karl Wolffsohns sommerliche Gegenwart im Jahre 1948 war das Ergebnis seiner verschiedenen Vergangenheiten bzw. seiner verschiedenen Vergangenheitsschichten. Sie bildeten einen Gefühlsknoten. Das Feuer hatte verschiedene Brandursachen. Welche Gedanken und Gefühle trieben ihn zu diesem Ausbruch?

Karl Wolffsohn hatte sich im frühen 20. Jahrhundert vom jüdischen Kleinbürgertum in der Provinz Posen zur jüdischen Großeigentümer-Bourgeoisie Berlins, zu einem der weit über Deutschland hinaus bekannten Pioniere der Filmpublizistik und -wirtschaft hochgearbeitet. Klassenkampf von unten war seine Sache freilich nicht gewesen. So wenig wie Klassenkampf von oben. Ob Opa Karl über ideologisches Wissen verfügte, ist mir unbekannt. Mit oder ohne diesen Wissensballast, jedenfalls ohne menschheitsbeglückende Phrasendrescherei, hatte er bis zu seiner Vertreibung aus Hitlers Deutschland mit Juden und Nichtjuden versucht, das Leben der »kleinen Leute« schöner und menschlicher zu gestalten.

Was bei der deutschen Revolution von 1848 gescheitert war, der Schulterschluss von Arbeiterschaft und Bürgertum, wollten er und gleichgesinnte Kaufleute verwirklichen. Die »kleinen Leute« hatten Schwellenängste vor dem Theater, das ihnen außerdem zu teuer war. Karl Wolffsohn und seinesgleichen boten ihnen Kino, das damals – der Begriff war Programm – »Filmtheater« genannt wurde. Im Theater gab es das Programmheft. Im Filmtheater bot ihnen Karl Wolffsohn für wenige Pfennige ein vierseitiges bebildertes Filmprogramm.

Die wohlhabende Bürgerwelt liebte teure Variétés. Die konnte sich der kleine Mann nicht leisten. Karl Wolffsohn und seinesgleichen boten dem kleinen Mann und der kleinen Frau gute und sehr gute Variétés zu bezahlbaren Preisen. Die Reichen wohnten im gesunden Grünen und hatten ihren eigenen Garten. Die Luft war gut, die Sonne schien. Die armen Leute wohnten im Dickicht der verpesteten, baum- und grünlosen Stadt. Ohne Luft, Licht, Sonne. Karl Wolffsohn bot ihnen mitten im urproletarischen Berlin-Gesundbrunnen, in ihrer Wohnanlage, Grün, Luft, Licht, Sonne und Garten – in der Gartenstadt Atlantic. Gute Wohn- und Lebensqualität zu bezahlbaren Preisen.

Die Messiasse streiten, der Jecke spritzt
»Schekett«, Ruhe, Klappe halten, hatte Karl, der für die kleinen Leute in Deutschland so viel getan hatte, jenen streikenden und streitenden Lehrern zugeschrien. Wenig beindruckt stritten die Möchtegern-Messiasse weiter. Jede und jeder überbot den anderen beim Schlagen von rhetorischen Pfauenrädern. Alle waren überzeugt: Das Wohl der israelischen Werktätigen, der jüdischen Welt, ach was, der Welt an sich, hinge von ihnen ab. Was, verdammt, wollte dieser Krakeeler, der seine gewiss erzreaktionäre, bürgerliche, sicher deutschsprachige, also faschistische Zeitung im heilig-hebräischen Israel lesen wollte? Dieser hebräische Analphabet. Er sollte gefälligst seine nazijüdische Klappe halten.

Nun hielt Karl die Klappe und ging zur Tat über. Das hatten sie noch nie erlebt: ein deutscher Jude, ein »Jecke«, ja, bestimmt noch schlimmer, ein Jeckepotz, einer von diesen dämlich-gebildeten, sich stets bürgerlich-protokollarisch-korrekt benehmenden, wohlerzogenen Bitte-Danke-Sagern, immer manierlich Jacken oder Jacketts tragenden Jeckes, streifte seine Jacke ab, wenn er denn eine getragen hatte, denn es war brütend heiß, krempelte die Ärmel hoch und wurde handgreiflich. Immer wieder hatte er »schekett« gerufen.

Ja, schekett, aber umgekehrt: Nicht sie, er sollte die Klappe halten. Was kümmerte die revolutionären Zionisten Karls bürgerliches Jecke-Gebell? Gute Zionisten führten damals gleichzeitig mehrere Kriege: Den Krieg gegen die arabischen Staaten, die Israel unmittelbar nach der Unabhängigkeitserklärung vom 14. Mai 1948 überfallen hatten. Den Krieg gegen »bürgerliche Etiketten« und »Spießigkeiten«, wie sie vor allem die aus Deutschland geflohenen Jeckes verkörperten. Den Klassenkampf gegen die – damals nur mental und, weil nach der Flucht vor Hitler und anderen europäischen Antisemiten, nicht materiell bestehende – »Bourgeoisie«.

Der Wasserschaden ist längst behoben, das wunderschöne Bauhaus-Gebäude der Nathan-Strauß-Straße 3 modernisiert und als Teil der »Weißen Stadt«, dem Tel Aviver UNESCO-Weltkulturerbe, an Ort und Stelle zu bewundern oder in jedem einschlägigen Fachbuch anzuschauen.

Das Haus gehörte Karl zur Hälfte. Wie er Ende der 1930er Jahre, trotz der vorangegangenen »Arisierungen« seines gesamten (oder eben doch nicht gesamten) Eigentums als deutscher Jude das dafür notwendige Geld aus Hitlers Reich nach Britisch-Palästina brachte, sprich: schmuggelte, also die Nazis endlich einmal betrog (leider nur einmal), das weiß der Teufel, und wenn's der Teufel war, dann ein guter. Wirklich wohlhabend war Karl wohl trotz des halben Hauses in Tel Aviver Bestlage nazilängst nicht mehr, denn ein Zimmer ihrer Zweizimmerwohnung hatten Karl und Recha Wolffsohn einem anderen Ehepaar untervermietet. Das Badezimmer teilte man sich. Wer macht wie gründlich sauber? Dauerstreit darüber.

Melancholie: »Those were the days«
Streiten konnte auch Karl. »Larü, die Ruhe«, riet er anderen und versuchte dadurch, vor allem sich selbst von 180 auf null herunterzuholen. Das gelang nicht immer.

Er hatte, wie alle Juden unter Hitler, durch Hitler alles verloren. Alles – nur nicht das Leben. Nur? Er war ein Glückskind, denn er hatte die Gnade des Überlebens erfahren. Doch dieses Glück, dieses Israel-Leben, hatten sich Karl und Recha nicht ausgesucht.

Zu lachen hatten sie nicht mehr viel. Ihren Reichtum hatten die Nazis geraubt, »arisiert«: Den Verlag Lichtbildbühne, das weltweit erste, seit 1927 auch öffentlich zugängliche Film- und Filmpublikationsarchiv, das Alhambra-Kino in Düsseldorf, das Olympia in Dortmund, die Lichtspiele des Westens und die Lichtspiele des Zentrums/Boccaccio in Köln, dazu die Lichtburg in Berlin und Essen. Da waren die zahlreichen Variétés, allen voran die damals weltberühmte »Scala«. Jeder Unterhaltungs-Weltstar war dort aufgetreten. Die Clowns Grock und Charlie Rivel, der Jongleur Rastelli oder die Comedian Harmonists. Noch größer als die Scala war die »Plaza« im Berliner Ostbahnhof. Sie bot 3000 Besuchern Sitzplätze. Dann war da schließlich die Gartenstadt Atlantic in Berlin-Gesundbrunnen. Sie bot in 49 Häusern Wohnkultur und Lebensqualität zu bezahlbaren Preisen. Direkt daneben der Lichtburg-Komplex mit Film- und Variétékultur, Hotel, Café, Restaurant, Festsälen, Kegelbahnen und Einzelhandel. Eine Stadt in der Stadt.

Mitnehmen konnten Karl und Recha davon nichts. Sie waren fast so arm wie eine Synagogenmaus. Sie hatten DAS überlebt. Sie lebten, lebten, lebten.

Ein Schumpeter'scher Unternehmer

Karl Wolffsohn war trotz allem Karl Wolffsohn geblieben: ein Vollblut-Unternehmer im Sinne Schumpeters, also einer, der das Wirtschaftsgras wachsen hörte und sah. Anfang des 20. Jahrhunderts hatte er in Deutschland die Zeichen an der Filmwand erkannt, war von ihnen gebannt, band an sie Engagement plus Kapital. Er hatte wirtschaftlich und kulturell aufs richtige Pferd gesetzt. Ähnlich, aber rein ökonomisch, hatte er auch in Israel verstanden, wie und wo und für wen Geld zu verdienen war: Mit Menschen und für sie.

Israel war ein junges Land. Durch Masseneinwanderung wuchs die Bevölkerung rasant. Sie würde weiter wachsen. Das war Karl Wolffsohn klar. Was braucht der Mensch? Ein Dach über dem Kopf. Ein Haus. Ein Einwanderungsland braucht viele, viele Häuser. Wo gebaut wird, gibt es Fenster, und ohne Glas keine Fenster. Folglich gründete Karl Wolffsohn in Tel Aviv die Glaserei Raawa und – weil Glas bekanntlich leicht zerbricht oder eingebrochen werden kann – ergänzend die Glasversicherung Zigug. Beide waren in einem ebenerdigen Raum untergebracht, den man wohl besser »Loch« genannt hätte. Wenn die Sonne schien, musste man raus. Das »Doppelunternehmen« war so winzig wie seinerzeit 1908 die Berlin-Kreuzberger Druckerei der Gebrüder Wolffsohn, aus der fast so etwas wie ein Wirtschaftsimperium entstand.

Kein »Land von Milch und Honig«

Der nicht-synagogale Karl Wolffsohn war dem Lieben Gott dankbar. (»Man kann ja nie wissen, ob es den langweißbärtigen guten alten Herrn da oben nicht doch gibt«.) Glaubte er an ihn? Er hatte überlebt. Er liebte das Leben. Er lebte nun in Palästina, dann Israel, und war todunglücklich. Er hatte ein neues Zuhause. Er war »ins Land der Väter« (damals verzichtete man noch auf den Zusatz »und der Mütter«), in die Heimat seines Volkes, zurückgekehrt. War es auch seine?

Historisch, ideologisch, theologisch war er am Traumziel seines Volkes angelangt. Persönlich fühlte er sich im altneuen Volks- und im neuen Privathaus nicht zu Hause. Volks- und Privatwünsche waren nicht deckungsgleich.

Karl Wolffsohns Situation war alles andere als atypisch für die meisten jüdischen Einwohner der altneujüdischen Heimat, in der sich die aus Deutschland und Europa Eingewanderten nicht heimisch fühlten. Sie sollten sich dort aber heimisch fühlen. Das gebot der in Israel politisch tonangebende Zionismus gleich welcher Färbung; der sozialistischen ebenso wie der bürgerlichen oder nationalreligiösen Couleur. In Israel heimisch zu werden, das gebot die Pietät gegenüber den sechs Millionen im Holocaust ermordeten Juden. Das gebot die innere Abrechnung mit Deutschland, das den sechsmillionenfachen Judenmord und den Weltkrieg mit 57 Millionen Toten ausgelöst hatte. Das gebot der historisch-moralische Anstand, denn Britisch-Palästina, ab 1948 Israel, hatte ihnen, wie den anderen Flüchtlingen, das Leben gerettet.

Israel war faktisch ihr Asyl, gefühlt war es Exil. Die brütende Hitze des israelischen Glutofens war Gift für den herzkranken Karl Wolffsohn. Glutofen? Versündigte er sich mit diesem Gedanken nicht noch mehr und schon wieder an den sechs Millionen Brandopfern?

Motiv Doppel-Deutschland
Karl legte in diese Bewässerungsaktion seinen ganzen Zwiespalt zwischen demütiger Dankbarkeit gegenüber »den« Zionisten an sich und aufwallender Empörung gegenüber ebendiesen Zionisten, die laut, vorlaut, rücksichtslos, unerzogen, respektlos, besserwisserisch waren und besonders auf die Jeckes herabsahen.

Aus dem Schlauch sprudelte Karls Beziehung zu Doppel-Deutschland: Sein Hass auf Deutschland und seine Sehnsucht danach, seine Wut gegen alle und jeden, gegen das Schicksal, gegen Gott und die Welt, seine alte und neue Welt. Vielleicht hätte Karl gerne, wie weiland Gott in der Bibel, eine Sintflut ausgelöst und – wäre er so großzügig gewesen? – mehr als nur den bewährten Noah mit Familie bewahrt?

Karls Spritztour sollte auch eine Spritzkur sein und die Stalin vergötternden Schwafel-Sozialisten der Mapam-Partei vom absurden Weg der innerjüdischen Revolution auf den Weg sozialdemokratischer Reformen führen.

Schwafel-Sozialisten und Stalin-Verehrer hatte Karl bereits in Deutschland verachtet. Mit reformwilligen Sozialdemokraten wie Albert Südekum, den und der Lenin geradezu hasste, hatte Karl Wolffsohn in Berlin praktische, den Menschen dienende Sozialpolitik gedacht und gemacht. Beide wollten, mit Gleichgesinnten, die gescheiterte Revolution von 1848 quasi nachträglich korrigieren, indem sie Bürgertum und Arbeiterschaft zusammenführten, und zwar ohne Prügel und Straßenkämpfe. Sozialpolitik ja, Sozialdemokratie ja, Sozialismus nein, Stalinismus erst recht nicht.

Den Stalin-Sozialisten verübelte Karl Wolffsohn nicht zuletzt die sogenannte Theorie vom »Sozialfaschismus der Sozialdemokratie«. Für den sowjetischen Diktator waren Sozialdemokratie und Faschismus »Zwillingsschwestern«. Statt den Nationalsozialismus zu bekämpfen, hatten sich Stalins Genossen bis 1935 die Sozialdemokratie vorgeknöpft – und hatten auf diese Weise, zumindest indirekt, Hitler zur Macht verholfen. So sahen es jedenfalls Karl Wolffsohn und andere aus der jüdischen Bourgeoisie. Seit dem Herbst 1948 war zudem offenkundig, dass der Sowjetkommunismus offen und aggressiv antisemitisch war. Diese Ideologie und diese Ideologen wollte Karl nun im altneuen Israel wenn schon nicht wegsprühen, so doch seiner heilenden Wasserkur unterziehen.

Hitler war bereits drei Jahre tot, Deutschland besiegt und besetzt. Von Wiedergutmachung oder Rückerstattung war noch überhaupt nicht die Rede.

Hiob oder Gott?
Karl Wolffsohn war zornig: auf Gott, Nazis, Sozis, Kommis, Zionisten, Deutschland, Israel – eben Gott und die Welt. Er habe ein göttliches Vergnügen bei seiner Schlauch-Sintflut empfunden, erzählte Karl später. Wenn diese zionistisch progressiven Großmäuler »Gottes Ebenbilder« sein wollten, dann sei es an »Gott Karl« gewesen, sie mit seiner Sintflut zu bestrafen.

Wenn aber, o Gott, diese pseudorevolutionären Rowdys Gottes Ebenbild wären? Nein, dann wolle er, Karl Wolffsohn, mit so einem Gott nichts zu tun haben. An einen »lieben Gott« glaubte Opa Karl »nach allem« gewiss längst nicht mehr. Er war »broges« mit Gott, böse auf ihn, beleidigt. Gott, wie konntest du das alles zulassen: Hitler, Holocaust, Eigentums- und Heimatverlust, alles eben? Hiob hatte alles verloren und verfluchte Gott. »Ich schrie zu dir auf, du entgegnest mir nicht, ich bleibe stehn, dass du mich bemerkst, da wandelst du dich zu einem Grausamen mir, befehdest mich mit deiner eigenen Hand« (Buch Hiob, Kapitel 30, Buber/Rosenzweig-Übersetzung). Im Vergleich zu Hiob und sechs Millionen im Holocaust ermordeten Juden war Karl Wolffsohn ein Glückskind. Er hatte überlebt, seine Frau, seine beiden Söhne, seine Geschwister und Schwiegertöchter. War das Glück? Ja. Und nein!

»Hiob« ist eine Geschichte, doch nicht Geschichte. »Hiob« ist als Fiktion eine Chiffre, das Brandopfer (»Holocaust«) ist Geschichte. Die Hiob-Chiffre betrifft je einen, Hitler und Holocaust betrafen sechs Millionen Ermordete sowie Millionen, die wie auch immer überlebt hatten, aber, wie Karl Wolffsohn sowie seine Söhne Max und Willi/ Zeew, traumatisiert blieben. »Du bist ein Gott des *Zimzum*, will heißen: des Schrumpfens und Schrumpelns«, sagt die Kabala. Wenn Gott ein Gott des Zimzum ist, gibt es ihn dann überhaupt? Und wenn Gott ein Zimzum-Gott ist, wozu brauche ich, wozu brauchen wir Juden, wozu brauchen wir Menschen ihn?

Wegen allem und nach allem zurück nach Deutschland
1949. Gerade war die Bundesrepublik Deutschland gegründet worden. Sie wollte ein Rechtsstaat sein. Karl dachte: Ein Rechtsstaat müsse und werde vergangenes, begangenes Unrecht auf die eine oder andere Weise richten. Also auch das neue Deutschland. Das bestritten innerhalb und außerhalb der Familie fast alle. Noch 1949, lange vor Verabschiedung der bundesdeutschen Entschädigungs- und Wiedergutmachungsgesetze, kehrte Karl Wolffsohn nach Deutschland zurück. Lange, bis 1962, dauerte der Kampf um die – ganz und gar unvollständige – Rückgabe und Entschädigung seines geraubten Eigentums.

Karl Wolffsohn war wieder in Berlin. Endlich zurück. War er wieder zu Hause? Mitnichten. Vernichtet war sein Deutschland, sein Berlin, sei es jüdisch oder nichtjüdisch. Er hatte überlebt und war doch so tot wie die Ermordeten und Kriegsopfer. In ihrer Zeit und Welt, in ihrer Welt-Zeit, hatte auch er gelebt. Es war ihre gemeinsame Welt-Zeit. Mit den meisten Überlebenden, Juden und Nichtjuden gleichermaßen, verband ihn nichts. Mit ihnen lebte er zur selben Zeit in einer anderen Welt. Im Dezember 1957 starb Karl Wolffsohn gebrochenen Herzens.

Wollstein (Posen): Robert Koch als Nachbar
Karl wurde 1881 in Wollstein, im Regierungsbezirk Posen, geboren. Das Städtchen gehörte durch die zweite Teilung Polens seit 1793 zu Preußen. Die Bevölkerung fühlte, dachte und sprach mehrheitlich Polnisch – mit Ausnahme der meisten Juden. Im deutschen Meinungs-, Mentalitäts-, Identitäts- und Kulturstrom schwammen außer den Wolffsohns viele andere Juden des deutsch-polnischen Mischraums. Man denke an die Eltern des bundesdeutschen Literaturpapstes Marcel Reich-Ranicki. Dass die Posener Juden eine preußisch-deutschfreundliche Haltung hatten, dafür gab es gute Gründe. Preußen war zwar kein Juden-Paradies, aber Polen, Osteuropa überhaupt, war es noch weniger. Nicht Preußen, nicht Deutschland, aber die deutsche Kultur galt bei den Juden des eher östlichen Europa als Paradies auf Erden. Das kann man nachlesen in dem 1904 veröffentlichten famosen Roman ›Der Pojaz‹ von Karl Emil Franzos.

In Wollstein arbeitete der (später) weltberühmte Mediziner und Mikrobiologe Robert Koch von 1872 bis 1880 als »Kreisphysikus« des Kreises Bomst, wo das ›Bomster Tagblatt‹ erschien. Es wurde in der Druckerei von Samuel Wolffsohn, Karls Vater, hergestellt.

Samuel Wolffsohn und seine Frau Ernestine waren, so die Familiensaga, Bekannte und Patienten Robert Kochs. Mag sein. Kochs naturwissenschaftliches Genie sprang jedenfalls nicht auf die Wolffsohns über. Ein paar Ururenkel im fernen, nahöstlichen Israel haben eventuell von den zumindest geistig übertragenen Koch-Genen profitiert. Samuels abendländische Nachfahren führten eher – mal besser, mal schlechter – das Wort, manchmal das große. Wie schon der von den Wolffsohns und von vielen deutschjüdischen Familien verehrte Heinrich Heine meinte, es existiert eben »neben dem Denker ein prosaischer Mensch, der ruhig sein Geschäft treibt – neben jeder Krippe, worin ein Heiland, eine welterlösende Idee den Tag erblickt, steht auch der Ochse, der ruhig frisst«.[2]

Bei Ullsteins

Um 1900 packten Karl und einige seiner sieben Geschwister, wie Hunderttausende anderer Juden, ihre Koffer und wanderten westwärts. Die große Ost-West-Wanderung der Juden zwischen 1881 und 1914 wird in dem Musical ›Anatevka‹ (Fiddler on the Roof) besungen. Die Mehrheit der polnischen und russischen Juden zog es damals in die USA, nicht nach Deutschland oder Westeuropa. Das rettete ihnen ihr Leben, ihre Lieben und ihr Eigentum. Die Wolffsohns zog es nach Berlin.

Karl begann unverzüglich eine Druckerlehre im Hause Ullstein. Die hatte weitreichende Folgen. Es entstand eine lebenslange private und geschäftliche Freundschaft mit »den Ullsteins«. An Heinz Ullstein, der 1973 starb, habe sogar ich schattenhafte Erinnerungen. Der Name Ullstein wurde jedenfalls immer und vor allem von Karl und Recha heiligengleich ausgesprochen. Verbundenheit und Respekt bezeugten sie auch Heinz Ullsteins mutiger und charakterstarker Frau Änne gegenüber. »Bis dass der Tod euch scheide.« Das hatte sie wörtlich genommen. Mit anderen nichtjüdischen Ehefrauen hatte sie im Februar/März 1943 in der Berliner Rosenstraße, nahe dem Alexanderplatz, für die Freilassung der jüdischen Ehemänner und Partner erfolgreich demonstriert. Heinz Ullstein war einer der Männer, die auf diese Weise freikamen und gerettet wurden.

Film-Welten

Ausgelernt, angepackt: 1908 gründete Karl Wolffsohn mit seinen Brüdern Max und Jacques eine eigene Buchdruckerei samt Verlag: die »Gebrüder Wolffsohn GmbH«. Sie wurde 1933/34 im Dritten Reich »arisiert«, sprich: enteignet.

Bis dahin hatte sie dramatisch expandiert. Ein Wendepunkt war 1910 die Übernahme der Filmzeitschrift ›Lichtbildbühne‹. Aus der Buchdruckerei wurde nun der gleichnamige Verlag für zahlreiche Filmpublikationen. Unverzüglich baute Karl Wolffsohn ein seit 1927 öffentlich zugängliches Film- und Filmliteraturarchiv auf. Es war das weltweit erste und bis 1933 größte Archiv für Filmwissenschaft. Die wirtschaftliche Expansion wurde nicht zuletzt dadurch ermöglicht, dass 1924 die Ullstein AG Geschäftspartner und, mit einem Drittel der Aktien, Miteigentümer wurde. Die Ullsteins beteiligten sich gerne an der Verwirklichung von Karls Lebens- und Wirtschaftsphilosophie: den unendlich vielen »kleinen Leuten« gute »Ware« zu bezahlbaren Preisen zu liefern und damit großes Geld zu verdienen. Kleine Leute, großes Geld. Das eine schloss für ihn das andere nicht aus.

Im und nach dem Großen Krieg
Anders als viele Juden und andere Deutsche, anders als seine Brüder Heinrich und Jakob (Jacques genannt, weil wohl Jakob zu »jüdisch« war) wollte Karl von 1914 bis 1918 nicht für den Kaiser aufs »Feld der Ehre«. Karl war überzeugter und erfolgreicher Drückeberger. Er überlebte, seine beiden Brüder fielen fürs Vaterland. Dieses dankte es ihnen und anderen deutschen Juden von 1933 bis 1945 auf seine Weise.

Wer das erste Weltkriegsblutbad überlebte hatte, wollte das Leben in vollen Zügen genießen, sich unterhalten und unterhalten werden. Das war die sozusagen quasi-ideologische Unterfütterung der rasanten technologischen und ökonomischen Entwicklung der Unterhaltungsindustrie. Es war die Grundlage des Wolffsohn'schen Reichtums.

Innovation war, wie schon im ausgehenden 19. Jahrhundert, Trumpf in Deutschland und Westeuropa. Wer Erneuerung und Neues bot, übersprang die herkömmlichen Schranken, zwischen Arm und Reich, zwischen Deutschen und Nichtdeutschen, Juden und Nichtjuden. So konnte auch das Karrierehindernis des traditionellen diskriminierenden Antisemitismus (auf Jiddisch »Rischess« von »rascha« = hebräisch böse, Bösewicht) überwunden werden. Weil man sogar als Jude von der Gesellschaft gebraucht wurde, war man in der Gesellschaft zumindest im öffentlichen, wirtschaftlichen Bereich fast vollkommen willkommen. Das galt weniger für den privaten und gesellschaftlichen Bereich. Leistung half den Juden gegen den diskriminierenden Rischess-Antisemitismus. Gegen den liquidierenden des Nationalsozialismus war sie wirkungslos.

Innovation bot Karl Wolffsohn in der Filmwirtschaft und -publizistik. Hier gehörte er deutschland-, wenn nicht gar weltweit zu den erfolgreichen Pionieren. Seine größten Kinos waren die »Lichtburg« in Berlin-Gesundbrunnen mit 2000 und die »Lichtburg« in Essen, gleich neben dem Dom, mit 1200 Sitzplätzen. Von den vielen anderen ganz zu schweigen. Sie wurden, wie es der NS-Terror schon ab 1933 befahl, »rechtsstaatlich« arisiert, also geraubt. Erstattet wurde nach 1945 bzw. seit 1949 im Rechtsstaat Bundesrepublik Deutschland so gut wie nichts.

Der Skandal nicht erfolgter Rückerstattungen erregt im Zusammenhang mit der RaubKUNST vor allem seit 2014 deutsche und nichtdeutsche, jüdische und nichtjüdische Gemüter. RaubKINOS und andere Arisierungen interessierten nicht. Die Nachfahren der ursprünglichen Besitzer von Raubkinos und anderen Raubgütern hatten keine ähnlich starken Lobbyisten wie etwa Ronald Lauder, den Präsidenten des Jüdischen Weltkongresses. Ihnen beugte sich die deutsche Politik brav und schnell. Familie Wolffsohn hatte des inneren Friedens wegen ohnehin vollständig auf Rückerstattung verzichtet. Dazu später mehr. Zurück zum Kino anno dunnemal.

Kino? Nein, das hieß damals, durchaus ideologisch und werbestrategisch geplant, »Filmtheater«. Ins (Wort-) und erst recht (Musik-)Theater, also in die Oper, pilgerten damals eher die Reichen und Großen oder die sich für groß hielten und reich waren oder werden wollten. Ins Filmtheater – eben nicht »Kintopp« – ging, wer sich Oper und Theater nicht leisten, wer die materielle und geistige Hürde der Klassengesellschaft nicht überspringen konnte und trotzdem gut unterhalten werden wollte.

Bei Filmtheatern beließ es Karl nicht. Wie im Theater der »Großen«, sollten die »Kleinen« ihr Programmheft bekommen. Vorgemacht hatte es ihm seit 1919 sein Leib-und-Magen-Gegner und Wettbewerber Alfred Weiner mit dem ›Film-Kurier‹. Knallhart war die Konkurrenz zwischen den beiden deutschen Juden. Sie trafen sich oft. Fast nur vor Gericht. Das an sich war weniger schön, aber doch ein schöner Beweis für den Granatenunsinn des sowohl von vielen Juden als auch Nichtjuden liebevoll gehegten Vorurteils, »alle Juden halten zusammen«. Derselbe Gedanke gipfelt bei Antisemiten in der aberwitzigen Floskel von der

»jüdischen Weltverschwörung« und bei Juden in der Behauptung –
eher Wunsch als Wirklichkeit –, »alle Juden sind Freunde« (hebräisch:
»kol israel chawerim«).

Diese Filmprogramme muss man sich ungefähr so vorstellen. Spielte
die Handlung auf der Sonnenseite des Lebens, sah man auf Seite eins
das glücklich sich küssende Paar. Das Happy End stand optisch am Anfang des Kinobesuchs. Entzückt wurde das Portemonnaie gezückt, das
Programm gekauft und darin geblättert. Auf Seite zwei und drei fand
man, mit Fotos unterlegt, eine kurze Inhaltsangabe sowie die Nennung
der Personen und ihrer Darsteller. Seite vier bot dies und das, es machte
Spaß – nicht zuletzt Karl Wolffsohn, denn er verdiente an den kleinen
Beträgen großes Geld. »Kleinvieh macht auch Mist.« Goldenen Mist.

Mit neun anderen, ebenfalls erneuerungswilligen und -fähigen in-
und ausländischen Unternehmern, die meisten – aus den erwähnten
Gründen – Juden, gründete Karl Wolffsohn 1919 in Berlin-Schöneberg
(Martin-Luther-/Ecke Fuggerstraße) das bald weltbekannte Variété
»Scala«.

»Doppelt hält besser.« Deshalb errichteten Karl & Partner im alten
Berliner Ostbahnhof ein zweites, noch größeres, 3000 Plätze bietendes
Variété, die »Plaza«. Aber statt besser wurde wirtschaftlich alles schlechter. Die Plaza wurde im Februar 1929 eröffnet, Ende Oktober 1929 folgte
der Mega-Krach und -Crash: der Beginn der Weltwirtschaftskrise. Sie
ging, was Wunder, auch nicht an Scala und Plaza vorbei, was zu tief-
roten Zahlen führte.

Das ›Neue Deutschland‹ ehrt Karl Wolffsohn
Wo einst die »Plaza« stand, steht seit DDR-Zeiten das Verlagsgebäude
der SED (heute Die Linke)-Zeitung ›Neues Deutschland‹ (ND).

Heute kann man dort eine schöne, vom ND errichtete, bezahlte und
vom Linken-Spitzenmann Dietmar Bartsch und mir im Jahre 2014
feierlich-würdig eingeweihte Stele sehen. Sie erinnert an die Plaza, ihre
Gründer und Betreiber, also nicht zuletzt an Karl Wolffsohn. Was erinnert in Berlin-Schöneberg an die »Scala«? Noch nichts und niemand.
Im Mai 2016 zeichnete sich eine Wende ab. Der Regierende Bürgermeister von Berlin, Michael Müller, verpflichtete sich, vor dem Abgeordne-

tenhaus eine Scala-Gedenktafel oder -Stele aufstellen zu lassen. Man wird sehen. Trotzdem muss Wasser in den vermeintlich guten Wein gegossen werden. Allein kam die Berliner Stadtregierung nicht auf diese Idee.

Die Gartenstadt Atlantic

Auch im Bereich der Immobilienwirtschaft verband Karl Wolffsohn Qualität mit Quantität. Wieder war sein Angebot, hier die Wohnanlage Gartenstadt Atlantic in Berlin-Gesundbrunnen, vorzüglich, und erneut war sein Angebot auch mit kleinem Geldbeutel bezahlbar. Angestrebt und verwirklicht hat er dieses Ziel gemeinsam mit seinem 1936 verstorbenen Freund Bernhard Sperber, dem Hause Ullstein sowie Albert Südekum (1871–1944).

Erbaut wurde die Gartenstadt Atlantic im Arbeiterbezirk Wedding zwischen 1925 und 1929 vom deutschjüdischen Architekten Rudolf Fränkel. Sie ist seit 1995 denkmalgeschützt. Der Architekt erhielt 1927 den ersten Preis im Wohnanlagen-Wettbewerb des Deutschen Werkbunds und schlug dabei so namhafte Konkurrenten wie Mies van der Rohe, Martin Wagner oder die Brüder Taut.

Der Zahn der Zeit nagte auch an der Gartenstadt Atlantic. Ihr drohten um das Jahr 2000 Gettoisierung und Verslumung. Doch seit ihrer Modernisierung in den Jahren 2001 bis 2005 unter der Regie von Karls Enkelfamilie ist sie wieder wunderschön. Ebenfalls wunderschön sind auch sechs andere Wohnanlagen der Berliner Moderne, die seit 2008 zum UNESCO-Weltkulturerbe gehören. Die UNESCO-Verantwortlichen wollten die Gartenstadt Atlantic ebenfalls in diese Liste aufnehmen. Das Berliner Denkmalamt legte sein Veto ein. Karls Enkelfamilie hatte sich 2001/2002 von dieser Behörde bei der Modernisierung nicht erpressen lassen und sich dabei, guter Karl-Wolffsohn-Tradition entsprechend, medialer Hilfe versichert. Das missfiel der Behörde. Strafe musste sein, versteht sich.

Die Strafe wurde zum Segen, denn auf diese Weise ersparten sich Karls Erben etwaige Zwangsauflagen der, wie ihre Oberorganisation UNO nicht immer berechenbaren Unterorganisation, UNESCO. Also gelte christliche Milde auch den Berliner Denkmalschützern. Dabei hatten sie es judenpolitisch so gut mit Karls jüdischen Nachfahren gemeint: Deren Modernisierungsantrag könne unter normalen Umständen zwar nicht genehmigt werden, doch »angesichts der besonderen Familiengeschichte« werde eine Ausnahme gemacht. Wie weiland Karl Wolffsohn explodierten auch seine direkten und indirekten Nachfahren: »Unser Antrag ist koscher und korrekt. Er kann ganz normal bewilligt werden. Wir spielen grundsätzlich nicht die Judenkarte!« Der Antrag wurde genehmigt.

Zurück zum Ur- und Über-Wolffsohn sowie der frühen Gartenstadt Atlantic. Wie sonst in Europa nur die ungefähr zur selben Zeit in Rom gebaute Wohnanlage La Garbatella, hatte die Gartenstadt Atlantic ein einzigartiges Sahnehäubchen: Kultur an und vor der Haustüre. In der Garbatella das eindrucksvolle Theater, in der Gartenstadt Atlantic das Lichtspieltheater, das Großkino, Lichtburg. Es wurde gelegentlich als Variété genutzt, denn in den 1920er und 30er Jahren war die Grenze zwischen Kino und Variété fließend.

In der Gartenstadt Atlantic verwirklichten Karl sowie seine ebenfalls innovativen Freunde und Partner so etwas wie soziales und kulturnahes Wohnen. Hier boten nicht, wie in eigentlich allen vergleichbaren, in den Mitt-1920ern errichteten, sozialpolitisch motivierten und orientierten, ebenfalls innovativen Reform-Wohnanlagen, die öffentliche Hand, Genossenschaft oder Genossen, sondern »die Bourgeoisie« ihren Mietern, durchgehend Menschen mit niedrigem Einkommen, und »Proletariern«, luftige, lichte Wohnungen mit Grün mitten in der Stadt. Hier bot die Bourgeoisie dem Kleinbürgertum und dem Proletariat neben Wohnungen auch fußläufig erreichbare Einkaufsmöglichkeiten, Cafés, Restaurants, ein Hotel, Tanzsäle, Kegelbahnen – und eben Kultur. Hochkultur und Volkskultur. Alles zu bezahlbaren Preisen. Das war Innovation.

Selbstverständlich ist (auch) Innovation nicht und nie exklusiv jüdisch. Bemerkenswert war der nichtjüdische Partner der deutschjüdischen Investoren und Innovatoren um Karl Wolffsohn, Albert Südekum.

Lenins Feind – Karls Partner: Albert Südekum

»Man kann einen Menschen mit einer Wohnung geradeso gut töten wie mit einer Axt«, hatte der wohnungspolitisch interessierte, engagierte, reformorientierte SPD-Mann Albert Südekum in seinem 1908 erschienenen Buch ›Großstädtisches Wohnungselend‹ geschrieben. Als Reformer und Patriot war der rechte Sozialdemokrat für Linkssozialisten und Kommunisten eine Art Gottseibeiuns. Was nach Reform auch nur roch, verteufelte der russisch-kommunistische Ober-Revolutionär Lenin als »Südekumismus«. Schlimmer ging's nicht in seinen Augen. Tatsächlich erstrebte Südekum, anders als Lenins Kommunisten, nicht die Revolution des Proletariats gegen Aristokratie und Bourgeoisie, sondern Reformen. Reformen aus der Bourgeoisie mit dem und für das Proletariat.

1919/20 war Südekum preußischer Finanzminister. Nach dem rechtsreaktionären Kapp-Putsch (März 1920) musste er seinen Posten räumen und wechselte in die Wirtschaft. Er war den extrem Linken und Rechten gleichermaßen verhasst. Kein Wunder, dass ein Mann mit diesen Überzeugungen sich dem Verein zur Abwehr des Antisemitismus anschloss, dort Vorstandsmitglied wurde – und im Dritten Reich zum Widerstand gegen Hitler stieß.

So gesehen war es nur folgerichtig, dass Karl Wolffsohn und Albert Südekum früher oder später zusammenkamen und Partner wurden. Deutschjüdische Symbiose – hier wurde sie jenseits der Hoffnung und Phrase Wirklichkeit. Das ist die eine Seite der Medaille.

Die andere: In dem einen oder anderen Partner hatte sich Karl, wie so viele andere, gewaltig verschätzt. Im Aufsichtsrat der Gartenstadt Atlantic saßen auch Männer, die einen an Ionescos späteren Mitläufer-Klassiker ›Die Nashörner‹ erinnern, die also wie angestoßene Dominosteine umfielen.

»Nashorn« Neye – erst Nazi, dann Sozi

Ein im Aufsichtsrat aktives, ganz besonderes Nashorn war der scheinbar biedere, zuverlässige Rechtsanwalt Walter Neye. Bald wurde er einer von Millionen Nach- und Mitläufern. Nach 1945 tauschte er das braune mit dem roten Hemd. Der braune Rechtsanwalt wurde zum roten Rechtsprofessor. Rasant erklomm er noch höhere Sprossen auf der Karriereleiter: Er bekam an der Juristischen Fakultät der Humboldt-Universität Ost-Berlin die Weihen eines Dekans. »Spectabilis« (lateinisch »ehrwürdig«) pflegte man traditionell Dekane anzusprechen. Spectabilität reichte Neye nicht. Durch direktes Eingreifen des DDR-Obergenossen Walter Ulbricht wurde Neye 1952 Rektor der Humboldt-Universität. Der frühkommunistisch-jüdische Mitbewerber, der akademisch hochqualifizierte Jürgen Kuczynski (1904–1997), hatte das Nachsehen.[3] Anders als (Volks-)Genosse Neye war der kommunistische Veteran, der jüdische Urgenosse Jürgen, dem roten DDR-Zaren zu selbstständig und geschichtspolitisch nicht erpressbar.

»Schutzhaft« und »Arisierung«
Erfolge der Neye'schen Art blieben Karl Wolffsohn versagt. Wie einst unter Kaiser Wilhelm verhielt sich Karl auch Adolf Hitler gegenüber ungehorsam. »Illegal«, nach NS-Gesetzen, kaufte er 1937 über Mittelsmänner in Prag sämtliche Anteile an der Wohnanlage Gartenstadt Atlantic, um die Berliner Lichtburg weiter betreiben zu können. Zur Belohnung steckte ihn die Geheime Staatspolizei (Gestapo) im August 1938 in »Schutzhaft«. »Heute Abend ist Ihr Mann wirklich in Schutzhaft«, gestand ein Gestapo-Offizier Karl Wolffsohns Frau Recha am 9. November 1938, in der »Reichskristallnacht«. Dass sie hier auf einen »anständigen Menschen« stoßen würde, hatte sie nicht erwartet, nicht vergessen und nicht zu erzählen vergessen. »Du sollst Zeugnis ablegen …«

Unter dem »Schutz« der Gestapohaft durfte sich Karl zur Jahreswende 1938/39 selbst die »Arier« aussuchen, denen er die Aktien seiner Gartenstadt Atlantic – zum Nulltarif, versteht sich – übertrug. Im Gegenzug ließ ihn die Gestapo frei. Allerdings mussten er und seine Frau Deutschland innerhalb kürzester Zeit verlassen. Sie flohen nach Palästina. Legal hatten sie im März 1939 Deutschland verlassen. Illegal, versteckt im Unterbau eines Kartoffeln transportierenden LKWs, passierten sie die Niederlande. Dort wurden damals alle deutschen Juden, denen man damals habhaft wurde, als »feindliche Ausländer« inhaftiert oder ins KZ gesteckt. Nach dem Einmarsch der Deutschen Wehrmacht ab Mai 1940 wurden sie dann in die Vernichtungshöllen deportiert. Karl und Recha Wolffsohn aber kamen – rund ein Jahr vor Hitlers Soldaten –

nach Belgien, in und durch das sie legal ein- und schließlich ausreisen durften. Ebenfalls legal kamen sie im Frühjahr 1939 nach Britisch-Palästina.

Diese Legalität musste teuer bezahlt werden. Wortwörtlich. Woher und wie Karl dieses Geld lockermachte, lässt sich nicht rekonstruieren. Aber dann war auch nicht mehr viel übrig. Reichtum, Vermögen? Das war einmal.

Der Baron: erst Widerstandskämpfer, dann Betrüger
Einer der vier »Arier«, denen Karl Wolffsohn seine Gartenstadt-Atlantic-Aktien übertrug, war der Baron von Massenbach, der jeden Eid als Ehrenmann darauf schwor, er werde seinem »Freund Wolffsohn« die Aktien zurückgeben, sobald er nach Deutschland zurückkomme.

Das war damals nicht besonders wahrscheinlich, denn das Dritte Reich sollte ja tausend Jahre währen. Dass es anders kommen würde, konnte keiner 1939 wissen.

Nicht erwarten konnte Karl Wolffsohn, dass dieser Nicht-Nazi, der sich sogar dem Anti-Hitler-Widerstand anschloss und unter Hitler eine makellos weiße Weste behielt, ihn nach Hitler betrügen würde. Davon später mehr.

Heimat oder Heimischkeit?
Wie fast alle Jeckes und andere Landsmannschaften im vorstaatlichen, jüdisch palästinensischen Gemeinwesen, dem Jischuw, hatten die Wolffsohns im Getto ihrer Landsmannschaft gelebt. Heimisch waren sie in der jüdischen Heimat so wenig wie die meisten anderen Jeckes geworden.

Auch in ihrer alten Heimat, Berlin, wurden sie nach Holocaust und Weltkrieg nicht mehr heimisch. Weder in der Jüdischen Gemeinde noch im nichtjüdischen Umfeld. Die deutschen Juden waren entweder geflohen oder ermordet. Wenige hatten überlebt, und noch weniger kehrten zurück. Neue Juden waren da. Aus Osteuropa. Sie hatten die Hölle und Höllenqualen überlebt und waren in Deutschland sozusagen hängen geblieben. Ihr Deutsch war ungefähr so perfekt wie das nicht vorhandene Hebräisch von Karl und Recha Wolffsohn.

»Wir sind Israelis und leben zurzeit in Berlin«, so kennzeichneten beide ihren Status, sowohl nach innen als auch nach außen. Israelis mit einem zusätzlichen, wiedererlangten deutschen Pass. »Volksdeutsche« nach Artikel 116 Grundgesetz, was – Ironie der Geschichte? – später auch den Wolga- und Baltendeutschen oder den Banater Schwaben zugutekam. »Volksdeutschjüdische« Gemeinsamkeiten ... Deutsche Juden als »Volksgenossen« in Zeiten, da die Deutschen wieder Bürger und nicht mehr Volksgenossen waren.

Zeitlebens war Karl weder Genosse noch Volksgenosse, Sozialist oder Kommunist, nicht einmal Sozialdemokrat. Proletarier war er nie, dem Kleinbürgertum war er entstiegen und ins Großbürgertum, nicht ins Bildungsbürgertum, aufgestiegen, ohne wirklich dazuzugehören. Die Versöhnung von Kleinbürgertum, Bourgeoisie und Proletariat als Überwindung gesellschaftlicher Abgrenzungen lag ihm am Herzen. Kein Wunder, denn dann hätten er und »die« Juden dieser Noch-nicht- bzw. Neugruppe angehört.

Karl Wolffsohn war Jude, lebte allerdings nicht wirklich jüdisch, geschweige denn synagogal. Er fühlte sich als Jude. Fühlte er sich als Jude, weil die nichtjüdische Außenwelt ihn fühlen ließ, dass er Jude war? Wahrscheinlich durch seine Makro-Umwelt bedingt war seine private Mikro-Welt fast rein jüdisch. Juden und Judentum konnte er nicht entrinnen. Er wollte es auch nicht. Aber dazugehören wollte er durchaus. Wie die meisten deutschen Juden. Wem oder was wollte er zugehören? Dem hochkulturdeutschen oder volkskulturdeutschen Deutschland, dem damaligen Traum des deutschen und osteuropäischen Judentums. Für die meisten deutschen und osteuropäischen Juden endete dieser Wunschtraum als Albtraum. Karl und seine Recha hatten ihn überlebt, aber blieben traumatisiert.

Recha Wolffsohn – die Christjüdin

Wie der Seelenknoten entstand

Recha benahm sich in der Regel sehr damenhaft. Doch eines Tages bewarf sie ihren Sohn Max aus heiterem Himmel mit Gurken. Die hatte er auf dem Tel Aviver Markt gekauft. Hatte Rechas Gurkenkanonade, wie bei Karl Wolffsohns Schlauchaktion, Vorgeschichten? Hatte die Gurkenkanonade einen tieferen Sinn? Ja, auch ihr Seelenknoten war geplatzt. Der Auslöser? Eine der Gurken war verfault. Mehr als eine konnte es nicht gewesen sein. Denn auf dem »Schuck HaKarmel«, dem Karmel-Markt, bekam man täglich bestes, frisches, meist auch relativ preiswertes Obst und Gemüse. Man darf sogar annehmen, dass die Ware besser und auf jeden Fall frischer und preisgünstiger war, als einst in den noblen Feinkostläden Berlins, wo Recha bis 1939 eingekauft hatte. Genauer: wo sie hatte einkaufen lassen. Denn meistens erledigte das Personal den Einkauf, allen voran Elli und Paul Pötschner. Er war Familienchauffeur, sie als Hausdame Mädchen für alles. »Gnä' Frau, was darf ich bringen, was soll ich machen? Ja, gnä' Frau, gerne, gnä' Frau.«

Sehr gerne mochte Recha zum Beispiel Crêpes Suzettes. Die hatten die beiden in den Goldenen Zwanzigern abends oft in Berlins Feinschmecker-Tempeln verspeist. Eher selten zu Hause, denn abends waren Karl und Recha oft unterwegs. Sie repräsentierten und sie amüsierten sich.

Für die Söhne Willi und Max war das weniger schön. Statt der Mutter kümmerte sich die Nanny, Gouvernante Dada, um die Buben. Dada statt Mama. Eines Morgens, 1924, wachten Willi und Max auf, und die Eltern waren weg. Ohne ein Wort des Abschieds und ohne vorab etwas zu sagen, waren sie verreist. Über den Atlantik mit der (wie es sich für staatstragende Juden gehörte) »MS Deutschland« in die USA, für vier Monate. Blankes Entsetzen, heiße Wut.

Ja, auch die Legende von der immer fürsorglichen jüdischen Mamme hat ihre Risse. Als Mama Recha über den Großen Teich tuckerte, tröstete Dada die beiden Jungs. Max und Zeew/Willi haben Recha später deswegen oft bittere Vorwürfe gemacht. Dann weinte sie sehr. Das hinderte sie nicht daran, ihre Söhne ihr Leben lang herumzukommandieren. Ich erinnere mich an einen Familiensonntag im Garten des Bungalows am Stölpchensee. Ihr Sohn Willi war ungefähr fünfzig. Er solle ihr die Gartenliege hierher bringen, herrschte sie ihn an. Nein, dorthin. Besser da. Nicht doch da. Dort. Und so weiter und so fort. Willi, der sonst eine mit- und hinreißende große Klappe hatte, folgte seiner Mami wie ein dressiertes Hündchen.

Dada wurde besonders vom anlehnungsbedürftigen Max sehr geliebt. Sie liebte ihn auch. So sehr, dass sie ihm 1938, nach ihrer eigenen Auswanderung in die Vereinigten Staaten, eine der wenigen, heiß begehrten Einwanderungsgenehmigungen erkämpfte und zukommen ließ. Max, der immer folgsame Sohn, folgte jedoch seinen Eltern nach Palästina. Dada war tief enttäuscht, verletzt und ließ nie wieder von sich hören.

Am Enkelkind, an mir, übte Sabta (Großmutter) Recha tätige Reue, Umkehr, Wiedergutmachung. Sie galt auch mir, doch nicht nur mir. War sie nicht eigentlich an Willi und Max adressiert? Nach dem Tod ihres über alle und alles geliebten Karl, ungefähr von 1958 bis 1966/67, gingen Sabta und ich, Wolffsohn'scher Filmtradition folgend, fast jeden Samstag ins Kintopp. Meistens und am liebsten in den komfortablen Gloria-Palast neben der Gedächtniskirche. Der gehörte Max Knapp, einem früheren Kollegen Karl Wolffsohns, der unbefleckt das Dritte Reich überstanden hatte. In den Gloria-Palast gingen wir auch gerne, weil wir dort den guten alten Paul Pötschner trafen, der als Kartenabreißer seine Rente aufstockte. Karl Wolffsohn und seine »gnädige Frau« hatten ihm diesen Job vermittelt.

Natürlich kaufte Sabta, solange es angeboten wurde, das vierseitige Filmprogramm. Längst wurde es nicht mehr von der Lichtbildbühne verlegt. Nach dem Kino gingen wir zwei, drei Schritte weiter. Ins »Mampe« am Ku'damm, die altbürgerlich gute Stube mit großem Kachelkamin. Dort wehte noch oder wieder ein Hauch vom guten alten hinüber ins neue Berlin.

Dada war im großbürgerlichen Altberliner Wolffsohn-Alltag Mamaersatz, Paul Pötschner, Ellis Mann, war der Vaterersatz. Der schwarzhaarige Paul hatte lange einen Oberlippenschnurrbart getragen. Als aber diese Schnurrbartart automatisch mit einem bei den Wolffsohns und anderen anständigen Deutschen ungut beleumundeten und brüllenden deutschen Politiker verbunden wurde, rasierte der Wolffsohn- und judentreue Familien-Chauffeur den zahnbürstenartigen »Schnurres« unter seiner Nase ab. Paul war nicht nur Faktotum, er war ein herzensguter Mann, und er war, nicht zuletzt, Spielkamerad der beiden Buben, deren Eltern für Kinderspielereien selten Zeit hatten. Sie mussten, sie wollten, sie haben repräsentiert. Glamourös. Weniger bravourös waren sie als tatkräftige, anwesende Erzieher.

Madame

Recha war stets eine Grande Dame gewesen und blieb es ihr Leben lang. Das hielt sie auch in der Tel Aviver Hitze aufrecht. Sie lief nicht, sie schritt, sie promenierte im schwarzen Kostüm mit großem Revers, einen schwarzen Hut mit weißem Band auf dem Kopf, und weißen Handschuhen durch Tel Avivs Straßen, die vor Hitze glühten; vorbei an den vielen strahlend weißen »Bauhaus«-Häusern der ebenfalls aus ihrer Heimat vertriebenen deutschjüdischen Architekten. Die Häuser weiß, Recha in Schwarz. Gekonnter, gewollter, inszenierter Kontrast zum »sozialistischen Schlampertum« der neuen Zionsväter und -mütter.

»Frau Wolffsohn, Sie müssen Schwarz-Weiß tragen«, hatte ihr, noch in Berlin, der seinerzeit hochberühmte (und sündhaft teure) Modeschöpfer Gerson eingeredet. Eingeredet? Nein, Schwarz-weiß-edel stand ihr wirklich gut. Aber ins damals klein- und halbbürgerliche Tel Aviv sowie ins agrarisch-rüpelhaft-burschikose Jüdisch-Palästina passte es wie die berühmte Faust aufs Auge.

Wie sah damals »die« zionistische Idealfrau aus? Gammelig, aber sauber. Körpergeruch? O nein. Saubere Kleidung? O ja. Ansonsten weite Hosen, weite Bluse, bequeme Sandalen, ungeschminkt, »Idiotenhut« (»Kowa Tembel«) auf dem Kopf, mit dem man tatsächlich wie ein Idiot aussah.

Wie konnte es also dazu kommen, dass Recha, diese Lady, Dame, Madame, diese auch noch im hohen Alter schöne Frau, die ihre Umwelt mit Hilfe ihres quasi aristokratischen, schon damals und erst recht im mehrheitlich sozialistischen Vor-Israel anachronistischen, einglasigen

Lorgnon kritisch beäugte, die sonst so fein und wohlerzogen und diszipliniert war, die so auf Contenance achtete, so ausrastete, dass sie ihren Sohn Max mit Gurken bombardierte? Es passt so gar nicht ins Bild, das ich von dieser geradezu herrschaftlichen Persönlichkeit hatte. Auch nicht ins Bild, das ihre Söhne Willi/Zeew und Max oder ihre Schwiegertöchter Lea und Thea zeichneten.

Es wird ihr ähnlich wie ihrem Karl bei seiner Sozialistenflutung ergangen sein. Es bedurfte nur einer faulen Gurke oder eines Tropfens, um das Fass ihrer Palästina-Zion-Israel-Bitternis überlaufen zu lassen. Wie ihr Karl und Hunderttausende deutscher Juden hatte sie alles verloren, was ihr lieb und teuer war. Bis auf das Leben. Genau dieses Leben war aber – sechsmillionenfacher Judenmord = Holocaust = Schoah = wörtlich: Katastrophe – ein Gottesgeschenk. Ja, gewiss, Recha war IHM, dem »Lieben Gott«, dankbar. Sehr sogar. Aber die faule, womöglich sogar in einem Kibbuz (= sozialistisches Landwirtschaftskollektiv) gewachsene Gurke war einfach zu viel des Schlechten vom Guten.

Vielleicht stammte die faule Gurke gar aus der landwirtschaftlichen Genossenschaft (»Moschaw«) ihres älteren Sohnes Willi (jetzt, o Graus, hebräisch Zeew)? Kam diese faule Gurke etwa von seinem Acker, aus seinem schlechten Gut? Von ihrem Sohn, dem Landwirt, ach was: Bauer. »Ick bin Bauer«, verkündete er immer wieder berlinernd seiner piekfeinen Mutter, die es nicht hören und nicht wissen wollte. Aufstieg und Fall des Römischen Reiches. Nun war Familie Wolffsohn dran, mit allen Juden zusammen, mag Recha gedacht haben und, wie so oft »JessesMaria« oder nur »Jesses« (für, jawohl, Jesus) gesagt haben.

JessesMaria – Rechas Weg

Ja, JessesMaria oder auch JessesMariaundJosef sagte sie oft. War Recha Katholikin? Nein, Jüdin. Sie stammte aus Exin, Kreis Schubin, Regierungsbezirk Bromberg, wo sie am 10. November 1887 als Tochter des wohlhabenden Kaufmanns Hermann Landecker geboren wurde und die ersten Lebensjahre verbracht hatte. Exin gehörte zum Deutschen Reich, die Bevölkerungsmehrheit war polnisch, sprach Polnisch und – war katholisch.

Recha betete allabendlich auf Deutsch zu Gott. Des Hebräischen war sie nicht mächtig. Weder vor noch in oder nach Israel. Der Gott, zu dem sie betete, war für Recha Wolffsohn nicht der jüdische oder christliche, sondern eben Gott, *der* Gott, der Gott aller Menschen. Vom Islam oder anderen Religionen wusste sie nichts, folglich war Gott, ihr Gott, der Gott, christjüdisch beziehungsweise judenchristlich und sie, so sehe ich es, so etwas wie eine Christjüdin. Eine von ihrer katholischen Umwelt mitgeprägte, Jesus verehrende Herkunftsjüdin. Juden und Judentum waren für sie, wie für so viele westeuropäische oder westeuropäisierte Juden, eher gesellschaftliche Veranstaltung als verinnerlichte Verwurzelung. Auch wer wollte, konnte diese Wurzeln selten abtrennen und musste, weil unwillkommen, in Sackgassen rennen.

Rechas Enkel Michael, ich, fiel nicht weit von ihrem Stamme. Ich halte Jesus für den Höhepunkt rabbinisch jüdischer Ethik. Der christliche Heiland steht unzweifelhaft in der Tradition des sanften, klugen, weisen Rabbis Hillel, der im Jahre 10 n. Chr. starb. Hillel war sowohl geistig als auch biologisch Stammvater führender Früh-Talmudisten. Sie schufen nach der Zerstörung des Zweiten Tempels (70 n. Chr.) das moderne, sprich tempellose, tragbare, ortsungebundene, schriftbasierte Judentum.

Folglich kann man auch als Jude Jesus besten Wissens und Gewissens sozusagen innerjüdisch verehren. Diese These lässt sich alttestamentlich, hebräisch mühelos beweisen: Ein »meschiach« (Messias) ist, wörtlich, ein Gesalbter (griechisch: christos), und gesalbt war, der Hebräischen Bibel zufolge, jeder jüdische Priester und jeder König. Erstens kannte demnach Alt-Israel viele Christusse, und zweitens wird Jesus selbst im Neuen Testament nicht wirklich physisch, sondern sozusagen metaphysisch, virtuell gesalbt.

Ich gebe zu, dass diese Fakten nicht den Vorstellungen, genauer: Fiktionen jüdischer oder christlicher Orthodoxie entsprechen. Deren Vorstellungen orientieren sich allerdings an ihren Einstellungen, nicht an den Tatsachen, nicht einmal den sprachlichen.

Der interkonfessionellen Ausgewogenheit (oder Ketzerei?) wegen sei erwähnt, dass der Prophet Jesaja (8, 14) die Geburt des Retters, des Heilands, »Imanuel« (= Gott ist mit uns) durch eine junge Frau (hebräisch »alma«) verkündete – und nicht durch eine Jungfrau (hebräisch »betula«). Manchmal reichen schon Sprachkenntnisse, um die Orthodoxie der Kreuzes- oder Davidstern-Religion aufs Kreuz zu legen.

Wahrscheinlich halten mich Vatikan- und Luther- sowie Calvin-Jünger, Israels Oberrabbiner sowie der extremorthodoxe Rat der Thoraweisen für einen Ketzer und schließen mich nicht in ihre Nachtgebete ein. Beim Lieben Gott, den es hoffentlich gibt, hoffe ich auf bessere Behandlung. Auch deshalb, weil der Messiasgedanke im talmudischen, also tonangebenden, Judentum – als Reaktion aufs jesuschristusbezogene Christentum – seit dem zweiten nachchristlichen Jahrhundert ohnehin keine Rolle mehr spielt. Wer mehr über meine Gedankengänge zu diesem Thema wissen möchte, sei auf mein Buch ›Juden und Christen‹ (2008) verwiesen.

Jedenfalls fand Recha Wolffsohn nichts dabei, immer wieder Jesses-Maria oder Jesses an- und auszurufen. Warum auch nicht? Zeitlebens sprach sie mit größter Hochachtung, geradezu liebevoll von Jesus: »Der Jesus, das war ein großartiger Mensch, und Jude war er außerdem.« Stimmt.

Wir, Recha und ich, befinden uns in, wie ich meine, bester jüdischer Gesellschaft. Joseph Gedalja Klausner (1874–1958), der bedeutende jüdische Gelehrte, Autor der 1921 erstmals in Jerusalem erschienenen und aus meiner Sicht nicht einmal vom großen David Flusser übertroffenen Jesus-Biografie und Onkel des israelischen Schriftstellers Amos Oz, hatte seinen noch jungen Neffen einst nicht nur respekt-, sondern geradezu liebevoll auf den Mann aus Nazareth aufmerksam gemacht, »diesen tragischen und wunderbaren Juden«. Klausner nannten Jesus sogar einen »Zadik«, einen vor sowie für Mensch und Gott Gerechten.[4] Für Nicht-nur-Bauchnabel-Juden sind demnach sowohl Großmutter Recha als auch ich koscher.

Jesus und Maria, der polnische Katholizismus – das war zunächst Recha Wolffsohns natürliches Umfeld. Das änderte sich im protestantischen »Sündenbabel« Berlin und erst recht im jüdischen Gemeinwesen, das damals noch nicht so sehr wie heute unter der orthodoxen, fast fundamentalistischen Fuchtel zu leiden hatte.

Rechas Band und Bund mit dem Christentum galt nicht nur dem Katholizismus. »Ich habe am selben Tag wie Martin Luther Geburtstag, am 10. November«, tat sie alljährlich einmal, am 10. November, alles andere als unstolz den Mitfeiernden kund. Erwähnte sie Schiller, der ebenfalls am 10. November geboren wurde? Ich glaube ja, aber Luther häufiger.

Über Rechas Elternhaus weiß ich nur wenig. Es war wohlhabend. Das wurde hier und dort erwähnt, aber nie hervorgehoben. Man war wohlhabend. Basta. Darüber musste nicht geredet werden.

»Recha« – der Name als Signal
Hermann Landecker und seine Frau, deren Vorname mir nicht bekannt ist, waren offensichtlich mehr als nur ein Kaufmannsehepaar. Sie hatten das eine oder andere Buch gelesen und ganz gewiss den von unzähligen deutschen Juden heiß geliebten, hochverehrten Lessing. Wahrscheinlich nicht den »ganzen Lessing«, aber seinen Nathan, ›Nathan der Weise‹.

»Ja«, erzählte Recha immer wieder voller Stolz, »meine Eltern nannten mich Recha. Wie die Tochter von Nathan dem Weisen.«

Wer Lessings phänomenal tolerante Ringparabel kennt, wird sich nicht wundern, dass meine Sabta Recha Jesus und Maria hoch achtete. Sie sprach ihren Namen so locker aus wie das »Schma Israel, Höre-Israel«-Gebet – auf Deutsch.

Jahrzehntelang habe ich wenig über Großmutter Recha oder ihre mir völlig unbekannten Eltern nachgedacht. Jetzt, da ich mich zu erinnern, einzudenken und einzufühlen versuche und in ihre Welt eintauche, bin ich voller Dankbarkeit. Für den Bezug auf Lessing, den Höchstpriester der Toleranz, braucht man sich wahrlich nicht zu schämen.

Vergessen wir nicht, dass Lessings Recha, wie sich am Ende des Stückes zeigt, christlicher, nicht jüdischer Herkunft, der Jude Nathan nicht ihr leiblicher, sondern Pflegevater und der christliche Ordensritter ihr leiblicher Bruder war.

Der Jude Hermann Landecker und seine jüdische Frau wählten folglich mit Recha den Vornamen einer Frau, die als Jüdin galt und Christin war. Also Judenchristin? Christjüdin? Recha ist bezogen aufs Judentum und Christentum so ununterscheidbar wie die drei Ringe der Ringparabel im ›Nathan‹. Welcher der drei Ringe war das Original? Diese Frage war nicht zu beantworten. Ergo war für Hermann Landecker und seine Frau der Vorname Programm: Nichts sollte Juden(tum) und Christen(tum) voneinander trennen. »Alle Menschen werden Brüder.« Ja, natürlich, Schiller. Neben Lessing der Lieblingsdichter so vieler (aller, der meisten?) jüdischen Deutschen der damaligen Zeit. Lessing und Schiller, die hatte »man« zu kennen. Und jeder Jude, der sie kannte, liebte sie. Ganz offensichtlich auch Herr und Frau Hermann Landecker.

Hermann und seine Frau hatten noch drei weitere Töchter: Hedwig, Trude und Grete. Was war an diesen Vornamen jüdisch? Nichts beziehungsweise so viel wie beim Vornamen des Vaters: Hermann. Hermann, nicht Herschl oder Hosea, Hermann – wie Hermann der Cherusker, der strahlende Held der Germanen, der 9 nach Christus Varus' römische Legionen so vernichtend schlug, dass Kaiser Augustus ihn anflehte: »Varus, gib mir meine Legionen wieder!« Nix da, Germaniens Faust, eben Hermann, hatte zugeschlagen. Hermann, das leuchtende Vorbild des alten und neuen Germanien, des Deutschen Reichs. Der alte Kaiser Wilhelm (Wilhelm Eins) hatte jenem Hermann zwölf Jahre vor Rechas Geburt im Teutoburger Wald ein grässlich-bombastisches Denkmal errichten lassen.

Hermanns Eltern, Recha Landeckers Großeltern haben wohl ganz prosaisch, aber auch politisch und identifikatorisch entschieden: Sie haben dem Römer metzelnden germanischen Guerillakämpfer durch den Vornamen ihres Sohnes ihr eigenes Denkmal gesetzt. Sie waren und blieben Juden, aber ihr Herz schlug fürs Deutschtum. So muss es gewesen sein, denn sie wählten für ihren Sohn nicht einfach nur einen nichtjüdischen, angepassten, sondern einen hyperangepasst-deutschen Vornamen, Hermann eben. Das war eine Botschaft an die Außenwelt. 80 bis 90 Prozent der deutschen Juden gaben ihren Kindern damals nichtjüdische Vornamen. Aber höchstens vier Prozent entschieden sich Mitte des 19. Jahrhunderts für hyperangepasste bzw. hyperassimilierte Vornamen wie Hermann. Um 1930, deutlich nach Hermann Landeckers Geburt, war diesbezüglich der Höchststand mit 5,5 Prozent erreicht.

Schlug das jüdische Herz von Hermann Landeckers Eltern hypergermanisch? Wollten sie, zumindest nach außen, verbergen, dass sie Juden waren? 80 bis 90 Prozent der deutschen Juden haben sich von

1860 bis 1930 für diesen Weg entschieden. Sie gaben ihren Kindern nichtjüdische Vornamen. Nein, sie konvertierten nicht zum Christentum. Sie blieben Juden – aber sie wollten es nicht zeigen. Thomas Brechenmacher und ich haben in unserem Buch ›Deutschland, jüdisch Heimatland. Die Geschichte der deutschen Juden vom Kaiserreich bis heute‹ (2008) das Thema »Identifikation und Vornamen« systematisch, statistisch-repräsentativ aufgearbeitet, ausgebreitet und hierfür eine Methode entwickelt, die wir *historische Demoskopie* nennen.

Das Ehepaar Hermann Landecker war zwar hyperassimiliert deutsch, aber nicht christianisiert. Ein Weihnachtsbaum wurde beispielsweise nicht aufgestellt. Der Weihnachtsbaum ist alles andere als ein wirklich christliches Symbol. Er ist faktisch und zweifelsfrei heidnischen Ursprungs, doch mental, emotional gilt er, besonders bei Juden, als »typisch christlich«.

Die »Judenfrau«

Wie bei den meisten deutschen Juden ihrer Zeit war Recha Landeckers Prägung weltoffen und weil weltoffen, jüdisch nicht ganz (treff)sicher. Sie verkündete oft: »Ich bin eine Judenfrau.« »Nein, Sabta«, belehrte ich sie oberlehrerhaft (sie starb 1972, sodass ich genug Gelegenheit fand, auch sie zu belehren), »du bist Jüdin, keine Judenfrau. Eine Judenfrau ist die Frau eines Juden, aber keine Jüdin. Du bist die Frau eines Juden und, jüdisch betrachtet, mehr als nur die Frau eines Juden. Du bist kraft deiner Geburt als Kind einer jüdischen Mutter selbst Jüdin und nicht durch deinen Mann.«

Sie wusste auch nicht recht zwischen Jüdischem und Islamischem zu unterscheiden. Beides war für sie irgendwie orientalisch, also Lichtjahre von ihrem Sein und Fühlen entfernt, wiewohl von 1939 bis 1949 geografisch so nah. Den Oberkantor der Jüdischen Gemeinde zu Berlin, Estrongo (»Eto«) Nachama, den sie nicht nur seiner goldenen Stimme, sondern auch seines unbändigen Charmes wegen mochte, nannte sie immer »el Chama«. Arabisch »el«, jüdisch Nachama = Trost. Jüdisch oder nicht, einerlei. Orient bleibt Orient.

Madames Bauernsohn

Ungebildet war Recha nicht, aber auch nicht wirklich gebildet. Willi/ Zeew war alles andere als ungebildet. Aber der »Ick-bin-Bauer« pfiff (nach außen hin) auf Bildung und Bücher, die er (damals) abfällig »Schmöker« nannte, um besonders vor und für sich selbst die Rolle eines echten landwirtschaftlichen Pioniers, eines »Chalutz« (ch wie in »ach«), zu spielen. Die bourgeoisen Eltern sollten ebenfalls provoziert werden.

Zusätzlicher Provokationen bedurfte es nicht. Grässlich fand Opa Karl, noch grässlicher fand die feine Recha, Schadmot Dvorah, das Dorf, in dem er lebte – sie nannte es verachtungsvoll »Kaff«. Recha und ihr Karl sahen in diesem galiläischen Dorf in atemberaubend schöner Landschaft am Fuße des Berg Tabor – der »Berg der Erleuchtung« im Neuen Testament –, was sie sehen wollten: viel Schweiß und wenig Brot, Steine, Staub, ausgemergelte Kühe, weniger glücklich als ihre Allgäu-Oberbayern-Friesen-Holstein-arischen Artgenossen, Armseligkeit.

Ganz zu schweigen von den sanitären Einrichtungen. Dusche? Vor dem Haus. Ein an der Fassade nach oben und von dort etwas hinuntergeführtes Wasserrohr. Toilette? Plumpsklo mit Schlangen als Bei- oder Zugabe. Auch in meinen Kinderpopo wollte mal eine galiläische Schlange beißen. Ekelhaft fand ich's. Für Karl und Recha war's ein Albtraum. Aus ihrem einstigen Paradies hatten Hitler & Co. sie vertrieben. In Berlin hatten sie im Winterhalbjahr bis 1936 eine Riesenwohnung in der damals wie heute edelbürgerlichen Mommsenstraße 16. Im Sommerhalbjahr bewohnten die Wolffsohns eine 14-Zimmer-Villa plus »Dienerehepaar-Haus« sowie einem klein-feinen Bungalow. Alles zusammen auf achttausend Quadratmetern Grund, direkt am malerischen, von der Havel gespeisten Stölpchensee. Danach Schadmit Dvorah mit Plumpsklo mit Schlange.

Und so verlor auch Recha einmal ihre Contenance, und es kam zu der Gurkenkanonade. Ja, es war Gott und der Welt gegenüber angesichts der sechsmillionenfachen Katastrophe ungerecht, aber wer wirft unter diesen Umständen die erste Gurke?

Doch israelisch?
Karl und Recha waren alles andere als typische Israelis, und Kollektiv-schablonen sind ohnehin abzulehnen. Dennoch – war ihre aufbrau-sende, plötzliche Explosion nicht doch irgendwie typisch für »die« Israelis? Unzählige Israelis verhielten sich selbst im innerjüdischen All-tag auffallend aggressiv und explosiv. Weshalb? Weil nicht nur Karl und Recha Wolffsohn ihre Leidensgeschichte auf den Schultern trugen. Hunderttausendfaches Leid dieser und der viel schlimmeren Art trug jeder jüdische Israeli mit sich herum. Er, sie brachte jene unheilige Vergangenheit aus Europa, Asien oder Afrika mit ins nennheilige Land, wo sich seit 1882 Juden und Araber – wer auch immer angefangen hatte und schuldig war – wechselseitig abschlachteten und ein Blutbad dem nächsten folgt.

Diener als Freunde
Seit Anfang 1950 waren Herrschafts- und Dienerehepaar wieder zusam-men. Karl und Recha Wolffsohn, Paul und Elli Pötschner. Karl und Recha hatten Israel, wie sie sich selbst und anderen einredeten, im Dezember 1949 »zeitweise« verlassen, um ihr arisiertes Eigentum zu-rückzuerkämpfen, darunter die 49 Häuser der Gartenstadt Atlantic.
Nicht einmal ein Dach über dem Kopf hatten sie. Paul und Elli boten ihnen Asyl, als sie zurück aus dem Exil kamen. Zunächst in ihrer win-zigen Wohnung im Berliner Westend. Dort war das Dach undicht. Um-zug in die Gartenstadt Atlantic, die noch immer in »arischem« Besitz war. Mit den beiden Wolffsohns teilten die beiden Pötschners zwei Jahre ihre Eineinhalbzimmerwohnung in der Behmstraße 21. Seit 2007, nach der Modernisierung der Gartenstadt Atlantic, erinnert dort eine Tafel im Treppenhaus an diese vermeintlich kleinen, tatsächlich wirk-lich großen Leute. Leute? Nein, Menschen! Ganz große Menschen. Der Text: »In diesem Haus wohnten von 1952 bis 1985 die unbesungenen Helden Elli und Paul Pötschner. Als ihrer ›Herrschaft‹ alles geraubt wurde, wandten sie sich nicht ab und teilten das Wenige, das sie hatten.«

Untermieter
Nachdem Karl die eine und andere Mini-Wiedergutmachung erhalten hatte, zogen Recha und er um. Ins feine Wilmersdorf? Nicht weit von der Mommsen- und Sybelstraße, wo sie von 1936 bis 1939 gewohnt, nein, residiert hatten? Ja, Wilmersdorf. Joachim-Friedrich-/ Ecke Westfälische Straße. Drei Zimmer plus Bad – in Untermiete.

Elli Pötschner war wieder der gute Hausgeist. Und, wie einst, war Recha »Gnä' Frau«. Gnä' Frau war herrschaftlich, doch sie benahm sich nicht herrschaftlich, sondern partnerschaftlich. Auch deshalb waren die Pötschners und Wolffsohns unzertrennlich. Karl und Recha zahlten Elli, sie waren die »Herren« der untergemieteten Wohnung und Arbeitgeber, aber in den mageren 1950ern führten sie sich so wenig wie in den Goldenen Zwanzigern wie Herrschaften auf.

1954 noch ein Umzug. Duisburger Straße 13. Eine sehr gute »alte jüdische Gegend« Berlins. »Davor«, also vor Adolf H. Wieder drei Zimmer plus Bad. Noch immer wohnten Wolffsohns in Untermiete. Ab September 1954 stießen meine Eltern und ich für ein knappes Jahr dazu. Maxi-Belegung einer Mini-Wohnung. Sommerresidenz, Winterresidenz?

Olivaer Platz
Elli war immer dabei. Auch seit Mitte 1956 in der Bregenzer Straße 3, der wunderschönen Dreizimmerwohnung (mit Fahrstuhl), direkt am noblen Olivaer Platz (Volksmund »Oli«). Nicht mehr als Untermieter, auch nicht als Eigentümer, als Mieter.

Hier konnte Recha residieren. Endlich. Langhaardackel Ari war nicht mehr bei ihr. Sie hatte sich zwar sehnlich ein solches Tierchen gewünscht, aber der reale Hund war ihr denn doch zu realhündisch. »Der Hund riecht nach Hund«, klagte Recha.

Meine Eltern, sprich: meine Mutter, gewährte dem Tierchen Asyl. Er zog zu uns, und er hatte es fein. Feine Kalbsleberwurst zog er dem üblichen Hundefraß vor.

Seit Mitte der 1950er Jahre ging es den Wolffsohns noch nicht wieder gold, doch gut. Nun gingen sie ab und zu sogar wieder schlemmen. Am 10. November 1956, Rechas Geburtstag, konnte sie im Edelrestaurant

»Schlichter«, »wie einst im Mai« (bis zum 30. Januar 1933) Crêpes Suzettes goutieren. Gutes goutieren und »am Oli« residieren. Nicht mehr lange mit ihrem geliebten Karl. Er starb im Dezember 1957.

Kalte Krieger?

War Recha politisch? Nein, das war damals auch bei Wolffsohns »Männersache«. Bei Karl blieb nichts Politisches, kein Politiker unkommentiert. Ein Wolffsohn ist eben ein Wolffsohn, ein Wolffsohn, ein Wolffsohn. Der doziert und monologisiert.

Obwohl – so seine und Rechas Standardformel – nur »zur Zeit in Berlin«, war Karl im Kalten Krieg durch und durch Westberliner. »Frontstadt«-Berliner. Am liebsten hörte er den »Rundfunk im Amerikanischen Sektor«, RIAS. »Es ist siebzehn Uhr. Hier ist RIAS-Berlin, eine freie Stimme der freien Welt.« Alt-Westberlinern klingt das zeitlebens im Ohr. Der DDR und ihren West-Anhängern war der RIAS verhasst. Kein Wunder, denn dort wurde DDR so ausgesprochen: »DeeeeDeeeeÄÄrrr«. Ungefähr wie: »Igitt, igitt, rühr mich nicht an.« Die ganze Verachtung gegenüber diesem Staat wurde lautmalerisch hörbar und fast körperlich spürbar. Karl schätzte die DDR-Verachtung, und deshalb liebte er das hochgeistreiche, kaltkriegerisch-antikommunistische Kabarett »Die Insulaner«. Allmonatlich übertrug der RIAS das neue Programm. Auf der Couch liegend – weißes Hemd, Krawatte (nicht selten fleckig), im Anzug, hörte Karl genussvoll, wie Insulaner den DDR-Aufpasser aus der Sowjetunion, den »Genossen Quaaatschniiijj«, oder den »Jenossen Klaus-Dieter« auf die Schippe nahmen. Der Genosse Quaaatschnij schrie wie der damalige Sowjet-Botschafter im UNO-Sicherheitsrat immer nur »Njeeeet«, und der Jenosse Klaus-Dieter war ostrotpolitisch nicht ganz koscher. Seine fiktiven Eltern hatten zumindest ns-gedeutschtümelt, denn Doppel-Vornamen waren hierfür ein nicht ganz unzuverlässiger Hinweis. Beim Insulaner blieb kein Auge trocken, Karls Lachtränen flossen. Recha fand's gut, blieb aber kühl. Wie fast immer.

Hitler und Adenauer

Westberlin, Juli 1953. Erstmals »nach Hitler« besuchten meine Eltern und ich Deutschland. Der Baron von Massenbach, damals Vorstand der Gartenstadt Atlantic, hatte Karl und seinen Familiengästen für diese Zeit einen Mercedes 170 (ich glaube, so hieß das Modell) zur Verfügung gestellt. Kein fürstliches, doch ein freiherrliches und für uns Israelis – dort damals einen winzigen, meistens streikenden Fiat Topolino fahrend – ein königliches Gefährt.

Am Steuer des Mercedes 170 mein Vater, denn Karls Ruckel-Ruckel-Fahrkünste waren berüchtigt. Unter seiner Führung stotterte jedes Auto, es fuhr nicht. Souverän und ruckellos fuhr uns mein Vater gerade über die Halenseebrücke. Rundum immer noch zerstörte Häuser.

Ich wollte von meiner Großmutter Recha wissen, weshalb es so viele Ruinen gab.

– Hier gab es einen schrecklichen Krieg.
– Wer war schuld an dem?
– Hitler, Adolf Hitler.
– Hitler? Wer oder was war Hitler?
– Deutschlands Kanzler. Kanzler ist wie Ministerpräsident. Wie Ben-Gurion in Israel. Aber der Hitler war ein Verbrecher, ein Massenmörder. Er hat Millionen von Juden ermordet und hat viele andere, Millionen Tote, auf dem Gewissen.
– Wer ist jetzt Kanzler in Deutschland?
– Adenauer.
– Ist auch der Adenauer schlecht für uns Juden?
– Nein, der Adenauer ist gut.
– War Hitler Deutschland?
– Ja, aber Nazi-Deutschland. Die Nazis waren Verbrecher.
– Ist Adenauer Deutschland?
– Ja, ein neues Deutschland, ein gutes.

Das war mein Proseminar zur deutschen Zeitgeschichte. So wurde ich aufs neue, sprich das neue Deutschland programmiert und präpariert.

KKK-Frau und kalte Schönheit

Recha war, wie ihre beiden Schwiegertöchter nicht zu Unrecht sagten, eine »kalte Schönheit«. Heiß aber liebte sie ihren Karl. Sie war alles andere als eine kulleräugig schmachtende, knetbare Puppe. Aber sie lebte für ihren Mann. Er war ihr Leben und ihr Lieben. »Ja, mein hoher Herr«, wie das Käthchen von Heilbronn, sagte sie nicht. Das entsprach nicht ihrer Prägung. Trotzdem entsprach sie dem eher traditionellen Frauenbild.

War sie eine KKK-Frau: Kinder, Küche, Kirche? Mitnichten. Kinder hatte sie, doch umsorgt wurden sie von Dada. In der Küche wirbelte ihr Personal, und in die Kirche bzw. Synagoge ging sie höchst unregelmäßig. Repräsentation und Partys mochte sie, wenn auch nicht als Lebenszweck. Sie war keine Intellektuelle. Ihre und Karls Bibliothek war eher klein, um nicht zu sagen winzig, und dass es den ›Reader's Digest‹ überhaupt gab, sah ich erstmals in ihrem Hause. Die traditionelle Frauenrolle behagte ihr, aber, wie (unter ganz anderen Vorzeichen) die traditionellen deutschen (und anderen europäischen) Frauen im Ersten und Zweiten Weltkrieg oder die Trümmerfrauen, in schwierigen Situationen stand sie »ihren Mann«.

Sie war mutig, entschlossen, hartnäckig. Max' Flucht aus Deutschland nach Britisch-Palästina, diese politische und organisatorische Herkulesaufgabe, hatte sie bewerkstelligt. Auch ihre und Karls Flucht hatte Recha geplant und verwirklicht. Deutschland mussten sie im Frühjahr 1939 binnen vierzehn Tagen verlassen. Nach deutschem NS-Recht legal, doch ohne Vermögen und nur mit einem Köfferchen in der Hand, durften sie über die Niederlande ausreisen. Doch Den Haag ließ keine Deutschen mehr ins Land, auch keine deutschen oder österreichischen Juden. Deutsch war für die Niederlande deutsch. Weil und als Deutsche galten sie im ach so aufgeklärten Holland als »feindliche Ausländer«.

Mit dem letzten verbliebenen Geld zahlte Recha Fluchthelfer. Sie und ihr Karl wurden dann illegal, im Boden eines Kartoffellastwagens, durch die Niederlande nach Belgien geschleust. Dorthin durften sie legal ein- und von dort per Schiff aus- und weiterreisen. Glück gehabt.

Karl und Recha hatten sogar noch mehr Glück: Sie durften nach Britisch-Palästina legal einreisen. Das war keineswegs selbstverständlich, denn seit den 1920er Jahren handhaben die britischen Treuhänder (faktisch Kolonialherren) die jüdische Einwanderung äußerst restriktiv. Willentlich antisemitisch war die britische Haltung nicht. Aber opportunistisch motiviert. Für London war inzwischen der gute Wille »der« Araber politisch bedeutsamer als der jüdisch-zionistische.

Deshalb hatten die Briten die Einwanderungsquoten für Juden drastisch begrenzt und huldvoll-herablassend bemessen. Verteilt wurden die Quoten von den zionistischen Institutionen, und in denen gaben die Sozialisten den Ton an. Ihre Leute wollten sie holen und mit ihnen das Land aufbauen, denn – abgesehen von der Ideologie – konnte man mit bürgerlichen Jeckes (manchmal noch unfreundlicher »Jeckepotz« genannt) keinen »Staat machen«. Und »Staat machen«, einen jüdischen Staat machen, wollten die sozialistischen Zionisten. Dafür wollten sie und brauchten sie mehr Hand- als Kopfarbeiter, und wenn Köpfe, dann sollten in ihnen die richtigen, sprich: sozialistisch-zionistischen, keine »reaktionär«-bürgerlichen Gedanken umherschwirren.

Lange habe ich Sabta Recha nicht so recht verstanden. Die Geschichte ihrer Gurkenkanonade half mir, sie aus und in ihren Zeitläuften, Hoffnungen und Enttäuschungen, aus ihrer persönlichen Geschichte und ihrer Zeitgeschichte besser, erstmals wirklich mitfühlend, zu verstehen.

Justus Saalheimer, der königlich-bayerische Ulan im jüdischen Arbeiter- und Bauernstaat

Bilder von Opa

Zu meinen frühesten Erinnerungen zählen die Fotos in der Tel Aviver Wohnung von Justus und Gretel Saalheimer. Auf dem Regal sehe ich das Foto ihrer Eltern. Vornehmes, plüschpralles, deutschbürgerliches Ambiente in Nürnberg und Bamberg, wo Justus' Familie lebte. Aus der Dürerstadt, später als »Stadt der Reichsparteitage«, eine Nazi-Hochburg, stammte Gretel Saalheimer, geborene Bickart. Alle sind elegant gekleidet, alle in edlem Tuch. »Kleider machen Leute«? Offensichtlich waren es gemachte Leute in teuer gemachten Kleidern. Sie machen etwas her. Der glitzernde Schein ihres wirtschaftlichen Wohlseins ist ihnen offenbar wichtig.

Wenig Kopfbilder sind zu sehen, und wenn man die wenigen Kopfbilder betrachtet, sieht man weniger intellektuell geprägte als mehr modisch gepflegte Köpfe, schöne Jacken, Blusen, Hemden, Knöpfe.

Der Ulan

Auffallend das Foto von einem ungefähr zwanzigjährigen Schönling in der Uniform eines königlich-bayerischen Ulanen. Kavallerie, also Reiter. Nein, nicht Ritter. So weit ins teutsche Hochmittelalter reichte die deutschjüdische Anpassung (Anmaßung in den Augen von Antisemiten) wiederum nicht. Etwas preußisches Herrenreitertum auf Bayerisch schimmert allerdings durch. Haltung. Aufrecht. »Bauch rein, Brust raus.« So wie Justus es immer befahl. Seinen drei Töchtern, den Enkeln, lang davor seinen soldatischen Kameraden. »Die Augen geeeeradeaus!«

Wie eigentlich alle Juden Bambergs, hatten die Saalheimers nur jüdische Freunde und Bekannte. Der Männerstammtisch war rein jüdisch, ebenso die Skatrunde oder der Bridgekreis der Damen, die Kaffee- und Abendeinladungen. Umgekehrt war der Umgang der Bamberger Nichtjuden meist judenrein – bevor Hitler ganz Deutschland »judenrein« umzuformen begann.

Von der Reichskristallnacht zu Thomas Dehler (FDP)

Das nächste Justus-Bild sieht gemäß der familiären Überlieferung so aus: Bamberg, 9. November 1938, gegen 23 Uhr, »Reichskristallnacht«. Mehr als nur Kristall wurde zerschlagen, Menschen erschlagen. Erdgeschoss, Sophienstraße 11, heute Willy-Lessing-Straße.

Hammerheftige Schläge und Tritte gegen die Haus- und Wohnungstüre. Fenster klirren. »Saujud, mach auf!« Justus öffnet. In Unterhosen steht er vor der SA-Horde. »Ich glaube, Sie haben sich in der Adresse geirrt. Ich bin Träger des Eisernen Kreuzes, EK I und EK II.« Er geht an den Schrank, holt die Orden und zeigt sie. Ein SA-Mann nimmt sie. »Saujud, häng die dir an den Arsch, in den ich dich trete.« Gesagt, getan. Dann zerrt er Justus aus dem Haus. Barfüßig wird er durch die Stadt gejagt und wie Vieh ins KZ Dachau gekarrt.

Die Sophienstraße heißt seit 1948 Willy-Lessing-Straße. Willy Lessing, Saalheimers Nachbar, der Vorsitzende der Jüdischen Gemeinde, rannte in jener Nacht in die brennende Synagoge, um die Thorarollen zu retten. NS-stramme »Arier« packten und misshandelten ihn. Seine Wohnung wurde aufgebrochen und in Brand gesteckt. Im Januar 1939 erlag er seinen schweren Verletzungen.

Der praktizierende Jude Willy Lessing war noch teutsch-deutscher als Justus. Vor dem Ersten Weltkrieg hatte er die Bamberger Sektion des Deutschen Flottenvereins geleitet. Er war Eigentümer eines höchst erfolgreichen Unternehmens. Nicht in der vermeintlich jüdischen, gar »verjudeten« Textilindustrie. Willy Lessings Unternehmen stellte ein geradezu urdeutsches Produkt her: Bier, über das so mancher orthodoxe Jude verachtungsvoll als »Gojim naches«, Vergnügung von Nichtjuden (= Gojim), spricht.

1946 kamen die Brandstifter, die den Krieg überlebt hatten, vor Gericht und wurden zu mehrjährigen Haftstrafen verurteilt. Staatsanwalt war Thomas Dehler, Freund der Saalheimers und anderer Juden, verheiratet mit einer Jüdin, zu der er auch in der NS-Zeit hielt und sie somit nicht den Mördern auslieferte. Über denselben Thomas Dehler liest man heute in Geschichtsbüchern, dass er als Vorsitzender der FDP deutschnational, rechts gesteuert war und somit alte Nazis rehabilitiert hätte. Wären doch mehr Deutsche so »deutschnational rechts« gewesen wie Thomas Dehler. Sechs Millionen Juden sowie insgesamt 57 Millionen Menschen hätten die Zeit bis 1945 überlebt.

KZ Dachau
Das ist das kanonisierte Familienbild vom Dachau-Rückkehrer Justus Saalheimer. Ganz dünn, abgemagert, Haut und Knochen. Er scheint jedoch das KZ besser verkraftet zu haben als manch anderer, und im Gegensatz zu manch anderen hat er darüber auch gesprochen, sogar gleich danach gesprochen und erzählt.

Einlieferung. Verteilung von Sträflingskleidung. »Die ist zu eng«, beklagt sich Justus.« »Wart, bald wird's dir schon passen.« So kam's.

Selbst unter den KZ-Banditen und -Mördern waren nicht alle gleich unmenschlich. Die Häftlinge mussten rennen, rennen, rennen. Schikane. Sagten die meisten. Justus sah das anders: »Weil wir in dieser Eiseskälte rannten, froren wir nicht. Stehend wären wir erfroren.« Nein, das KZ war kein Sanatorium, doch selbst in der Hölle gab es Ober- und Unterteufel.

Sogar im KZ hatte Justus Glück im Unglück. Er kam in die Schreibstube. Ehre, wem Ehre gebührt: dem deutschen Formular. Mit seiner gestochenen Handschrift füllte Justus eins ums andere aus. Der Aufseher besah – und zerriss es. Einmal, zweimal, immer wieder. »Ich werde das weiter so machen.« Nun verstand Justus. Scheherazade erzählte Märchen, um Lebenszeit zu gewinnen. Der KZ-Mann ließ Justus immer gleiche Formulare vollschreiben, um ihm die relative Annehmlichkeit der Schreibstube zu sichern.

Wieder Glück im Unglück. Dank Justus' Bruder Fredi hatten die fünf Bamberger Justus-Saalheimers das seltene Glück, im Frühjahr 1939 legal aus Deutschland aus- und nach Britisch-Palästina einwandern zu dürfen. »Reichsfluchtsteuer« hatten sie zu bezahlen und das gesamte Eigentum, alles, aufzugeben.

Alles und doch nicht alles. Wieder Glück im Unglück. Feinstes Geschirr der Nymphenburger Porzellanmanufaktur und Silberbesteck durften die Saalheimers siebenfach mitnehmen. Diese krumme Zahl, wie das und warum? »Wie viel seid's in der Familie?«, fragte einer aus der Räuberbande, als alles dem volksdeutscharischen Eigentum überführt werden sollte. »Fünf? Na, dann nehmt's siebenfach mit.« Auch bei Räubern gibt es offenbar manchmal so etwas wie Menschlichkeit oder Gewissen.

Auch im KZ hatte Justus weder Lebensfreude noch Humor verloren. Da er sein Geld nicht mitnehmen oder ins Ausland überweisen durfte, wollte er so viel wie möglich ausgeben, um wenigstens noch etwas Wohlleben zu genießen. Für die Überfahrt von Triest nach Haifa buchte er zwei Prachtkabinen auf einem Luxusdampfer. »Don Juans letztes Abenteuer«. So nannte er das Vergnügen. Zum Abendessen erschienen die Männer im Smoking, die Damen im langen Kleid. Es wurde geraucht, getanzt, geliebt.

Das Eiserne Kreuz

Mein nächstes Bild von Opa Justus zeigt ihn in Tel Aviv, der Saal-heimer'schen Wohnung, Boulevard Chen, 8. Juli 1961. Opa erinnert sich. Er erzählt, wie so viele Soldaten vor und nach ihm, vom selbst erlebten, selbst erlittenen Krieg. Leidvoll klang er nicht. Zumindest nicht in meiner Erinnerung. Seltsam. So wenig Leid kann er im Ersten Weltkrieg nicht erlitten oder gesehen haben, denn immerhin wurde er mit dem Eisernen Kreuz I und II ausgezeichnet. Nachgeschmissen bekam man diese Orden in der Regel nicht. Ich fragte nicht nach. Opa zeigte mir das Blech. Voller Stolz. Er habe für Deutschland gekämpft. Das sei Ehrensache gewesen.

– Und warum lebst du heute in Israel und nicht in Deutschland?
– Nach allem, was man mir und uns Juden in der Hitlerzeit angetan hat, werde ich nie wieder in Deutschland leben. Deutschland besuchen? Ja. In Deutschland leben? Nein.
– Obwohl es ein ganz anderes Deutschland ist? Sabta Recha sagt mir, Adenauer ist gut. Nicht wie der Hitler.
– Nie ist nie.

Rechas Ehemann Karl war deutlich weniger patriotisch als Justus Saal-heimer gewesen. Jener hatte sich 1914ff. gedrückt. Er ließ sich 1949 wieder in Deutschland nieder. Aus welchen materiellen und rechtlichen Gründen auch immer.

Nie wieder Deutschland – und doch ...

Ja, Justus hat nie mehr in Deutschland gelebt, und, ja, er hat Deutschland oft besucht. Schon 1951. Nein, nicht Hamburg, Bremen, Kiel oder das saupreißische Berlin. Deutschland, das war für Justus und seine Gretel der Süden – Franken und Bayern. Bamberg und Nürnberg, versteht sich.

Eines der wenigen Häuser in Bamberg, das während des Zweiten Weltkriegs bombardiert und zerstört wurde, war das Gebäude Heinrichsdamm 1. Es hatte – diesmal weder Glück noch Gerechtigkeit auf Erden – Justus Saalheimer gehört. Entgegen den »Wiedergutmachungs«-gepflogenheiten nach 1945 wurde ihm das Grundstück schnell erstattet.

Karl Wolffsohn riet:»Behalten, Justus, aufbauen, vermieten, verdienen, davon leben.« Das war unmöglich. Zwar lebt der Mensch »nicht
vom Brot allein«, doch ohne Brot kann er nicht leben. Justus verkaufte
und kaufte sich auf diese Weise mehr als Brot. Auf ging's von Bamberg
nach Bad Reichenhall und dort ins Nobelhotel »Axelmannstein«. »Vor-
nehm geht die Welt zugrunde.« Wie eh und je liebte Justus den Luxus,
das Leben und die Gaumenfreuden. Daheim (daheim?), in Israel, war
dann wieder »Schmalhans Küchenmeister« – bis »Konni der Gute«
(Adenauer) für Entschädigungszahlungen an Juden sorgte, die aus
Deutschland fliehen mussten. Wen wundert's, dass »der Alte« auch im
Hause Saalheimer geschätzt wurde?

Mit dem »Axelmannstein« verband Justus keine Erinnerungen an
dunkeldeutsche Zeiten. Da konnte er hin, das konnte er genießen, nicht
aber Nürnberger Rostbratwürste im Nürnberger »Bratwursthäusle«.
Das hätte ihn zurück ins Jahr 1936 verschlagen, das hätte ihm auf den
Magen geschlagen.

Judenreine Bratwürste

Justus Saalheimer war praktizierender, synagogaler Jude. So gesehen
war er koscher. Doch er aß nicht koscher. Was koscher, also »rein« war,
bestimmte er. Auch schweinefleischige Nürnberger Rostbratwürste.
Die mochte er für sein Leben gern. Am liebsten im Bratwursthäusle,
gleich neben der Sebalduskirche, also christlich-jüdisch. Auch in gott-
los nazistischer Zeit.

So richtig koscher waren jene Bratwürste in und aus der »Stadt des
Reichsparteitags« und der im September 1935 erlassenen, extrem antijüdischen Nürnberger Rassengesetze sowie das Bratwursthäusle neben
dem Gotteshaus nicht. Einerlei. Justus mochte Bratwürste.

Damit Deutschland endlich judenrein würde, hing seit dem Herbst
1935 am Haupteingang der Gaststätte ein Schild:»Juden unerwünscht«.
Das galt natürlich »nur für die anderen Juden. Außerdem sehen wir
arisch aus«. Stammgast Justus hielt sich durchaus für erwünscht und
willkommen. Er betrat die Gaststube durch den Nebeneingang. Seine
älteste Tochter, Thea, meine Mutter, war dabei und erzählte mir noch
Jahrzehnte später entsetzt:»Und stell dir vor, er war noch stolz drauf,

dass er den Nazis ein Schnippchen geschlagen hätte.« Von wegen: »Gell, Herr Saalheimer«, lächelte der Stammkellner, »noch mal kommen s' net wieder.« Immerhin, was für eine »Gnade«, es wurde keine Gewalt angewendet ...

Nein, Justus Saalheimer war nicht blind. Wie viele andere deutsche Juden wollte er nicht sehen, was unübersehbar war. »Sie haben Augen und sehen nicht, sie haben Ohren und hören nicht.« Psalm 135. Da hatte mein Großvater wohl im Religionsunterricht gefehlt. Oder aber: Richtig wissen heißt nicht unbedingt wissend handeln.

Vom nichtarischen Leberkäs
»Die Zeiten ändern sich und wir mit ihnen«, tempora mutantur nos et mutamur in illis. Schon der gute alte Ovid hat uns das in seinen ›Metamorphosen‹ verkündet. Wie recht er hatte. Längst gibt es weder am Bratwursthäusle noch woanders in Deutschland »Juden-raus«-Schilder. Längst will Deutschland nicht mehr judenrein sein. Längst lässt es Juden rein. Längst bekommt der Gast in typisch fränkischen, bayerischen und anderen deutschen Gaststätten regionaldeutsche Spezialitäten von »Nichtariern« aufgetischt. Wahrscheinlich auch im Nürnberger Bratwursthäusle. Justus' Enkel, ich jedenfalls, bekam kürzlich im Münchener Spatenhaus an der Oper köstliche Nürnberger Rostbratwürste vollendet und freundlichst serviert von Ali Abu Raia, einem israelischen Araber. Das ist mir (ebenso wie den zahlreichen arischen und nichtarischen Gästen) bestens bekommen. Gleiches gilt für den Leberkäs, den mir Hassan aus Marokko oder die nette schwarze Frau an der Straßenverkaufstheke des gegenüberliegenden Franziskaner abschnitten. Das gilt, um beim koscheren Essen zu bleiben, welches streng zwischen Milch- und Fleischgerichten unterscheidet, nicht nur für Fleisch-, sondern auch für Milchwaren. Den Briekäse mit »Obatzta« empfahlen mir in einem Münchener Tengelmann zwei reizende und kompetente Schwarze. Es veranschaulicht den fundamentalen Wandel von Sein, Sinn und Dasein in Deutschland.

Der Pelzmantel – anständige und andere Deutsche
Wir kehren zu Justus und Gretel zurück. 1951. Gern erinnerten sich Justus und Gretel an die wenigen Anständigen von damals, zum Beispiel ihre damalige Kürschnerin in Bamberg. Ihr Geschäft stand da, wo es immer war. Als wäre seit 1939 nichts geschehen, niemand umgekommen oder ermordet worden. »Grüß Gott, Frau Saalheimer, wie schön, dass S' wieder da sind. Sie haben damals Ihren Pelzmantel nicht mehr abgeholt, bevor S' weg san. Hier ist er.« Meine Großeltern hielten die Luft an. Längst hatten sie den Pelzmantel vergessen. War es das neue, helle Deutschland oder ihr altes, dunkles? Weder, noch. Auch im dunklen gab es helle Flecken und im neuhellen noch lange alte, dunkle.

Einen solch dunklen Flecken sahen Thea und ihre Schwester Judith, als sie 1957 das Bamberger Elternhaus besuchen wollten. Willy-Lessing-Straße, früher Sophienstraße 11. Einst lebten hier die Saalheimers als Erdgeschoss-Mieter. Nun klingelten die Saalheimer-Töchter am Portal der Flessa-Bank. Eine Frau öffnete. Thea erklärte ihr, dass ihre Familie hier bis zum Frühjahr 1939 gewohnt habe. Ob sie die Räumlichkeiten anschauen dürften. Die Flessa-Frau rief auf gut Fränkisch nach hinten: »Herr D'rektor, die Juden kommen.«

»Der alte Nazi ließ uns rein. Dass er einer war, wusste ich noch von früher«, berichtet Thea. Sie und ihre Schwester hatten Glück. Polnische Holocaust-Überlebende, die 1946 zurückkamen und in ihre alten Wohnungen oder Häuser zurückwollten, wurden ermordet. Auch in anderen europäischen Staaten, inklusive westeuropäischen, selbst in Paris, der vermeintlichen Haupstadt der europäischen Aufklärung, hielt sich die Willkommenskultur in Grenzen. So gesehen hatten Thea und Judith Glück.

Nicht schwarz, nicht weiß
Dass Wirklichkeiten meist weder nur dunkel oder hell noch schwarz oder weiß, sondern grau sind, beweist auch die enge Vor- und Nachkriegsverbindung, die Justus und Gretel zu Thomas Dehler (1897–1967) und seiner Frau Irma pflegten. Im Unrechtsstaat des Dritten Reichs hatte der Rechtsanwalt Thomas Dehler treu zu seiner jüdischen Frau und seinen jüdischen Mandanten gehalten. Von 1949 bis 1953 amtierte

der Freidemokrat Dehler unter Adenauer als Justizminister, von 1954 bis 1957 war er Vorsitzender der zu seiner Zeit rechts- und nationalliberalen FDP.

Ich war dabei, als sich die Saalheimers mit den Dehlers im Sommer 1962 in der Hotelhalle des Bamberger Hofs trafen. In der neuen deutschen Zeit konnten diese vier mühelos an ihre ganz persönlich gute alte anknüpfen. »Der war auch unter den Nazis wirklich anständig«, erklärte mir Opa Justus nachher ausführlich. Die große Welt war aus den Fugen, die Mini-Welt der Dehlers und Saalheimers war und blieb intakt.

Viel später erst, als forschender Historiker, erfuhr ich, dass Justizminister Thomas Dehler 1952 nicht nur eine feurig-fulminante Rede gegen die Todesstrafe gehalten, sondern konsequent und massiv gegen die im September 1952 geschlossene Wiedergutmachungsvereinbarung (»Luxemburger Abkommen«) mit Israel und den jüdischen Organisationen gesprochen und gehandelt hatte. Sollte, konnte das derselbe Thomas Dehler sein, mit dem Opa, Oma, Aba (Vater), Ima (Mutter) und ich 1962 einträchtig im Bamberger Hof gesessen hatten? Ja, er war es. Obwohl ich nach wie vor seinen damaligen Argumenten widerspreche, kann ich ihm weder Aufrichtigkeit noch Ehrenhaftigkeit oder gar Gerechtigkeitsempfinden absprechen. Grau ist die Wirklichkeit, nicht schwarz oder weiß. Gut, wenn weder braun noch rot.

Drei schöne Männer
Sein (anscheinend oder nur scheinbar?) strotzendes Selbstbewusstsein zeigte Justus gerne nach außen, und gerne hielt er hof. Selbst seine beiden Brüder, Siegfried (seit das Funkeln aufhörte und es politisch zu dunkeln begann, nur noch »Fredi«) und Martin hatten ihn zu flankieren. Wie auf dem Foto aus Wildbad im Schwarzwald. Es dürfte im ersten Jahrzehnt des 20. Jahrhunderts, also vor dem Ersten Weltkrieg, in der »guten alten Zeit«, aufgenommen worden sein. »L'État c'est moi.« Nicht der Staat, aber der Hauptdarsteller der Familie. »Stock und Hut steht ihm gut, ist gar wohlgemut.« Ein Beau, le Beau de la famille, den Betrachter mit seinen Blicken durchbohrend und seinen Schein (auch sein Sein?) genießend. Selbst im Alter genoss Opa seinen Mannes-

schein. Nach der allmorgendlichen Rasur trug er Aftershave und Salbe aufs Gesicht. Dabei klopfte er zart und liebevoll seine Backen. »Liebe deinen Nächsten wie dich selbst.« Justus liebte sich selbst. Er liebte zugleich seine Nächsten sehr. Ganz allgemein liebte er Menschen und ihre Gesellschaft, denn er war sehr gesellig und als geselliger Mann eine echte Stimmungskanone. Schlechte Laune, seine und fremde, empfand er als Zumutung. Begegnete er jemandem mit schlechter Laune, fragte er: »Hast du heute deinen Toches (Hintern) noch nicht gesehen?« Justus hatte recht: »Saalheimers sterben nicht an Herzblähungen.«

Justus' Sabbat
Keine Frage, Justus liebte sich selbst, doch nicht zuletzt seines Gottesglaubens wegen hielt er sich nicht für das Maß aller Dinge. Schon allein deshalb ist der Glaube des Menschen an Gott dem Umgang von Mensch zu Mensch durchaus, sagen wir, bekömmlich.

So deutsch Justus in Bamberg und Tel Aviv war und lebte, er war ein religiöser Jude. Regelmäßig ging er in die Synagoge. Der festliche Freitagabend, »Kabbalat Schabat« (der Sabbat »empfang« bzw. -beginn als Familien- und Freundesrunde), war Selbstverständlichkeit, ebenso das festliche Mittagessen nach der Synagoge am Samstag. Folgte dem Essen das Tischgebet? Was für eine Frage. Mit Gesang und Text, den die Familie auswendig konnte und kannte. Versteht sich bei der Häufigkeit des Rituals.

Der Text war koscher, doch der Gesang musikalisch »unter aller Sau«, also eher moischekalisch, sprich: katzenmusikalisch. Einer sang falscher und lauter als der andere. Man betete und sang auf Hebräisch. Allen voran Justus – der kein Hebräisch konnte. Wer sagt, dass nur Katholiken auf Lateinisch beteten, ohne auch nur ein Wort zu verstehen? Wer behauptet, nur nichtarabische Muslime würden den Koran auswendig auf Arabisch herunterleiern, ohne auch nur ein Wort zu verstehen?

Justus Saalheimer verstand sehr wohl, was er betete. Sein Gebetbuch war zweisprachig, und die Übersetzung hatte er mehrfach gelesen.

Noch heute erinnere ich mich bewegt daran, wie Opa Justus, gutem Brauch gemäß, am Freitagabend beide Hände auf meinen Kopf legte und den Priestersegen – auf Iwrith und Deutsch – sprach: »Jewarechecha adonai ... Der Herr segne und behüte dich. Der Herr lasse sein Antlitz auf dich leuchten und gebe dir Frieden.«

Der traurige jüdische »Ketzer«: Bruder Martin
Justus' Bruder Martin war niemand, der seinen inneren Frieden finden konnte. Schon das Drei-Brüder-Foto, das Bild der Schönlinge, hat Martins Grundtraurigkeit, seine Melancholie, festgehalten. Das Leid vieltausendjähriger jüdischer Geschichte scheint auf seinen Schultern zu lasten. Und sieht er nicht »jüdisch« aus, um im Klischee zu bleiben, das einerseits nie stimmt und andererseits unerwartet, ungewollt plötzlich doch irgendwie – zum eigenen Ärger – sichtbar bestätigt zu werden scheint? Ähnelt er nicht sowohl Charlie Chaplin als auch Walter Benjamin? Sieht er nicht – als Einziger der drei – eher wie ein denkender und nicht nur seine vermeintliche Vollkommen-, Schön- und Entschlossenheit zur Schau stellender Mann aus? Und doch lebte er weniger als Denker, eher als Lebemann – wenn er nicht unter depressiven Schüben litt. Ich weiß nicht, ob ihm das damals schon so erging, als die drei Brüder in Wildbad fotografiert wurden. Später schloss er sich manchmal tagelang ein. War die depressive Phase vorbei, blühte er auf. Mit seinem fröhlichen Wesen und seinem Charme betörte er die Frauen. *Die* Frau der Familie, seine Mutter Sidonie Saalheimer, die Matriarchin, empörte sich allerdings oft über das freche Mundwerk des Frauenlieblings. Besonders wenn er beim festlichen Pessachmahl, am ersten Abend dieses Festes, dem »Seder«, antireligiöse Lästereien von sich gab. Sie ermahnte ihn dann aufs Strengste und verwies ihn wie einen kleinen Jungen gelegentlich des Tisches. Bei aller nichtjüdischen Assimilation war sie eine jüdisch-dominante Mamme. Und wie es sich für den Sohn einer jüdisch-dominanten Mamme immer gehörte, gehört und gehören wird, respektierte Martin das höchstrichterliche, mütterliche Urteil.

Martin wurde ein erfolgreicher Kaufmann, ein glücklicher Mann wurde er nie. Erst recht nicht nach 1933. Mit seiner verheirateten Geliebten wollte er aus Hitler-Deutschland fliehen. Sie konnte oder wollte nicht mit. Er litt nun noch mehr. Bestialisch beendeten NS-Mörder 1941 oder 1942 sein Leben in einem »Arbeits«lager. Wer würde bei dieser Endlösung von Erlösung sprechen?

Bruder Siegfried – Bänker und Retter
Eine wahre »Siegfried«-Inflation konnte man bei deutschen Juden im
späten 19. und frühen 20. Jahrhundert beobachten. Jüdische Eltern,
die ihren Sohn Siegfried nannten, gaben ihrer Außenwelt ein unmiss-
verständliches Zeichen:»Mit-Deutsche, wir wollen zu euch gehören,
wir gehören zu euch. Wir sind nicht nur deutsch, wir sind super-
deutsch.« Diese deutschen Juden, auch die Saalheimers, waren, im
Fachjargon ausgedrückt, nicht nur assimiliert und akkulturiert, sondern hyperassimiliert. Aber – und hier irren viele Kritiker der hyper-
assimilierten Juden – diese Juden hörten trotzdem nicht auf, Juden zu
sein und bleiben zu wollen. Warum auch sollte ein Jude kein Deutscher sein können und umgekehrt? Form und Inhalt des jeweiligen
Jüdischseins bestimmten sie selbst. Als Deutsche schwammen sie im
ideologischen Hauptstrom, denn wer oder was konnte »Deutscheres«
bekunden als der Vorname des germanisch-nibelungischen Super-
stars »Siegfried«? Erst als sich die Zeiten änderten, änderten viele
jüdische Siegfrieds ihren Namen irgendwie. Aus Siegfried Saalheimer
wurde »Fredi«.

Solche Variationen soll es auch bei Nichtjuden gegeben haben.
Adolf war vor dem Aufstieg Adolf Hitlers ein ganz normaler, von
Juden und Nichtjuden in Deutschland und ganz Europa, vergebener
Vorname. Das änderte sich spätestens ab 1930. Wer als Mitläufer »was
auf sich hielt«, wählte den Vornamen Adolf, was ab 1934 wegen der
Inflationierung und damit Entwertung des »Führernamens« behörd-
lich behindert wurde.[5] Nach 1945 wechselte die Windrichtung. »Damit« und »mit dem« wollte »man«, zumindest nach außen, »nichts
(mehr) zu tun haben«. Wer seinen Sohn nach 1945 »Adolf« oder Horst
(nach Horst Wessel) nannte, stigmatisierte sich freiwillig. Anders als
zuvor war es nicht mehr angebracht, seine Gesinnung so ungeschützt
zu bekunden. Wurde nach 1945 nicht aus so manchem »Adolf« ein
»Dolf« oder – ich hab's erlebt – ein »Johnny«? Wer oder was ändert
sich zuerst: die Zeiten oder die Menschen?

Wir kehren zum Foto der drei Saalheimer-Brüder zurück und betrachten Fredi, den sich nach außen höchst selbstbewusst präsentieren-
den Siegfried, locker und dennoch: »Hier steh' ich. ICH.« Sein Blick

mehr beobachtend als bohrend, Umwelt und Umstände prüfend. Gute Voraussetzungen für eine erfolgreiche Karriere.

Tatsächlich erreichte er Spitzenpositionen. Zunächst in der Danat-Bank, die 1931, in der Weltwirtschaftskrise, unterging. Dieses betriebs- und volkswirtschaftliche Unglück wurde sein und der Familie Saalheimer Glück. Fredi wanderte nach Britisch-Palästina aus, wo er Co-Direktor der Anglo-Palestine Bank, nach der Staatsgründung Israels Bank Leumi, wurde.

Seine leitende Stellung in der Bank ermöglichte es ihm, 1939 das Leiden seiner Bruderfamilie in Hitlers Deutschland zu beenden und ihr Leben zu retten. Er ergatterte, erkaufte eines der von den bedrängten Glaubensgenossen heiß begehrten, von den Briten den Juden allgemein sowie von den mehrheitlich sozialistischen Zionisten den bürgerlich-»kapitalistischen« Verfolgten selten gewährten Einwanderungszertifikate.

Wie ist das zu verstehen? Die britische Regierung hatte, trotz der NS-Verfolgung, die Einwanderungsquoten für Juden stark begrenzt. Nur innerhalb einer vorgegebenen Quote konnte die zionistisch-jüdische Selbstverwaltung Einwanderungsgenehmigungen verteilen. Das tat sie gemäß der Sitzverteilung in der demokratisch gewählten Delegiertenversammlung, dem vorstaatlichen Parlament des zionistischen Gemeinwesens.

»Wer bekommt was, wann und wie?« Das, so der Politikwissenschaftlicher Harold D. Lasswell, sei das Wesen der Politik. Wer bekam also Einwanderungszertifikate von den sozialdemokratisch-sozialistischen Zionisten? Natürlich sozialdemokratisch-sozialistisch gesinnte Flüchtlinge. Je jünger, desto besser. Das leuchtet nicht nur wahl- und machtpolitisch ein, sondern auch volkswirtschaftlich. Die Linkszionisten wollten nicht nur ein neues jüdisches Gemeinwesen aufbauen, sondern auch den neuen jüdischen Menschen schaffen: Handarbeiter und am liebsten Bauern, landwirtschaftliche Pioniere, »Chalutzim«. Weder den weißkäsigen Jeschiwejungen, der mit seinen Schläfenlocken über Thora und Talmud brütet, noch den berühmt-berüchtigten diasporajüdischen Vieh- und Pferdehändler, Professor, Anwalt, Arzt, »Koofmich« oder Unternehmer. Was sollten, was konnten sie mit einem Schönling und Textilkaufmann wie Justus Saalheimer anfangen, der in Bamberg als Handlungsreisender im herrlichen (durch und durch nazistischen) Frankenland Oberbekleidung für die feine Dame verkauft hatte und das, wenngleich ungleich mühevoller und ertragsarm, in Tel Aviv fortsetzte?

»Factory of High Class Ladies Dresses« für Araberinnen im jüdischen Arbeiter- und Bauernland

Damenoberbekleidung – für Justus Saalheimers »Factory of High Class Ladies Dresses« war die Nachfrage im bitter armen, fast nur »Low Class« Tel Aviv, Haifa, Jerusalem oder gar in den sozialistischen Kibbuzim, wo man sich zwar sauber hielt, wo aber alle schlampig oder zottelig herumliefen, eher begrenzt. Feine Damenoberbekleidung im jüdischen Arbeiter- und Bauernland? Nein, das war kein Witz. Ja, es war Justus' absurde Wirklichkeit. Sagen wir es offen: Die Nachfrage war bescheiden. Seine ökonomische Alltagstauglichkeit war in Palästina/Israel eher beschränkt.

In Kairo, Alexandria, Bagdad oder Amman gab es, allein numerisch, mehr High-Class-Damen. Dort zeigten und vergnügten sich auch die feinen Damen aus Großbritannien im feinen Tuch. Nicht so im armen, linken Judenland. In Arabien gab es Abnehmerinnen. Dorthin schickten Justus und seine mitarbeitende älteste Tochter Thea die schweren Pakete, die sie höchstselbst gepackt, verschnürt und in der nahöstlichen Gluthitze zur Post getragen hatten. Davon konnte man leben. Nicht üppig, aber man konnte. Justus konnte auch wieder Zigarren kaufen und rauchen, wenngleich er den vorderorientalischen Tabak im Vergleich zum kubanischen »für'n Dreck« hielt.

Palästina und weite Teile von Nahost waren damals faktisch britische Kolonie. Aber nach dem Ende des Zweiten Weltkrieges nahte auch das Ende des britischen Weltreichs. Schon bald blieb Justus gar nichts anderes übrig, als sich mit Dreckstabak zu begnügen. Der arabische Nationalismus erstarkte nicht nur bei seinem besten Kunden, Herrn Dajani aus Ostjerusalem, und die Bereitschaft der arabisch-islamischen High-Class-Damenwelt sowie ihrer Männer, Oberbekleidung »Made by Jews in Palestine« zu kaufen, sank rapide. Sie endete völlig im Mai 1948, mit der Gründung des jüdischen Staates Israel.

Nun mussten nicht nur die Saalheimers den Gürtel wieder enger schnallen. Das mussten auch die Kohns, Levis, Heilbronners und anderen Jeckesfamilien, deren Frauen die Kleider für Justus' »Factory« genäht hatten. Ihnen allen war diese Hand-, Näh- und Heimarbeit nicht an der Wiege gesungen worden. Damals, dort, in Deutschland, waren sie die »High Class Ladies«, für die, meist maßgeschneidert, genäht wurde. Nun wurde nicht mehr für sie genäht. Sie nähten für andere, um zu überleben.

»Dank Hitler« nähten die Jeckesdamen für Arabiens High-Class-Frauen. Arabiens High-Class-Männer haben zur selben Zeit mit Hitler & Co. gemeinsame Sache gegen Juden und Briten gemacht. Das war die Hochphase der »traditionellen deutsch-arabischen Freundschaft«. NS-Braun ist die Erkennungsfarbe dieser Tradition. Dem damaligen geistigen und geistlichen Oberhaupt der Palästinenser (heute würde man ihn einen »Islamisten« nennen), Jerusalems »Großmufti« Haj Amin el-Husseini, hatte Adolf Hitler seit 1941 in Berlin sozusagen Asyl gewährt. Der fromme Muslim dankte es ihm, indem er zum Beispiel in Bosnien-Herzegowina muslimische Freiwillige für die Waffen-SS anwarb.

Fliegen-Jecke und zionistische »Laushammel«
Justus war und blieb, wie die meisten seinesgleichen, die Jeckes, auch im pseudoproletarisch-agrarischrevolutionären Zion Bourgeois, vor allem Deutscher vom Scheitel bis zur Sohle. Tagsüber, in der größten Hitze, verzichtete er selten aufs Jackett, nie auf feine Hosen mit messerscharfer Bügelfalte, weißes Hemd und – Fliege. »Propeller-Jecke« riefen ihm »Laushammel-Kinder« (O-Ton Justus) nach. Ihre Eltern waren bestimmt hemdsärmelige »Zionssozen« aus den landwirtschaltlichen Kollektiven (Kibbuzim), die in Gammelhosen und Latschen herumliefen, beim Essen schmatzten und mit Messer und Gabel kaum anders als mit Mistgabeln hantierten.

Hatten die je was von Goethe oder Schiller, dem hochverehrten, gehört? Ihn gelesen? Ob Justus Schiller wirklich gelesen hatte, weiß ich nicht. Aber er hat ihn (meist ohne Quellenangabe) oft zitiert. Schillerworte gehörten zu seinem Zitatenschatzkästlein. Jedes Mal wenn ich (liebend gerne) Schiller-Dramen lese und auf diese Zitate stoße, sehe und höre ich Opa Justus reden, ohne dass die Schiller-Qualität darunter leidet, denn Opa zitierte immer richtig.

Alt- und Klein-Deutschland in Zion – ohne die »Polskis«
Justus lebte zwar nicht mehr in Deutschland, doch das alte, vornational-sozialistische Deutschland lebte in Tel Aviv. Bei den Jeckes und durch die Jeckes, die, wie alle jüdischen »Landsmannschaften« im vor- und frühstaatlichen Israel unter sich lebten, liebten, stritten und starben. Sie lebten entweder in ihrer jeweiligen Landsmannschaft oder in ihrem politisch-ideologischen oder religiösen »Lager«. Drei große und in sich (wie könnte es anders sein?) untereinander zerstrittene zionistische Lager gab es. Erstens das sozialistisch-sozialdemokratische. Es war bis 1977 das größte. Zweitens das national- und orthodoxreligiöse. Es wuchs und wächst ständig. Hier nahm und nimmt man das biblische Gebot aus dem Buch Genesis »Seid fruchtbar und mehret euch« wort-wörtlich. Ein orthodoxjüdisches Paar in Israel hat heute, 2016, im Durchschnitt 7,9 (sieben Komma neun!) Kinder. Zum dritten Lager, dem bürgerlichen, gehörten neben kleinbürgerlichen Juden, die aus Polen geflohen waren, die Wolffsohns, Saalheimers und anderen Jecken. Manche unter diesen und jenen waren in der alten Heimat Großbürger gewesen. Im kleinen Palästina war alles kleiner geraten. Besonders Geldbeutel und Lebensstil. Gottlob aber auch die Lebensgefahr. Jeden-falls bis 1942. Dann drohte Rommels Afrikakorps, das kurz vor Kairo besiegt wurde. Die Bedrohung durch arabische Nationalisten und Isla-misten hat angehalten. Bis zum heutigen Tag.

Obwohl mehrheitlich im selben politischen Lager, also weder sozia-listisch noch religiös, und obwohl sowohl »die« meisten Jeckes als auch »die« polnischen Juden in Israel gleichermaßen zur Kleinbürgerschicht gehörten, lebten sie mehr neben- als miteinander. Die »Polskis« waren Nachbarn. Die Nähe war nur geografisch. »Mit den -skis verkehren wir nicht.« Mehr dazu in den Liebesgeschichten.

Justus war im Vorstand der Jeckes-Organisation »Beith Israel«, auf Deutsch: Haus Israel. Dieser Name war eher Witz, Autosuggestion oder Selbstdisziplinierung als Wirklichkeit. »Klein-Deutschland« wäre als

Name dieses Zirkels passender gewesen. Kaum einer konnte Hebräisch oder lernte es richtig, Deutsches blieb wichtig, nein, entscheidend. Man las und sprach Deutsch. Man spielte Skat und Bridge, trank das damals schlechte, heute wirklich gute »jüdische Bier«, traf sich zu Kaffee und Kuchen im »Dalia« in der Hajarkonstraße, direkt an der Strandpromenade, oder im »Hammerschlag«, parallel landeinwärts, ostwärts in der Ben-Jehuda-Straße, wo zwar der Blick nicht so schön, doch die Konditorwaren erlesen waren. »Wie bei uns in Deutschland«, stimmten alle ein und zu.

Natürlich waren die Jeckes in Palästina, dann Israel, im Prinzip unglücklich. Sie hatten materiell und ideell ihre Heimat, ihre Welt, verloren – aber anders als sechs Millionen anderer Juden ihr Leben behalten. Das zählte. Muss man sich deshalb »den« Jecke – ich wildere in Albert Camus' ›Mythos von Sisyphos‹ – »als glücklichen Menschen vorstellen«? Man kann, ja, man muss, denn sie überlebten. Auch Glück ist nie absolut, nur relativ.

Trotz allem ein Glückskind – Theas Erinnerungen
Matriarchat. Das war die liebevolle »Herrschafts«form meiner Mutter. Fürsorgliche Dominanz, könnte man ebenfalls sagen. Nach den Patriarchaten Karl Wolffsohn und Justus Saalheimer vollbrachte Thea Wolffsohn eine genderpolitische Revolution in der Familie. Ob und inwieweit das Klischee von der »jüdischen Mamme« jenseits von Geschichtchen und Witzchen historisch empirisch wirklich erfasst ist, entzieht sich meiner Kenntnis. Anders als im chinesischen Kaiserreich gibt es bei Juden allerdings, wenigstens formal, keine Kaisermutter. Braucht die jüdische Mamme einen Titel, um familiär allmächtig zu sein?

Nach innen sei das Matriarchat bei jüdischen Familien eher die Regel, heißt es. Wissenschaftliche Belege hierzu kenne ich nicht. Anders als im üblichen Juden-Klischee dominierte meine Mutter nicht nur im Binnen-, sondern auch im Außenbereich der Familie. Meinen Vater störte das offensichtlich nie und nicht. Machtkämpfe fanden nicht statt. Er fühlte sich wohl. Sie auch. Genderpolitisch waren beide ihrer Zeit offenbar voraus.

Budgetär war er der absolutistische Herrscher. Da Geld sie nicht interessierte, gab es auch darüber nie Machtkämpfe. Weder in Zeiten der Geldknappheit, bis zur Übersiedelung nach Westberlin, noch in Zeiten des dortigen Geld(über)flusses.

In ihrem jeweiligen Herrschaftsbereich verlangten sie im Prinzip voneinander keine »Demutsgebärden«. Beim wöchentlichen »Haushaltsgeld« galten andere Regeln. Da war er der Herr oder gab vor, es zu sein. Er »gewährte« es huldvoll. Da war die steinzeitliche Genderwelt noch »in Ordnung«.

Meine Mutter Thea hat neunzigjährig ihre Erinnerungen in ein Diktiergerät und auch noch vor einer Videokamera gesprochen. Anders als viele Politiker, Professoren, Journalisten und andere Berufs- und Vielredner kam sie ohne ein einziges Äh oder andere Füllsel aus. Ich habe ihre (ganz und gar un-bismarckschen) »Gedanken und Erinnerungen« lediglich umgestellt und sprachlich umgeformt. Wie bei allen Erinnerungen jedermanns (nein, nicht »jederfraus«) verschoben sich Vergangenheit, Gegenwart und Zukunft ineinander. Die Vielschichtigkeit, die Dreidimensionalität unserer zeitlichen Empfindungen, ergibt unsere Erinnerungen. Wer heute das Gestern erzählt, weiß, was heute geschieht und bis vorgestern geschah. Mit anderen Worten: Wir kennen die vergangene Zukunft, jedoch leider oder Gott sei Dank nicht die künftige. Als meine Mutter 2012 über ihre Kindheit in der Weimarer Republik sowie im Dritten Reich bis 1939 erzählte, wusste sie, was bis 2012 geschah. Erzählend konnte sie Bögen in spätere Zeiten und zu späteren Akteuren schlagen.

Kindheit und Schulzeit

Ich bin in einer sehr glücklichen Familie groß geworden und hatte eine ausgesprochen harmonische Kindheit. Wir waren immer vergnügt und munter. Wir hatten eine herrliche Wohnung in bester Lage. Wir aßen gerne, gut und viel. Wir liebten das Leben, und meinem Vater schmeckte das Bamberger Bier vorzüglich. Am besten zu Schweinswürsteln. Koscher? Als ich älter und (etwas) wissender war, konterte ich: Auch wer nicht koscher isst, ist koscher – es sei denn, er ist ein Schwein. Egal, ob er Schwein isst oder nicht.

Idealistische oder intellektuelle Ansprüche plagten uns nicht. Wozu auch? Das Leben war schön, und uns ging es gut. Von dem, was um uns herum geschah, hatten wir Kinder keine Ahnung. Meine Eltern wohl auch nicht. Antisemitismus? Ja, ja, schon, schon. Nicht schön, aber wo und wann gab es den nicht? Warum sollte es uns besser (er)gehen als unseren jüdischen Vorfahren in, sagen wir, dreitausend Jahren?

Unsere Freunde und Bekannten waren ausschließlich Juden. Die waren keine Antisemiten. Na ja, manche schon. Aber dieser Antisemitismus war immer eine innerjüdische Angelegenheit. Noch mal: Das Leben war schön und das Überleben schien sicher.

Wir Juden lebten isoliert, wurden diskriminiert, doch – entscheidend – nicht liquidiert. Das war der »gute«, alte Rischess. So nennt man das noch heute. Das ist halb deutsch, halb jiddisch, also deitsch. Der Wortursprung, das Adjektiv bzw. Wiewort, »rascha« ist hebräisch und bedeutet »bös(artig)«.

Die Welt draußen mag böse gewesen sein. Wir nahmen sie nicht zur Kenntnis. Unsere Mutter war immer lustig und vergnügt, der Vati die ganze Woche über unterwegs. Er war so etwas wie der Handlungsreisende in Arthur Millers späterem Drama. Das endet, wie man weiß, tragisch. Bei uns dagegen Komödie, Sonnenschein. Erst recht, wenn Vati heimkam; voll beladen mit Geschenken für uns alle, und rechtzeitig zum Schabbat, zum feierlichen, freitäglichen Sabbatabendmahl. Unser Vater singsangte die Segenssprüche über Wein, Brot, Sabbat, Auszug aus Ägypten und Volk Israel. Alles auf Hebräisch, das er (später auch in Israel) nie lernte. Die Ritualsprache war ihm als Kind im Religionsunterricht beigebracht worden. Er ratterte alles auswendig daher, ohne die Wortbedeutung zu kennen. Wie noch heute die meisten nichtarabischen Muslime und bis 1965, bis zum Zweiten Vatikanischen Konzil, Katholiken. Sie beten oder beteten, sie verstehen oder verstanden nicht(s).

Religiös oder nicht, Vatis Geschäft für Damenoberbekleidung blieb am Sabbat geschlossen, und wir gingen in die Synagoge. Kurzum, wir waren nicht, wie die meisten unserer damaligen und erst recht heutigen Diaspora-Glaubensgeschwister, Dreitagejuden. Diese erfüllen ihr synagogales Soll zwei Mal, am jüdischen Neujahrsfest sowie einmal am Versöhnungstag, »Jom Kippur«. Am Versöhnungstag sind sogar jüdische Atheisten noch todesängstlicher als sonst. Gott, so die Überlieferung, besiegele am Ende dieses hypermystischen-magisch-seelenzerfressenden Tages die Entscheidung darüber, wer ins »Buch des Lebens« oder ins »Buch des Todes« komme. Kaum jemand kann sich dieser dunklen Magie entziehen. Da pilgern dann doch manche in die Synagoge und beten fleißig. Sicher ist sicher, man kann ja nicht wissen ...

Wir lebten jüdisch und vornehmlich mit Juden und waren im urkatholischen Bamberg irgendwie auch ein bisschen katholisch. Freitagmittag gab es, wie bei guten Christenmenschen, immer Fisch, nie Fleisch. Das geschah nicht aus Anpassungsdemut, Ängstlichkeit oder Liebdienerei gegenüber der Mehrheitsbevölkerung. Es war, ohne Worte, selbstverständliche Rücksichtnahme. Fleisch am Freitag? Die Mehrheit unserer Umgebung mochte das nicht, sie machte das nicht, und es machte uns nichts, Freitagmittag auf Fleisch zu verzichten. So einfach ging, so einfach ist Toleranz. Ich fühlte mich auch nie durch ein Kruzifix oder Minarett provoziert. Inschallah.

Vati liebte das Sprücheklopfen. Wir liebten Vati. Folglich klopfen die Saalheimer-Nachfahren ebenfalls starke Sprüche. Ins »typisch jüdische« Schema passen sie nicht. Sie sind manchmal »hart wie Eisen«, also, wenn schon »typisch«, dann »typisch altdeutsch« – selbst ohne zähes Leder, Krupp-Stahl oder das flinke Wiesel.

Bei schlechtem Wetter wurde befunden: »Es gibt kein schlechtes Wetter. Es gibt nur falsche Kleidung.« Ging es einem mal schlecht, hieß es: »Gib nicht so an. Dir tut doch nichts weh. Steck dir das Thermometer nicht so oft in den Toches (=Hintern). Dann weißt du auch nicht, ob oder wie viel Fieber du hast.« Oder: »Aha, schlechte Laune. Hast wohl heute noch nicht deinen Toches gesehen.«

Nix da, »jüdisches Bildungsbürgertum«. Wir wurden – fast – wie Bauernkinder, Bauernjungs, behandelt. Vati hatte »nur« drei Töchter. Nun gut. Dann sollten die wenigstens wie stramme deutsche Jungs erzogen werden. Mit einer Prise Sparta, verabreicht vom einstigen königlich-bayerischen Ulanen (Kavalleristen) und Weltkrieg-Eins-Kämpfer, EK I plus II-Träger Justus Saalheimer.

Damals waren Schwimmbäder meistens getrennt. Hie Männlein,

dort Weiblein. Ich war nie in einem Frauenschwimmbad. Mit Vati gingen wir vier Saalheimer-Frauen, Mutter und drei Töchter, ins Männerbad. Der »Sprung ins kalte Wasser« – bei uns wurde das wörtlich genommen. Wenn es im Winterlager der bündisch-jüdischen Jugend (wie es sich wandervogel-deutsch-ideologisch gehörte) kein warmes Wasser gab, wusch man sich, auch bei eisigen Temperaturen, mit kaltem. Oder auch gar nicht. Selbst wenn man etwas müffelte, weil wir uns statt im Schlafanzug mit der wärmeren Tageskleidung ins Bett gelegt hatten. Aufs Zähneputzen wurde dann eh verzichtet. Nicht aber auf Schneeballschlachten. Die galten zwar als »Gojim (= Nichtjuden) Nachess«, GN, also als »Vergnügen von Gojim«, sprich: uns Juden unwürdig, aber schön war es doch, ein echtes und nicht nur Gojim-Vergnügen.

Ach, die Gojim. Wir lebten getrennt und kamen doch zusammen, besonders in der Schule. Die Saalheimers und ihre Freunde hatten jedenfalls keinerlei Berührungsängste. Sechsjährig, 1928, kam ich mit meiner Freundin Kalli aufs Mädchenlyzeum, die Volks- bzw. Grundschule der urkatholischen Englischen Fräuleins. Grässlich war das Gebäude »direkt unterhalb vom Dom«. So heißt es auf Bambergerisch. Da sagte man nicht »unterhalb des Domes«.

So grässlich wie das Gebäude auch die meisten Lehrerinnen. Wie aus einem Horrorroman. Lauter alte Jungfern mit einem Zwicker auf der Nase. Eine unerträglicher als die andere. Man denke sich jedes Klischee, und es stimmt.

Es stimmt doch nicht. Jedenfalls nicht ganz. Diese erzkatholische Schule war alles andere als nur abstoßend reaktionär.

Wir waren die erste Koedukationsklasse der Stadt. Das war damals in der katholischen Welt geradezu revolutionär. Es kommt bezüglich antikatholischer Vorurteile noch schlimmer: Unter fünfzig Klassenkameraden waren wir acht jüdische Kinder. Kalli, die in Israel Mitglied eines linkssozialistischen Kibbuz wurde (was man ihr bei den Englischen Fräuleins nicht beigebracht hatte), weitere sechs jüdische Kinder und ich. Wir durften, ja, durften neben den Katholischen sitzen. Das war den Evangelischen nicht erlaubt. Im damaligen Bamberg war es schlimmer, evangelisch zu sein als jüdisch.

Noch ein Vorurteil, das fällt: In der ersten und zweiten Klasse wurden wir sogar von einem Lehrer unterrichtet. Nein, Sexualkunde vermittelte er uns nicht, und wir wurden auch nicht sexuell missbraucht.

So viel Männlichkeit bei der jungen Weiblichkeit verursachte bei irgendwelchen Oberkatholiken trotzdem weniger Behaglichkeit. Seit 1930 übernahmen Nonnen die gesamte Schulregie und -ausführung.

Die Nonnen haben uns weder sexuell noch anders missbraucht – wohl aber oft und inbrünstig geschlagen, ja, regelrecht verdroschen. Sie waren mindestens so schlagfertig, schlagkräftig und schlagfreudig wie ihre männlichen, nichtklösterlichen Kollegen. Gekonnt schwangen sie den Rohrstock. »Ungezogene Buben« wurden übers Katheder gelegt. Je nach der Schwere ihrer Untat prasselte der Bambusstab auf den Knabenpopo oder die »Pfoten«.

Unvergesslich bleibt mir Schwester Martha Margarita. Sie war eine ungeheuer gute, weil viel Wissen vermittelnde, unglaublich strenge, manchmal rabiate, lebens- und politisch kluge Lehrerin. Hauen konnte sie auch. Und wie. Geradezu sadistisch.

Über einen klasseneigenen Rohrstock verfügte sie nicht. Die armen Gören, die einen oder mehr Schläge »gesalzen« bekamen, mussten zur Kollegin in die Nachbarklasse und ihr Sprüchlein aufsagen: »Schwester Maria-Theresia (oder wie auch immer), ich war frech, und Schwester Martha Margarita muss mich verhauen. Seien Sie bitte so freundlich und leihen mir dafür den Rohrstock.« Nach getaner Nonnenarbeit (eine Variante der Scharia?) hatte der natürlich zu Recht bestrafte Knabe (seltener waren es Mädchen) das Foltergerät zurückzubringen. »Vielen Dank, Schwester Maria-Theresia.«

Aufkommende Gedanken an islamische Prügelstrafen der Gegenwart sind rein zufällig. Versteht sich. Es versteht sich ebenfalls, dass in deutschen Landen, an deutschen Schulen, nicht nur in grauester Vor-NS-Zeit, geprügelt wurde. Zum Beispiel im Herbst 1954 an der Westberliner Grundschule meines Sohnes Michael.

Wir waren gerade wieder frisch importiert aus Israel und Michael im zweiten Schuljahr, dem ersten in Deutschland.

Auf dem Pausenhof mussten, weiß der Teufel warum, alle Kinder im Kreis laufen. Morgenländisch, temperamentvoll und wild tanzte mein Herr Sohn nicht aus der Reihe, sondern aus dem abendländischen

Kreis. Progressiv, weil ohne Rohrstock, patsch, versetzte ihm die Aufsicht führende Lehrerin ganz unchristlich eine Ohrfeige, ohne dass er die zweite Wange hingehalten hätte. Am Nachmittag jenes Tages hat mir mein Sohn den Vorfall berichtet, und am nächsten Vormittag war ich bei Herrn Direktor Doktor Hering. Der wand sich wie ein Aal und erklärte mir, dass Ohrfeigen in Deutschland erlaubt seien. Rein rechtlich war das damals richtig. Allerdings war Herr Hering bei mir an der falschen Adresse, zumal Lehrerschläge im heidnischen Westberlin, anders als zu Martha Margaritas Bamberger Zeiten, ohne Gottes katholischen Segen auf die Schüler niederprasselten: »Erstens ersetzt Prügeln keine Pädagogik, und zweitens sind wir nicht aus Israel nach Deutschland zurückgekommen, um unseren Sohn hier schlagen zu lassen.« Nie wieder wurde Michael geschlagen. Weder in der Schule noch gar jemals zu Hause.

Der Pausen-Kreislauf hörte bald auf, mein Auftritt machte die Runde und mich, wie meinen Sohn, nicht beliebter. Ein, nein, das individual- und kollektivgeschichtlich makrohistorische Signal war jedoch der schulischen Mini-Welt gegeben: »Nie wieder!« Nie wieder würden wir Gewalt und Unrecht wehrlos hinnehmen.

Ohne mir dessen damals bewusst gewesen zu sein, hatte ich den »neuen jüdischen Menschen«, den zionistisch-israelischen, verinnerlicht – und wohl meinem Sohn mit der Muttermilch weitergegeben. Ich war (oder spielte) auch später, in Grundschule und Gymnasium meines Sohnes, im großen Berlin immer wieder Klein-Israel, das bis 1967 allerdings noch als David Winzling und nicht als Riese Goliath galt.

Michaels Grundschule war keine schlagende Verbindung, hielt aber Verbindung zum Schlagen und stieß dabei auf ungewohnten, neujüdischen Widerstand. Seltsamerweise (oder auch nicht) kam er nur von mir. Weder von deutschdeutschen noch anderen jüdischneudeutschen Eltern. Jene kannten das Schlagen trotz schlechter Erfahrungen gut, und diese stammten aus Polen oder Russland. Sie hatten die NS-Vernichtungshöllen überlebt und sich in Deutschland noch nicht eingelebt. Anders als mir, war ihnen zudem israelisch-zionistische Wehrhaftigkeit (manche sprechen von »Aggressivität«) unbekannt und fremd. Meine Wehrhaftigkeit war nicht mein Verdienst. Sie war keine Heldentat, sondern erlebte und gelebte, nahöstlich-israelisch geprägte Selbstverständlichkeit, und dafür bedurfte es keiner Zivilcourage.

Frau Dietrich, eine andere Grundschulhexe, bewies die Wirksamkeit meiner Wehrhaftigkeit. Sie wollte meinem Sohn zwei oder drei Jahre später eine Watsch'n verpassen. Plötzlich hielt sie inne: »Wenn ich dir jetzt eine reinhaue, kommt deine Mami am nächsten Tag und beschwert sich.« Als Ödipussi sollte sich mein Sohn fühlen. Soweit mir bekannt, trat die erhoffte Wirkung nicht ein. Er fühlte sich offenbar gestärkt.

Kurz danach wurde Michaels Klassenkamerad Leon von Frau Nolte geschlagen. (Nein, sie war nicht mit dem umstrittenen Historiker Ernst Nolte verwandt, der vielen noch immer als Buhmann seiner Zunft gilt.) Leons Vater, jüdischer KZ-Überlebender aus Polen, eilte in die Schule und beschwerte sich. Frau Nolte ging mit ihm in die Klasse: »Kinder, Leons Vater sagt, ich hätte seinen Sohn gestern geschlagen. Nicht wahr, das stimmt doch nicht.« Schweigen im Walde. Michael stand auf: »Wie können Sie so 'was behaupten? Stunden danach konnte man auf Leons dicken, roten Backen sehen, wo Sie zugeschlagen hatten.« Kaum wieder zu Hause rief mich Leons Vater an und gratulierte mir zu meiner Erziehung. »Nein«, erwiderte ich ihm. »Ich habe aus unserer Geschichte gelernt und diese unseren Sohn gelehrt. Wenn wir Juden etwas aus der Geschichte gelernt haben sollten, dann dies: Nie wieder Opfer!«

»Die« (meisten) Deutschen haben aus der zeitgleichen Geschichte dies gelernt: »Nie wieder Täter!« Weil jede Seite das für sie Richtige gelernt und nicht weiterentwickelt hat, kommen heutzutage beide Seiten auf der emotionalen Kollektivebene, im politisch gesellschaftlichen Dialog nicht zusammen. Das gilt vornehmlich für die Einschätzung der Israel- und Nahostpolitik.

Vom Berlin der 1950er zurück zum Bamberg der 1930er Jahre und, davon ausgehend, wieder Blicke in spätere Zeiten: Anders als im katholischen Bamberg der 1920er und frühen 1930er Jahre gab es im SPD-durchregierten Westberlin der 1950er auf keinem Klassenpult »das Möhrle«. Das Möhrle stellte »ein armes Heidenkind« dar. War jemand oder gar die ganze Klasse »ungezogen«, musste in den Schlitz des Mohrenkopfes ein Geldstück hineingeworfen werden. Dann hat das Möhrle mit dem Kopf gewackelt und Danke gesagt. Dank jüdischen und anderen ungezogenen Kindern konnte die katholische Mission in Schwarzafrika auf diese Weise sicher so manche kohlpechrabenschwarze Seele retten. Vergelt's Gott.

Manche Geschichts»philosophen« mögen meinen, mein Verhalten »dialektisch« verstehen zu sollen: Als neujüdisch, israelisch-zionistisch, wehrhaft, emanzipierte Gegenthese zur These des demütig wehrlosen deutschen Juden der Vor-Hitler-Holocaust-Hochzeit. Das mag gelehrt klingen, ist aber, bezogen auf meine vorisraelische Lebenszeit, leeres Akademikerstroh. Ich war schon vor und in der Hitlerzeit aufmüpfig und wehrhaft, also ein vermeintlich »neuer jüdischer Mensch«. Oder sagt man heute »Menschin«? Papperlapapp. Die folgende Begebenheit sei der genderneutrale Beweis.

Im Saalheimer'schen Damenoberbekleidungs»unternehmen« arbeitete eine altjüngferliche, zickige Buchhalterin. Mein Vater schätzte sie, denn er brauchte sie. Und weil er sie brauchte, brauchte sie sich uns Mädchen gegenüber keinerlei Zurückhaltung aufzuerlegen. Mal meckerte sie hier, mal dort. »Schmeiß das nicht hin«, »mach das nicht«, »mach dies nicht«. Eines schönen Sommertags, 1934, ich war knapp zwölf, spielten wir im Garten. Ich hatte mein Radl irgendwohin gefeuert. Flugs kam die Furie und fauchte: »Du freches Mäd'le, immer schmeißt du das Rad einfach hin. Nimm's und stell's richtig ab.«

Altjüdisch (ja!) erinnerte ich mich an die ganz alten, alttestamentlichen Leviten, die im Jerusalemer Tempel den Priestern geholfen hatten, und las der guten Frau die Leviten: »Wissen S' was, Sie alte Nazisse, Sie, Sie halten Ihren Mund. Sie haben mir gar nix zu sagen.« Stimmt, mir nicht, aber meinem Vater: »Stellen Sie sich vor, Herr Saalheimer, die Thea …«. Schnellen Schritts kam Vati: »Was hast Du gesagt? Nazisse? Wie kommst du dazu? So eine ordentliche Frau …« Peng, zack, bumm. Da war die Watsch'n. Fast hätt' er mir die Zähne rausg'hau'n.

Leider hatte ich recht. »Kinder und Narren sagen die Wahrheit.« Mein Vater hatte gar nicht wahrgenommen, dass jene alte Jungfer kurz zuvor einen Nazi-Knülch und durch ihn Frauenfreuden kennengelernt hatte und mit diesem wirksamen Instrument politisch umgedreht worden war. Auch die Watsch'n half Vati nicht. Die Nazi-»Arierin« wollte nicht länger bei und für »Saujuden« malochen.

Zurück zu Schwester Martha Margarita. »Arierin« war auch sie. Freilich aus ganz anderem, edlem Holz. Trotz des Rohrstocks aus Bambus.

Scheinbar war auch ihr Gehirn bereits im Frühjahr 1933 nationalsozialistisch gewaschen worden: Zum Unterrichtsbeginn begrüßte sie uns, bekreuzigte sich und schloss das Eingangsritual mit: »Gelobt sei Jesus Christus. In Ewigkeit Amen. Heil Hitler!« Dabei streckte sie dieselbe Hand zum deutschen Gruß aus, mit der sie sich zuvor bekreuzigt hatte. Wie Papageien sprachen die Schüler alles nach. Haben auch wir jüdischen Kinder »Heil Hitler!« gebrüllt? Ich weiß es nicht und fürchte ja. Bestenfalls aus Angst, vielleicht aus opportunistischem Mitläufertum oder Identifizierung mit dem Aggressor. Ich habs verdrängt. Jedenfalls waren wir Bamberger Judenkinder historisch genauso dämlich wie andere.

Mein späterer Schwager, der sechs Jahre ältere Willi Wolffsohn, der 1935 als glühender sozialistischer Zionist aus Berlin nach Palästina auswanderte, kam ungefähr zur gleichen Zeit, im Frühjahr 1933, vom Bismarck-Gymnasium zu seiner Mutter und berichtete mit leuchtenden Augen: »Der Lehrer Müller (vielleicht hieß er auch Maier, Mayer, Meier oder so) hat auch uns jüdischen Kindern erlaubt, ›Heil Hitler!‹ zu sagen.« Recha Wolffsohn war »begeistert«.

»Heil Hitler!« war bei Schwester Martha Margarita nur Fassade. Tatsächlich war sie, weil katholisch-dunkelschwarz, gegen Nazibraun immun. Kurz vor den Sommerferien 1933 nahm sie in einer Pause die acht jüdischen Kinder unserer Klasse beiseite: »… Bitte – bitte, sagt euren Eltern, dass für uns in diesem Land kein Platz mehr ist. Wir, Katholiken und Juden, wir haben keine Zukunft mehr in Deutschland. Merkt euch, was ich euch gesagt habe.« »Für uns«, wir, hatte Schwester Martha Margarita gesagt und eindeutig Katholiken und Juden gleichermaßen gemeint. Zu ihrem Wir gehörten Katholiken und Juden. Was für ein großartiges menschliches Sein steckte in dieser strenggläubigen Nonne, diesem Scheindrachen. »Ecce Homo!« Nein, Ecce Donna. Donnerwetter. Sie zog schon 1933, unmittelbar am Anfang der NS-Katastrophe, den richtigen Schluss. Sie ging nach Chile.

Artig hatten wir ihre Botschaft den Eltern ausgerichtet. Wie reagierten sie? Sie schüttelten nur den Kopf und stöhnten gequält: »Die arme, irre, närrische Nonne.«

Chile, Argentinien, Brasilien, Paraguay, Lateinamerika – in den 1930er Jahren und nach 1945 boten sie den unterschiedlichsten Personengruppen Schutz. Zuerst NS-Verfolgten, dann NS-Verfolgern und – Mördern. Eichmann, Mengele und und und. »Und die Moral von der Geschicht'?« Mit Schwarz und Weiß, da male nicht. Grau ist nicht »alle Theorie«, sondern fast jede Wirklichkeit. Ich bin zwar keine Akademikerin, aber das habe ich – im Gegensatz auch zu vielen Akademikern – gesehen, gelernt und verstanden.

Wir waren irre, wirr und blind, nicht nur meine Eltern, sondern viele deutsche Juden. Schon vor der Machtergreifung war das Frankenland eine Hochburg der Nazis. Julius Streicher, der Herausgeber des schlimmsten Antisemiten-Hetzblattes ›Der Stürmer‹, agierte und agitierte vor allem aus dem benachbarten Nürnberg, Muttis Geburtsstadt. Ihre Eltern lebten dort, man besuchte sie in einem fort. Nichts gesehen? »Sie haben Augen und sehen nichts. Sie haben Ohren und hören nichts.«

»Unser« Bamberg war für die NS-Geschichte ebenfalls alles andere als unbedeutend. Auf der »Bamberger Führertagung« vom 14. Februar 1926 riss Adolf Hitler nach seiner Haftentlassung aus Landsberg – wegen des Putschversuchs vom 9. November 1923 war er bekanntlich zu einer lächerlich kurzen Haftstrafe verurteilt worden – endgültig die Macht in der NSDAP an sich. Nun gut, mitten in den Goldenen 20er Jahren, war die NSDAP scheinbar weit davon entfernt, eine Massenpartei zu sein oder führende, gar eines Tages alleinige Regierungspartei zu werden. Dass und wo diese damalige Kleinpartei tagte, dürfte sich kaum zu allen Bambergern herumgesprochen haben. Makaber bleibt mir die Vorstellung trotzdem. Hinter jedem Lamm lauert ein Wolf oder Schlächter. Auch Schwester Martha Margarita dürfte 1926 das nahe und nahende NS-Gewitter nicht gewittert haben. Dass es eine Sintflut würde, scheint sie schon bald nach dem 30. Januar 1933, dem Tag der Machtübergabe an Hitler & Co., erkannt zu haben. Sie hat das Unheil benannt.

Erhört wurde sie so wenig wie weiland Kassandra oder der blinde Seher Teiresias. »Nichts Neues unter der Sonne.«

Dank Martha Margarita beurteile ich auch Papst Pius XII. anders, erheblich milder, als die meisten anderen heutigen Juden und Nichtjuden. Dank diesem Papst haben in seinem Pontifikat viele Klöster zahlreichen Juden das Leben gerettet. Auch Pius kann man nicht nur schwarz oder weiß malen. Man lese Thomas Brechemacher, ›Der Vatikan und die Juden‹, das, wie ich finde, beste, weil bestgeforschte Buch zu diesem Thema. Ohne forsche (Vor-)Urteile und dokumentarisch wasserdicht belegt. Bekannter ist freilich Rolf Hochhuths ›Stellvertreter‹. Bekannter ist bekanntlich meist weder besser noch richtig(er).

Erzkatholisch, wahrscheinlich sogar reaktionär, war Martha Margarita. Aber wie viele gläubige Katholiken, und anders als die meisten vor und nach 1933/1945/1968 und heute meist zeitgeistig angepassten Protestanten war sie gegen den mörderischen NS-Bazillus immun. So gesehen, war MM durchaus repräsentativ für Deutschlands Katholiken. Selbst bei den halb freien Reichstagswahlen vom 5. März 1933 stimmten sie deutlich seltener für die NSDAP als die meisten anderen Bevölkerungsgruppen.

Schwester MMs Denken und Handeln, das katholisch-jüdische Wir in ihrem unvergesslichen, ja, prophetischen Satz, lässt sich fundamental religionshistorisch einordnen. Ich bin mir dessen nicht sicher, aber mir stellt sich die Frage, ob die scheinbar so reaktionäre, also rückwärtsgewandte Nonne bereits 1933 eine Art Vorbote des Zweiten Vatikanischen Konzils war. Dieses hat 1965 in seiner Erklärung »Nostra Aetate« kirchenamtlich erstmals die Gemeinsamkeiten von Christen und Juden betont.

Bei näherem Hinsehen entdeckt man, dass meine projüdische Nonne kein Einzelfall war. Konrad Adenauer, erster Kanzler der Bundesrepublik, gehörte bereits in den 1920er Jahren als Oberbürgermeister Kölns zu den wenigen katholischen Juden- und Zionsfreunden. Am 22. November 1927 schrieb er dem Präsidenten des Komitees »Pro Palästina«, Graf Bernstorff: »Durch den Artikel 4 des Palästinamandats ist die Schaffung einer jüdisch-nationalen Heimstätte in Palästina garantiert worden. Alle im Völkerbund vertretenen Regierungen und damit auch die deutsche Reichsregierung haben die Mitverantwortung für die Durchführung dieser dem jüdischen Volk gegebenen Zusicherung übernommen. Es handelt sich um ein Unternehmen, dem aus allgemein menschlichen Erwägungen Anerkennung und Anteilnahme gebührt.«[6] »Der Alte«, damals Junge, war seit 1927 selbst Mitglied des deutschen Komitees »Pro Palästina«. Er wurde nicht erst Juden- und Israelfreund, als es, 1951 bis 1953, dem altjungen Bundeskanzler im Rahmen der Wiedergutmachungsverhandlungen opportunistisch geboten schien. Schien, nicht war. Amerika, Großbritannien und Frankreich war seit 1950, dem Ausbruch des Korea-Krieges, die (Wieder-)Aufrüstung Westdeutschlands strategisch, weltpolitisch, wichtiger als die deutsche Wiedergutmachung an Juden und Israel. Als teilnehmende Mutter kenne ich, was mein Sohn Michael hierüber geforscht und veröffentlicht hat.[7]

Adenauer, Katholik, pro Palästina, 1920er Jahre – das sagt sich so einfach dahin. Theologisch war das damals keine Himmelsstürmerei, sondern nahezu ketzerische Höllenfahrt, denn »die« Juden galten bis 1965, eben bis zum Zweiten Vatikanum, in der katholischen Kirche sozusagen amtlich als »Gottesmörder«, die ihren biblischen Anspruch auf Heil und Heiliges Land verwirkt hätten.

War dieser »Duft der großen weiten Welt« über Schwester Martha Margarita etwa doch in meine jüdisch-katholische Bamberger Mädchen-Mini-Welt gelangt? Vielleicht. Damals roch ich ihn nicht. Aber diese Nonne hat mich nachhaltig beeindruckt und geprägt. Positiv und negativ, schwarz und weiß, grau. Hellgrau.

Die christlich-jüdische Verbrüderung hatte, wie gesagt, enge Grenzen. Wie unsere Eltern hatten wir jüdischen Kinder nur jüdische Freunde. Geburtstage, Fasching, was und wo und mit wem auch immer – Juden, Katholiken, Evangelen blieben unter sich. Der Kindergarten war jüdisch, die Schule nicht. Wir Juden saßen zwar, wie gesagt, »sogar« neben den Katholiken, aber nach dem Unterricht hatten wir überhaupt keinen Kontakt.

Dabei präsentierten wir uns, genauer unsere Eltern, viel deutscher als die christlich-deutschen Kinder. Wenn ich mir die Klassenfotos von damals anschaue, fällt dies auf: Wir »Judenkinder«, auch die Mädchen, steckten in Matrosenanzügen oder die »Judenjungs« in krachledernen Hosen. »Zivil«, nicht militärisch oder landsmannschaftlich, angezogen waren die nichtjüdischen Kinder. Verkehrte Welt – rückblickend.

Ich kann mich ganz genau an den 30. Januar 1933 erinnern, den Tag der »Machtergreifung«. Acht Wochen zuvor war ich zehn Jahre alt geworden. Fackelzüge würden stattfinden, war zu hören. Darüber hatten alle und jeder in der Stadt tagsüber geredet. Auch die Kinder. Wir, meine beiden Schwestern und ich, wollten dieses feiernde »Feuerwerk« unbedingt sehen. Wie groß die Enttäuschung, als die Eltern Nein sagten: »Ihr dürft nicht, ihr sollt nicht.« Die böse Vorahnung sollten sie bald vergessen ...

Wir durften nicht rausschauen. Wir haben rausgeschaut. Heimlich, durchs Fenster: Fackeln, Fahnen, Fröhlichkeit. Fantastisch fanden wir das. Mein Gott, waren wir blöd.

Eines Tages, irgendwann im Früh-Frühling 1933, kam Vizekanzler Franz von Papen nach Bamberg. Zu Beginn der NS-Herrschaft hielt man ihn noch für einflussreich. Die ganze Domstadt war aus dem Häuschen. Wir blieben im Haus, denn wir wohnten genau gegenüber der Bamberger Reichsbank-Niederlassung, wohin er musste. Von zu Hause sahen wir den (wie wir Kinder meinten) guten Mann besser. Immerhin, der war doch Vizekanzler. War er wirklich wichtig? Wir Kinder hatten keine Ahnung, denn über Politik wurde bei uns nicht gesprochen. Jedenfalls nicht mit uns Kindern.

Erster April 1933. »Judenboykott«. An diesen Tag erinnere ich mich ebenfalls genau. Da stand so ein feister, fetter SA-Mann vor unserem Haustor. Wir wohnten im Erdgeschoss, Familie Sternland über uns. Ihr Geschäft war im Hof. Den Weg zum Geschäft – Boykott oder nicht? – wollte der uniformierte Wampen-Mann versperren. Überraschenderweise war der Wampen-Mann kein Vampir. Er war sogar ganz nett. »Habt keine Angst, wir tun euch nix«, hat er uns Mädchen gesagt. »Danke«, antworteten wir. So wohlerzogen ging die deutschjüdisch-bürgerliche Welt unter. Nicht nur bei Familie Saalheimer.

Schon im April 1933 waren die Zeichen an der Wand sichtbar. Doch meine Eltern waren blind. Schnell hatten sie den Judenboykott vergessen. Hatten sie das »Gesetz zur Wiederherstellung des deutschen Berufsbeamtentums« vom 7. April 1933 überhaupt wahrgenommen? Über Nacht verloren dadurch deutschjüdische Beamte Beruf und Lebensgrundlage. Dem braunen Beispiel folgten auch diverse Verbände von Freiberuflern, auch Anwälten und Ärzten.

Am 25. April 1933 folgte die »Erste Verordnung zum Gesetz gegen die Überfüllung deutscher Schulen und Hochschulen«. Nur 1,5 Prozent der Neuaufnahmen durften fortan Juden sein. Ausgenommen waren die Kinder jüdischer Frontkämpfer im Ersten Weltkrieg. »Das war ich doch«, sagte Vati mit stolzgeschwellter bayerischer Ulanenbrust. Ich blieb auf der Schule. »Gelobt sei Jesus Christus ... Heil Hitler!«

Es war nicht nur Blindheit und naive Narretei, dass meine Eltern Hitlers Deutschland nicht verließen. Vom allmählich beginnenden Wirtschaftsaufschwung profitierte auch das Geschäft meines Vaters. Den Deutschen ging es wieder besser. Deutsche Frauen wollten und konnten sich mit neuen Kleidern anhübschen. Absurd, aber wahr: Deshalb ging es auch uns in frühbrauner Zeit gut und wirtschaftlich gold. Dass deutsche Frauen ihre Männer verführten und sich dafür erotisch ankleideten, bevor sie sich entkleideten, um »dem Führer Kinder zu schenken«, also Soldaten, das heißt: Kanonenfutter, entsprach dem ns-deutschen Welteroberungs- und meines Vaters wirtschaftlichem Interesse.

Dem jüdischen Einzelhändler Justus Saalheimer ging es seit 1933/34 merklich besser. Seine jüdischen Freunde – Anwälte, Ärzte, Journalisten, Lehrer, Professoren – waren arbeits- und hoffnungslos. Sah mein Vater das nicht? Erkannte er nicht, dass auch ihm nur eine Galgenfrist gewährt war? »Was wollt ihr, der Spuk geht vorbei«, verkündete er, seine dicken Auftragsbücher zeigend, den Zweiflern trotzig. Die Auftragsbücher wurden dick und dicker, das Eis, auf dem wir gingen, immer dünner.

»Dicker«, wieder größer, wurde auch das Deutsche Reich. Nach dem Ersten Weltkrieg musste Deutschland für 15 Jahre das Saargebiet, Kohle plus Eisen plus Stahl, an Frankreich abtreten. Im Januar 1935 durften die

Saarländer ihre Zukunft selbst bestimmen. Wieder zu Deutschland – ja oder nein? Knapp 91 Prozent entschieden sich für (Hitler-)Deutschland. Unbeschreiblicher Jubel auch in Bamberg. Die Töne schrill. Meine Eltern hörten nichts. Sie sagten nichts. In der Schulaula wurde groß gefeiert, gesungen, gegrölt und gejohlt. Am Ende das Deutschlandlied und dann »Die Fahne hoch!/Die Reihen fest geschlossen!/SA marschiert ...« Das Horst-Wessel-Lied. Die Anlässe, in der Aula laut und lauter zu singen, häuften sich. »Die Fahne hoch ...!« Was sollten wir Judenkinder tun? Nicht mitsingen? Was dann?

Außerdem hatte sich nach 1933 eine seltsame Interessengemeinschaft von Juden und NS-begeisterten, genauer: BDM (Bund Deutscher Mädel) sowie HJ (Hitler-Jugend) Kindern entwickelt.

»Wer ist im BDM?«, wurde im Frühjahr 1933 gefragt. Niemand meldete sich. Dann kam das Zuckerbrot: »Wer in den BDM geht, hat am Samstag schulfrei.« Die Mitgliedszahl stieg und stieg und stieg.

Von meinen acht jüdischen Klassenkameraden waren drei fromm. Sie schrieben nicht am Sabbat bzw. Schabbes. Schabbes plus BDM-Tag = schulfrei. Die Allianz war perfekt.

Machen wir uns nichts vor: Auch Nichtnazikinder, auch wir Juden, fanden die Aktivitäten von BDM und HJ faszinierend. Die meisten Eltern waren ebenfalls begeistert. Irgendwie waren alle Nazis. Nur wenige hatten, wie Joachim Fests Vater, Kraft und Willen, der Naziverführung bewundernswert zu widerstehen. Ich erlebte nur Mitläufer. Und wenn Hitler & Co. die Juden nicht verfolgt hätten, wären ihnen die meisten von uns gefolgt.

Waren nicht auch wir, schon begrifflich, »bündisch«? Natürlich. Wir waren »jüdisch-bündisch«, nicht ns-bündisch. Wir, der BJJD (Bund Jüdischer Jugend Deutschlands), und der BDM (Bund Deutscher Mädel, wobei »Mädel« noch stramm teutscher klang und klingen sollte als »Mädchen«). Die und wir waren letztlich nichts anderes als eine je spezifische Variante der Wandervogel-Bewegung. Wir alle, ja, wir, waren fasziniert, hypnotisiert vom Reiz und der Aufbruchstimmung der Jugendbewegung. Wir äfften Wandervogel-Klampfen-Körperlichkeit-Fröhlichkeit nach. Jeder auf seine Weise. BDM und HJ hatten zudem die Macht und Kraft staatlich monopolistischer Unterstützung. Bei diesem

Zuckerbrot brauchte der NS-Staat für diese Zielgruppen nicht die Peitsche potenziellen Terrors gegen Dissidenten.

»Auf Jüdisch«, also genau wie die anderen, nur (nur?) mit menschlicher Grundierung, absolvierten wir verbissen das gleiche Programm. Überschrift: »Nur nicht verweichlichen.« Gelobt sei, was hart macht. Auch ohne Krupp-Stahl und Deutschtümelei: Lange Strümpfe oder Kniestrümpfe? Pah. Lieber ließen wir die Knie abfrieren. Alles andere wäre »unjüdisch« gewesen. Haha. Beim BDM war's sicher »undeutsch«. Mein Gott, waren wir alle manipuliert und manipulierbar. Wir liefen im strömenden Regen. Regenschirme? Wie bitte? Und wenn die Eltern uns einen Regenschirm mitgaben, versteckten wir den in irgendeinem Hausflur. Eine »Schande«, mit Regenschirm im Regen zu laufen.

Dann das »Lager«. Schon das Wort. Entsetzlich. Heute. Damals verbreitete es noch keinen Schrecken. Im Gegenteil, denn »Lager« verbanden wir noch mit dem gefühlvollen Gedanken an Lagerfeuer, also mit Romantik. Was wussten wir? Nichts. Denn Konzentrationslager gab es in Hitlers Deutschland schon seit März 1933. Dachau und Oranienburg zuerst. Was ging uns das an, dachten wir Deppen.

Außerdem hatten wir – Stichwort »jüdischer Akzent« – das Wort »Lager« hebraisiert: »Machane« (ch wie in ach) hieß das »auf Jüdisch«. Das Winter-Machane, irgendwo in Bayern, in einem Bauernhaus. Was sonst? Städtisches Leben? Pfui Teufel. Der neue Mensch würde auf dem Land geboren. Durchs Land, den Boden, neues Blut. Diese Blut-und-Boden-Romantik hatten nicht die Nazis monopolisiert. Die frühzionistischen Sozialisten glaubten ebenfalls an dieses Dogma. Auch sie hatten es nicht erfunden. Tolstoi & Co. hatten es den deutschen Erziehern, Multiplikatoren und Manipulatoren, Nichtjuden wie Juden, Jungs und Mädchen beigebracht.

Juchhu, die waren im Machane zusammen. In jedem Zimmer standen meistens zwei Betten oder auch nur – viel besser – Strohsäcke. Die Jungs waren pfiffiger als wir Mädchen. Der Kälte wegen teilten sie sich ein Bett. Blieb's nur dabei? Was weiß ich? Nein, nein, das soll's ja nur bei Katholiken gegeben haben und in der Odenwaldschule und so. Wir sind koscher.

Die Mädchen waren noch stählernder als die Jungs. Unsere Betten blieben nachts leer. Wir schliefen lieber auf dem Strohsack. Morgens musste man das Eis aufhacken. Das Wasser war gefroren. Gestört hat uns das kein bisschen.

Sehr wohl gestört, beunruhigt, hat uns ein SA-Lager in der unmittelbaren Nachbarschaft. So germanisiert und uninformiert waren wir nun doch nicht. Die Angst schwang mit. Ständig. Wir haben sie überspielt.

Ironie der Geschichte oder auch nicht: bündische Härte, die eingeübte Entbehrung, war die bestmögliche Vorbereitung auf unser Leben im ärmlichen Palästina. Wer schon auf Stroh schlief, kann leichter auf Betten verzichten. Wer schon mit Eiswasser die Zähne geputzt oder den Körper gewaschen hat, kann Warmwasser leichter entbehren.

Judenvertreibung und »Reichskristallnacht«, Oktober/November 1938
Als Jüdin durfte ich nach der mittleren Reife keine öffentliche deutsche Schule mehr besuchen. Kalli und ich wechselten aufs jüdische Goldschmidt-Gymnasium in Berlin-Roseneck, wo heute das klotzig uncharmante Hochhaus des jüdischen Filmmagnaten Artur (»Atze«) Brauner steht. Haus und Grund – damals jüdisch, heute jüdisch. Damals Ort deutsch-jüdischer und von deutscher Seite verworfener, verfolgter Hochkultur, heute ideelle und materielle Jedermannsware. Die »Endlösung« hat Körper millionenfach vernichtet und sowohl den Geist von Tätern als auch Opfern nachhaltig verändert.

Jüdische Schulen waren seit 1933 wie Pilze aus dem Boden geschossen, denn nichtjüdische hatten jüdischen Kindern und Lehrern immer häufiger ihre Tore verschlossen. Das Niveau der jüdischen Schulen war vorhersehbar hoch, denn seit rund zweitausend Jahren gibt es bei Juden so etwas wie Schulpflicht. Lehrplan und Lehrer waren vorzüglich, fortschrittlich und weltoffen. Kein ns-deutscher Mief, nirgends. Der Unterricht oft zweisprachig. Bei uns deutsch und englisch. Die Zweisprachigkeit war nicht nur dem Niveau, sondern der deutschjüdischen Not geschuldet. Mehr und mehr sehende Juden bereiteten sich auf Auswanderung, sprich: Flucht vor. Nicht meine Eltern. Sie hatten 1936 Palästina besucht – und waren nach Bamberg zurückgekehrt. »Glücklich nach Hause«, wie sie sagten. Unglaublich, aber wahr.

Nach den Sommerferien, im August 1938, trafen Kalli und ich in Berlin ein. Es fing so gut, so schön an. Theater, Oper. Endlich Großstadt. Endlich nette Lehrer, die auch freundliche Menschen waren. Sie wollten unser Potenzial aus uns herausholen bzw. (h)erziehen (lateinisch: e-ducere) und nicht nur ihr (Geistes-)Futter, wie bei Mastgänsen, in uns hineinstopfen.

Dann der Schock. Die »Polenaktion« vom 28. und 29. Oktober 1938. Rund 17000 polnische Juden, die schon lange in Deutschland gelebt hatten, darunter Herschel Grynszpans Eltern oder Marcel Reich-Ranickis Familie, wurden aus Deutschland vertrieben. Der politischen Korrektheit wegen wird auf Kosten des faktisch Korrekten selten erwähnt, dass es sich dabei um einen polnisch-deutschen Wettbewerb handelte. Ich würde ihr diese Überschrift geben: »Wer von uns ist der bessere Antisemit?« Reinhard Heydrichs Teufelssaat kam der polnischen Absicht, diese Juden auszubürgern, zuvor. Über Nacht waren jedenfalls viele unserer Mitschüler verschwunden. Doch siehe da: Als wäre nichts geschehen, ging die – wohlgemerkt, jüdische – Schulleitung zur Tagesordnung über.

So gesehen, war diese Haltung empörend. Man kann es auch anders sehen: Die Schulleitung wollte unsere Unruhe und Angst nicht durch Alarmismus zur Panik anwachsen lassen. Gut gemeint, doch wirkungslos. Wir spürten, dass Gefahr im Verzug war. Das hatten uns auch einige Schülereltern verdeutlicht. Vornehmlich aus Kleinstädten, wo jeder jeden kannte und opportunistische Nichtjuden Juden jagten, um deren Eigentum zu erbeuten, waren sie ins großstädtische, jüdische Internat geflohen. Dort suchten sie Unterschlupf.

Raus aus Deutschland, das war im Herbst 1938 für Juden noch möglich. Doch wohin rein, wo draußen niemand Juden wollte? Wir waren in der tödlichen Falle, noch bevor die »Endlösung« begann. Nur wenige hatten, wie die Saalheimers und Wolffsohns, das Glück, ihr zu entkommen. Uns gelang es, die Einwanderungsgenehmigung nach Britisch-Palästina zu bekommen.

»Ich will hier raus. Raus aus Berlin, aus Deutschland. Raus, raus, raus!«, brüllte ich meinem Vater ins Telefon. Das Telefonieren war damals eine Haupt- und Staatsaktion. Er wiegelte ab. »Uns betrifft das nicht.

Wir sind Deutsche, keine Polen.« Ich ließ nicht locker. Schließlich telegrafierte Vati seinem Bruder Fredi, der bereits 1931 nach Palästina ausgewandert und Vorstandsmitglied der Anglo-Palestine Bank (ab 1948 Bank Leumi) war. »Thea zur Auswanderung bereit.« Thea, ich, nicht er, nicht die Familie. Und als wäre mein Entschluss, sechzehnjährig, notfalls ohne meine Familie Deutschland zu verlassen, (m)ein Gnadenakt. Fredi hob dieses familienhistorische Telegramm auf und zeigte es seinem Bruder Justus später mehrfach: »So töricht warst du damals, Justus.«

Fredi hat uns fünf das Einwanderungszertifikat nach Palästina erkämpft. Das war das ganz große Los, denn, wenn überhaupt, bekam man nur Einzelgenehmigungen. Die wenigsten Juden Europas hatten einen Fredi, der ihnen das lebensrettende Tor öffnen konnte.

Vor der Auswanderung aus Bamberg mussten Kalli und ich erst aus Berlin zurück nach Bamberg. Beinahe wäre das schiefgegangen. Am Anhalter Bahnhof stiegen wir in den Zug. Vorher hatten wir uns Würstchen gekauft. Der fahrende Zug ruckelte, und als wir unsere Würstchen aßen, flogen beide auf den Mantel unseres Abteilnachbarn. Geradewegs auf seinen Mantel, an dem das NSDAP-Parteiabzeichen prangte. Er meckerte. Mehr nicht. Nichts passierte. Glück gehabt. Hatten wir doch keine »Judennase«?

Mutti und ich hatten nach der Kristallnacht vergeblich versucht, für die ganze Familie ein Visum zu bekommen und von irgendeinem Land aufgenommen zu werden. Aufgenommen hatten wir, wie andere jüdische Familien, nach der Kristallnacht Landjuden. Wie die Eltern unserer polnisch-jüdischen Mitschüler im Berliner Goldschmidt-Gymnasium, suchten sie Rettung in der nächstgrößeren Stadt, nachdem sie von ihren Dorfnachbarn vertrieben worden waren. Dass wir sie aufnahmen, verstand sich von selbst. Wir rückten zusammen. Geredet oder gejammert wurde nicht. Geholfen ja. Punkt.

Während der Vati im KZ war, sind die Mutti und ich mehrmals nach Frankfurt und München. Wie Bettler zogen wir von einem Generalkonsulat zum nächsten, um ein Visum zu bekommen. Es hieß, nach Lateinamerika komme man leichter. Wir klopften an die Tore von Staaten, die wir auf der Weltkarte damals nie und nimmer gefunden hätten und deren Namen uns kaum vertraut waren. Guatemala und andere, die ich so gut kannte wie Hinterkutschiwauwau.

Gerettet – im gar nicht so gelobten Land

Ankunft in Britisch-Palästina. Haifa, März 1939. Im Anfang war das Paradies. Kein Tohuwabohu. Wir waren Einwanderer de luxe. Vom Hafen wurden wir mit dem Auto abgeholt. Der Fahrer von Onkel Fredi, dem Bankdirektor, brachte uns in ein Spitzenhotel auf dem Kamm des Karmelberges. Was für ein Blick. Auch heute kann er sich mit dem Victoria Peak von Hongkong messen. Tags darauf nach Tel Aviv. Jarkonstraße 99, direkt an der Meerespromenade. Schönste Architektur.

Bauhaus, nicht Speer.
Weiß, nicht braun.
Judenland, nicht Naziland.
Ben-Gurion, nicht Hitler.
Sonnenschein, nicht Dunkelheit.
Gluthitze, nicht Krematoriumsglut.
Lebende Juden, nicht Rauchwolken.

Die Krematoriumsglut brannte rund drei Jahre später, und Tel Avivs Gluthitze konnte uns 1939 nichts anhaben. Wir Mädchen waren jung und im siebten Himmel.

Onkel Fredi war nicht nur ein reicher, sondern ein guter Mensch. Er nahm uns in seiner Vierzimmerwohnung auf. Das Schlafzimmer überließ er meinen Eltern. Er, der Frauenheld, der ganz offen mit zwei Frauen zusammenlebte: Mit Malvine, »Malli«, verheiratete Simon, und mit Lili.

Malli war eine rothaarige Schönheit mit den sprichwörtlichen »Haaren auf den Zähnen«. Sie liebte und lebte die Inszenierung ihrer Selbst. Sie war selbstverliebt und mit Fredi verleibt. Hochelegant, groß-, nicht bildungsbürgerlich, immer der neuesten Mode gemäß gekleidet und geschminkt war Malli. Das totale Antibild zur neuen zionistischen Frau, also der antibürgerlich sozialistischen, landwirtschaftlichen Handarbeiterin, Lili.

Lili, praktizierende Juristin und diplomierte Hühnerzüchterin, Fredis

zweite, nicht angetraute, offen wildeheliche, hochintelligente, herzens-
gute, in jeder Hinsicht ungeschminkte, pausbäckige, pummelige, breit-
beckige Frau, entsprach mit ihrem Körpervolumen, ihrer schweren
Hinterachse, den vorzeitig ergrauten (und nicht gefärbten) Haaren, der
saloppen Bluse und den Schlabberhosen weit eher dem neuen Zions-
ideal. Auch in der Verbindung von Kopf- und Handarbeit.

Für die Hausarbeiten war weder Lilli noch Malli zuständig. Das war
Rosis Reich. Sie stammte aus Wien. Sie kochte und buk K.-u.-K.-Köst-
lichkeiten. Nicht koscher und daher schmackhaft.

Jüdisch-Palästina war 1939 (und blieb bis 1977, bis zum Regierungsantritt Menachem Begins) sozialistisch-sozialdemokratisch, besonders
linksagrarisch geprägt. Man, Mann und Frau, kleidete sich dementsprechend gammelig – aber picobello sauber. Wasserarmut herrschte,
doch jeder duschte täglich. Selbst im Hochsommer verbreiteten nicht
einmal Gammeltypen»Wohl«gerüche der schweißigen Art wie man sie
noch heute im öffentlichen Nahverkehr Deutschlands an Hochsom-
mertagen erlebt.

Verpönt war bürgerlich-festliche Abendgarderobe im krampfhaft
agrarisch-proletarischen Jischuw, der vorstaatlich jüdischen Gemeinschaft in Britisch-Palästina. Tel Aviv war anders. Hier konnte der Cito-
yen eher, zumindest manchmal, bourgeois und festlich gekleidet sein.
Bald nach unserer Ankunft im»Land der Väter« (oh, ach, auch Mütter)
führte uns Onkel Fredi in ein Konzert der Israelischen Philharmoniker.
Arturo Toscanini dirigierte. Wir deutschen Landpomeranzen wähnten
uns im Paradies. Natürlich war es keines.

Weil die ursündige Eva in grauer Vorzeit von der Frucht (in der Bibel
ist nicht vom Apfel die Rede) gegessen und ihrem Adam gereicht hatte,
war (und ist) leider auch Palästina/Israel bzw. Israel/Palästina nicht das
Paradies auf Erden. Auch wir mussten uns gedulden. Weder das Paradies noch der Messias waren uns bislang vergönnt.

Britisch-Palästina. Land Israel. Das Heilige Land, das Gelobte Land.
Von wegen. Vergiftet die Atmosphäre zwischen Juden, Arabern und
Briten, die von 1936 bis 1939 im sogenannten»Arabischen Aufstand«
die Waffen kreuzten. Jeder gegen jeden. »Everybody loves«, nein: hates
»somebody sometimes.« Eher always.

Im Frühjahr 1939 hatte die britische Mandats-, sprich: Kolonialmacht die aufständischen Araber und die Juden gleichermaßen attackiert, ermordet und beschossen, niedergeschossen und niedergemacht. Viel Blut war geflossen. London hatte immer mehr Soldaten nach Palästina sowie nach Indien geschickt, wo es seit 1934 erneut brodelte. Diese Soldaten fehlten den Briten in Europa. Großbritannien hatte folglich den Erpressungen Hitlers wenig entgegenzusetzen. Es war erpressbar und deshalb auf Besänftigung, »Appeasement«, des deutschen Diktators angewiesen. Im Herbst 1939, bevor der große Krieg begann, war in Palästina der kleine gerade beendet.

Der Krieg zwischen Palästinensern und Juden schien 1939 beendet. Er ist es bis heute nicht. Er flammt mal auf, mal ab. So auch 1939. Gleich neben unserer schönen neuen Dreizimmerwohnung mit großem Balkon, Riesenbad samt Wäscheschlucker wurde wild geschossen und getötet. Die Wohnung lag am Boulevard Chen, der heute wie damals zur Habimah, dem Nationaltheater, führt. Gleich daneben steht seit den 1950er Jahren Tel Avivs schöne Konzerthalle. Das andere Ende des Boulevards liegt am neuen Rathaus, wo Rabin im November 1995 erschossen wurde. Historisches, blutiges, lebenslustiges, bestes, feinstes, kultiviertestes Tel Aviv. In unmittelbarer Nähe die neue Oper, das Museum für Moderne Kunst, das Kammertheater. Heute.

Damals waren die Bankkonten der Bewohner meist so winzig wie die Bäume auf dem breiten Mittelstreifen der Straße, dem Boulevard. Großvater Justus behauptete, sie würden nie wachsen, weil Tel Aviv zu heiß und trocken sei. Heute sind sie etwa dreißig Meter hoch, dicht belaubt und spenden wohltuend kühlenden Schatten. Herrlich. Heute. Damals ein großer Sandkasten mit Minibäumen.

Nicht weit vom Boulevard Chen liegt heute das israelische Verteidigungsministerium. Auf der anderen Straßenseite Sarona. Seit 2014/15 ist es ein vollständig modernisiertes, denkmalgeschütztes Schlemmer- und Einkaufsparadies für kaufkräftige Einheimische und Touristen. Damals, 1939, war Sarona eine von mehreren, im späten 19. Jahrhundert errichteten, Siedlungen des Templerordens. Ihr Gelände umfasste auch den Grund, auf dem seit 1948 israelische Regierungsgebäude stehen und von dem aus seit 1955 nicht zuletzt Israels Streitkräfte organisiert werden.

Ursprünglich wollten die gläubigen Templerchristen ins Heilige Land, weil es die Heimat des Heilands war. Seit 1933 setzten sie ihre Heilshoffnungen eher auf »Heil Hitler«. 1938 waren 17 Prozent der Sarona-Siedler Mitglieder der NSDAP. Gemäß der ab 1939 araberfreundlichen und englandfeindlichen Politik des »Führers« kämpften sie in Palästina mit den aufständischen Arabern sowohl gegen Briten als auch Juden. Dass Araber, wie Juden, Semiten sind, störte nicht, denn »die« Juden waren der Hauptfeind auf dem Weg nach Deutschland, das »über alles in der Welt« herrschen sollte.

Solange die Templer nur Juden gefährlich gewesen waren, ließen die britischen Mandatstruppen sie gewähren. Nebenbei: Deutsche Juden, die noch 1939 nach Großbritannien fliehen konnten, wurden, weil Deutsche, zunächst als »feindliche Ausländer« in Lager gepfercht; meist auf der Isle of Man in der Irischen See. Nicht anders hatten sich die Niederlande mit ihrem KZ bis 1940 verhalten.

Hitlers Sarona-Gesellen wurden nach Ausbruch des Weltkriegs von den Briten teilweise bis ins ferne Australien deportiert und interniert. Templer, die bis 1950 in Israel ausharren konnten, wurden dann ausgewiesen und das gesamte Templereigentum verstaatlicht. Zur Belohnung für ihre treuen Dienste an Israels Land, weniger an seinen Leuten, zahlte ihnen der jüdische Staat 1962 eine Entschädigung von 54 Millionen D-Mark. Rechtsstaat ist Rechtsstaat und dieser nicht unbedingt immer gerecht.

Zurück zu Thea ins Jahr 1939. Fürs hehre Ziel deutscher Weltherrschaft mussten vorher Briten und Juden aus Palästina und wir vom Boulevard Chen vertrieben werden. Mein Onkel Fredi hat gesagt, wir sollten Sandsäcke in die Fenster legen, um nicht an- oder abgeschossen zu werden. Das geschah nicht, und wir überlebten, obwohl oder gerade weil mein Vater, der königlich-bayerische Ulan und EK-Träger, weder auf seine deutschen noch arabisch-palästinensischen Landsleute geschossen hatte.

Hinter der Schusslinie lockte der Orangenhain. Wenn gerade mal wieder die Waffen ruhten, gingen wir dorthin und kauften für Minipreise Maxisäcke voll köstlicher Apfelsinen.

Köstlichkeiten gibt es erst recht heute im nostalgisch modernisierten

Sarona. Die lukullischen Verführungen kosteten am 8. Juni 2016 vier Israelis das Leben. Palästinensische Terroristen drangen in eines der Lokale und ballerten wahllos auf die Gäste. Das Erste Deutsche Fernsehen war in seinem Tagesschau-Bericht hierüber so geschmackvoll, den Vater von einem der Mörder zu Wort kommen zu lassen. Der hielt es für »unwahrscheinlich«, dass sein Sohn die Tat begangen habe. Von Angehörigen der Opfer erfuhren Deutschlands Fernsehzuschauer nichts.

Die Israel-Korrespondentin der ARD konnte natürlich nicht wissen, was Sarona für uns Jeckes bedeutete. Sie müsste jedoch wissen, wer oder was und wie braun die Templer in den 1930er und -40er Jahren waren und dass allein schon das auf Deutsch gesproche Wort »Sarona« in Verbindung mit Terror und deutscher Berichterstattung Gedankenverbindungen unseliger NS-Art weckt. So rühren Neu- und Jungdeutsche unwissend und unbeabsichtigt im braunen Dreck und verletzen die Gefühle von Holocaust-Überlebenden.

Recht besehen war uns das Glück hold. Womit hatten wir das verdient? Wir kamen im Frühjahr 1939 nach Palästina. Was für ein politisches Glück. Mein persönliches begann wenige Wochen danach. Symbolträchtig am 14. Juli. »Allons enfants ...« Nein, denn das Milieu war urdeutsch, nicht französisch. Max, meinen späteren Mann, traf ich im sogenannten deutschen Klub Tel Avivs, dem »Zentrum der deutschen Einwanderer«. Alle waren Juden, alle gleichermaßen Flüchtlinge, doch jede Landsmannschaft anders, jede unter sich.

Im Herbst 1939 begann der Große Krieg. Er vernichtete 57 Millionen Menschen, darunter sechs Millionen Juden in Europa. Uns traf er nicht direkt. 1941/42 rückte er nah und näher. Im Oktober 1942 wurde er zurückgeschlagen. Wir waren gerettet. Europas Juden wurden zur selben Zeit von Rommels Landsleuten sowie deren nichtdeutschen Gehilfen vernichtet.

Was wussten wir damals »davon«, vom millionenfachen NS-Judenmorden? Seit 1942 hatten wir darüber gelesen, davon gehört. Irgendwas. Was genau? Wollten wir ES wissen? Nicht wirklich. An Wochenenden und abends saßen wir am Strand. Wir schwammen, wir sangen, wir schwelgten. Wir hatten unsere Geliebten und wollten leben, leben, leben.

Den Tod gab es für uns nicht, er hatte in uns keinen Platz. Wir gaben ihm keinen. Das Leben war schön, wunderschön.

Es hat nicht viel gefehlt, und die deutschen Nationalsozialisten hätten massiven jüdischen »Nachschub« aus Nahost bekommen. Viele wissen nicht, dass im Zuge des Afrikafeldzugs von »Wüstenfuchs« Rommel 1941/42 rund eintausend Juden von Nordafrika nach Europa verschleppt und in den NS-Höllen vernichtet wurden. Im Herbst 1942 stand das Afrikakorps von Hitlers Wehrmacht bei el-Alamein, vor den Toren Kairos, und somit quasi auch vor Tel Aviv und Jerusalem. Die Wehrmacht wollte ns-räumliche Durchgängigkeit zwischen Nordafrika und der Sowjetunion herstellen. Weite Teile der nahöstlich-arabischen Bevölkerung, auch der Eliten, sehnten einen deutschen Sieg über »die« Briten und »die« Juden« herbei. Er wäre unser Todesurteil gewesen. Unter »Monty«, Feldmarschall Bernard Montgomery, schlug die britische Armee Hitlers Truppen zurück. Wir waren gerettet. Leben und Lieben konnten weitergehen. Wie bisher.

Willi hieß längst Zeew und heiratete im Juni 1943 seine Lea. Lea, wie des biblischen Stammvaters Jakob erste und weniger geliebte Frau. Zeews Lea hieß bereits seit ihrer Geburt Lea, denn ihre hochgebildeten Eltern hatten zu den Hamburger Frühzionisten gehört und ihrer Tochter gleich einen traditionell jüdischen Vornamen gegeben.

Max und ich heirateten im Dezember 1943. Getraut hat uns Rabbiner Rosenbaum, ein Nachfahre der alttestamentlichen Leviten, Er hatte Max als Pennäler am Berliner Bismarck-Gymnasium Religionsunterricht erteilt und war mit seinem Schüler höchst unzufrieden. »Max schwatzt, ich bitte Sie, in meine Sprechstunde zu kommen«, hatte er Recha Wolffsohn geschrieben. Sie kam und las diesem Leviten die Leviten: »Wenn mein Sohn Max schwatzt, ist Ihr Unterricht langweilig.« Trotz oder wegen oder unabhängig von Rabbi Rosenbaum war es ein herrliches, rein deutschjüdisches Fest, fernab vom tödlichen, tötenden, massenmordenden Deutschland. Und in Osteuropa rauchten die Schornsteine …

Die massenmordende Albwirklichkeit endete im Mai 1945, aber der Kampf um Israel begann nun erst richtig. Wir blieben eher Zuschauer als Teilnehmer. Den zionistischen Kampfgruppen gegen die britische Mandats-, faktisch Kolonialmacht schlossen wir uns nicht an. Weder der sozialistisch-sozialdemokratischen Haganah Ben-Gurions noch dem bürgerlich-nationalistischen »Etzel« Menachem Begins oder gar den fast nur terroristisch-nationalistischen »Lechi« der von den Briten so genannten »Stern-Bande«. Wir wollten leben, leben, leben. Nichts anderes.

»Der Mensch lebt nicht von Brot allein.« Stimmt. Auch das stimmt: »Leere Kübel hausen übel«. Um die Kübel zu füllen, arbeitete Max von 1943 bis 1948 als Magazinleiter der britischen Palästina-Armee im Militärlager »Sarafand« bei Tel Aviv. Sicher war das historisch, kollektiv betrachtet, nicht sonderlich moralisch oder fair, schon gar nicht gegenüber den zionistischen Kämpfern. Nein, moralisch handelten wir nicht, aber verständlich. Oder? Wie viel muss der Einzelne dem Ganzen geben? Muss, soll? Kann der Einzelne ohne vom Ganzen ermöglichte Sicherheit leben? Glücklich leben? Ich stellte mir diese Fragen damals nicht. So wenig wie die meisten Jeckes, die deutschjüdischen Einwanderer. Wahrscheinlich hat unsere jeckisch egoistische Distanz zu den zionistischen Aktivisten und Kämpfern auch deren Distanz zu uns bedingt. Oder hat ihre von Anfang an bestehende innere Entfernung zu uns unsere zu ihnen bedingt? Henne oder Ei?

Wie die meisten Jeckes waren wir unideologisch. Wir befürworteten durchaus die Gründung eines jüdischen Staates, aber glühende Zionisten waren die meisten von uns nie. Weil wir noch mehr als die übrigen Zionisten nationalistische Exzesse fürchteten? Exzesse fremder Kollektive ebenso wie solche des eigenen Kollektivs? Wir hegten auch keinen grundsätzlichen Groll gegen die britische Mandatsmacht. Nun ja, sie war alles andere als juden- und zionistenfreundlich, aber ihr Alltags-Antisemitismus hielt sich an den traditionell staatlich-abendländischen Comment, der da lautete: »Isolieren und diskriminieren ja, liquidieren nein.« Nicht wirklich human, aber immerhin das Bessere vom Schlechten.

Erstaunlich oder nicht, die jüdische Gemeinschaft in Palästina, der »Jischuw«, beschimpfte oder attackierte uns ob unserer kämpferisch-patriotischen Enthaltsamkeit nicht. Kein Kollaborationsvorwurf wurde erhoben. Wir Jeckes lebten in unserem landsmannschaftlichen Elfenbeinturm, und dort ließ man uns. Nachsicht aus Vernachlässigung? Ich weiß nicht. Es gab so viele Gründe auf beiden Seiten.

Einen Grund, den Wehrdienst im neu bzw. wieder gegründeten jüdischen Staat zu verweigern, gab es für uns weder rechtlich noch moralisch. 1948/49 wurde Max zu Zions Waffen gerufen. Er war eher die israelische Variante des braven Soldaten Schwejk. Allerdings weder versoffen noch scheinblöd. Auch kein Kriegsheld. Die siegreichen »Helden« kehrten aus dem eroberten Jaffa im April 1948 mit Beutegütern wie Kühlschränken zurück. Max kam mit winzigen Schweißkissen als »Beute«gut.

Israels Unabhängigkeitskrieg war 1949 zu Ende. »Wir« hatten gesiegt und bis auf 156 000 Araber waren wir sozusagen unter uns. Unter uns Juden. Etwa 700 000 palästinensische Araber waren vertrieben oder geflohen. Es schien, der jüdische Staat bliebe für immer fast rein jüdisch. So kann man sich täuschen, wenn man den Demografie-Faktor nicht beachtet. Heute sind etwas mehr als 20 Prozent der Israelis palästinensische Araber. Israel ist ihre Heimat, nicht ihr Staat.

Nach Holocaust und Krieg normalisierte sich der individuelle und kollektive Alltag. An der Oberfläche ... Alle waren arm. Waren sie glücklich? Die Überlebenden der NS-Höllen, die rund 800 000 aus arabischen Staaten geflohenen und vertriebenen Juden? Ja, dass sie überlebt hatten. Darüber hinaus? Lebt der Mensch vom (Über-)Leben allein?

Mit der Ausnahme von Onkel Fredi waren wir Wolffsohns und Saalheimers arm. Wir waren aber glücklich. Neben uns die unendlich vielen Todunglücklichen, die selbst überlebt und ihre Lieben verloren hatten. Sie klagten nicht über ihr familiäres Unglück. Die meisten konnten darüber nicht sprechen, und kaum einer der alteingesessenen, frohgemuten, wehrhaften, tatendurstigen, aufbauwütigen Pionierzionisten wollte ihnen zuhören.

Wie für die meisten Alt- und Neu-Israelis wäre es auch für uns in Israel weiter so und irgendwann auch aufwärts, Richtung Wohlstand, gegangen. Es kam anders, und dann waren wir woanders: wieder in Deutschland.

Trotz allem und nach allem zurück nach Deutschland
Im Kampf um die Rückerstattung seines »arisierten« Eigentums jagte
Karl Wolffsohn seit Anfang 1950 von Gericht zu Gericht und prallte
gegen eiserne Wände des Unwillens und Böswillens. Als Folge wurde
auch er gejagt: von einem Herzinfarkt nach dem anderen. »Max muss
kommen und mir helfen«, japste Karl kurzatmig im Sommer 1954. Dass
der immer schon aufmüpfige Willi/Zeew nicht kommen würde, war
klar. »Ick bin und bleibe Bauer in Israel. Nach Nazi-Deutschland (er
meinte die Bundesrepublik) bekommen mich keine zehn Pferde, ooch
wenn ick nur eines besitze«, hatte er mehrfach unmissverständlich verkündet. Folglich wurde er von Karl auch nicht gefragt – was Zeew ihm
verübelte. Wenigstens wollte er gefragt werden. In jedem Erwachsenen
steckt viel Kind.

Max, der brave Sohn, wurde gefragt. Er kam und wenige Wochen
später auch Michael und ich. Um die in Tel Aviv von Karl Wolffsohn
gegründete und von Max weitergeführte Glaserei samt Glasversicherung kümmerte sich mein Vater, Justus Saalheimer. Das war für ihn eine
angenehme Beschäftigung. Sie war nicht üppig, doch anständig ver-
gütet und artete für den alten Herrn nicht zur Maloche aus. Ihm blieb
genügend Zeit fürs scheindeutsche Konditor-Kaffeehaus, Skat oder andere Vergnüglichkeiten in seinem, wie er ihn nannte, »Klub des Goldenen Alters«.

Bis auf Willi war die Alt-Berliner Wolffsohn-Kleinfamilie seit September 1954 wieder vollzählig in Berlin beisammen. Ab 1933/35 hatten wir
nicht mehr zur deutschen »Volksgemeinschaft« gehört. Hitler und seine
»Volksgenossen« ließen das nicht zu. Artikel 116 Grundgesetz hatte uns
1949 über Nacht in »Volksdeutsche«, die wir ja waren, zurückverwan-
delt. Unser Geburtsrecht, die (bundes)deutsche Staatsbürgerschaft, war
uns Erwachsenen sowie unseren Nachkommen zurückgegeben worden. Ob uns Deutschland und »die« (wie viele?) Deutschen wollten,
lasse ich offen. Es gab solche und andere. Wir jedenfalls wollten nach
Deutschland, weil das uns Geraubte in Deutschland war und wir das
Raubgut nicht den Räubern überlassen wollten. Wir wollten es zurück-
haben, und dafür mussten wir zurückkommen.

Anders als viele andere Juden *in* Deutschland nach 1945, fühlten wir uns sehr schnell wieder als deutsche Juden, ja, sogar eher als jüdische Deutsche – also mit der Betonug auf Deutsche. Das fiel uns nicht schwer, denn alte und neue Nazis suchten nicht unsere Gesellschaft, wir nicht ihre, und die anderen Deutschen im anderen Deutschland (das es für uns immer gab) waren »wie wir«; nur eben nicht jüdisch. Na und?

Nein, wir knüpften nicht an alte Zeiten an. In denen verkehrten Juden und Nichtjuden, wenn überhaupt, privat selten miteinander. Das war nun – bei und für uns – ganz anders. Unser Freundes- und Bekanntenkreis war bunt gemischt. Religiös, geografisch, ethnisch, politisch, ideologisch. Ich sag's mal im durchs Zuhören erworbenen, nicht angelesenen Fachjargon: In der zunehmend offenen Makro-Gesellschaft Bundesdeutschlands war unsere Westberliner Mikro-Gesellschaft von Anfang an offen.

Ewige Schuld?
Wir fühlten uns in Berlin bald heimisch, doch geradezu unheimlich war außer den unzähligen Ruinen dies: Viele Hunde gab's und wenig Kinder. Die Tierliebe der Berliner wirkte ansteckend. Auch die Tiermode. In den 1950ern waren Dackel »in«. Wir übernahmen Sabta Rechas Dackel »Ari«, der ihr zu sehr »nach Hund roch«. Benannt hatte ich das Tierchen: stramm israelisch, hochstaplerisch, heldisch »Ari«, von Arijeh, der Löwe.

Eines Tages, Mitte der 1960er Jahre, radelte ich mit Michael gemächlich durch den Grunewald. Unser Dackel-Löwe Ari lief fröhlich, ausgelassen mit. »Tierquälerei«, empörten sich zwei ältere Passanten. Die waren bei mir an der richtigen Adresse: »Haben Sie auch lautstark protestiert, als Juden im Dritten Reich abtransportiert wurden?« Ich gestehe: Das war die eigentlich unerträgliche, inakzeptable »Auschwitzkeule«. Diesen Begriff, ebenso wie das Wort »Geschichtspolitik«, hat Michael in seinem Buch ›Ewige Schuld?‹ 1988 erstmals in den neudeutschen Wort»schatz« eingeführt.

Was wusste ich vom Verhalten jenes älteren Paares im Dritten Reich? Nichts. Vielleicht gehörten sie, ihre Freunde oder Verwandte zum Widerstand? Zum frühen oder späten Widerstand? Aus Empörung und

Entsetzen über die Judenvernichtung, den Binnen-Terror oder »nur« den Krieg? Was wusste ich über diese Individuen? Nichts. Ich war in der Kloake des Kollektiv-Klischees. Ich argumentierte geschichtspolitisch, polemisch; moralisch verwerflich, weil kollektive Schablonen auf Einzelpersonen anwendend. Nein, ich argumentierte eben nicht, ich hämmerte auf andere ein. In gewisser Weise war ich die Vorhut deutscher 68er-Gutmenschen und ihrer Nachfahren, die Andersdenkende mit der Nazikeule niederschlagen. Das Motto lautet: »Ich und du und Müllers Kuh, und Deutschlands Nazi, der bist du.« Oder es lautet so: »Ich bin ›der‹ Widerstand, du Täter oder Mitläufer.« Ein ekelhaftes, absurdes, selbstgerechtes, ungerechtes, menschenverachtendes Spiel.

Die damals jungen 68er-Spunde, die heute 68 und älter sind, waren kollektiv, generationell, nicht individuell, Kinder oder Enkel ihrer Nazi-Eltern und -Großeltern. Der Widerstand der in der Demokratie Nachgeborenen ist nie mehr als Widerspruch und Widerspruch ein ganz normaler, grundgesetzlich geschützter und nicht staatsterroristisch verfolgter Meinungsbeitrag. Meinungsfreiheit war in der Bundesrepublik seit jeher grundgesetzlich geschützt. Folglich war und ist in diesem Staat Widerspruch alles andere als Widerstand. Widersprechende, die sich zu Wderständlern emporstilisieren, sind ahnungslos und pietätlos.

Von diesen selbst ernannten Widerständlern und Moralaposteln unterschieden mich Biografie, Chronologie und Herkunft. Sie waren Nachfahren der Täter. Ich überlebte, doch gehöre zur Generation der Opfer. Ich habe »Furcht und Schrecken des Dritten Reichs« erlebt. Ihnen wurde das alles (alles?), von wem und wie auch immer, erzählt – oder eben auch nicht erzählt. Sie »entdeckten« es. Es? Das Verhalten und Versagen der Eltern und Großeltern. Auch meine Eltern und Großeltern hatten versagt. Aber ganz anders. Sie hatten die Zeichen der Zeit, die Gefahren für sich und die Ihren, nicht erkannt. Die Eltern und Großeltern der 68er waren, wie auch immer, verstrickt, Teil der uns, ja, uns, drohenden und dann viele von uns vernichtenden Gefahr. Das alles mag erklären, weshalb ich damals im deutschen Wald mehr oder weniger bewusst und sozusagen vorzeitig die Nazikeule schwang und das Ihr vom Wir so abgrenzte. Ich übe Selbstkritik, bleibe jedoch bei meiner Kritik der selbst ernannten, nachgeborenen Möchtegern-Widerständler.

Eigentlich habe ich, hoffe ich, sonst »die« Deutschen nie geschichtspolitisch mit Moralin beträufelt. Mein Ich empfinde ich sehr wohl als Teil eines deutschen Wir. Ich habe meine Biografie, Chronologie und Herkunft, mein Wir, nie als moralische Überlegenheit verstanden. Umgekehrt wollte ich mich nicht von »ihnen« und »denen« mit Geschichtsmoralin behandeln lassen. So weit geht mein deutsches Wir nun doch nicht.

Ich gehe weiter und beziehe, wie mein Sohn Michael (wer hat's von wem?), diesen Gedanken auf die Generation(en) der Nachgeborenen beider Seiten. Die Nachfahren der Täter sind keine Täter und daher schuldlos. Die Nachfahren der Opfer sind keine Opfer. Beide stehen individuell-moralisch auf derselben Stufe, auf Augenhöhe. Kollektiv sind sie Teile der jeweiligen Generationenketten und tragen so oder anders, individuell unterschiedlich lang und intensiv, die Traumata der Vorfahren. Die Belehrung der einen durch die andere Seite der Nachfahren ist noch heute ein beliebtes Rollenspiel. Es ist Theater, absurdes Theater. Absurdes Theater kann großes Theater sein, das absurde (kleines »a«) Theater der Nachfahren wird meist miserabel gespielt, der Text ist immergleich und das Niveau unerträglich flach. Schmierentheater.

Das Wir unseres Berliner Alltagslebens, Freundes- und Bekanntenkreises war alles andere als exklusiv jüdisch. Zu unserem Wir gehörte, wen wir mochten und wer uns mochte. Wir filterten und filzten niemanden nach Religion, Herkunft oder Ideologie. Viele Juden wie Nichtjuden meinten, das wäre etwas Besonderes. Ich empfand, wir empfanden es als ganz normal. Selbst heute, Ende 2015, habe ich das Gefühl, dass wirklich gemischte Zirkel von Juden und Nichtjuden, zumindest in meiner fast ausgestorbenen Altersgruppe, eher die Ausnahme als die Regel sind.

Bei Juden verkehren die Russen mit den Russen, Israelis mit Israelis, Fromme mit Frommen und so weiter. Auch bei nur wenigen Christen habe ich wirklich gemischte Gesellschaften erlebt. Eigentlich stehen in unserer offenen Gesellschaft allen alle Türen offen. Nicht alle gehen hindurch. Fürchten sie, ihren eigenen kleinen »Lebensraum« oder gar sich selbst zu verlieren? Ich habe durch offene Türen nur gewonnen. Auch unsere offene Gesellschaft könnte noch offener sein, doch wo und wann gab es in der deutschen oder Menschheitsgeschichte so viel Offenheit?

Ich Alte weine nicht der »guten alten Zeit« nach, denn in meinem langen Leben habe ich sehr viele, zu viele andere, mir verschlossene Türen gesehen. Wer sich der Außenwelt verschließt, verkümmert. Offene Türen öffnen auch Kopf und Herz. Solange ich noch gehen kann, werde ich durch offene Türen schreiten.

Autobiografisches

Am Tag meiner Geburt, am 17. Mai 1947, war ich Palästinenser. Ein neuer Erdenbürger von Britisch-Palästina. Also auch Untertan Seiner Majestät, des Königs mit Thronsitz in London. Lange war es dem König nicht vergönnt, meine administrative Verbundenheit zu den Seinen zu genießen. Innerhalb eines Jahres hatten ihn meine jüdisch-zionistischen »Volksgenossen« im Wettbewerb mit ihren palästinensisch-arabischen Rivalen im Kampf ums Heilige Land (nicht der Heiligkeit wegen) hinausgebombt.

David Ben-Gurion verkündete am 14. Mai 1948 Israels Unabhängigkeit. So wurde ich am Vorabend meines ersten Geburtstags Israeli. »Völkisch« bleibe ich lebenslang jüdisch. Das hat die Halacha, das jüdische Religionsgesetz, für mich beschlossen. Ich habe nichts dagegen, obwohl es natürlich Fremdbestimmung ist. Ich lebe demnach nicht selbstbestimmt und bin folglich, o Schande, kein »mündiger Bürger«.

Ohne dass es die deutschen »Volksgenossen«, meine Eltern oder ich damals wussten, waren meine Familie und ich nicht nur Teil des jüdischen, sondern darüber hinaus des deutschen Volkes. Dieses hatte erst kurz zuvor meine Vorfahren aus dem »Volkskörper« des zwölfjährigen, ursprünglich auf tausend Jahre geplanten, Deutschen Reiches ausgestoßen.

Bereits um meine kleinkindliche Gunst wetteiferten Israel und die Bundesrepublik Deutschland. Unmittelbar nach meinem zweiten Geburtstag, am 23. Mai 1949, hatte das Grundgesetz der Bundesrepublik Deutschland Geburtstag. Sechs Tage nach meinem zweiten Geburtstag wurde ich »Volksdeutscher«. Die Väter (sorry: »und Mütter«) des

Grundgesetzes hatten das in Artikel 116 bestimmt. Wieder war ich fremdbestimmt. Seitdem ich mündig(er) wurde, fühle ich mich auch dadurch nicht in meiner »Selbstverwirklichung« und dem, was ich in meiner Beschränktheit für meine Selbstbestimmung halte, eingeschränkt.

Meine Muttersprache im heiligjüdischen Vaterland der Hebräer war Deutsch. Das beherrschten meine Eltern und Großeltern. Hätten *sie* mir Hebräisch beigebracht, wäre ich wohl zeitlebens des Sprechens unkundig und Analphabet geblieben.

Meine Tel Aviver, dann Ramat Ganer Kindheit war sehr glücklich. Sogar während der ersten Grundschulklasse, 1953/54. Nur zweimal nicht.

Meine Klassenkameraden fanden meinen schönen Schulranzen aus »deutscher Wertarbeit«, auf den ich mächtig stolz war und den mir meine Großeltern Wolffsohn aus (wie meine dem Namen nach Kameraden sagten) »Nazi-Deutschland« geschenkt hatten, so schön, dass sie ihn, politisch absolut korrekt, mit Metallgegenständen und Steinen zerkratzten. Anders als ich hatten sie das »richtige politische Bewusstsein«, an dem es mir seit meiner Geburt und wohl lebenslänglich gebricht. So gesehen, bin ich ein Lebenslänglicher.

Beim zweiten Mal wurde ich ebenfalls zu Recht bestraft. Ein Klassenkamerad wollte von mir abschreiben. Er gehörte zu den wenigen Ausnahmen im jüdischen Volk, die keine Genies sind. Ich wollte eines aus ihm machen. Klug und weise belehrte ich ihn, dass er doch viel mehr lerne, wenn er sich alles selbst erarbeite. Außerdem sei Abschreiben unehrlich. Aus unverständlichen Gründen wollte jener Knabe weder genial noch ehrlich werden. Er stieß mich gegen einen rostigen Nagel in der Schulbank. Die tiefe Wunde nähte unser Hausarzt und Familienfreund Dr. Fritz Eisen aus Danzig. Auch er war erst Deutscher, dann Nicht-mehr-Deutscher, ab 1948 Israeli und ab 1949 auch Volksdeutscher.

Dass auch Freunde wehtun können, lernte ich beim Vernähen. Doktor Eisen nähte nicht nur, er spritzte auch. Das piekste, und ich beschloss, Dr. Eisen im bildgewaltigen Fluchhebräisch unserer jüdischen Volksgenossen zu beschimpfen: »Gemeiner Esel, Hintern eines Kamels.« Wie das Schwein sind Esel und Kamel nicht koscher, doch der

Fluch war koscheres Kinderhebräisch. Endlich war ich vollwertiges Mitglied des jüdisch-israelischen Volkskörpers.

1953 besuchten meine Eltern und ich die Schweiz und, amtsisraelisch verboten, das »Land der Mörder«. Ich fand dieses Land sehr schön. Wieder das falsche Bewusstsein. Seltsam fand ich, dass es in Westberlin mehr Hunde als Kinder gab und die Erwachsenen die vielen Hunde meist freundlicher behandelten und ansprachen als die wenigen Kinder. Sollte das irgendwie mit den vielen Ruinen zusammenhängen? Vorher waren wir in Rom gewesen, und dort hatte ich gelernt: Ruinen sind höchst bemerkens- und besuchenswert, ja, ein Juwel der Stadt und Menschheitskultur. Besonders klug war ich ohnehin schon mit sechs Jahren. Im Kolosseum zeigte mir meine Mutter, »wo die Löwen in die Arena reinkamen«. Das leuchtete mir sofort ein: »Ja, Ima, man riecht es noch heute, dass sie da Pipi gemacht haben.« Sie rochen ja auch ähnlich: römische Löwen- und Berliner Hunde-Pipi. All das konnte meine Deutschland-und-Europa-Begeisterung nicht bremsen. Erst recht nach der Rückkehr.

Ich musste mich impfen lassen. Meine Eltern und viele andere auch. Wir standen in der Schlange. Vorne der Impfarzt. Nun war ich dran. Impfen empfand ich, wie Spritzen, als Menschenquälerei. Diesmal wählte ich keinen hebräischen Tierfluch. Ich schrie, so laut ich konnte, in inzwischen fehler- und akzentfreiem Hebräisch der Menge der (ausnahmsweise geduldig) wartenden israelischen Volksgenossen und dem Impfarzt ins Gesicht: »In Deutschland müsste ich mich nicht impfen lassen. In Deutschland ist alles besser. In Deutschland ist alles besser!«

Tja, ich war schon mit sechs Jahren ein »deutsch-jüdischer Patriot«. Meine Eltern wären am liebsten im Erdboden versunken. Meine »jüdischen Mitbürger« mögen mich und wohl noch mehr meine mich so unpatriotisch erziehenden Eltern weit tiefer in den Erdboden, in die Hölle, gewünscht haben, doch sie ließen nach außen »christliche Milde« walten und beschwiegen das Wolffsohn'sche Ketzertum.

Im Herbst 1954 übersiedelten meine Eltern mit mir im Schlepptau ins, wie mir erschien, westberlindeutsche »Paradies«. Ich habe es, abgesehen von Ausnahmen, nie bedauert. Trotzdem wurde sogar ich ein »guter« Jude und echter Israelfreund in Wort und Tat, also Teil der »jüdischen Weltverschwörung«, an die noch immer deutschnationale und internationale Deppen sowie Rechts- und Linksextremisten gemeinsam mit Islamisten glauben.

Bis heute habe ich die antisemitische Weltsicht des deutschakademischen Historikers Heinrich von Treitschke bestätigt. Ich mochte ihn nie. Auch als Historiker nicht, wenngleich noch immer so manche Straße in so mancher Stadt Deutschlands seinen Namen trägt. Der nicht gute Mann hatte behauptet, man könne nicht zugleich deutsch und jüdisch sein. Ich kann. Viele andere konnten und können es auch, wenngleich Treitschke und die Seinen es nicht wollten und wollen.

Bezogen auf die staatsbürgerrechtliche Variante stimme ich diesem Antisemiten-Ekel jedoch im Prinzip zu. Zwei Staatsbürgerschaften, Rechte und Pflichten in zwei Staaten gleichermaßen zu erfüllen, halte ich für ausgeschlossen. Es ist oft erlaubt, aber ist es wirklich möglich? Nein, meine ich. Die doppelte Staatsbürgerschaft ist für Menschen doppelter Herkunft und Kultur nur eine Scheinlösung ihrer doppelten Identität. Die doppelte Identität ist immer eine Zusatzqualität, also positiv. Das ist die eine Seite.

Das ist die andere Seite: Der Staat ist für die Bürger da und nicht umgekehrt. Doch ein Staat lebt nicht nur für seine Bürger, sondern auch von seinen Bürgern, die auf den Schutz des Staates nicht nur vor Gewalt nach innen und außen angewiesen sind. Hat ein Bürger aber zwei Staatsbürgerschaften, kann er sich unmöglich für beide Staaten gleichermaßen einsetzen. Und umgekehrt: Sollte ich im Ausland Schutz benötigen, welcher Staat wäre für mich verantwortlich? Das ist schon physisch-geografisch unmöglich. Keiner ist gleichzeitig an zwei Orten. Irgendwo leben selbst Dauerpendler dauerhaft(er). Keiner kann gleichzeitig an zwei verschiedenen Stellen die unterschiedlichen Rechte zweier Staaten wahrnehmen oder die Pflichten zweier Staaten gleichermaßen erfüllen. Zwei Staatsbürgerschaften sind formal gleich, aber nicht geografisch und, daraus abgeleitet, auch nicht mental, emotional oder funktional. Alles andere ist Fiktion, nicht Fakt.

Ein in der Schweiz lebender Verwandter aus dem Bickart-Stamm (Gretel Saalheimer war eine geborene Bickart) – geborener Israeli, dort Kampfpilot, dann lange in den USA und schließlich als Röntgenologe Schweizer – konterte: »Wenn man etwas aus der Geschichte lernen kann, dann nur das: Nie hat man genügend Pässe.« Mag sein, aber dann ist man auch nirgends zu Hause und spielt dem Staat gegenüber, in dem man nicht lebt, Staatsbürger-Theater. Ich bin kein Schauspieler, wollte Israel und mir gegenüber kein Theater spielen. Ich hatte mich entschlossen, in Deutschland zu leben. Das war historisch, moralisch, aus Sicht des jüdischen Kollektivs, nicht koscher, entsprach jedoch eher dem, was und wie und warum auch immer, ich vornehmlich in und durch Deutschland (als Gesamtheit von Menschen, Sprache, Kultur und Umständen) geworden war. Deshalb gab ich 1982 meine israelische Staatsbürgerschaft auf. Als-ob-Bürger hat Israel nicht verdient, Freunde mit Leib und Seele sehr wohl.[8]

Kinder ihrer Eltern

Bekanntlich sind wir alle mehr als nur biologisch Kinder unseres Vaters – und haben, so suggerieren es Judentum und Christentum, einen Über-Über-Vater, DEN einen Vater: Gott. Im Judentum und noch viel mehr im Christentum gehört diese Aussage zum Glaubenskern. Urjüdisch und biblisch, für jedermann nachlesbar: Jeder Mensch sei »Kind Gottes«. Folglich wäre jede Frau »Tochter Gottes« und jeder Mann »Sohn Gottes«.

»Unser Vater, unser König« (Awinu malkenu) – ist eines der jüdischen Kerngebete sowie eines der biblisch-alttestamentlichen Urbilder. »Vater unser, der du bist im Himmel …« – das christliche Sprach-Spiegelbild. Religionssprachlich erhöhend, christlich, wird daraus, bezogen auf Jesus als Christus, Jesus, der »Gottessohn«. Als Heilige Dreieinigkeit (»Trinität«) wird daraus der »Vater, der Sohn und der Heilige Geist«, Gott als Einheit der Dreiheit.

Jenseits der Theologie veranschaulicht diese Gottesvorstellung bildlich eine ebenso banale wie (manche) fatale Grundtatsache unseres Menschenlebens: Wir werden unseren Vater »nicht los«. So oder so, positiv oder negativ, übergehen wir das Verhältnis Vater – Gottvater.

Der im Menschenleben zumindest emotional weit tieferen und festeren Mutterbindung wurde das Christentum durch die Marienverehrung mehr als das Judentum gerecht. Das Judentum hat vier Stammmütter (Sarah, Rebekka, Lea und Rachel), aber eben keine »Mutter

Gottes«. Weder als Heilige Jungfrau noch als Pietà oder sonstwie, sonstwo.

Jene Vater-und-Mutter-Urbilder, jüdisch und christlich, vermitteln auch eine weltliche Botschaft. Keiner wird Mutter oder Vater »los«. Lebenslang. Zum Guten wie Schlechten.

In der Innenwelt der Kinder, auch der erwachsenen Kinder, bleiben Über-Vater und -Mutter allgegenwärtig. Die Außenwelt hilft nicht selten kräftig nach. Auf die Wolffsohn-Sippe übertragen: Für eine, sagen wir, überproportionale Gegenwärtigkeit bei den Nachfahren dürften Karl und Thea Wolffsohn sowie Wilhelm Braun-Feldweg, der Vater meiner Frau Rita, auch gesorgt haben. Willentlich oder nicht. Heilsam oder seltsam? Jedenfalls wirksam. Seltsam der Einfluss meines eher unauffälligen Vaters auf mich. Obwohl (oder gerade weil?) er selbst im herkömmlichen Sinne keine Spitzenleistungen vollbracht hatte, erwartete und erhoffte er sie von seinem Sohn und den Enkeln. Insofern war er »typisch jüdisch«. Frei nach dem meist unausgesprochenen, doch mühelos vernehmbaren Motto: »Jedes Judenkind ist ein Genie oder mindestens potenzieller Nobelpreisträger.« Dieser lautleise Leistungsantrieb wirkt, weil er bei den Nachkommen dauerhaften Leistungsdruck bewirkt. Manche können sich dem entziehen, manche nicht, manche wollen es nicht. Ist mein verinnerlichter Leistungsdruck vom Vater bewirkt oder selbst erzeugt? Da auch meine Mutter, wie so viele »typisch jüdische« Mütter und Väter, Leistungserwartung auf ihre Nachfahren ausstrahlte, wurde aus Antrieb Raketenantrieb.

Ist das »typisch jüdisch«? Individuell, familiär keineswegs. Ob sie es wollten oder nicht, der historische Überlebenskampf des jüdischen Kollektivs erforderte vom Individuum ständig Leistung und bewirkte sie sowohl individuell als auch kollektiv. Nicht bei allen und jedem, doch bei sehr vielen. Die Bildungs- und Leistungsstatistik »der« Juden spricht trotz oder eher wegen der widrigen Außenbedingungen eine klare Sprache. Das bedeutet wahrlich nicht, dass »die« Juden klüger als andere oder gar genial wären. Das wäre Unsinn. Kollektiv, familiär, individuell geradezu beruhigend ist die Tatsache, dass es auch jüdische Dorfdeppen gibt. Aber die Außenwelt dringt ins Innen- und Alltagsleben der Kinder unvermeidlich ein.

Zeew Wolffsohn hatte seinem Vater Karl oft und heftig widersprochen, sich gern und oft als der Klügere präsentiert. Als Mann von fünfzig Jahren wollte er seinem Vater imponieren: »Ich will promovieren und ihm zeigen, dass ich es kann.« Irgendwo und irgendwie wollte er den Vater wirklich übertreffen oder doch den akademischen Weg gehen, den er einst verweigert hatte. Er kam nicht los.

Das historische Interesse meiner Tochter hielt sich während der Schulzeit in Grenzen. Weshalb auch nicht? Väter oder Mütter sollten die Selbstbestimmung ihrer Kinder nicht behindern. Desinteresse ist für gute Zensuren selten förderlich und so war eine misslungene Oberstufen-Geschichtsklausur auf dem Münchener Wilhelmsgymnasium weder eine Überraschung noch ein Trauerfall. Die schlechte Zensur war nicht die Schuld des Lehrers, doch ein Elitepädagoge war er nicht. Frohlockend erzählte jener Lehrer in diversen Schulklassen: »Stellt euch vor, die Tochter vom Historiker Wolffsohn hat bei mir ihre Klausur vergeigt.« Das »geschieht ihr recht« unterdrückte er, aber die Schüler hörten das Nichtgesagte. Über die Eltern mehrerer Jugendlicher unterschiedlicher Klassen gelangte die Botschaft bei einer Abendeinladung bald auch zu mir und von mir zu meiner Tochter. Sie rächte sich auf ihre Weise, lernte und erzielte bei der nächsten Klausur die Bestnote.

Als junge Studentin trug sie sich mit dem Gedanken, in eine studentische Wohngemeinschaft zu ziehen. Sie stellte sich vor und wurde gefragt, ob sie »mit dem Historiker Wolffsohn, diesem reaktionären Arschloch, verwandt« sei. Sie stand auf, ging und ward dort nicht mehr gesehen. Keiner entkommt seinen Eltern und Vorfahren, auch wenn diese daran (manchmal) sogar unschuldig sind.

II

LIEBE(N) ALS GESCHICHTE

Liebesgeschichten sind Alltagsgeschichte und spielen nur scheinbar in der kleinen Welt. Sie sind meistens durch die große bedingt und noch weniger rational als andere Geschichten über Menschen. Keine(r) ist Übermensch und der kleine Unterschied – manchmal auch die Geschlechtsgleichheit – als Seins(an)trieb allgegenwärtig.

Liebe ist Geschichte, Liebe als Geschichte. Es sei, ohne durch Schlüssellöcher zu schauen, von einigen Lieben der erweiterten Wolffsohn-Sippe erzählt. Ohne Liebesgeschichten gäbe es sie nicht und gäbe es im wahrsten Sinne des Wortes natürlich auch ihre Geschichte nicht. »Nichts Neues unter der Sonne.« Weder bei den Wolffsohns noch anderen Menschen.

Liebe ist freilich nicht nur Liebe zwischen Mann und Frau (manchmal auch Mann und Mann, Frau und Frau). Die Rede sei auch von Eltern-, Geschwister- und, ja, Gottesliebe, also Religion.

Was kann der Hermann denn dafür, dass er so schön ist?
Ein schöner Mann war Hermann Landecker, Recha Wolffsohns Vater, nicht nur in den Augen seiner Frau. Auch so manche deutsche und polnische Katholikin soll mehr als nur ein Auge auf den jüdischen Handlungsreisenden geworfen haben, der auf seinem Pferdewagen Haushaltswaren, Stoffe und eher preiswerte Damenoberbekleidung verkaufte.

Ein »Schürzenjäger war mein Großvater«, erinnert sich Peter Neumann, einer seiner Enkel. Ein Enkel, der ihn sehr mochte. Seine Großmutter Doris (man beachte ihren ebenfalls, ach, so »jüdischen« Vornamen) war Hermanns erste Frau. Sie hatte sich 1895, nach der Geburt ihrer jüngsten Tochter Trude, das Leben genommen. Sie ertrug die vielen Handlungs- und Liebesfahrten des schönen Hermann nicht mehr. »He may have been somewhat oversexed«, würde man auf die feine englische Art sagen.

Nicht nur bei Frauen war Hermann Landecker erfolgreich. Auch geschäftlich. Er heiratete nochmals und zog mit Frau Elise, geborene Levy (endlich kam jüdischer Adel in die Familie), geschiedene Bergmann, und seinen vier Töchtern nach Berlin. Die Landeckers waren nun mehrfach »angekommen«. Feine Herrschaften, in einer feinen Gegend und, versteht sich, feinen Wohnung mit Hausmädchen. Statt auf dem Pferdewagen kutschierte Urgroßvater Hermann nun im Automobil. Nicht zuletzt bezüglich der Pferdestärken ein Aufstieg. War Hermann der Aufsteiger ein »feiner Pinkel mit jroßem Dünkel«, wie Claire Waldoff die »Familie Gänseklein« besungen hatte?

Hermann sei »ein warmherziger, lieber Großvater« gewesen, ein feiner Mensch ohne Dünkel, und habe nie die Bodenhaftung verloren, schreibt Peter Neumann. Selbst einen fröhlichen Pups setzte Hermann Landecker nicht mit dem Untergang des Abendlands oder des jüdischen Kosmos gleich. Nicht untypisch für die dünkelfreie Lebenshaltung der meisten Landeckers ist ein Spruch von Rechas Vetter Rudi: »Chatschmi pi, chatschmi po, geht der Toches (= Hintern) auch mal so.« Zugegeben, hohe Dichtkunst liest sich anders und, ja, dem Wolffsohn-Landecker-Saalheimer-undsoweiter-Clan fehlen bis heute überragende Dichter und Denker. Die meisten lebten weniger in der Welt des Geistes als des mal mehr, mal weniger vorhandenen Geldes. Doch allesamt wussten sie: Ohne Geist, sprich: wenigstens Bildung, geht auch die Geld-Chose nicht.

Folglich schickte Hermann Landecker seine Töchter aufs Gymnasium. Alle vier, 100 Prozent seines Nachwuchses, verließen es mit dem Abitur. Nicht schlecht, wenn man bedenkt, dass 1896 erstmals sechs junge Frauen auf dem Berliner Luisengymnasium das Abitur ablegen durften. 1906 waren es 35 in der Hauptstadt.[9] Recha war eine von ihnen.

Wie viele deutsche Juden, die man heute zu Recht als »Integrationsvorbild« bezeichnen könnte, hatten die Landeckers von sich aus, ohne staatliche Nachhilfe und gegen den nichtjüdischen Mehrheitsstrom, ihren Weg und Einstieg in die allgemeine deutsche Gesellschaft, in die Welt des Geldes und damit des Wohllebens konsequent verfolgt und über die (Aus-)Bildung verwirklicht. Wie man das belegen kann? An Hermann Landeckers Lebensweg, der Erziehung, die er seinen Töchtern ermöglichte, und nicht zuletzt an seinen eigenen Eltern.[10]

Die Partnerwahl seiner Töchter hatte Hermann ebenfalls strukturell programmiert. In Berlin boten sich für die Bräutigamsschau ganz andere, bessere, feinere, auch finanziell potentere – sowie viel mehr und wahrscheinlichere nichtjüdische Möglichkeiten. Recha begegnete Karl Wolffsohn und ihre Schwester Trude, neben vielen anderen Männern, zuerst Hans Neumann und dann Karls Neffen Hans Wolffsohn. Wie ihr Papa war Trude »somewhat oversexed« und dennoch (oder gerade deshalb?) hinreißend. Ich mochte sie. Sie war klug, gebildet, belesen, geistreich, energiegeladen, spritzig, witzig, gepflegt, elegant, charmant und noch im Alter prickelnd schön.

Leinwand und Bettleinen – Karl und Recha
War Karl Wolffsohn ein Frauenheld, Don Juan, »Womenizer«? Ja, behauptete Sohn Willi/Zeew: »Vati hat doch mit der Pola Negri, der Asta Nielsen, der Magda Schneider und anderen, von denen ich nichts weiß, getächtelt und gemächtelt.«

Willi, obwohl nach außen oft kratzbürstig, hatte ein sehr weiches Herz. Gegenüber seiner Mutter Recha war er allerdings ziemlich hart. Laut Peter Neumann, ihrem Neffen, war sie »the beauty of the family«. Willy hielt sie für »prüde« und »undersexed«. Nun, das eine schließt das andere nicht aus. Recha wiederum widersprach Sohn Willi tränenreich, wenn es um ihren Karl ging: »Mein Karl ein Don Juan? Niemals!« Jenseits von Ja oder Nein, sind selbst die tatsächlichen oder vermeintlichen Liebeleien Karl Wolffsohns (und nicht nur seine) historisch oft durchaus aufschlussreich. Gesellschaftsgeschichtlich zeigen sie, dass zumindest in bestimmten und, wie man allgemein weiß, meist großstädtischen und daher weltoffenen Kreisen mehr auf den einzelnen Menschen als auf seine religiöse, kulturelle, geografische, nationale oder sprachliche Herkunft geschaut wurde.

Die Stummfilmgröße Pola Negri (1897–1987) war die in Polen geborene Tochter eines slowakischen Rom (früher: »Zigeuner«) und einer Polin. Des Vaters Beruf: Klempner. »Die Negri« war nach dem Ersten Weltkrieg für so manche Romanze berühmt. Mit Charlie Chaplin (1889 bis 1977) und dem vermeintlich schönsten Mann seiner Zeit, Rudolph Valentino (1895–1926), soll sie »etwas gehabt« haben. Auch mit Karl Wolffsohn? Donnerwetter. Na ja, vielleicht auch nicht. So schön wie Rudolph Valentino war Karl gewiss nicht (wer oder was ist »schön«?). Aber das Gerücht deutet auf die Liga, in der er mitspielte.

Gleiches gilt für die ihm unterstellte Liaison mit Asta Nielsen (1881–1972). Auch sie eine Diva der Stummfilmära. Ihr Vater war ein lange Zeit arbeitsloser Schmied, ihre Mutter Wäscherin. »Die Nielsen« stammte aus Dänemark, wuchs dort und in Schweden auf. Sie hatte ihre große Zeit ebenfalls im »sündenbabeligen« Berlin der Weimarer Republik und stand da, als eine Art Vor-Brigitte-Bardot-Sexbombe, an der Spitze der Körperbewegungen. Ihr uneheliches Kind – damals war so ein »Fehltritt« skandalös – war allerdings schon 1901, vor ihrer Berliner Zeit, geboren. Hat Asta Nielsen, hat Pola Negri auch Karl Wolffsohn vernascht oder Karl Wolffsohn diese und jene, nur diese oder jene und wen noch? Einerlei.

Eines ist klar, für die Menschen aus diesem Film-Milieu gab es keine Gettomauern im Kopf. Jud oder Nichtjud, das war nicht die Frage.

Auf dem Land und in kleineren Städten war das ganz anders. So auch, wie zu zeigen sein wird, in der Wolffsohn-Saalheimer-Sippe. Selbst Karl Wolffsohn, dem die Welt offen zu stehen schien, heiratete innerjüdisch. Nicht fromm oder gar orthodox innerjüdisch, aber eben innerjüdisch.

Noch als hochbetagte Witwe schwärmte Recha von Karl, von seinen Taten und Großtaten. Schon als Kind misstraute ich individuellen oder familiären Lobpreisungen ebenso wie Verdammungen. Als Historiker lernte ich, Zeitzeugen zu misstrauen, besonders wenn sie über sich oder ihre Nächsten berichteten. Inzwischen weiß ich: Sabta hatte recht.

Karl Wolffsohn hatte Recha Landecker 1908 als Sekretärin eingestellt. Die Hochzeit fand erst im Mai 1914 statt. Was in diesen sechs Jahren geschah, wissen nur die Liebesgötter, und es ist historisch belanglos.

Viele beneideten Karl um die schöne Recha. Sie liebte und verehrte

ihn abgöttisch. Sollte Karl vom Honigmond an die Front? Nein danke!
Ob Opa Karl der alttestamentliche Segen zumindest für seine frühzei-
tige Kriegsdienstverweigerung bekannt war, weiß ich nicht. Jung ver-
mählte Männer, so hatte es »unser Gott«vater der Bibel zufolge verfügt,
durften, nein, mussten erst ihre »ehelichen Pflichten« erfüllen, bevor sie
in den Krieg zogen. »Seid fruchtbar und mehret euch.«

Bei Karl und Recha dauerte es ein bisschen, bis die gottbefohlene
Vermehrung klappte. Im November 1916 erblickte ihr Erstgeborener,
Willi, das Licht der Kriegswelt. Willis Eltern haben das Gebot körper-
licher Liebe vermutlich weniger aus Gehorsam zu Gott als im Sinne der
talmudischen Weisen erfüllt. Die wussten, dass es drei Dinge gibt, die
man (Mann und Frau) nicht nur oder erst in der »kommenden Welt«
genießen könnte: »Sonne, Sabbat, Beischlaf.« Anders als die talmudischen Weisen, beschränken moderne, weltoffene Juden Letzteren nicht
nur auf andere Juden.

Modern oder nicht, weltoffen oder nicht, Getto oder nicht: Geliebt
hatte und hat Karl Wolffsohn wahrscheinlich auch Nichtjüdinnen, geliebt und geheiratet hat er aber eine Jüdin. Am Vorabend des Ersten
Weltkriegs haben nur rund 15 Prozent der deutschen Juden Mischehen
geschlossen. Meine väterlichen Großeltern schwammen mit im Hauptstrom.

Rechas Mutterliebe zu Zeew und Max sowie Zeews und Max' Soh-
nesliebe zu Recha waren unterkühlt. Es gab viele ausgesprochene und
sicher noch mehr nicht ausgesprochene und daher mir unbekannte
Gründe. Zum einen war ihr Mann für Recha der Mittelpunkt ihres
Lebens. Sie nahm sehr oft teil an den vielen Repräsentationsfreuden
und -pflichten ihres sehr aktiven Mannes (Zeew: »um Vati zu über-
wachen«). Folglich überließ sie die Kinderbetreuung (und -liebe?) den
hingebungsvollen, treuen dienstbaren Geistern, Paul, dem Chauffeur,
Elli, seiner Frau und Wolffsohn-Haushälterin, sowie der Gouvernante
Dada, die Mitte der 1930er Jahre in die USA ausgewandert war. Doch
obwohl Recha eine »gefühlskalte« Mutter war, so übereinstimmend die
Söhne und Schwiegertöchter, zog es Max dennoch vor, die Einwanderungsgenehmigung in die Vereinigten Staaten, die Dada ihm verschafft
hatte, nicht zu nutzen, sondern folgte seinen Eltern nach Britisch-Paläs-

tina. Wer auch immer sie geprägt hatte, Mutter Recha oder Dada, das Kindermädchen, besonders gesittet waren die Wolffsohn-Jungs nicht. Eines Tages besuchte der berühmte Regisseur Ernst Lubitsch die Familie auf ihrem »Landsitz«, der 14-Zimmer-Villa auf dem 8000 Quadratmeter großen Grundstück direkt am Ufer des Stölpchensees. So »ungezogene Fratzen« habe er noch nie erlebt, kommentierte er das Verhalten der Buben. Trotzdem oder vielleicht, weil er ihn brauchte, schenkte Ernst Lubitsch Karl Wolffsohn ein riesiges Motorboot. Das Boot lieferte viel Stoff für Anekdoten. Karl war zwar als Unternehmer und in der Liebe erfolgreich, aber weniger im Umgang mit der Technik. Er liebte sie mehr als sie ihn. Diese Schwäche zeigte sich bei seiner Handhabung des Motorboots ebenso wie bei seiner Fahrkunst. Wenn es ihm ab und zu gelang, den Motor anzuwerfen, schipperten die Wolffsohns havelabwärts, sonntäglich, zu irgendeinem befreundeten Bankvorstand am benachbarten Schwielowsee.

Ob Recha wirklich »prüde« war, wie es ihr Sohn Willi so rüde sagte, sei dahingestellt. Definitiv hatte sie viel Vergnügen an der ungeniert bekundeten Verehrung der beiden Berliner Reformrabbiner, mit denen die Wolffsohns befreundet waren, Max Nussbaum und Joachim Prinz. Insbesondere Prinz war König der Frauenjäger, was er in seinen Erinnerungen auch ausführlich, ohne Umschweife und nicht ohne Jägerstolz beschrieb.

Sein Kollege Max Nussbaum war ein ernsthafter Rivale. Er wohnte in den 1930er Jahren zeitweise bei den Wolffsohns in ihrer noblen Stadtwohnung, in der Sybelstraße, feinstes Stadt-Berlin, damals und heute. Jüdische (und nichtjüdische) Frauen himmelten ihn an wie einen Filmstar. Scharenweise standen sie vor dem Hauseingang, blickten hoch und riefen »Max, Max!«. Recha war fürs Praktische. Sie ging zu den Mädels und schlug ihnen vor, dem Rabbiner Socken, Schals oder Pullover zu stricken, statt ihn anzuhimmeln.

Joachim Prinz emigrierte schon 1937 in die USA und wurde dort stellvertretender Vorsitzender des Jüdischen Weltkrongresses. Nussbaum verließ Berlin erst 1940, sozusagen mit dem letzten Zug. In den USA, zuletzt in Los Angeles, erwartete ihn eine steile Karriere. Noch mehr als

Joachim Prinz wurde er *der* amerikanische Promi-Rabbiner. Sammy Davis jr. und Elizabeth (Liz) Taylor wurden bei ihm Juden. Während seiner Rabbiner-Ära (1943 bis 1974) durften im Hollywooder »Temple Israel« Juden ebenso wie Nichtjuden, Weiße ebenso wie Schwarze sprechen. Nussbaum und Martin Luther King, Harry Belafonte, Nussbaum und, und, und. Der schöne Rabbi Max zelebrierte 1959 auch die Hochzeit der schönen Liz Taylor mit dem jüdischen Sänger Eddie Fisher. Es war die vierte ihrer acht Ehen.

Nie hat Nussbaum Deutschland und Berlin »danach« boykottiert. Oft kam er auch nach Berlin. Die Wolffsohns besuchte er regelmäßig. Die »prüde« Recha himmelte ihn zeitlebens an. Da waren seine Frauengeschichten kein Hindernis. Bei einem dieser Berlin-Besuche machte Rabbi Nussbaum auch meiner Mutter ein eindeutiges Angebot. Sie lehnte, wie sie mir Jahrzehnte später belustigt und nicht ohne Stolz erzählte, ebenso freundlich wie bestimmt ab: »Sie sind doch Rabbiner, Herr Nussbaum.« »Ja«, habe er geantwortet, »Rabbiner, aber kein Mönch.« Vielleicht sollte man in aller nichtrabbinischen Bescheidenheit darauf hinweisen, dass die Väter von Talmud und Halacha (den Religionsgesetzen) die mann-fraulichen Freuden zwar nachdrücklich schon im Diesseits erlauben – aber nur im Rahmen der Ehe. Allerdings – die beiden Herren waren ja Reformrabbiner.

Die nicht ganz koschere Sexualtheologie von Prinz und Nussbaum hat auch unter den orthodoxen Rabbis Anhänger gefunden. Gemeindegeklatsch, vertrauliche Berichte Betroffener (auch meiner Mutter) sowie Gerichtsverfahren in Diaspora- und israelischen Gemeinden belegen das. Jüdische Geschichte ist nicht nur Tod und Leid, sondern auch Lust und Freud, für rabbinische Leithammel ebenso wie für ihre Schafe.

Trudes »Lotterleben«

Recha bot – erotisch gesehen – eher das Kontrastprogramm zu ihrem Vater Hermann. Anders Rechas jüngste Schwester Gertrud, Jahrgang 1894, Trude genannt. Über die Liebes- und Heiratsabenteuer von Trude war Recha gar nicht erfreut.

Trude war ein Kind, nein, eine Frau ihrer Zeit: der ersten Ära deutscher Frauenemanzipation. Zwar blühte die Weimarer Republik als

Ganzes nicht »im Glanze dieses Glückes«, das die dritte Strophe des Deutschlandlieds sozusagen herbeirief, aber erstmals hatten Frauen nicht nur das Wahlrecht, sondern überhaupt mehr Betätigungsmöglichkeiten, nicht zuletzt gesellschaftlich akzeptierte, auch sexuelle Freiheiten. Trude nutzte die angebotenen Freiheiten. Sie benahm sich wie *die* emanzipierte, wohlhabende und gebildete Frau. Sie zählte zu den ersten Berlinerinnen, die einen Führerschein erwarben. Sie hatte eine Nobelwohnung am Kupfergraben 5 (gegenüber dem Pergamon-Museum) und sie hatte einen Mercedes. Sie fuhr viel, gut und schnell.

Irgendwann wurden sich die Schwestern spinnefeind. Über Recha, Karl Wolffsohns Chefsekretärin, war auch Trude in sein Sekretariat gelangt. Und dann? Wer weiß? Wettbewerb, Eifersucht, »Stutenbisse«, Verteidigung des nun eigenen Wolffsohn-Territoriums? Jedenfalls waren Recha Trudes, wie sie es nannte, »Ausschweifungen« zuwider. Bald sprach sie kein Wort mehr mit ihr. Und umgekehrt. Der Name Trude war für Recha tabu. Ebenfalls tabu war der Name von Hans Wolffsohn (1906–1975), Trudes um zwölf Jahre jüngeren zweiten Ehemann. Er war der Sohn von Karl Wolffsohns Bruder Willi, der 1914 verstarb.

Rechas Groll war seltsam oder vielleicht auch nicht. Stets war irgendwann irgendjemand auf irgendjemanden in der Familie böse, jiddisch: broges. Meistens ging es ums liebe Geld von Karl Wolffsohn. Der hatte von allen Wolffsohns am meisten davon, und wer weniger bekam, war eben broges. Bruder oder »Onkel Karl« war bis zur arisierungsbedingten Beglückung deutscher Volksgenossen durch Adolf Hitler ein reicher Mann. Der durfte, musste, sollte geben. Wozu, verdammt, hat man denn einen Reichen in der Familie? Fast alle seine eigenen und Rechas Geschwister hatte Karl kräftig alimentiert – bis er zum Wohle der »arischen« Deutschen seit 1933 beraubt und enteignet wurde. Kräftig war manchen nicht genug, denn auch so mancher Wolffsohn, von Geburt oder angeheiratet, war halt so, wie viele Menschen sind. Wenn sie mehr haben, wollen sie noch mehr, und genug haben sie nie.

Das galt in ganz besonderem Maße für Hans Neumann, Trudes erste Ehetrophäe. Dieser Frauenjäger, Filou und Filmproduzent, den Trude über Karl Wolffsohn kennengelernt und 1919 geheiratet hatte, wurde 1921/22 als Produktionsleiter der vierteiligen Filmlegende ›Fridericus

Rex‹ mit Otto Gebühr in der Hauptrolle geradezu weltberühmt. Der Film wirkte wie Balsam auf die durch den verlorenen Weltkrieg und den Versailler Vertrag geschundene deutsche Seele. Im Dritten Reich brüstete sich Hans Neumann damit, er habe diesen Film »gegen das System Ebert« durchgesetzt.[11] Ohne Schwager Karls Knete hätte es diesen Klassiker, andere sagen: »Schinken«, freilich nicht gegeben. Genauso wenig wie seinen Jesus-Film ›I. N. R.I‹, also (Vorsicht, Ironie) ein klassisches Thema der jüdischen Welt, den der brave, keusche Christenmensch Hans Neumann seinen Glaubensbrüdern und -schwestern 1923 pünktlich zum Weihnachtsfest schenkte. Die Crème de la Crème der Schauspieler spielte mit, zum Beispiel Werner Krauß, Henny Porten, Asta Nielsen, Alexander Granach und Elsa Wagner. Gregori Chmara verkörperte Jesus, erlangte danach Kultstatus, doch seiner Welten Glanz verblasste bald.

Das Geld klingelte in den Kinokassen und floss reichlich aufs Neumann-Konto. In Hans' und Trudes Nobelwohnung, wie gesagt Kupfergraben 5, edelste Mitte Berlins, floss der Schampus und bog sich der Tisch unter dem Kaviar und anderen teuren Köstlichkeiten bei den Gelagen für Schriftsteller- und Filmfreunde. Butler, Koch, Chauffeur und Zugehfrauen sorgten für ein scheinbar sorgenfreies Leben. Die Sorgen ließen nicht lange auf sich warten. Es kam zwar viel Geld rein, doch noch mehr gaben Hans und Trude aus. Dann mussten sie raus aus ihrem Wohnpalast.

Wieder half »Onkel Karl«. Er installierte 1929/30 Schwager Hans als Geschäftsführer seines Essener Großkinos Lichtburg. Von Geld und Frauen konnte Hans jedoch nie genug bekommen. Irgendwann, als er sich an der Haushaltshilfe vergriff, war es sogar Trude zu viel, trotz wechselseitigem Einvernehmen in Sachen Seitensprung und obwohl sie selbst sich durchaus bohemienhaft verhielt. Als die Ehe mit Trude erst kriselte und 1931 schließlich in die Brüche ging (daran war Hitler unschuldig), trennten sich auch die Wege von Hans Neumann und Karl Wolffsohn.

Recha hatte sowohl das Liebesleben ihres Schwagers Hans Neumann als auch das ihrer Schwester Trude missbilligt. Sie atmete auf. Doch schon bald musste sie sich wieder aufregen: Schwester Trude hatte sich nun Hans Wolffsohn, dem blutjungen Neffen Karls, lust- und liebevoll zugewandt. Das »macht man nicht«, lautete Rechas messerscharfes Urteil über die Liaison zwischen Trude und Hans, der rund zwölf Jahre jünger als sie war. Fortan durften beide Rechas Haus nicht mehr betreten. Karl, hier ganz braver Ehemann, äußerte sich ebenfalls sehr kühl über die »Dummheiten« seiner Schwägerin.

Diese vermeintlichen Dummheiten kosteten ihn aber kein Geld. Geld, viel Geld, blieb ihm Ex-Schwager Hans Neumann ein Leben lang schuldig. Dem half nichts und niemand. Nicht einmal die Nazis. Selbst nach deren Machtantritt musste er gegenüber Karl am 18. Februar 1933 eine notarielle Schulderklärung über 75 000 Reichsmark unterzeichnen. Im März wurde er von einem Mannheimer Gericht zur Zahlung weiterer 30 000 an Karl verurteilt.[12] Das kümmerte Hans Neumann nicht weiter, nachdem schnell deutlich wurde, dass »Arierschulden« an Juden nicht beglichen werden mussten, weil man (also der »arisch«deutsche Mann) gegen Juden mit staatlicher Hilfe rechnen konnte.

Im August 1938 nahm die Gestapo Karl Wolffsohn in »Schutzhaft«, am 9. November folgte das Pogrom. Die »Gunst« dieser Stunde nutzte Hans Neumann. Er erpresste Recha. Wenn sie nicht im Namen ihres Mannes auf jeglichen Rechtsanspruch verzichte, werde er Karl Wolffsohn »erneut bei der Gestapo anzeigen«. Am 19. November 1938 unterschrieb meine Großmutter.

Nach der Trennung von Hans Neumann zog es Trude noch näher zu den Wolffsohns, eben zu Karls Neffen Hans. Auch Hans war Eigentümer und Betreiber einer Druckerei, wenngleich einer deutlich kleineren, die er nach seines Vaters Tod weiterführte. Dass Karl ihn dabei ohne Wissen der grollenden Recha unterstützte, weiß die Familiensaga zu berichten. Karl mochte Hans, und, ja, Hans war »a Mentsch«. Kein Intellektueller, dafür warmherzig, charmesprühend, bienenfleißig und zuverlässig bis zur Selbstaufgabe. Bis zu ihrem letzten Atemzug liebte er seine Trude »wie vor Jahr und Tag«. Als meine Mutter und ich beide 1966 in Los Angeles besuchten, turtelten sie, wie frisch Verliebte, ohne dass dieses Turteln aufgesetzt gewirkt hätte. Es wirkte und war, wie

Peter Neumann, Trudes Sohn aus der Ehe mit Hans Neumann, in seinen Erinnerungen schrieb, echt.

Reich wurden Hans und Trude nie, aber glücklich. Dabei war diese Ehe alles andere als ein Dauerrausch wie weiland Trudes Leben mit Hans Neumann. Die wirtschaftlichen und politischen Voraussetzungen waren düster. Um ihr Leben zu retten, flohen sie im Januar 1939 über tausend Umwege nach Shanghai. Von Berlin aus war dieser Ort am anderen Ende der Welt die nächstliegende Entscheidung.

Ja, tatsächlich, die nächstliegende. Wie vielen Juden, die nach dem Schlimmen ab 1933 spätestens seit der »Reichskristallnacht« vom 9. November 1938 zu Recht das Schlimmste erwarteten, blieben ihnen die Tore Britisch-Palästinas, der USA und überall verschlossen. US-Präsident Franklin D. Roosevelt, den fast alle US-Juden 1932, 1936, 1940 und 1944 gewählt hatten und dessen Regierung von den Nazis als »verjudet« verunglimpft wurde, verweigerte zum Beispiel im Juni 1939 der »St. Louis« mit 937 deutschjüdischen Flüchtlingen an Bord das Ankern in den USA. Das Schiff fuhr nach Europa zurück und legte in Antwerpen an. Ungefähr gleich große Flüchtlingskontingente wurden von Belgien, den Niederlanden, Frankreich und Großbritannien aufgenommen. Im Mai 1940 überrollte Hitlers Wehrmacht Frankreich und die Benelux-Staaten. Was mit den Juden geschah, ist bekannt.

Ausgerechnet das militärfaschistische Japan, das 1936 mit dem nationalsozialistischen Deutschland den Antikominternpakt geschlossen hatte und 1940 den Dreimächtepakt mit Hitler und Mussolini sowie im Januar 1942 eine wenig bis kaum funktionierende Militärallianz vereinbaren sollte, gewährte ungefähr 20 000 vornehmlich deutschen Juden im seit 1937 von Japan besetzten Shanghai Unterschlupf.

Kein Land wollte die Juden in Not, Menschen in Not, Flüchtlinge, aufnehmen. Und wenn überhaupt, dann nur ausnahmsweise und tröpfchenweise. Das hatte sich erstmals in aller Deutlichkeit im Juli 1938, auf der Konferenz von Évian, am Genfer See, gezeigt. Danach immer und immer wieder. Nur Rafael Trujillo, der Diktator der Dominikanischen Republik, erklärte sich bereit, 100 000 jüdische Flüchtlinge aufzunehmen. Tatsächlich kamen 600, unter ihnen die (später) berühmte Lyrikerin Hilde Domin mit ihrem Mann. China, obwohl in Évian kein Konferenzteilnehmer und auch damals alles andere als demokratisch, nahm rund 20 000 Juden auf.

Zynisch, höhnisch, doppelbödig und wahr: Trujillo, ja, sonst ein grausamer Diktator, wurde von den meisten demokratischen Regierungen beschimpft: Er wolle nur sein ramponiertes Image polieren. Sicher, aber er half den Menschen in Not, aus welchen Gründen auch immer. Übrigens auch andere Diktatoren: Spaniens Franco und Portugals Salazar erlaubten (gegen ns-deutsche Proteste) jüdischen Flüchtlingen den Transit durch ihr Land. Grau ist alle Wirklichkeit, grün, schwarz oder weiß die Theorie.

(Auch vor diesem Hintergrund muss man die Entscheidung von Bundeskanzlerin Angela Merkel im Sommer 2015 sehen, den massenhaft eintreffenden Flüchtlingen die Tore nicht, wie damals, zu versperren. Wer über »Lehren aus der Geschichte« spricht, kann nicht, gleich welche, Flüchtlinge vor der Türe lassen.)

Den ohnehin schon ärmlichen und miserablen Unterschlupf der Juden in Shanghai verwandelte die japanische Besatzungsmacht ab Anfang 1942/43 auf Druck des deutschen Verbündeten in ein Getto, dessen Bewohner auf engstem Raum regelrecht interniert waren. Armut und Not waren groß, es grassierten Epidemien, doch weder Mut- noch Taten- oder gar Kulturlosigkeit. Zu essen und zu trinken hatten sie wenig, aber die Juden Shanghais richteten für ihre Kinder Schulen ein, konzertierten, spielten Theater und druckten Zeitungen. Das verschaffte Hans und Trude Wolffsohn zwar keinen Lohn, doch Brot. Irgendwie hatten sie irgendwo das nötige Geld zusammengekratzt, um aus einer Quetsche eine Druckmaschine zu zaubern. Ihre winzige Wohngarage trennten sie durch einen Vorhang in einen Wohn- und einen Maschinenraum. Fließendes Wasser und WC gab es nicht. Wenn man musste, musste man es (wo)anders. Nie haben sich Hans und Trude beschwert, nie gejammert.

Nach dem großen Krieg zog es Hans und Trude weg, weg, weg, woandershin. Nicht nach Deutschland. »Nie wieder!« Hans verließ Shanghai 1946, Trude folgte im Februar 1948. In Los Angeles wurde der Drucker aus Berlin-Shanghai als John Wolfson wieder Drucker. Nicht Eigentümer einer Druckerei, die ihn vom wirtschaftlichen Druck befreite, sondern leitender Angestellter der ›Los Angeles Times‹. Kein ganz schlechter Tausch. Bescheiden, zufrieden und glücklich liebend lebten Hans/John und Trude Wolfson. »Und wenn sie nicht gestorben sind, dann leben sie noch heute.« Sie sind gestorben. Sie 1968, er 1975. Zwei wunderbare Menschen.

Zuvor, in Shanghai, hatte seit dem 25. Juni 1941 zeitweilig noch ein Dritter bei beiden gewohnt, in ihrem Wohn-Druckerei-Getto-Garagen-palast: Peter Neumann, Jahrgang 1920, Trudes Sohn aus der Ehe mit Hans Neumann.

»Halbjude« in Hitlers Diensten

Es war grausam und passte zum Bild jener Zeit. Nur für sich selbst erhielten Trude und Hans Neumann Anfang 1939 die Einreiseerlaubnis nach Shanghai. Trudes Kinder, Peter und Ruth Beate (»Putti«), konnten nicht mit. Mutter und Stiefvater versprachen, alles zu tun, um ihnen die Flucht aus Deutschland sowie die Einreise nach Shanghai »irgendwie« zu erkämpfen. Peter hat es im Juni 1941 geschafft. Trude hatte in Shanghai einen deutschen, jawohl, einen deutschen Geschäftsmann angefleht und schließlich irgendwie überredet, ihr das Geld für Peters Zugfahrten von Berlin nach Ostasien sowie die anschließende Schiffspassage nach Shanghai zu leihen.

Zwei Jahre davor, im Mai 1939, war Peter ein »Ausflug« in die dänische Hauptstadt Kopenhagen gelungen. Dort flehte er einen von Trudes christlichen Freunden und einige Juden der Gemeinde um Hilfe an: Sie sollten ihm und seiner in Berlin gebliebenen Schwester Aufenthaltserlaubnis und Integration in Dänemark ermöglichen. Alle hatten ihm den roten Teppich ausgelegt. Im Klartext: Sie schauten verlegen auf ihre Schuhspitzen, drucksten herum, fanden »gute Ausreden« und halfen nicht. Resigniert kehrte Peter nach Berlin zurück. Seine Schwester Putti zerbrach. Sie beging am 22. Juni 1939 Selbstmord. Noch einmal die Brücke zur Gegenwart geschlagen: Wer, der oder die »aus der Geschichte gelernt« hat, kann oder will Menschen in echter Not Hilfe verweigern?

Als Sohn der Jüdin Trude und des Nichtjuden Hans Neumann war Peter sechsjährig evangelisch getauft worden. Die Halacha, das jüdische Religionsgesetz, besagt: Das Kind einer Jüdin ist jüdisch. Demnach war Peter Jude. In der jüdisch-jiddischen Gefühlswelt galt er (und gilt teilweise immer noch, es mag gefallen oder – auch mir – nicht) als »geschmattet«. Dieser Ausdruck ist geradezu genial boshaft. »Schmatte« kommt vom polnischen »szmata« und bedeutet »Fetzen« oder »Lappen«. Das Wortbild ist eindeutig: Als Jude trug er oder sie gute, richtige Kleidung, als Konvertit einen Fetzen. Wohlgemerkt: Nicht der geborene Christ, der getaufte Jude ist in diesem Wortbild eine Schmatte.

Ich empfinde ganz allgemein und seit jeher dieses herabwürdigende »Geschmattet« als arrogant und unanständig und im Besonderen bezogen auf Peter Neumann.

Gemäß der NS-Sprachregelung war er »Mischling ersten Grades«. Dadurch hatte er als deutscher Staatsbürger zweiter Klasse das außerordentliche »Vorrecht«, zur Wehrmacht eingezogen zu werden. Man kann sich gut vorstellen, dass Peter keinen dringlicheren Wunsch verspürte, als das ns-deutsche Vaterland in einem Krieg zu »verteidigen«, den es selbst angezettelt hatte. Im Rahmen des Arbeitsdienstes erhielt Peter, der Jude, das außerordentliche Privileg, Hitler-Deutschland vom April bis Oktober 1940 zu dienen.

Ironie beiseite: Um keinen Preis der Welt wollte Peter Hitler dienen. Brieflich bat er seinen Vater, ihm zu helfen, Deutschland zu verlassen. Seit der Trennung von Trude hatte sich Hans Neumann nicht gemeldet, sich um die Kinder nicht gekümmert. Stattdessen lag der Arme, von der Jüdin Trude Verlassene, in den Armen lieblicher »Arierinnen« und vergnügte sich wie eh und je vor und während seiner Ehe. »Hans im Glück«. In Liebe und Beruf. Für die Nazis produzierte er den einen oder anderen Propagandafilm. Höhepunkt seiner Liebdienerei sollte ein Horst-Wessel-Film werden. Diesem NS-»Märtyrer« wollte Hans Neumann auf seine Weise ein Denkmal setzen. Immerhin, vielseitig war dieser Filmmann. Erst Jesus, dann Friedrich der Große, schließlich Horst Wessel. Auf dieses letzte Meisterwerk musste die Menschheit verzichten. Das Projekt zerschlug sich, aber im arischen Deutschland blieb man gut auf den wendigen, wetterwendischen Neumann zu sprechen.

Deshalb bat Peter seinen Vater brieflich um Hilfe. Postalisch bekam er vaterländische Bekenntnisse:»Nein, ich helfe dir nicht. Jetzt, im Krieg, brauchen Führer und Vaterland jeden Soldaten.« Der Rest zwischen den beiden war Schweigen.

Was für ein Trost, dass es »Mischlingen« wie Peter Neumann rechtlich erlaubt war, sich mit »arischen« Frauen zu verbinden, sie zu lieben und – mit Sondergenehmigung – zu heiraten. Hätten er und seine Geliebte, informell Verlobte, Ingeborg (»Jo«) Burbela, mit der er in ihrer und ihrer Eltern Wohnung 1940/41 lebte, die Sondergenehmigung erhalten? Die Antwort erübrigte sich, sein Überleben in Berlin wurde immer heikler. Mit Jos Zustimmung floh Peter am 10. Juni 1941, seinem 21. Geburtstag, aus Deutschland. Sein Ziel: Shanghai.

Auf abenteuerliche Weise hatte Peter – mutig, dreist, dreister, am dreistesten – eine amtliche Ausreisegenehmigung samt deutschem Pass ohne J (=Jude)-Vermerk ergattert. Zwei altgediente, einst kaiserliche Offiziere, die bei Kriegsbeginn von der Wehrmacht reaktiviert wurden, halfen ihm. Auch das war mutig, sogar lebensgefährlich. Ja, »nicht alle waren Mörder«. So der zutreffende Titel der eindrucksvollen Überlebenserinnerungen des deutschjüdischen Schauspielers Michael Degen, der NS-Zeit, Holocaust und Krieg mit seiner Mutter, von »ganz einfachen« guten Deutschen versteckt, überlebt hatte.

Über Polen und dann mit der Transsibirischen Eisenbahn passierte Peter am 21. Juni 1941 die Grenze zwischen der Sowjetunion und dem japanisch besetzten China. Einen Tag später wurde sie geschlossen. Hitler-Deutschland hatte am 22. Juni 1941 Stalins Sowjetunion überfallen.

Neun lange, schwere Jahre verbrachte Peter in Shanghai. Im August 1950 verließ er mit 1300 anderen Juden an Bord des schwedischen Hospitalschiffs »Anna Salen« Shanghai und erreichte über das japanische Kobe, Hawaii, Cristóbal, den Panamakanal und Neapel im Oktober Bremerhaven. Die meisten »Passagiere« wollten nach Israel. Lediglich 450, darunter Peter, in die USA. Der Empfang in der britischen Besatzungszone der jungen, noch nicht souveränen Bundesrepublik (in die er – warum wohl? – nicht wollte) war besonders herzlich. Sie alle kamen, wie insgesamt etwa 600 000 Holocaust-Überlebende, in Displaced-Persons-(Heimatlosen-)Lager. Peter verschlug es zunächst ins scheußliche Lager Feldafing am schönen Starnberger See und, noch unerfreulicher, ins Lager Feldmoching, wo sich friedliche Mitbewohner, Zwangsarbeiter aus der Ukraine und andere nette Männer ab und zu mit Messerstichen streichelten.

Endlich, im August 1951, durfte Peter Neumann in die USA. Dort wurde er höchst erfolgreicher Mitarbeiter der UNESCO, die ihn für längere Zeit nach Indonesien und Burma entsandte. Ab 1957 arbeitete er als vom Glück gesegneter Verleger und Verlagsberater. Ende gut, alles gut? Alles nicht, aber das Ende.

Ist das Glück? Peters Lebensgeschichte habe ich skizziert, weil die Lebens- und Liebesgeschichten seiner Mutter lange seine Lebensweichen stellten. Ich hoffe, einmal mehr gezeigt zu haben, wie sehr die kleine (Wolffsohn-)Welt, wie jede kleine Welt, mit der großen, weiten verknüpft ist. Wer kann wirklich den historisch-politischen Zeitläuften entkommen? Auch die Partner(aus)wahl wird von ihnen programmiert. Seine erste Liebe hatte Peter Neumann in Berlin bei Nichtjuden getroffen, die so aufgeklärt und freidenkend wie er als Judenchrist dachten, fühlten und lebten. Seine erste Frau lernte er in Shanghai kennen. Natürlich unter den jüdischen Flüchtlingen.

Von Hans Neumann erhielt Karl Wolffsohn auch nach dem Ende der NS-Herrschaft keinen Pfennig. Neumann wollte nicht zahlen, und er konnte nicht zahlen. Noch vor seiner Rückkehr nach Westberlin, im September 1948, forderte Karl Wolffsohn die Rückzahlung der Neumann'schen Schulden. Er berief sich auf die notarielle Urkunde vom Februar und das Mannheimer Märzurteil 1933.[13] Die Papiere hatte er ein Jahr lang gesucht und offenbar nach Israel mitgenommen. Im Februar 1950 beantragte der Rückkehrer Karl Wolffsohn die Vollstreckung des Urteils aus dem Jahre 1933. Dreist drohte Neumann mit einer Gegenklage. Doch furchtsam war Karl Wolffsohn nicht: »Weder meine Frau noch ich haben Angst vor den Drohungen dieses Herrn, abgesehen davon, dass seine frühere Frau, meine Schwägerin, den Tatbestand genau kennt.«[14]

Der Frauenkenner und -genießer antwortete nicht Karl, sondern der

»lieben Recha« Wolffsohn: »Da du eine Frau bist, wirst du besser als dein Mann verstehen, dass es seinerzeit einen ziemlichen Schlag für mich bedeutete, als deine Schwester plötzlich ihr Herz entdeckte und mit dem Neffen deines Mannes eine neue Verbindung einging, die meinen Kindern die Heimat kostete ...Trudes Verhalten hat Ruth (= die Tochter; MW) das Leben gekostet.«[15] Diese Behauptung war ungefähr so zynisch wie seine Weigerung, Sohn Peter dabei zu helfen, das nationalsozialistische Deutschland zu verlassen. Es las sich aber gut. Auch dass es dem armen Hans (wider die Fakten) im Dritten Reich »dreckig« ging. Natürlich, er war das eigentliche Opfer.

Karl Wolffsohn blieb unbeeindruckt und verlangte Zwangsvollstreckung. Am 18. Juli 1950 kam der Gerichtsvollzieher zu Hans im Unglück – und stellte sie unverzüglich ein, nachdem ihm Rechas Verzichtserklärung vom 19. November 1938 gezeigt worden war.[16] Unwillkürlich fragt man sich, ob der Gerichtsvollzieher so dumm oder nazistisch war, dass er den Inhalt des Papiers und den politischen Zusammenhang nicht erkannte – oder erkennen wollte. Karl ließ nicht locker. Das Amtsgericht Tempelhof-Kreuzberg setzte die Zwangsvollstreckung zum 20. Oktober an. Die Pfändung blieb aus: Der Schuldner habe weder Verdienst noch sonstige Einnahmen.

Neumann jubelte, Karl kämpfte weiter und schrieb an Rechas Geburtstag einen kriegerischen Brief: »Wenn Sie aber glauben, dass damit die Angelegenheit erledigt ist, sind Sie im Irrtum. Ich habe noch bei Ihnen die schlaflosen Nächte, Sorgen und Tränen zu begleichen, die Sie im Jahre 1938 der ›lieben Recha‹ verschafft haben.«[17]

Offenbarungseid und Haftbefehl setzte Karl durch. Es half nichts. Der einstige Hans im Glück, der anderen Unglück gebracht hatte, war nun selbst im Unglück. Noch einmal träumte er vom großen Erfolg. Einen Richard-Wagner-Film mit dem Titel ›Die Meistersänger‹ wollte er produzieren. Der sollte ihn wirtschaftlich sanieren. Die Hoffnung zerstob. Nach Neumanns Jesus- und Friedericus-Film wartet die Menschheit noch heute auf seinen Horst Wessel und Richard Wagner. Sie wird sich auf einen dauerhaften Verzicht im irdischen Jammertal einstellen müssen und muss aufs jenseitige Paradies hoffen.

Seinen einstigen Wohnsitz am Kupfergraben hatte Hans Neumann mit einem kleinen möblierten Zimmer im Westen Berlins getauscht. Und weil er wirklich nichts mehr besaß, bekam Karl Wolffsohn keinen Pfennig. Stattdessen wurde er im Juni 1954 von Hans Neumanns Anwalt mit den Akten dieser liebevollen Auseinandersetzung be- und entlohnt. Wer will, kann sie im Archiv des Instituts für Zeitgeschichte, München, lesen.

Thomas Brasch – Dichter und Dissident[18]

In Thomas Braschs Buch ›Drei Wünsche sagte der Golem‹ finden wir das Gedicht »Meine Großmutter«. Es sagt über die Tragik der deutschen Juden mehr als viele gelehrte Bücher. Nicht nur weil ich Thomas Braschs Großmutter Margot (bei Wolffsohns »Tante Margot aus der DDR«) kannte, finde ich das Gedicht bewegend und erschütternd; allgemein menschlich ebenso wie deutschjüdisch und familiär.

Großmutter Margot aus der DDR, die oft meine Großmutter Recha in Westberlin besuchte, war auf ihren DDR-quer- und trotzköpfigen Enkel Thomas sehr stolz, obwohl (nein, gerade weil) er seinem regimetreuen Vater, ihrem Sohn Horst, Probleme bereitete. Das freute sie mehr wegen der Probleme des Regimes als ihres Sohnes.

Zwei Seelen rangen, ach, in ihrer Brust. Das ist die eine Seite. Die andere: Sie wusste und verurteilte das Verhalten ihres Sohnes ihrem Enkel Thomas gegenüber scharf. Was war? Im Sommer 1968, nach dem Einmarsch der Warschauer-Pakt-Truppen in die damals reformsozialistische Tschechoslowakei, hatte Thomas mit anderen DDR-Dissidenten Flugblätter verteilt, in denen diese Invasion verurteilt wurde. Die DDR-Dissidenten wurden verfolgt. Thomas suchte bei seinen Eltern Schutz. Vater Horst verriet den Behörden seinen Aufenthaltsort. Der Sohn wurde verhaftet – und der Vater als Belohnung für den Sohn trotz des Verrats degradiert. Aus der Hauptstadt durfte er nach Karl-Marx-Stadt, in die DDR-Wüste. Verglichen mit Stalins Zeiten war das menschlich.

Menschlich nachvollziehbar ist auch der nur scheinbar wirre Werdegang von Margots Sohn Horst. Mit und für ihren neuen Ehemann schob die geborene Jüdin Margot ihren natürlich nicht nach Horst Wessels benannten Sohn ausgerechnet ins hyperkatholisch-bayerische Kloster-Gymnasium Ettal ab. Ob auch er (wie viele andere Schüler) dort sexuell missbraucht wurde, weiß ich nicht. Dass die Ettal-Erziehung nicht unbedingt den Maßstäben liberal-jüdischer, weltoffener Tradition entsprach, darf erwartet werden. Woran sollte, konnte sich der Junge halten? Dann kam er mutterseelenallein nach England. Dort war er noch mehr halt- und heimatlos, wenngleich vor Hitlers Mörderbanden gerettet. Jung-Horst suchte Halt. Er fand ihn. Im Kommunismus. Als in sich geschlossene Ideologie bot diese Ideologie Schlüssiges und dem Orientierungslosen Anziehendes. Dass er nach 1945 in den »besseren«, weil sozialistischen deutschen Staat ging, versteht sich deshalb fast von selbst.

Horst Braschs Frau, Tochter eines aus Österreich (»Großdeutschland«) ebenfalls nach England geflohenen Unternehmers, folgte ihm.) Wie alle jüdischen Veteranen, die sich für die DDR und gegen die »reaktionäre« BRD entschieden hatten, war er im »ersten Staat der Arbeiter und Bauern auf deutschem Boden« willkommen, aber leider doch nicht ganz so herzlich. Wie viele nach Deutschland zurückgekehrte jüdisch-kommunistische Veteranen erklomm Horst Brasch anfangs die DDR-Erfolgsleiter relativ fix. Zeitweilig war er sogar stellvertretender Kulturminister. Doch ganz nach oben gelangte er nie. Gelangte kein Herkunftsjude in der DDR. Sie alle blieben auch als Insider Außenseiter. Das beschreibt Marion Brasch, seine Tochter, feinfühligschön in ihrem Familienroman.

Tragisch waren Leben und Lieben von Margot Brasch, geborene Wolffsohn. Das Gedicht des Enkels Thomas zeigt, dass selbst nach der fast vollständigen Verwüstung der deutschjüdischen Kulturlandschaft Erstaunliches wieder- oder neu auferstand; nach den und trotz der deutschen Verbrechen. Diese erstaunlichen Leistungen von (Herkunfts-) Juden entstanden weitgehend außerhalb und unabhängig vom bislang antiintellektuellen Gemeindeleben im deutsch-jüdischen Osten und Westen. Zu Margots Denkmal.

Meine Großmutter

Auf dem alten Foto ist sie eine schöne Frau
auf einem Berg: Am Rand.
Verächtlich sieht sie in die Kamera:
Schließlich ist mein Vater Fabrikant.

Ihr erster Mann erschoß sich mit 29. Den zweiten
verließ sie in München für den dritten und
wurde katholisch wie er. Als
die Nazis sie holten, rief sie: Was
wollt ihr von mir: Ich bin keine Jüdin mehr.

Im Konzentrationslager schrieb sie Gedichte. Die
steckte sie in den Ofen, bevor sie entlassen wurde
in die Irrenanstalt. In der Zelle schrieb sie einen Roman
über die Auswanderung eines Ameisenstaates von
Deutschland nach Amerika nach Afrika nach Deutschland.

Ich lebe mit Lissy, sagte ihr Mann, als
sie zurückkehrte in die Wohnung. Hier
ist dein Zimmer neben der Küche. Sie sagte:
Ich lasse mich scheiden. Und nahm ihren zerbeulten Hut.
Dann
bist du nicht mehr katholisch, sagte er, und gehst wieder
ins Lager. Sie legte den Hut aus der Hand: Zu euren
Diensten:
eure Ameise will ich sein. Und schloß sich in ihr neues
Zimmer ein.

Nach dem Krieg lebte sie zur Untermiete und
war angestellt bei der englischen Postzensur: Tag
für Tag schnitt sie faschistische Zeilen aus
deutschen Briefen. Als das Postgeheimnis wieder Gesetz
war,

zog sie von München nach Potsdam,
zeigte mir ihren Gott, den ich nicht sah, kratzte
unter alten Frauen Scheiße
aus den Laken, sagte zu ihrem Sohn: Warum
gehst du nicht auf den Hof
spielen und fiel tot neben den Küchenherd.

Die Rätsel sind gelöst:
ihr Hirn sprang über.
Sie wollte nicht Heimat sagen:
Sie hatte kein Dach darüber.

Diese in ihrem Leben und Lieben und Leiden besungene Großmutter des deutschen Dichters Thomas Brasch war »Tante« Margot« (1903–1974), die Tochter von Karls älterem Bruder Heinrich und Alice Wolffsohn. Margots Lebens- und Leidensweg ist von ihrer Liebesgeschichte so wenig zu trennen wie von der allgemeinen.

Thomas Braschs eindrucksvolles Werk und besonders seine Lyrik kenne und schätze ich. Abgesehen von Tante Margot habe ich aber weder ihn noch andere Mitglieder seiner Familie, außer seiner Schwester, je persönlich kennengelernt. Das hatte nicht nur private, sondern auch politische Gründe, die eher im Bereich politischer Vorurteile anzusiedeln sind.

Thomas Brasch war Mitunterzeichner der Resolution gegen die Ausbürgerung von Wolf Biermann. 1976 übersiedelte er mit der Schauspielerin Katharina Thalbach und ihrer Tochter Anna von der DDR nach Westberlin. Er musste, er wollte und wollte doch nicht. Er übersiedelte, und das war den Medien manche Meldung wert. »Der ist Mischpoche. Ich ruf ihn mal an und frage, ob wir ihm irgendwie helfen können«, erklärte mein ansonsten (auch) familiär eher unsentimentaler und nicht unbedingt immer spontan hilfsbereiter Vater. »Nee, hab kein Interesse am Kontakt mit Ihnen. Ich brauch auch keine Hilfe«, bellte Thomas Brasch ihn an.

Fast alle Wolffsohns sind schwerhörig (im mehrfachen Sinne). Mein Vater war nicht sicher, ob er Thomas Brasch richtig verstanden habe.

Wenige Tage später rief er noch einmal an: Der Dichter versprühte seinen ganzen Charme: »Ich habe Ihnen doch gesagt, dass ich keine Hilfe brauche und keinen Kontakt will.«

Höflich oder im herkömmlichen Sinne »nett« war diese Reaktion nicht, aber ich finde sie trotz der Schroffheit eindrucksvoll und konsequent. Sie passt zum Unangepassten. Ein solcher war Thomas Brasch, und nur als solcher konnte er DDR-Dissident werden und allen obrigkeitlichen Widrigkeiten trotzen.

Was konkret verband ihn mit den Wolffsohns außer der »Stimme des Blutes«, des Urgroßvaters? Dass Blut »ein ganz besonderer Saft« sei, teilte uns schon Braschs Vorgänger und Dichterkollege Johann Wolfgang G. mit, aber offensichtlich gilt das doch nicht immer und bei allen. Ich hätte Thomas Brasch gerne kennengelernt. Schade. Aber sein Leben war ohnehin viel zu kurz, um mit den Meinen und mir »Weißt du noch?«- oder »Kennst du den?«-Gespräche zu führen. So konnte er, wenn er sich nicht gerade dem Alkohol und Drogen hingab, sein bemerkenswertes Werk fortsetzen.

Jahre später war seine Schwester Marion auf der Suche nach Familienwurzeln. Sie suchte, fand und kontaktierte mich. Wir trafen uns. Echte Freude. Küsschen, Küsschen bei der Begrüßung. Hörten wir nun doch die »Stimme des Blutes«? Nicht unbedingt. Es war eher das wechselseitige, faszinierte Staunen, wohin einen das Schicksal schleudert; wie unterschiedlich Leben und Lieben uns formen, auch wenn wir dem gleichen Ursprung entstammen und uns nach (historisch) kurzer Zeit gar nicht gleichen, ja, Lichtjahre voneinander entfernt und doch irgendwie (ja, wie und warum?) nah sind – um uns dann wieder voneinander zu entfernen, weil unsere jeweils er- und gelebte Mikro- und Makrowelt Lichtjahre voneinander entfernt blieb.

Marion erwähnte ihre »jüdischen Defizite«, die sie gerne abbauen würde. Ihr streng kommunistischer Vater, Tante Margots Sohn Horst, hatte sorgsam darauf geachtet, dass keine jüdische Kultur (von Religion ganz zu schweigen) in die DDR oder seine Familie eindrang. Folglich war auch Marion religionsfern.

»Lad sie doch zu unserem Sederabend ein«, schlug meine Mutter vor.

Gesagt, getan. Marion kam mit Töchterlein zu unserem Seder. Der Seder-abend, Beginn des Pessachfests, ist bei vielen Juden ebenso gefühlsge-wichtig wie Heiligabend für Christen, Nenn- und Nichtmehr-Christen. Dieser Sederabend wurde ein Ost-West- und somit auch Familien-desaster. Nicht weil Marion, anders als Thomas, bis zum bitteren Ende aus diversen persönlichen Gründen in der DDR geblieben war, weil sie nach dem Mauerfall, wie viele, auf eine neue DDR hoffte, weil sie keine Wiedervereinigung wollte und sich trotzdem bald mit ihr abfand, weil sie sich als Hörfunkmoderatorin beim RBB bestens arrangiert hatte. Auch nicht, weil die anwesenden Wolffsohns, wie immer, laut und falsch sangen oder ich schlecht auf Hebräisch und Deutsch aus der Haggadah, der Pessachgeschichte, vorgelesen hätte.

Es waren andere falsche Töne, die Unmut erzeugten. Meine guther-zige Mutter hatte einen nennchristlichen Hausnachbarn dazugeladen. Er wollte ebenfalls »Jüdisches kennenlernen«. Reinschnuppern ins Judentum. Dieser Mann, der fast jedem antikapitalistischen Klischee entsprechende Personalchef eines Großunternehmens, war ein bornier-ter Wampenwessi. Er würzte meine Haggadah-Lesung mit völlig de-platzierten, auch alle Regeln guten Benehmens widersprechenden Sprüchen. Die begleitete er mit hämischen Berichten über »die« Ossis. Marion wahrte Contenance, die Wolffsohns wären am liebsten im Erd-boden versunken. Der so nett begonnene Kontakt schlief ein.

Aber auch ich habe mein Teil dazu beigetragen. 2012 erschien Ma-rions Familienroman ›Ab jetzt ist Ruhe‹. Ein packendes Stück deutscher Geschichte ist die Saga der Kernfamilie Brasch. Die Wolffsohns sind da-bei natürlich nur ein Mini-Teil und sind in diesem Buch zu Recht gar nicht erwähnt. Dafür, versteht sich, Weimar- und NS-Deutschland, Österreich, England, die DDR und vereinigte BRD, Liberale und Linke, veteranenkommunistische Bourgeoisie, Herkunftsjuden, Idealisten, Opportunisten, Dissidenten. Trotzdem hat mich das Buch nicht be-rührt, und das habe ich Marion überflüssigerweise auch mitgeteilt.

An New Yorks Freiheitsstatue – Hermine Saalheimer
Das Flüchtlingsschiff näherte sich eines sonnigen Frühlingstags im April 1939 dem Landungskai des New Yorker Hafens. Als es an der Frei-

heitsstatue vorbeischipperte, sagte David Klugmann zu seiner Frau Hermine, der Schwester von Justus Saalheimer: »Schau, Hermine, nun bist auch du frei. Du bist frei, und ich bin frei. Ich verlasse dich und unsere Söhne Werner und Edgar.« So lernte Hermine an der Freiheitsstatue das Doppelgesicht der Freiheit kennen.

Teil eins ihrer Freiheit: Hitler und Konsorten war sie entkommen, ihr Leben war gerettet. Teil zwei: Ihr Mann hatte sich von ihr frei- und fortgemacht. Er nutzte des Menschen Freiheit zu Niedertracht und Undankbarkeit.

Weshalb Undankbarkeit? Hermines Bruder Fredi (geborener Siegfried) war es gelungen, für die beiden trotz größter Schwierigkeiten Einreisegenehmigung und Niederlassungsfreiheit in den USA zu ergattern, sprich: für teures Geld (das David Klugmann nicht hatte) zu erkaufen. Was für ein Überlebensglück. Nur knapp einen Monat später verschloss US-Präsident Franklin D. Roosevelt der »St. Louis« mit 937 mehrheitlich deutschjüdischen Flüchtlingen an Bord die Tore der USA.

In die Unglücksehe mit David, aus dem der hämische Familienmund einen Dooovidle, also »Klein-Dooovid« (V wie F gesprochen) bzw. »David« oder auch »Hermines Schlemihl« machte, war die junge Hermine von ihren Eltern geschubst worden. Eigentlich wollte sie einen netten, fröhlichen, ehrlichen Juden aus Polen heiraten. Ihn hatte es, wer weiß weshalb, ins deutsche Frankenland verschlagen. Er verliebte sich in Hermine, Hermine in ihn. »Nein«, herrschte Sidonie Saalheimer ihre Tochter an, »wir sind deutsche Juden, keine Pollacken. Bei uns heiratet man keinen -ski.« Oh, hätte sie doch.

Bald schon entpuppte sich Dooovidle wirklich als »Hermines Schlemihl«. Zum Entsetzen der, wie sie meinten, feinen Saalheimers knatterte der Weinverkäufer David mit der ebenfalls nicht standesgemäßen (weil als proletarisch oder polnisch geltenden) Sturmmütze wie ein Wilder auf seinem Motorrad über die Straßen des schönen Frankenlands. Seine Weinfirma machte er ebenso schnell »mechulle«, auf Deutsch: pleite.

Damit nicht genug. Dem Schlemihl wurde – vor Hitlers Machtergreifung, ohne jeden Zusammenhang mit dieser und nicht aus Antisemitismus – wegen Weinpanscherei der Prozess gemacht. Es war zum Weinen mit seiner Weinfirma.

Vater Max Saalheimer – auch er hatte gegen den -ski sein Veto eingelegt – und Bruder Justus zückten allmonatlich das Portemonnaie. Am Ersten eines jeden Monats kam Hermine zu Bruder Justus, um Geld abzuholen. Nur auf diese Weise konnte das junge Paar sich selbst und die beiden Söhne ernähren.

Aus Klugmann mit Doppel-N wurde in den USA bald Klugman. In seiner kleinen Welt passte sich Mr. Klugman (bald auch seine bei der Mutter lebenden Söhne Werner und Edgar) im doppelten Sinne schnell seiner Umwelt an, nämlich der traditionellen jüdischen Integrationsbereitschaft sowie der damals dominanten Schmelztiegel-Ideologie der USA. Diese erwartete und erhoffte Anpassung. Dabei war sie nicht wirklich erfolgreich. Tolerant schon gar nicht, denn im Schmelztiegel werden die Einzelteile ununterscheidbar. Die gegenwärtig eher angestrebte »plurale Gesellschaft« orientiert sich dagegen nicht nur an Toleranz, sondern an der weitergehenden Akzeptanz. Dass Ideal und Wirklichkeit nicht deckungsgleich sind, ändert nichts am Ideal.

Hermine blieb auch in der neuen Welt ein Unglücksrabe. Eine Metzije (jiddisch für »ein Schnäppchen«) war David nicht gewesen. Indem sie ans alte, echte Glück mit Herrn -ski anzuknüpfen versuchte, geriet sie vom Regen in die Traufe. Der ewig grantelige Pierce Powers, ihr zweiter Ehemann, war ebenfalls keine Metzije. Keine Metzije, aber relativ wohlhabend. So gesehen, war er für die Saalheimers, den (vermeintlichen) Adel der jüdisch-deutschen Nation, durchaus »standesgemäß«. Dennoch, richtig koscher war Mister Powers nicht. In zweifacher Hinsicht: Erstens war er nicht jüdisch, zweitens war der New Yorker Bauinspektor Powers, obwohl standesgemäß, wie Hermines ältester Sohn später zu sagen pflegte »not the most above board fellow«, also, frei übersetzt: nicht ganz astrein. Werners jüngste Tochter Deborah: »He was a cranky character. I remember he scared me as a child.« Weil ewig mürrisch, hat er Debby und vielen anderen Furcht eingeflößt. Deborah: »He was awful to everyone, particulary Hermine.« Er bellte jeden an.

Das standesgemäße Ekel bellte auch meine Mutter und mich an, als wir Tante Hermine 1966 in Staten Island, New York, besuchten. Sie war nunmehr eine vielfach gebrochene Frau. Furchtsam, verschreckt, jenem Tyrannen unterwürfig. Wenn er Piep sagte, galt Piep.

Eines Tages wurde es dann ihrem Sohn Werner zu bunt. In einer Art Nacht-und-Nebel-Aktion »entführte« er seine Mutter in ein Seniorenheim seiner Nachbarschaft, wo sie sich erstmals seit ihrer Jugend wohlfühlte. Eines Tages rückte Mister Powers voller Power an, machte eine Szene, die verpuffte, zog ab und ward bis zu seinem Tod nie wieder gesehen. Ob ihn in der Hölle die Ober- und Unterteufel braten? Verdient hätte er es. Und wenn die Guten in den Himmel kommen, was wir hoffen, dann genießt Tante Hermine die Welt, die »nicht von dieser Welt« ist.

»Dank« Hitler hatte Hermine das (nachträglich) von allen Saalheimers als muffig-miefig-piefig empfundene Mini-Städtchen Bamberg mit der »großen weiten Welt« New Yorks vertauscht, aber ihre Wohnung auf Staten Island war keineswegs großzügiger und großgeistiger als die eines beliebigen deutschen Kleinstbürgerpaares, sei es jüdisch oder nicht, in Bamberg oder woanders.

Wären die Saalheimers keine deutschjüdische, sondern »nur« eine deutsche Familie gewesen, hätten die notorischen Besserwisser sagen könnnen: »Aha, diese Vorurteile gegen ›Pollacken‹ beweisen die Fruchtbarkeit des deutschen Schoßes für Vorurteile und Intoleranz.« Leider sind Vorurteile und Intoleranz weder »typisch deutsch« noch »typisch jüdisch« oder sonstwie typisch. Sie sind weltweit typisch für Gedankenlose und Nichtdenkende. Im damaligen Bamberg wäre es zu einer Eheschließung zwischen Hermine und einem Nichtjuden wohl kaum gekommen. Zwar waren »Mischehen« in deutschen Großstädten seit Anfang des 20. Jahrhunderts alles andere als selten, aber in Kleinstädten und auf dem Land waren sie die Ausnahme. Auch in Bamberg. Um 1920 betrug der Mischehenanteil preußischer Juden rund 21 Prozent, in Berlin 22 Prozent und 1933 in Hamburg 39 Prozent. Zwischen 1876 und 1880 waren es in Preußen nur 4,4 Prozent. In der Zeit von 1930 bis 1932 heirateten 22,5 Prozent der Juden/Jüdinnen einen nichtjüdischen Partner.[19] Die US-Juden hinkten dieser Entwicklung nach. Noch 1948 betrug ihr Mischehenanteil nur 8 Prozent, im Jahre 2002 aber 52 Prozent.[20] Der Anteil steigt und steigt und steigt. 2013 waren es 58 Prozent bei allen und 71 Prozent bei »nichtorthodoxen« Juden.[21] Wann werden die US- und andere Diasporajuden keine Juden mehr sein?

Die für die Fortentwicklung der kleinen jüdischen sowie der großen, weiten Welt unbedeutende Hermine Powers, geschiedene Klugman(n), geborene Saalheimer, hat gewiss nicht den Gang der liebesgeschichtlichen und anderen Weltläufte geprägt, aber auf dem deutschjüdischen Feld des historisch programmierten Unglücks gehörte sie zu den Vor-, nicht Nachläufern. Denn sie durchbrach als Erste in der Familie die ehelichen Gettomauern.

Wie für jede Gemeinschaft, die überleben will, sind Mischehen bzw. Mischverbindungen und das Streben nach individuellem Glück fürs Kollektiv eher problematisch. Das ist die eine Seite. Die andere: Wie für jeden Einzelnen ist auch für jeden Juden der Vorrang des Kollektiven, also der grundsätzliche Ausschluss einer Mischehe, fürs individuelle Glück eher problematisch. »Jeder ist seines Glückes Schmied.« Das allein stimmt nicht. Das allein stimmt ebenfalls nicht: »Nur in der eigenen (Religions-)Gemeinschaft wird man glücklich.« Backrezepte fürs Glück in der Liebe gibt es weder in der jüdischen noch der nichtjüdischen Welt. Zum Glück.

Justus und Gretel
War es Liebe?

»Ihre Kinder lieben sie, ihr Mann verehret sie, und auf die andern scheißet sie«, pflegte Justus Saalheimer seinen selbst gebastelten »Meister«reim aufzusagen, wenn irgendjemand irgendetwas über oder gar gegen seine etwas pummelige und dickbeinige Frau Gretchen (Gretel genannt), geborene Bickart, zu sagen wagte.

Sogar beim allwöchentlichen Sabbatmahl himmelte Justus mit himmlisch-biblischer und Gebetbuch-Hilfe seine Gretel an. Zuvor war er mit den drei Töchtern, später auch den Enkeln am frühen Freitagabend in die Synagoge gegangen. Inzwischen hatte Gretel, je nach Kassenlage – in Bamberg voll, in Tel Aviv fast leer –, das stets köstliche Freitagabendessen vorbereitet. Fränkische Küche, in Bamberg ebenso wie in Tel Aviv. Unmittelbar vor diesem Abendmahl, bereits am Esstisch, sprach Opa die schönen Segenssprüche über Brot und Wein sowie Gott und die Welt. Höhepunkt war das »Loblied auf die Ehe- und Hausfrau« (»Eschet chajil«) aus den *Sprüchen* 31, 10 ff. Justus deklamierte diese bekannte Hymne auswendig. Zuerst auf Hebräisch, das er nicht konnte, und dann auf Deutsch: »Wem ein tugendsam Weib beschert ist, die ist viel edler denn die köstlichsten Perlen. Ihres Mannes Herz darf sich auf sie verlassen, und Nahrung wird ihm nicht mangeln. Sie tut ihm Liebes und kein Leides ihr Leben lang … du aber (hier nahm sich Opa gegenüber der Bibel seine »dichterische« Freiheit und nannte Omas Vornamen), liebe Gretel, übertriffst sie alle« – nahm sie in den Arm und herzte sie allzeit verliebt und glücklich »wie einst im Mai«.

Gretel, die Tochter des Lederfabrikanten Isidor Bickart und seiner Frau Marie, war das, was man eine »sehr gute Partie« nennt. Diese Art der Familienzusammenführung war – auch ohne Internet – geradezu programmiert. Beide Familien jüdisch und zugleich sehr deutsch und Christlichem gegenüber offen. Leicht erkennbar an den Vornamen. Marie »die reine Magd …«. Katholischer ging es kaum. Und Isidor? Isidor von Sevilla: geboren um 560, gestorben 636, Erzbischof, Heiliger und Kirchenvater, oder Isidor von Madrid, 1070 bis 1130, Bauer, Heiliger. Max Saalheimer hatten seine Eltern Michael genannt. Das war dem jungen Erwachsenen »zu jüdisch«. Aus Michael wurde Max. Der Vorname seiner Frau, Sidonie, war auch nicht gerade »typisch jüdisch«. Sidonie, also »die aus Sidon«, dem heutigen Libanon. Das war schon in der Bibel kein jüdisches Gebiet.

Die Bamberger Max und Sidonie Saalheimer waren feine, aber »nur« wohlhabende Leute. Die Nürnberger Bickarts waren reich, steinreich. »A perfect match.« Justus hatte eine »glänzende Partie« geheiratet. Justus' älterer Bruder Martin stichelte freundlich: »So eine gute Partie hast du gar nicht verdient.« Diese gute Partie glich bei Justus und Gretel bis zum November 1938, der »Reichskristallnacht«, einer Party. Vor der Diskriminierung und teils schon 1933 beginnenden Einzelliquidierung von Juden schlossen sie mehr oder weniger Augen, Ohren sowie Mund. Die beiden führten eine Wochenendehe.

Der Wirtschaftsaufschwung brachte auch den Saalheimer'schen En-gros-Verkauf von Damenoberbekleidung in Schwung. Dafür ließ sich der schicke Justus in seinem Chrysler von Chauffeur Kreisler von Montagfrüh bis Freitagmittag durch Franken kutschieren. Der den Chrysler fahrende Kreisler durfte die schweren Koffer mit den kostbaren Textilien tragen, sprich: schleppen. Was auf diesen Geschäftsreisen jenseits des Geschäftlichen tagsüber oder nachts geschah, wissen nur die Liebes- oder andere Götter.

Trotz oder wegen der Wochenendehe kamen zwischen 1922 und 1927 drei Töchter zur Welt. Deren Vornamen Thea, Edith und Ruth signalisierten der Welt (die es wissen sollte) mehr Weltoffenheit als Judenheit, wobei Ruth wegen des alttestamentlichen Buches gleichen Namens sowohl jüdisch als auch nichtjüdisch aufgefasst werden konnte.

Justus war gewiss kein Kind von Traurigkeit. Das musste auch Gretel Saalheimer miterleben. Ihr Mann vergriff sich nicht wie der Vetter Franz der ›Frommen Helene‹ von Wilhelm Busch am Küchenpersonal. Er griff nach Höherem in Gestalt der Gouvernante. Und das war in diesem Haushalt eine junge Adelige, die Gräfin v. C.

Über den Verlauf gibt es in der Familienüberlieferung zwei Versionen. Version eins: Die Gräfin v. C. habe Justus darauf hingewiesen, dass diese Art von Familienanschluss nicht Teil ihres Arbeitsvertrages sei. Version zwei: Die sonst so schweig- und duldsame Gretel habe nach Justus' Griff ans Gräfliche den Vertrag mit der Gräfin gekündigt.

Mehr weiß ich darüber nicht. Ich kann aber auf ein anderes Dokument als Spiegel dieser Ehe zurückgreifen: Gretels Tagebuch von der Palästinareise aus dem Jahre 1936, die sie mit ihrem Mann unternahm. Jahrzehnte später, 1964, findet sich darin noch eine Notiz. Am 5. März dieses Jahres war Justus gestorben. Dazu der Eintrag von Gretel:»Letzte Reise mit meinem geliebten Justus im Jahre 1962 zum 75. Geburtstag, den (wir) herrlich in Berlin bei unseren Kindern Thea und Max Wolffsohn feierten.« Ganz unglücklich dürfte diese Ehe trotz allem also doch nicht gewesen sein. Oder wollte Oma den Mantel der Nächstenliebe über alles breiten – für sich oder für spätere Leser?

Jenseits solcher Spekulationen ist die vermeintliche oder tatsächliche Liaison mit der Gräfin v. C. historisch-politisch durchaus bemerkenswert. Erstens arbeitete noch nach 1933 eine »Arierin« freiwillig für eine jüdische Familie. Zweitens war es eine adelige Dame, eine Gräfin. Vielleicht war es ein Ergebnis der Distanz, die, anders als die Mittelschichten, auch die gebildeten, sowohl Angehörige der deutschen Unterschichten als auch der adeligen Oberschicht gegenüber dem Totalitätsanspruch des

Nationalsozialismus wahrten. Dennoch dürfte es eher ungewöhnlich gewesen sein, dass eine Adelige als Gouvernante bei einer Bürgerfamilie arbeitete, zumal einer jüdischen. Vielleicht war das ja doch Justus' männlichem Charme anzurechnen?

Ménage à quatre – Fredi

Mehrschichtig und mehrzählig waren auch Fredi Saalheimers Lieben. Fredi liebte die Frauen, und die Frauen liebten Fredi. Bis zu ihrem Konkurs im Juli 1931 hatte er in der Führungsetage der Danat-Bank gearbeitet und wechselte dann in den Vorstand der Anglo-Palestine Bank in Tel Aviv, die ab 1950 Bank Leumi le-Israel (Nationalbank für Israel, nicht: Israelische Nationalbank) hieß.

Im Volksmund des linken und rechten Klassenkampfes ausgedrückt: Fredi gehörte zur »Goldenen Internationale«. Fredi und kein anderer hatte die Saalheimers gerettet. Justus und Familie nach und in Palästina, Hermine mit ihrem Schlemihl in die USA und – wir kehren zum Liebesthema zurück – seine schöne, rothaarige, hochelegante, bisweilen aufgedonnerte, selbstverliebte Geliebte Malli, Malvine, verheiratet mit Daniel Simon. Malli war eine Dame von Welt. Von der deutschjüdischen Männerwelt Tel Avivs wurde sie wie das achte Weltwunder bestaunt. Oh, wie wurde Fredi bewundert und beneidet.

Im Zeichen des innerjüdisch-zionistischen »Klassenkampfs« um Einwanderungsgenehmigungen nach Britisch-Palästina war es schwer genug, ein Zertifikat zu ergattern, noch schwerer zwei und fast ausgeschlossen für Bruder samt Frau und drei Töchter sowie nicht zuletzt für die Geliebte plus gehörntem Ehemann. All das hatte Fredi vollbracht. Und noch mehr: Sowohl der Bruderfamilie als auch Malli und Daniel Simon hatte er in Tel Aviv je eine wunderschöne Wohnung besorgt, bezahlt und eingerichtet.

Die Liaison Fredi–Malli war zwar nicht (standes)amtlich, doch schon in Bamberg wusste jeder davon. Sie missfiel Mama Sidonie außerordentlich: »Was werden bloß die Leute sagen?« Ja, was wohl? Sie lästerten und platzten vor Neid. Ach, die arme Sidonie. Ihre Kinder hatten nicht nur »jüdische Gene« (in des Wortes und der Halacha gemäßen Bedeutung), sie waren offenbar auch triebstark

Thea erinnert sich: »Bamberg stand kopf, als Malli, die Grande Dame aus Krefeld, Fredi in unserem Kaff besuchte. Manchmal blieb sie länger und trat bei Fredis Einladungen in seiner Junggesellenwohnung als Gastgeberin auf. Sie war der Mittelpunkt der Gesellschaft. Wo Malli war, wurde nur über Themen gesprochen, auf die sie sich vorbereitet hatte. Sie inszenierte die Gesellschaft und setzte dabei vor allem sich selbst in Szene. So hat sie natürlich immer brilliert.«

Auch Martin, der erstgeborene Saalheimer-Sohn, liebte La Dolce Vita. Nach der Schule hatte er Bamberg verlassen und war nach Berlin gezogen, wo er ebenfalls in der (Volksmund) »verjudeten« Textilbranche arbeitete. Martins Berufswahl wurde von den Saalheimer-Eltern begrüßt, nicht jedoch seine Ortswahl. Berlin – das war fast so schlimm wie Sodom und Gomorrha.

Er war ein gut aussehender und eleganter Mann, wie seine Brüder, aber er hatte kein heiteres Gemüt. Er war depressiv – und zwischendurch manisch. Dann flatterte er schmetterlingsgleich von einer weiblichen Blüte zur anderen und meistens zu verheirateten Frauen. Jüdische und nichtjüdische. Früher als seine Schwester Hermine, das jüngste Saalheimer-Kind, hatte er die Erotik-Gettomauern in den Köpfen übersprungen. Die Nationalsozialisten sorgten dafür, dass er sich in einem Arbeitslager zu Tode schuftete. Natürlich hätte Fredi auch ihm die Flucht aus Deutschland sowie die Einwanderung nach Palästina ermöglicht, doch der depressive Martin konnte sich dazu nicht aufraffen, nachdem seine letzte Geliebte mit Mann und Kind aus Deutschland geflohen war. Er sollte mit, er wollte mit, er konnte nicht. Ihm fehlte die Kraft.

Die Liebe zwischen Fredi und Malli hatte in Deutschland begonnen und endete in Israel. »Bis dass der Tod euch scheide.« Malli starb zuerst. Sie blieb bis zuletzt mit »Onkel Daniel« (O-Ton der Saalheimer-Töchter) verheiratet. Fredi ehelichte nach Mallis Tod die hochintelligente, wamherzige, doch eher brunhildenhaft füllige, blaustrümpfige, früh ergraute, ihre Haare nie färbende, sich nie schminkende, agrarisch-zionistisch schlampig (aber sauber) herumlaufende Rechtsanwältin Lili.

Mit Lili hatte Fredi schon während der Malli-Jahre zusammengelebt. Er hatte eine »Dienstwohnung« in Tel Aviv, direkt am Strand in der

noblen Hajarkonstraße, für Malli und wohl auch andere seiner Neben-
frauen. Nördlich von Tel Aviv, im noblen Kfar Schmarjahu (»Schmargendorf«, wie den Berliner Stadtteil, nannten es die Jeckes), residierte
er in seiner Parkvilla mit Lili. Es war einer der nobelsten Plätze im
schönsten Ort Israels.

An der Parkgrenze stand Lilis Hühnerstall. Jeden Tag gab es frische
Eier, und Lili bewies sogar im piekfeinen »Schmargendorf« volksnahen
linken Mainstream-Zionismus der Tat. Selbst diese starke Persönlichkeit konnte oder wollte sich dem ideologischen Hauptstrom nicht entziehen oder gar widersetzen.

Bei aller Liebe zu Malli und Lili und, und, und – bis Justus mit seiner
Familie in die eigene Wohnung einzog, nahm Fredi sie alle in seinen
eigenen vier Wänden auf. Bruder und Schwägerin überließ er sogar sein
»Heiligstes«: das Schlafzimmer. Er schlief auf dem Wohnzimmersofa
und die drei Töchter von Gretel und Justus im Gästezimmer.

Die drei Mädchen, 1939/40 zwischen zwölf und siebzehn, fanden Fredis Frauenleidenschaft faszinierend. Thea lächelte verschmitzt: »Wir
haben ganz genau gewusst, wann die Malli beim Fredi geschlafen hat.
Aber wir sollten das natürlich nicht wissen. In aller Herrgottsfrühe
schlich sie sich aus der Wohnung, aber wir hatten sie gesehen, weil wir
gespannt und lange darauf gewartet hatten. Onkel Daniel nahm das
alles gleichmütig. Er war schließlich heilfroh, dass er mit Fredis Hilfe
aus Hitler-Deutschland rauskonnte.«

So gesehen, machte Daniel Simon sein eheliches Nicht-Glück zum
Glückskind. Anders als sechs Millionen anderer Juden war er, dank
dem Liebhaber seiner Frau, dem Unglück, der Katastrophe (»Schoah«)
entkommen. Er hatte überlebt – ohne Liebe. So gesehen war er ein Unglücksrabe, und anders als andere im deutschjüdisch-bürgerlichen Tel
Aviv beteiligte sich Daniel nicht am oft offen ausgeübten Partnertausch-
Gesellschaftsspiel.

Malli hatte sowohl in Fredis als auch in der Simon'schen Wohnung
Wäsche und Kleider. »Da hat sie einmal zu meinem lieben Vati gesagt:
›Ach, Justus, geh doch mal bitte zum Daniel und hol mir aus meiner
Privatwohnung mein Korsett.‹ Vati reagierte in seiner gewohnt schüch-
ternen Art: ›Aha, dann ist das hier deine Dienstwohnung.‹«

Lebensgefährliche Rassenwonne
Die freie Liebe haben nicht erst, wie sie oft meinten, die antibürgerlichen, meist aus dem Bürgermilieu stammenden US-Hippies oder die
nachkriegsdeutschen 68er entdeckt. Doch jeder ist sein eigener Kolum-
bus und entdeckt Amerika immer wieder neu.

Minnedienst anderer und doch irgendwie in Fredi Saalheimer ähn-
licher Art hatte Alfred Bickart, der Bruder meiner Großmutter Gretel
Saalheimer, in Deutschland betrieben. Getrieben, meinte der nichtjüdische Ehemann seiner nichtjüdischen Geliebten, nachdem das Verhältnis zwischen seiner Frau und Alfred aufgeflogen war. Eine heikle, deli-
kate Situation, aber grundsätzlich unpolitisch. Im Jahre 1935 war sie
jedoch hochpolitisch, denn so eine Beziehung galt als »Rassenschande«
und war im nationalsozialistischen Deutschland außerordentlich gefährlich. Noch hatte Alfred, besonders dieser Liebe wegen, Deutschland
nicht verlassen wollen. Nun musste er. Gegentriebig, nicht ideologisch
war der Antrieb zu seiner Einwanderung nach Britisch-Palästina. Dort
lernte er bald Ilse Karo kennen. Sie heirateten. Alfreds Tod hatte sie geschieden. Ilse war weitsichtiger als die meisten Wolffsohns und Saalheimers. Sie hatte 1928 im Berliner Strandbad Wannsee Hitlers ›Mein
Kampf‹ gelesen. Wo so ein Buch erscheinen könne, wolle sie nicht leben,
beschloss sie und zog, damals fast problemlos, nach Palästina.

Liebe in den Zeiten des Holocaust – Max und Thea
Liebe in den Zeiten des Holocaust? Ja, denn Liebe ist Leben, Holocaust
Tod, Massentod, Massenmord. Wer leben will, will lieben. Liebe hilft
zu leben. Nur Lebende können den Tod anderer verhindern sowie die
Mörder fassen und bestrafen.

Abstumpfung ist unmoralisch, unmenschlich. Wer jedoch nicht ab-
stumpfen und trotzdem überleben will, kann nicht ständig trauern. Wer
ständig trauert, lebt nicht und hilft nicht den Bedrängten, weil er durch
die Trauer zu schwach zum Helfen ist. Doch selbst Helfende geraten
schnell in Seelennot: Wenn sie hier helfen, bricht dort schon die nächste
Katastrophe aus.

Natürlich fragte sich die Mehrheit der Juden in Britisch-Palästina,
auch führende Politiker wie David Ben-Gurion: »Was können wir

tun?«, um resigniert festzustellen: wenig bis nichts. Obwohl es manche Historiker – hinterher – ganz genau wussten, wie sie sich selbst auf Kosten der (inzwischen meist Toten) profilieren konnten. Seien wir Heutigen selbstkritisch: Was »tun wir« nach den alltäglichen, allabendlichen Horrornachrichten aus aller Welt? Wir sind zunächst entsetzt und wollen helfen. Wenige setzen die Absicht in die Tat um und stellen dann resigniert fest, dass auch woanders Katastrophen zu lindern wären. Sie können sich nicht zerteilen, und andere, die nichts tun, sind, wer weiß weshalb, unabkömmlich.

Ergo: Wirklich helfen kann man nur in seiner eigenen kleinen Welt, der Mikrowelt.

Fredi hat geholfen. Nicht nur einem Menschen, aber auch nur in seiner Mikrowelt. Nur? Von wegen nur, und dabei dreht sich die Welt immerfort. Sie dreht und dreht sich, und das Leben geht weiter. »Life is but a walking shadow …« Es wird weitergehen und vergeht. Doch zuvor erzeugt es, durch Liebe, neues, anderes Leben. Und so weiter. Das Leben ist sowohl ein Rad als auch eine ins Unendliche führende Gerade.

Nur Liebe garantiert generationell das Weiterleben. »Seid fruchtbar und mehret euch!« Gerade angesichts des Massenmordens ist Liebe menschheitlich überlebenswichtig oder, religiös argumentierend, göttliches Gebot.

Jenseits des biblischen Gebots sind Geliebtwerden und Lieben Lebensquelle und Seinsgrund. Zeitliebens, zeitlebens sind sie unser ortsunabhängiges Paradies auf Erden. Nur wir selbst können uns daraus vertreiben.

»Ehre deinen Vater und deine Mutter«
»Ehre deinen Vater und deine Mutter«, befiehlt bei Katholiken und Lutheranern das vierte, bei Juden, Anglikanern, Reformisten und Orthodoxen das fünfte Gebot (Exodus 20, 2–17; Deuteronomium 5, 6–21). So weit, so klar. Im dritten Buch Mose (Leviticus 19, 18) wird uns aufgetragen, nein, befohlen: »Liebe deinen Nächsten wie dich selbst« und wenige Zeilen weiter in Leviticus 19, 34 den Fremdling zu lieben wie sich selbst.

Ist das nicht seltsam? Die eigenen Eltern soll man ehren, den Nächsten und Fremdling aber lieben. Wie zu oft, führt die deutsche Übersetzung in die Irre. Im hebräischen Original finden wir fürs vierte bzw. fünfte Gebot tatsächlich die Befehlsform (Imperativ): »Ehre …«

Die Liebe zum Nächsten und Fremdling (unausgesprochen Männlein wie Weiblein) gleicht eher einer Aufforderung. Sie ist im Hebräischen zweiteilig aufgebaut: »weahavta«; ahavta = »du liebtest« (Imperfekt) oder »du hast geliebt (Perfekt). Durch das »we« = und wird die Vergangenheit in die Zukunft verlegt. Das klingt komplizierter als es ist, denn im alttestamentlichen Text spricht Gott während der Wüstenwanderung und vor der Landnahme, also vor Gründung des jüdischen Gemeinwesens. Seine Gebote und Anordnungen sollen jedoch für die Zeit danach gelten, also als Gesetzbuch fürs jüdische Gemeinwesen. Gott spricht zum Zeitpunkt 1 und verkündet Gesetze für den Zeitpunkt 2, der längst bestand, als die Hebräische Bibel verfasst wurde. Statt »Liebe deinen Nächsten und den Fremdling wie dich selbst« wäre gemäß dem Geist des Gesetzes zu übersetzen: »Du wirst deinen Nächsten und den Fremdling dann geliebt haben wie dich selbst.« Hier zielt Gott auf einen Idealzustand für die jüdische Gemeinschaft. Er empfiehlt – erwartet aber, dass dem entsprochen werde. In den Zehn Geboten befiehlt er.

Das bedeutet: Was immer sei, die eigenen Eltern habe man zu ehren, auch wenn man mit ihnen das eine oder andere Hühnchen zu rupfen hätte.

Ich habe mit meinen Eltern keine Hühnchen zu rupfen. Um das zu wissen, muss ich mich auch nicht auf Sigmund Freuds Couch legen. Ein Kind ist die Liebesfrucht seiner Eltern. In die Tiefen dieser Liebe zu tauchen, fände ich höchst indiskret. Ich kenne diese Tiefen nicht und würde ich sie kennen, würde ich sie verschweigen. Ich lasse abschnittsweise meine Mutter selbst erzählen – was sie erzählen wollte.

Thea erzählt
Ich habe mich als Frau nie zurückgesetzt oder benachteiligt gefühlt. Ganz im Gegenteil. Ich habe, diskret und nie die sogenannte Grenze überschreitend, meine Weiblichkeit als Waffe eingesetzt.

Einer der besten und immer freundlichen Kunden der Saalheimer'schen »Modellindustrie« war Herr Dajani, ein Araber aus Ostjerusalem. Seine Geliebte war Frau Nennichnicht, eine aus Berlin stammende Jüdin. Das hielt ihn nicht davon ab, auch auf mich ein Auge zu werfen. Der Liebeswunsch stieß nicht auf Gegenliebe, doch eines Tages kam mir ein junger Jude auf der belebten Allenbystraße entgegen: »Araberflittchen«, sprach's, spuckte aus und ging weiter.

Im Sommer 1946 saß Herr Dajani mit meinem Vater auf der schön schattigen Veranda seines ostjerusalemer Damenmodengeschäfts und trank köstlichen türkischen Kaffee. Mein Vater war wieder mal hingerissen von seinem Geschäftspartner. »Ach, Herr Dajani, wenn doch alle Araber so wären wie Sie, dann gäbe es weder arabischen noch jüdischen Terror.« Die Dajani'sche Miene verfinsterte sich: »Business yes, but friendship no.«

War seine (nur eine?) jüdische Geliebte business?

Dass ich Max kennenlernen würde, war landsmannschaftlich, sprachlich und kulturell quasi zwangsläufig. Ein Ergebnis der Zeitläufte. Die aus Deutschland geflohene, inzwischen total besitzlose jüdische Bourgeoisie hatte in Tel Aviv das »Beith Israel« (Haus Israel) gegründet. Dort spielte sich ihr Leben ab, dort traf man sich, dort stritt man, dort feierte man, dort spielte, dort fand man Bekannte, Freunde, Partner. So fand ich Max und Max mich schon wenige Wochen nach unserer Ankunft in Palästina, am 14. Juli 1939. Fortan war uns dieses Datum sogar noch wichtiger als die Erstürmung der Pariser Bastille und die Freiheit ihrer Insassen am 14. Juli 1789.

Wir waren in Britisch-Palästina freie Menschen. Aber ein verliebtes Paar ohne Aufsicht? Etwa sexuelle Freizügigkeit? Ich wollte Max im britischen Militärlager Sarafand, wo er seit 1939 zuerst als Platzanweiser, dann als Manager arbeitete, besuchen. »Alleine kannst du da nicht hinfahren«, beschloss Max' Mutter Recha.

Da ist also die Tugendhafte, die einst im Berliner Mai von Chauffeur Paul kutschiert worden war, 1939/40 tatsächlich im unklimatisierten Bus, in glühender Hitze, mit mir ins Camp gefahren. Heute regt man sich hier auf, dass die Türkinnen nicht allein gehen dürfen.

Mitte 1943. Rommel & Co., das Gespenst der Deutschen Wehrmacht, war Ende Oktober 1942 aus Ägypten vertrieben, da sagte mein Vater in seiner entzückendsten Art: »Also wie lang geht das denn eigentlich noch!? Was ist denn das hier für ein Zustand? Entweder hopp oder topp!« Daraufhin haben Max und ich nicht hopp, sondern topp gesagt. Wo wir geheiratet haben? Im Beth Israel. Wo sonst? Wie? Ich im Weiß der Unschuld. Haha. Max im einst aus Berlin importierten, geliehenen Smoking. Der gehörte ausgerechnet seinem Bruder Zeew, der ihn nie trug, weil er ihn nie brauchte und als »Bauer«, Entschuldigung: als »Chalutz«, also als natürlich sozialistischer landwirtschaftlicher Pionier nicht mehr, wie einst in Berlin, tragen wollte. Diesen nagelneuen Smoking entjungferte Max auf unserer Hochzeit.

Geld hatten wir nicht, aber irgendwie und irgendwo wurde es für eine herrliche Feier zusammengekratzt. Es gab sogar fränkische Kuchen und »Plätzle«. Die hatten wir gemeinsam tagelang in der Saalheimer'schen Küche gebacken.

Als Ehepaar gebacken, äh, getraut hat uns Rabbiner Rosenberg. Der mochte Max und Max ihn ganz besonders. Als Religionslehrer am Berliner Bismarck-Gymnasium hatte er sich bei Max' Mutter über dessen Unwissen, Faulheit und Frechheit beschwert. Zur Hochzeit hat er uns trotzdem eine schöne Trauung unter der üblichen Chuppe (Baldachin) beschert.

In unserer Ehe machte ich, was ich wollte. Aber ich koordinierte das Ehe- und Familienleben. »Ima ist der General«, sagte der ganz und gar unmilitaristische Max. Er war froh, dass ich es machte. Dieses Koordinieren war ein Harmonisieren. Dabei schluckte auch ich Kröten.

Max blieb am liebsten zu Hause. Reisen waren ihm abhold. Ich reiste gerne, aber dann seinetwegen seltener. Ich versuchte es mit Reisen als Geburtstagsgeschenk für ihn. Na ja, so etwas mehr als ein bisschen habe ich mir das selbst geschenkt. Der Beschenkte geriet fast in Panik. Die Buchung wurde storniert.

Ich hatte gute Freunde, männliche Freunde. Platonisch. Und natürlich nicht jüdisch, denn die Berliner Jüdische Gemeinde stieß geistig Interessierte ab. Diese Männer waren interessant und weil interessant, von Mann und Sohn in den familiären Freundeskreis aufgenommen. Meine Freunde waren unsere Freunde. Aber, bei aller Liebe zu Onkel Fredi, nicht wie Malli und die Saalheimers.

Manche Männer schrieben mir Gedichte. Zum Beispiel Edwin Redslob, Kunsthistoriker, Reichskunstwart in der Weimarer Republik, großer Goethe-Kenner (ich nicht), Mitgründer und später Rektor der Freien Universität Berlin, dann Gründer des Berlin Museums – und großer Frauenliebhaber. Platon und ich ... Na ja, nicht nur Platon, denn die Gedichte waren mehr libidinös als literarisch.

Roland Ladwig malte mich. Wie gesagt, Platon. Karl Lauer, auch Platon, unseren Hausarzt, nahmen wir auf Reisen mit. Natürlich hat sich so mancher gedacht und mir nicht gesagt: »Naaaa, da ist doch sicher was ...« Klatsch und Tratsch, Geschwätz. Der Mensch lebt nicht vom Sex allein. Wie gesagt, unter meinem Frausein habe ich in meinem Dasein nie gelitten. Und der Rest ist Schweigen.

Lea und Zeew
Hitler war schuld. Der Ex-Berliner Willi, längst Zeew Wolffsohn, und die Ex-Hamburgerin Lea Zadek hatten sich in der Jewish Brigade, die im Zweiten Weltkrieg für das Vereinigte Königreich gegen Hitlers Deutschland focht, kennengelernt.

Die Gründungsdenker und -lenker Israels wollten aus verständlichen Gründen »gegen Hitler« kämpfen, erst recht, als General Rommel mit seinen Truppen Palästina beängstigend nahe kam. Die Briten brauchten jeden Mann und jede Frau an der Front sowie im Hinterland, erst recht hoch motivierte Anti-Hitler-Soldaten wie die jüdischen.

Die Briten wussten freilich auch, was Israels zionistische Vordenker jenseits des Kampfes gegen Hitler wollten. Militärerfahrung, um nach dem gemeinsamen Sieg über das braundeutsche Reich die Briten aus Palästina hinauszubomben. Verständlicherweise zögerte London bis zum Juli 1944 mit dem Aufbau einer jüdischen Brigade. Um die damals noch ungeborene Bundeskanzlerin Angela Merkel zu zitieren: In der Notsituation war das britische Ja zur Judentruppe »alternativlos«.

Vorher gab es allerdings jüdische Bataillone innerhalb der britischen Streitmacht. Zeew und Lea waren dabei. An der ägyptischen Front. Im Kampf gegen Rommel. Als Rache für deutsche Verbrechen und als letzte Bastion zum Schutz der Juden, die Hitler heim ins Reich geholt hätte, um sie ebenfalls ermorden zu lassen. Zeew war Funker bei der Luftwaffe, Lea LKW-Fahrerin.

Kleine Welt und wessen Werk: Bis 1945 waren Zeew und Lea vornehmlich am Bittersee stationiert. Dort war von April 1945 bis Dezember 1948 mein späterer Schwiegervater, Wilhelm Braun (später Braun-Feldweg) als Oberleutnant der deutschen Luftabwehr britischer Kriegsgefangener …

Berlin, August 1975: Wilhelm Braun-Feldwegs Tochter Rita und ich heiraten. »Wird der Bittersee erwähnt, wenn sich Zeew, Lea und Papa erstmals begegnen? Geht das gut?« Das war die bange Frage. Schon beim Apéritif wurde sie beantwortet. Ja, der Bittersee wurde erwähnt, und das Gespräch war alles andere als bitter. Die drei verstanden und mochten sich auf Anhieb. Das wirkliche Denken und Fühlen der Menschen ist eben vielschichtiger als die gängigen Plapper-Phrasen der Ideologen. Wilhelm Braun-Feldweg war nie ideologisch und erst recht kein Nazi, denn als expressionistischer Maler durfte er seit April 1933 nicht mehr ausstellen. Zeew und Lea waren als glühende Zionisten sehr wohl ideologisch. Und doch … Wenn es menschelt, obsiegt die Menschlichkeit.

Wir drehen das Zeitrad zurück und sind 1941/42 wieder am Nil. Ein Mann und eine Frau aus der deutsch-jüdischen Bourgeoisie, Zeew und Lea, tragen britische Uniform. Er berlinerte wie »anno dunnemal« (und bis ans Lebensende), sie st-olperte (ebenfalls bis zum Lebensende) über'n sp-itzen St-ein.

Eine Elfe war die burschikose Lea nicht, aber eine glühende Zionistin, wie ihr Zeew. Emanzipiert war sie. Wie die frühzionistische Frau an sich. Männerberufe, wie bitte? Nur Männer als Soldaten, wie bitte? Freie Liebe? Nach Bedarf. Bei aller Freizügigkeit wurde natürlich nicht »Slow«, Körper an Körper, getanzt, sondern der Hora-Ring. Alle im Kreis, alle Händchen haltend, alle hüpfend, Arme und Beine schwingend, laut singend. Fast wie bei orthodoxen Juden (»nein, mit denen haben wir nichts zu tun«). Nur einen Unterschied gab es. Bei den scheinbar so antibürgerlichen und antireligiösen, zumindest areligiösen Linkszionisten tanzten Männlein und Weiblein »wie bei den Gojim« (Orthodoxen-Wort»schatz«) zusammen, nicht getrennt.

Für Recha und Karl war die deutschjüdische Bildungsbürgertochter Lea eine jüdische Brunhilde. Sie setzten Schein mit Sein gleich. »Pah, emanzipierte Frau, Wüstenbekanntschaft, Kriegsliebe, Hühnerzüchterin.« Mit verachtungsvoller Miene charakterisierte Karl Wolffsohn seine erste Schwiegertochter, Lea, geborene Zadek. Sie schien der Wolffsohn'schen Bourgeoisie nicht standesgemäß. Was für ein Irrtum. Die Wolffsohns waren deutschjüdische Bourgeoisie, die Zadeks Aristokratie. Leas Eltern, beide Mediziner, hochgebildet, hochkultiviert, vielsprachig, hatten – anders als alle Wolffsohns und Saalheimers – auch Hebräisch gelernt. Perfekt in Wort und Schrift beherrschten sie die scheinbar unerlernbare Judensprache. Anders als die Wolffsohns und Saalheimes lebten die Zadeks nicht im Jeckes-Getto. Sie waren Teil der neuen, entstehenden Mischgesellschaft Israels – und sie lernten sogar (anders als die meisten Israelis bis heute) Arabisch.

Sie blieben Jeckes und vor allem Städter durch und durch. Wenn Leas Mutter (bekennende Lesbierin) dem wenig geliebten Dorfleben ihrer Tochter die Ehre gab und ihre »verschmuddelten, total eingestaubten« vier Enkel sah, steckte sie »die verdreckten Bälger« in den Waschbottich und schrubbte sie ab. Waschqualität made in Germany. Die drei »genauso verdreckten Bälger« der befreundeten Nachbarn mussten auch dran glauben. Auf diese Weise lernten alle deutsche Wertarbeit kennen.

Der Wolffsohn'sche Dünkel war unangebracht. Welcher Dünkel wäre angebracht? Nein, eine Elfe war Lea wirklich nicht, aber ein Mensch mit Herz und Verstand. Keine schöne, aber eine famose Frau mit starkem Charakter und gefestigter Persönlichkeit.

Leas Lebensmotto sagt viel über sie und darüber hinaus etwas über allgemein jüdische Leistungskultur: »Lernen und arbeiten.« Sie hat immer gelernt und immer gearbeitet und lebte, obwohl alles andere als religiös, ganz im Sinne jüdischer Tradition, im Geist der »Sprüche der Väter«: »Auf drei Dingen steht die Welt – auf der Thora (= Lehre), Arbeit und guten Taten« (»al ha thora, we al ha awoda we al gmilut chassadim«).

Die talmudischen Weisen (»Väter«) meinten Arbeit im doppelten Sinne: Arbeit für Gott als Gottesdienst und Arbeit als Broterwerb und zugleich als Dienst am großen Ganzen – was dann gedanklich direkt zu den guten Taten führt.

So gesehen, war die unreligiöse Lea durchaus religiös-jüdisch, was viel Offenheit gegenüber Nichtjuden keineswegs ausschloss. Ihr Haus wurde nie verschlossen. Trotz der unmittelbaren Nachbarschaft zu arabischen Dörfern am Fuße des Tabor-Berges in Galiläa. Auf der großen Bühne des israelisch-arabischen Dauerkriegs waren und sind gelebte Denk- und Fühlseiten dieser Art nicht vorhanden, wohl aber hinter den Kulissen. Nie wurde aus Leas und Zeews Haus irgendetwas entwendet, obwohl an ihrem Haus kein Schild »Alle Menschen sind gleich, auch Araber« angebracht war. Es fehlte auch ein Hinweis darauf, dass der aus Hamburg stammende, wegen Hitler in Haifa lebende Peretz Zadek, Leas Vater, Arabisch gelernt hatte. Seine Begründung: »Das ist selbstverständlich. Ich will mich mit meinen Nachbarn unterhalten und sie verstehen.«

Was für eine starke, gefestigte Persönlichkeit er war. Wo er konnte, bestimmte er über sich selbst, auch über seinen Tod. Der Mediziner wusste, was die Diagnose Krebs bedeutete, und er bestimmte sein Lebensende. Auch seine Tochter Lea. Als ihr Körper begann, ihren Geist zu quälen und ihren Lebensmut zu nehmen, nahm sie sich im Juni 2000, achtzigjährig, selbst das Leben. »Ich hatte ein gutes Leben, ich will mein Ende nicht erleiden.« »Ich salutiere vor ihr«, sagte ihr jüngster Sohn Jaron nach ihrer Beerdigung.

Gefestigte Persönlichkeit – genau das konnte man bei aller Liebe über Zeew (und ich liebte ihn später wirklich) nicht sagen. Zeitlebens blieb er ein Kind, und genau das machte ihn so liebenswert. Er war ein rebellischer, manchmal aggressiver und doch zugleich braver Sohn. Zeew liebte seine vier Söhne innig und gab ihnen eine Ohrfeige nach der anderen. Er liebte seine Lea ohne Wenn und mit Aber, doch hier und dort flog der Schmetterling von Blüte zu Blüte, was er auch voller Stolz ob seiner Erfolge offen vermeldete.

Deutschland oder deutsche Frauen? »Nie wieder!« Dann doch in den letzten Lebensjahren. Es zog ihn zu einem deutsch-nichtjüdischen Jungbrunnen in Frankfurt am Main. Den geborenen Berliner Willi/ Zeew hatte die Geschichte in einen physischen und psychischen Dauerpendler zwischen Deutschland und Israel verwandelt. Die Biologie obsiegte über die Ideologie. Deutschland, dialektisch.

Die meisten Neuberliner Juden, die Zeew kennengelernt hatte, nannte er »Pack«. Die meisten ihrer Repräsentanten »hätten es in Israel bestenfalls zum Krankenhaus-Pförtner oder Kino-Platzanweiser einer Kleinstadt geschafft, aber in Deutschland sitzen sie in der ersten Reihe. Die Amtlichen und Ängstlichen kriechen ihnen dabei in den Toches«, sprach's und meinte den Allerwertesten, den er sonst sowohl auf Deutsch als auch Hebräisch deftiger zu benennen pflegte. Verwurzelt war er nicht mehr; nirgends. »Ick bin Bauer in Israel«, verkündete er jedem, der es hören oder nicht hören wollte. Er wollte vor allem sich selbst überzeugen.

Was war seine Welt? Er suchte sie in der Welt. Von 1967 bis 1970 als landwirtschaftlicher Entwicklungshelfer im muslimischen Indonesien. Offiziell hieß es, er arbeite auf den Philippinen, denn als islamisch dominierter Staat pflegte (und pflegt!) Indonesien, versteht sich, nur unter der Decke intensive Kontakte zum jüdischen Staat. Nicht nur auf dem Agrarsektor … Auch in der Welt fand Willi/Zeew seine Welt nicht.

Meine Liebesgeschichte(n)

Es kam, wie es kommen musste, und ich habe es nie bedauert. Da sich meine Eltern und Großeltern nicht (wenn sie nicht mussten) hinter von anderen oder selbst errichteten Gettomauern versteckten, bewegte ich mich seit jeher gerne in der Offenen Gesellschaft. Die ist, soweit mir bekannt, außerhalb des jüdischen Staates mehrheitlich nichtjüdisch. Jede Gemeinschaft will Dauer. Weil das so ist, grenzen sich Gemeinschaften, die Gemeinschaften bleiben wollen, ab. Bei uns Juden zum Beispiel durch Speisegesetze und andere Vorschriften, die, durchaus beabsichtigt, abgrenzen sollen. Auch von Tisch und Bett. Beides hängt zusammen. Wer sich sympathisch ist, isst zusammen. Der Tisch, gemeinsame Mahlzeiten, schaffen Gemeinschaftsgefühl und schließlich faktische Gemeinschaften, zum Beispiel Freundschaften, Liebschaften und schließlich Ehen. So werden aus Tisch und Bett Kinder.

Es gibt eine zusätzliche, beidseits oft und lange wirksame Vermischungsbremse. Die Notbremse schlechthin. Sie ist auf Anhieb erkennbar und sollte der nichtjüdischen Partnerin (die in der Regel ebenfalls aus abgrenzungswilligen Gemeinschaften kam) als »Alarmsignal« dienen: »Rassenschande«, »Vorsicht, Jude!«, also beschnitten. Schöne, fromme, schönfromme Geschichten erklären Ursprung und Sinn der Beschneidung anders, doch nicht unbedingt richtig, denn den Erzählern war und ist Abgrenzung wichtiger als Gemeinschaft und gemischte Liebschaft. Auf diese Weise bleibt die Gemeinschaft von heute auch morgen Gemeinschaft. Zugleich wird die Gemeinschaft des Inhalts zugunsten der Form entleert. Wenn nämlich die Beschneidung für die jüdische Identität zentral ist, dürfte es um die Qualität der Zentralität des Jüdischen bei Juden schlecht bestellt sein.

Exkurs: Die Beschneidung im Judentum
Symbole und Rituale sind Brücken bzw. Krücken auf dem Weg zu Gott oder, nicht religiös formuliert, auf dem Weg zur Erfüllung höchst ethischer Prinzipien. Die Beschneidung ist ein Ritual. Juden, Christen und sogar Atheisten hätten diese Grundsatzfrage stellen sollen: Wie viel Krücken braucht der Mensch, um zu Gott bzw. zur Hochethik zu gelangen?

Die Bibel kleidet Glauben und Gedanken an Gott und die Welt in Geschichten, Gleichnisse, Gebote und Gesetze. Liberale Leser, durchaus auch gläubige, fragen nach dem Grundgedanken und dessen Botschaft. Sie klammern sich nicht an Buchstaben und Wort, sie fragen nach dem Geist der Gesetze.

Die Personifizierung dieses liberaljüdischen Geistes schlechthin war, jawohl, der Jude Jesus. In seiner Bergpredigt (Matthäus 5, 18) betonte er, nicht einmal ein Komma am jüdischen Gesetz ändern zu wollen. Jesus wollte jedoch Gesetz und Gesetzesanwendungen zum Geist des Gesetzes zurückführen.

Orthodoxe Juden (und Christen) verstehen die Bibel wörtlich, weil für sie die Bibel »Gottes Wort« ist. Ohne Glaubensgrundlagen zu zerstören, kann man es so sehen: Gott habe bestimmte Menschen zu diesem Wort inspiriert, jene haben es dann fixiert, später kanonisiert. Man kann es aber auch so sehen: Die Bibel ist Menschenwerk. Wie auch immer. Tatsache ist, dass die biblische Erzählung über die Beschneidung nicht so eindeutig und ungebrochen ist, wie behauptet.

Die alttestamentlich biblische Erzählung von der Beschneidung finden wir in der Abraham-Geschichte. In Genesis 17 gebietet, ja befiehlt,

Gott dem Stammvater, die Vorhaut seiner Nachfahren als Zeichen des Bundes mit dem Ewigen zu beschneiden. Scheinbar fehlt jegliche Begründung. Tatsächlich findet man sie in der Darstellung der (nicht erfolgten) Opferung Isaaks in Genesis 22. Diese Geschichte ist die meisterhafte literarische Übertragung eines menschheitsgeschichtlichen Vorgangs: des Übergangs vom Menschen- zum Tieropfer.

Das war der Grundgedanke des Menschenopfers: Man opfert Gott sein Liebstes. Da Entwicklung meistens auch Verfeinerung durch Symbolisierung bedeutet, begnügte sich der Großteil der Menschheit mit einer menschenschonenden und zugleich ebenfalls wertvollen Alternative. Man opferte – typisch für eine landwirtschaftliche Viehzüchtergesellschaft – Haustiere, die dem Menschen eigentlich auch »lieb und teuer« waren. Der Urgedanke des Menschenopfers liegt auch der Beschneidung zugrunde: Sie ist der Ersatz für das »Ganzkörperopfer«. Ein Stück des dem Manne liebsten und zur Menschheitsvermehrung notwendigen Körperteiles wird geopfert.

Nach der nicht erfolgten Opferung Isaaks erzählt die Bibel nicht von weiteren Begegnungen oder Wortwechseln zwischen Vater und Sohn, Abraham und seiner Frau Sara. Angesichts der intellektuellen und literarischen Genialität der Bibeldichter dürfte das kein Zufall und die Botschaft leicht erkennbar sein: Opferungen dieser Art sind dem inneren Frieden der Familie nicht unbedingt förderlich. Der Grundgedanke lautet: Dieses Brauchtum war umstritten. Sogar in der Familie Abrahams.

Selbst Moses, der »größte jüdische Prophet«, hatte seinen ältesten Sohn nicht beschnitten. Die Bibel verrät es unumwunden. Die Beschneidung holte seine nichtjüdische (!) Frau, Zippora, nach (Exodus 4, 24–26). Womit wir, die Bibel wörtlich interpretierend, unversehens an ein anderes halachisches (jüdisch-religionsgesetzliches), absurdes Problem geraten sind: Moses' direkte Nachkommen waren keine Juden, denn bekanntlich ist Jude nur, wer als Kind einer jüdischen Mutter geboren wird oder zum Judentum übertritt.

Nebenbei und wieder erzählt die Bibel schnörkellos: Auch Moses' zweite Frau war, sehr zum Missfallen seines Volkes, keine Jüdin, sondern eine Schwarze bzw. Äthiopierin.

In Josua 5, 2–9 verrät uns die Bibel, dass die während der 40-jährigen

Wüstenwanderung geborenen Männer nicht beschnitten waren. Der Grund wird nicht genannt, kann und soll aber leicht abgeleitet werden: Dieses Brauchtum blieb umstritten, und zwar nicht nur während der sogenannten und so nicht historischen Landnahme Josuas (um 1200 v. Chr.), sondern bis zur Zeit der Bibeldichter in der Epoche des Zweiten Tempels. Die Bibeldichter erzählten nämlich nicht nur die biblischen Mythen nach, sie flochten auch die religiös-gesellschaftlichen Spannungen ihrer Gegenwart in den Text ein.

»Ihr sollt die Vorhaut eures Herzens beschneiden und nicht länger halsstarrig sein«, heißt es in Deuteronomium 10, 16 (und ähnlich 30,6). Die Botschaft ist eindeutig: Die Beschneidung – als Gebot, nicht als Ritual und Brauchtum – ist rein symbolisch, nicht körperlich zu verstehen.

Die Bestätigung folgt bei Jeremias 4, 4: »Beschneidet euch für den Herrn und entfernt die Vorhaut eures Herzens.« Womit wir zu der für die meisten wohl unerwarteten Brücke vom jüdischen zum christlichen Testament gelangen, zu Paulus (Römer 2,25): »Die Beschneidung ist nützlich, wenn du das Gesetz befolgst; übertrittst du jedoch das Gesetz, so bist du trotz deiner Beschneidung zum Unbeschnittenen geworden.« Sollte nicht auch diese paulinische Variante (Römer 2, 28) von Juden bedacht werden? Beschneidung sei, »was am Herzen durch den Geist, nicht durch den Buchstaben geschieht«.

Nicht die Beschneidung macht den Juden, auch nicht das Fastengesetz, an das sich viele Juden hielten und halten, an dessen Geist die wenigsten. Das beklagten die großen jüdischen Propheten Jesaja und Jeremias oft, und der jüdische Pharisäer Paulus steht in ihrer unmittelbaren Tradition (1 Kor 7, 19): »Es kommt nicht darauf an, beschnitten oder unbeschnitten zu sein, sondern darauf, die Gebote Gottes zu halten.«

Das war nicht nur paulinische Mission, sondern im ersten Jahrhundert nach Christus rabbinisch-talmudische Diskussion um die Circumcision. Ihren Ausgang kennen wir. Beschneidung? Ja! Doch die Rabbiner waren gespalten. In einer ihrer kommentierenden Erzählungen lassen sie Gott und Abraham über das Pro und Contra diskutieren. Sie spiegelte natürlich ihren internen Austausch wider.

Historisch einwandfrei belegt ist zudem, dass Juden außerhalb Judäas bis ins zweite nachchristliche Jahrhundert von Konvertiten keine Beschneidung verlangten. Sie wurden – getauft. Die Wissenschaft streitet darüber, ob die Taufe die Beschneidung ersetzte – was anzunehmen ist. Nein, die Taufe ist kein urchristlicher, sondern ein älterer, auch (und keineswegs nur) jüdischer Brauch. Man bedenke, dass Johannes der Täufer Jude war und als Jude in Judäa den Juden Jesus im Jordan taufte. Erst das von Kaiser Hadrian um 130 n. Chr. verhängte (und gar nicht so drastisch von ihm gemeinte) Beschneidungsverbot verwandelte das innerjüdisch nicht unumstrittene Beschneidungsbrauchtum in ein scheinbar unumstößliches Gesetz.

Ja, so viel Judentum steckt im Christentum und so viel Christentum im Judentum. Vielleicht hilft die Einsicht in diese Tatsachen zu einer Versachlichung der Diskussion sowie zu jüdischer und christlicher Selbstkenntnis, Selbstbesinnung, Selbstbestimmung; zu einem jüdisch-christlichen Dialog der wissend Glaubenden. Vorhaut oder nicht? Das Judentum hat mehr zu bieten. Vielleicht erklärt dieser Exkurs auch meine in Liebesfragen offene Weltsicht.

Längst funktioniert die Beschneidung nicht mehr als letztes Alarmzeichen oder Notbremse. Der Mischlieben- und -ehenanteil steigt bei modernen Juden unaufhaltsam. Das Kollektiv als Kollektiv schwächelt. Die Bremsen versagen. Knapp sechzig Prozent der US-Juden leben heute in Mischehen. Tendenz steigend.

Ich gestehe: Auch ich bin, kollektivjüdisch betrachtet, ein Versager. Nie musste es, also SIE, für mich jüdisch sein. Es konnte. Doch die Begegnung mit einer anderen Welt fand ich immer anregender als individuelle oder kollektive Selbstbezogenheit. Ich habe gutjüdische Vorbilder für Mischbeziehungen zwischen Juden und Nichtjuden: Joseph und Moses, König David, König Salomon und andere jüdische Lichtgestalten. Die Hebräische Bibel kennt keine Lichtgestalten. Sie beschreibt selbst bei den vermeintlich Größten der Großen Licht und Schatten. Am besten schneidet Moses ab, doch der hatte – »typisch jüdisch« – keine Geduld und wurde deshalb vom Lieben Gott bestraft. Moses durfte die Kinder Israels zum, nicht jedoch ins Gelobte Land führen. Trotz dieser Gottesstrafe haben meine jüdischen »Volksgenossen«

und ich dieses »typisch jüdische« Verhalten bis heute fortgesetzt. Eine Besserung ist nicht absehbar.

Schon in biblischen Zeiten funktionierten die Mischehen-Notbremsen jenseits der Führung (»Elite«?) nicht. Esra, der nachexilische Erneuerer jüdischer Quasi-Staatlichkeit im fünften vorchristlichen Jahrhundert, zu Beginn der Periode des zweiten Jerusalemer Tempels (538 v. u. Z. bis zur Zerstörung durch Rom im Jahre 70 u. Z.) war schockiert: Gar schrecklich viele Mischehen. Wo immer er hinschaute. Da ging ihm der Hut hoch. Flugs berief der eifrige Mann eine Volksversammlung und peitschte diesen durch und durch »aufgeklärten« Beschluss durch: Schluss mit der »Rassenschande«. Nein, dieser Begriff kam rund 2500 Jahre später bei den deutschen Volksgenossen auf. Mit welchen Mitteln auch immer: Esra konnte sich durchsetzen. Alle nichtjüdischen Familienmitglieder von Juden wurden von der Mehrheit der Juden vertrieben.

Wann auch immer ich diese Geschichte lese, bin ich empört. Mein Trost: Das Judentum war und ist seit jeher sowohl partikularistisch als auch universalistisch, (welt)verschlossen, geschlossen und (welt)offen, manchmal extrem in der einen und der anderen Weise. Wie »die« Deutschen? Nieder mit den Klischees.

In einem evangelischen Forum hielt ich in München vor vielen Pfarrern (und natürlich Pfarrerinnen) einmal einen Vortrag. Ich weiß gar nicht mehr, worüber. Eines aber werde ich nie vergessen. Der einladende Pfarrer zitierte einen (ausnahmsweise) wirklich wohlklingend toleranten Esra-Satz. Er wollte mein Wohlwollen gewinnen. Ich war entsetzt. Nicht wegen seiner noblen Absicht. Nichtjuden, die sich auf Esra – aus dem intoleranten Zusammenhang gerissen – berufen und auf diese Weise Toleranz anrufen, beweisen nicht nur Unkenntnis, sie erniedrigen sich selbst und die Ihren. Für mich gilt: Echte Partnerschaft, erst recht echte Liebe lebt von der Akzeptanz des anderen. Toleranz sei die Vorstufe der Akzeptanz. Das jüdische Licht wird nicht durch Mischlieben und Mischleben, nicht einmal durch mich, ausgeschaltet.

Jahrtausende haben wir Juden die Offene Gesellschaft ersehnt. Jetzt haben wir sie, wollen sie aber nur à la carte. Teile der jüdischen Orthodoxie vergleichen die Folgen von Mischehen, ebenso inakzeptabel pietätlos wie Ex-Kardinal Meißner Abtreibungen, mit dem »Holocaust«.

Millionen Juden würden durch Mischehen dem Judentum verloren gehen, weil Geburtsjude nur ist, wer eine jüdische Mutter hat. Woher nehmen diese Betonköpfe, die sich durch gedachte Gettomauern der Offenen Gesellschaft verschließen, ihre Gewissheit? Wenn sich Menschen von wem oder wovon auch immer abwenden, muss ein Grund vorliegen. Ist es die inhaltlich geistige Entleerung durch die gesetzliche Belehrung und Beharrung der Orthodoxie? Wenden sich so viele Geburtsjuden vom Judentum möglicherweise deshalb ab, weil die meisten Juden – abgesehen von der Steinzeitorthodoxie – Juden ohne Judentum, also Nenn-, Schein- oder Schaujuden und nicht Seinsjuden sind? Müssen, sollen alle Juden einander gleichen oder auf ihre eigene Weise Juden sein? Religionen (er)geht es letztlich wie gewöhnlichen Waren. Sie verschwinden, wenn sie nicht gewünscht, nicht nachgefragt werden.

Religiöse Mischverbindungen sind einer der vielen Hinweise auf den Bedeutungsverlust der Religion, nicht nur der jüdischen. Sie sind deren Folge, nicht deren Ursache. Deshalb ist es widersinnig, dass die Jüdische Gemeinde Münchens nach meinem krachenden Austritt aus dem Vorstand – um Schlimmlinge wie mich künftig zu verhindern – im Jahre 2010 eine Art »Arierparagrafen« unter jüdischen Vorzeichen beschloss und sich der Außenwelt wieder verschloss. Auch andere jüdische Gemeinden haben diese freiwilligen Gettomauern errichtet. Wer in einer Mischehe oder Mischpaarung lebt, dürfe kein Gemeindeamt bekleiden. Wer sich abkapselt, wird von Fortschritt und Entwicklung abgehängt.

Einige Gedanken und Tatsachen hierzu: In der Hebräischen Bibel, dem »Alten Testament«, finden wir sowohl eine jüdisch-partikularistische als auch eine jüdisch-universalistische Tradition. Der extrem partikularistische Esra wurde erwähnt. Wir finden im Alten Testament ebenso die großartige, weltoffene, universalistische Tradition der Propheten.

Erinnert sei daran, dass Gott im Ersten Buch Mose (Genesis) zuerst den Bund mit dem menschlichsten Menschen schließt, mit dem Nichtjuden Noah. Erst danach folgt der Bund mit dem ersten Juden, mit Abraham. Von wegen Noah: Mein Enkel heißt so, der nichtjüdische Sohn meiner nichtjüdischen Tochter und meines »linken«, nichtjüdischen Schwiegersohns. Kein Erbe geht unter. Es wandelt sich oft nur.

Der Beispiele für die seit jeher bestehende innerjüdische Spannung zwischen weltoffenem und sich militant abschließendem Judentum sind Legion. Das bedeutet: Der orthodoxe Alleinvertretungsanspruch beruht allein auf der willkürlichen Selektion (Auswahl) der Tradition. Der große, ja, größte jüdische Prophet Moses (einerlei, ob eine historische Figur) hatte, ich wiederhole, zwei Frauen. Beide, Zippora und Kuschit, waren nicht jüdisch. Gemäß der jüdischen und christlichen Lehre, komme der Messias oder kam (Jesus als Christus = Messias) aus dem jüdischen Hause Davids. Allerdings war die Großmutter König Davids, Ruth, keine Jüdin. Nachzulesen im alttestamentlichen Buch Ruth. In dieser Tradition bewegt sich die Familie Wolffsohn. Mag sein, dass ihr Judentum untergeht, aber es ist nicht, selbst biblisch-jüdisch betrachtet, der zwangsweise Untergang des Judentums.

Gute und schlechte Zeitläufe, glückliche und unglückliche Lieben haben die *Geografie* der Wolffsohn-Sippe fundamental verändert. Aus den einst eher kleinstädtisch provinziellen deutsch-jüdischen Klein- und Kernfamilien Wolffsohn, Saalheimer, Bickart, Landecker, der späteren Wolffsohn-Sippe, wurde durch erzwungene und freiwillige Ortswechsel von Juden und auch Nichtjuden aller Welt eine über die ganze Welt verteilte, meist in Großstädten oder (in Israel) teils auf dem Land lebende weltbürgerliche Familie.

Diese großfamiliären Familienmitglieder, ihre Vorfahren und erst recht ihre Nachfahren in direkter Linie sowie angeheiratet findet man, außer in Deutschland und Israel, in Nord-, Mittel- und Südamerika, der Schweiz, Frankreich, Italien, Großbritannien, Dänemark, dem heute tschechischen Teil der einstigen Tschechoslowakei, Russland, Weißrussland, der Ukraine, Polen, Litauen, Ungarn, Rumänien, zeitweise China und Japan, Marokko, Tunesien, Äthiopien, Südafrika. Sie sind meist bürgerlich-liberal, teils unbürgerlich-boheme-liberal und manche richtig links. Ein kleiner Spiegel der großen Welt. Konfliktfrei? Mitnichten. Aber, anders als in der großen Welt, absolut gewaltfrei und am Ende, je nach individueller (Zu-)Neigung, sogar oft harmonisch. Kein Modus Vivendi, keine Lebens(!)art, war je gefährdet. Womit wir bei der Wolffsohn'schen Geografie wären.

III

FAMILIENGEOGRAFIE, IDEOLOGIE
UND IDENTITÄT

»Ein Gutes hat uns Hitler angetan: Wir leben nicht mehr in Bamberg. Die wunderschöne Stadt besuchen? Immer. Dort leben? Nie wieder«, verkündete Thea mehrfach. Die längste Zeit ihres langen Lebens lebte sie in Berlin. Das hatte nicht Hitler, sondern ihr Schwiegervater Karl bewirkt.

Etwas genauer: Halb(herzig) kehrte sie in den Jahren 2000 bis 2014 nach dem Tod ihres Mannes halbjährlich nach Israel zurück. Sie kaufte sich nördlich von Tel Aviv im Nobelvorort Herzlija-Pituach direkt am Nobelstrand eine Nobelwohnung, wo sie das Winterhalbjahr verbrachte. Es war eine nostalgische Rückkehr in ihre Jugend. Wie einst lebte sie in der Nähe ihrer beiden Schwestern, und wie einst verkehrte sie mit den meist deutschjüdischen Freunden aus ihren Jugendjahren. Oft wurde, ebenfalls wie einst, Fränkisch gesprochen. Bio-Chronologie und Geografie verschoben sich in die Frühzeit zurück. Diese war alles andere als nur erfreulich, aber damals waren alle jung und schön, und das an sich war schon schön. Trotz Hitler. Glückskinder? Sie hatten Glück, denn sie hatten überlebt.

Bamberg – Thea versus Adorno
Hätte Großdenker Theodor W. Adorno meine Mutter als Banausin beschimpft? Sein kurzer Reisebericht an Maidon, die Frau Max Horkheimers, vom 14. 9. 1952 legt diese bange Vermutung nahe: »… wir sind aus dem trostlos zerbombten Würzburg geflohen. Bamberg ist die erste Etappe, schöner als je, seit heute auch das Wetter gnädig, und Vierzehnheiligen immer noch das Weltwunder galanter Religion.«[22]

Die erste Entlastung meiner Mutter: Den Katholizismus akzeptierte sie als »galante Religion«, wenngleich sie diese elegante Begriffsschöpfung nicht benutzte. Die zweite Entlastung meiner Mutter und ihrer Sippe: Keiner von uns würde je bestreiten, dass jenes »Weltwunder« Vierzehnheiligen schöner ist als jede Synagoge der Welt. Angesichts der eher unterentwickelten bildnerischen Ästhetik des Judentums dürfte das katholische Gotteshaus auch die Pracht des Salomonischen Tempels in Jerusalem übertreffen. So oder so oder auch anders. Als die Saalheimers noch gar nicht wussten, dass sie im Frankenland eigentlich unglücklich waren und sich glücklich fühlten, unternahmen sie als »gutkatholische Juden« oft Ausflüge nach Vierzehnheiligen und zur gegenüberliegenden Klosterkirche Banz, einem anderen Juwel religiöser Baukunst des Barock. Ob sie dabei das Frankenlied schmetterten, ist nicht überliefert. Wie in diesem fuhren sie »zur schönen Sommerszeit ... valeri, valera« nichts ins, sondern im »Land der Franken« zum »heil'gen Veit von Staffelstein« – der allerdings, anders als im Frankenlied verkündet, nicht direkt am Staffelstein zu finden ist. Mit und ohne den heiligen Veit oder die Banz-Vierzehnheiligen, die Begegnungen mit der barock-katholischen Welt schmälerten das Saalheimer'sche Judentum so wenig wie die Bamberger Romanik oder Gotik.

Die Identifizierung mit der eigenen Familien- bzw. Lebensgeografie oder auch ihre Ablehnung ist sozusagen Teil unserer seelischen Landkarte. Bamberg und Umgebung blieben trotz Theas Schlechtwort (Malmot, nicht Bonmot) über die Domstadt in unterschiedlicher Intensität Teil der seelischen Geografie aller Saalheimers.

Der Bamberger Reiter in Tel Aviv

Zu den wenigen Bamberger Souvenirs, die Justus und Gretel mit nach Palästina nahmen, gehörte eine kleine Büste mit dem Kopf des Bamberger Reiters. Sie stand, allen auf Anhieb sichtbar, auf dem Regal ihres Tel Aviver Wohnzimmers. Nach ihrem Tod nahm sie Tochter Edith/Judith zu sich. Natürlich wurde der Bamberger Reiter wieder für jedermann sichtbar platziert ... Zeig mir deine Erinnerungsstücke an Stadt, Land und Menschen (»Geografie«), und ich sage dir, was deine Seele mitbestimmt (»Psychologie«).

Ob der Bamberger Reiter, wie von manchen Kunsthistorikern behauptet, den heiliggesprochenen ersten Christenkönig Ungarns, Stephan I., darstellt oder nicht, war den Saalheimers eher »wurscht«. Für sie war der steinerne Reitersmann so bambergisch und zugleich Weltkultur wie das »Aecht Schlenkerla Rauchbier«, lange bevor Bamberg UNESCO-Weltkulturerbe wurde. Das Rauchbier dürfte für Justus kulturell mindestens so wertvoll wie der Rest der Kulturstadt gewesen sein.

Körper und Geist(ersprache)
Deutsch, deutsch, deutsch waren und blieben die Saalheimers. Sie dachten und sprachen deutsch. Hebräisch lernten sie nie. Weil ihr Körper in Israel war, überlebten sie. Mit ihrem Geist und Gefühl waren sie in Bamberg geblieben. Gesamtjüdische Solidarität des Herzens war für sie ein abstrakter Begriff. Was verband Gretel mit der ebenfalls jüdischen, bildschönen, milchkaffeefarbenen Zugehfrau Malka (auf Deutsch: Königin) aus dem Jemen? Die Tatsache, dass beide in ihrem Herkunftsland als Juden verfolgt worden waren. Was sonst? Nichts. Der Dialog Gretel-Zugehfrau war dementsprechend ein Gespräch zweier Taubstummer: Die Bürgersfrau Gretel steht neben der »Königin«. »Bitte, Malka, Boden wischen. Ritzzzpa, Boden. Boden, Ritzzzpa, wischen. Bitte, bewakaschaaaa«. Malka: »Ma?« Was? Sie versteht Bahnhof. Gretel geht in die Knie und nimmt den Wischlappen aus dem Eimer, wringt ihn aus: »Se.« Das. Se. Se, siehst du? »Boden wischen«. Malka verstand. Lohnkonflikte gab es nie, und für die Lohnverhandlungen reichten die zehn Finger beider Tarifpartner.

Justus und Gretel mit mir im Sammeltaxi (»Scherut«). Der Fahrer nennt den Preis für drei Personen. Das versteht sogar Justus, denn er kann bis drei = schalosch zählen. »Lo, lo«, nein, nein, sagt Justus. »Mein Enkel sitzt auf meinem schulchan« = Tisch. Opa meinte, dass ich auf seinem Schoß sitze und er deshalb nur für zweieinhalb = schnajimwachetzi Personen bezahlen solle. Der Fahrer verstand. Justus war nicht sein erster Jecke-Fahrgast. Das Hebräisch von Karl und Recha Wolffsohn war keinen Deut besser.

Bankdirektor Fredi, Justus' Bruder, tarnte seine nicht vorhandenen

Hebräischkenntnisse geschickter. Unterm Arm trug er jeden Tag die aktuelle Ausgabe des ›Haaretz‹, von der auch jeder dumme Kopf wusste, dass dahinter ein kluger Kopf steckt(e), der das Blatt in bester liberal-deutschjüdischer Tradition ins Hoch-Hebräische lesen konnte.

Die Sprachgewandtheit der ansonsten so bildungsbewussten und -beflissenen, in Deutschland so anpassungswilligen, ja, angepassten sowie akkulturierten deutschjüdischen Einwanderer, viele Leuchten der deutschen Kultur, war nicht nur für überzeugte Zionisten, sondern für alle Landeskinder eine Zumutung. Sie beherrschten die hebräische Sprache ungefähr so sehr wie bildungsferne Migranten aus dem hintersten Anatolien oder Innerafrika das Deutsche. Jahrzehntelang hatten die Jeckes im »Land der Väter« gelebt, doch die Landessprache war ihnen seelisch eher »wurscht«. Ihre Geografie, Kultur- und Sprachpsychologie sowie -ideologie waren alles andere als deckungsgleich. Sie waren geografisch und sprachlich entwurzelt, und als Sprachentwurzelte lebten sie in Israel irgendwie im geistigen Nirwana. Sie bildeten eine deutschjüdisch-israelische Variante des Luftmenschentums. Das heißt: Ihre Alltagstauglichkeit für die materiellen Dinge dieser Welt war durch ihre Sprachuntauglichkeit bestenfalls begrenzt.

Merkwürdig, in Deutschland war diese Deckungsgleichheit vollkommen. Merkwürdig? Die Jeckes fühlten sich ganz einfach nicht wohl in ihrer »Heimat«, Israel. Ihre Heimat war nicht ihr Zuhause. Ihre Identität und ihre kulturelle Identifizierung blieben deutsch. Ihre Psychologie und Geografie widersprachen einander.

Selbst ein so hochgebildeter Gelehrter wie Ernst Simon, Professor an der Hebräischen Universität Jerusalem, enger Freund Martin Bubers, oder der Religionsphilosoph Schalom Ben-Chorin, ebenfalls mit Buber befreundet, sprachen und schrieben korrektes Hebräisch, es klang jedoch wie Deutsch. Meine Großtante Ilse, die bereits 1928 nach Palästina eingewandert war, eine Verwandte Ernst Simons, sagte auf Hebräisch bis an ihr Lebensende, 1977, nur, was sie konnte, nicht, was sie wollte. Sie unterschied sich nicht von den meisten Jeckes.

Nebenbei: Der in diesem Fall leider erfolglose Hebräischlehrer der Saalheimers war Saul Aron Kaléko, der erste Mann der famosen deutschjüdischen Dichterin Mascha Kaléko. Seine Schüler lasen ihre Gedichte und Texte ohnehin lieber auf Deutsch.

Putzig und pikant waren die unterschiedlichen deutschen Dialekte im meist miserabel gesprochenen Hebräisch. Reizvoll fand ich das sächsische, bayerische und hamburgische Hebräisch. Der Akzent des Herkunftslandes kennzeichnete nicht nur das Jeckes-Hebräisch. Israels Staatsgründer David Ben-Gurion oder sein Rivale und Nachfolger Levy Eshkol sprachen ein russisches und Golda Meir, Ministerpräsidentin von 1969 bis 1974, amerikanisches Hebräisch. Die meisten »Russen« im gegenwärtigen Israel sprechen wie der heutige Politiker Avigdor Lieberman Russisches Hebräisch, oft gut, doch es hört sich immer wie Russisch an.

Friedrich Schiller und Justus Saalheimer als Zionisten
Recha Wolffsohn hatte, wie erwähnt, wie Schiller am 10. November Geburtstag. Der Familien-Schillerianer war jedoch der Verstandeszionist Justus Saalheimer. An meiner Bar-Mizwa (Konfirmation) hielt er im Familienkreis eine sehr schöne Rede. Ziemlich unverblümt gab er mir zu verstehen, dass ich nach Israel zurückzukehren hätte. Dort sei meine Heimat. Opa bediente sich für seine »zionistische« Ideologie nicht der Geografie, sondern der deutschen Literatur, des Lieblingsdichters »der« deutschen Juden, Friedrich Schiller (Wilhelm Tell, 2. Aufzug, 1. Szene).

O lerne fühlen, welches Stamms du bist!
Wirf nicht für eiteln Glanz und Flitterschein
Die echte Perle deines Wertes hin –
Das Haupt zu heißen eines freien Volks,
Das dir aus Liebe nur sich herzlich weiht,
Das treulich zu dir steht in Kampf und Tod –
Das sei dein Stolz, des Adels rühme dich –
Die angebornen Bande knüpfe fest,
Ans Vaterland, ans teure, schließ dich an,
Das halte fest mit deinem ganzen Herzen.
Hier sind die starken Wurzeln deiner Kraft,
Dort in der fremden Welt stehst du allein,
Ein schwankes Rohr, das jeder Sturm zerknickt.

Trotz des Schiller'schen Zionismus blieb Justus und Gretel Saalheimer das jüdische und noch mehr das arabische Palästina zeitlebens fremd. Im Frühjahr 1939 hatten sie mit ihren drei Töchtern das rettende Palästina erreicht. Genau drei Jahre vorher, im März und April 1936, waren meine Großeltern bereits dort gewesen. Rein touristisch. Liest man Gretels Reisetagebuch, findet man keinen einzigen Gedanken darüber, ob die Familie Deutschland verlassen und ins »Land der Väter« einwandern sollte, wenn es möglich wäre, das heißt, wenn man die Genehmigung der britischen und jüdischen Instanzen bekäme. Es war ein ganz normaler Reisebericht über ein exotisches, ganz und gar fremdes Land, es war nie Wunsch- und Lebensziel.

»Palästina ist kein erstrebenswertes Ziel«
Fremd, doch interessant, fand Gretel dieses Land. Ihrer Mutter, Marie Bickart, gefiel es gar nicht. Anfang 1938 reiste sie nach Palästina, weil Alfred, Gretels Bruder, bereits dort lebte. Alfred und seine Frau Ilse beknieten sie, nicht nach Deutschland zurückzukehren. Sie hätten in ihrer Wohnung ein schönes Zimmer für sie. Ein Zimmer? Marie Bickart war einen Wohnpalast gewöhnt, die feinsten Kleider, das beste Essen und eifriges Personal. Am schlimmsten: Toilette und Bad in einem Raum. Nein, Palästina mit seiner egalitären, dem Luxus abholden jüdischen Gemeinschaft sei »kein erstrebenswertes Ziel«, befand sie und kehrte nach Nürnberg zurück. Am 9. November hatte sie verstanden, was die Stunde geschlagen hatte. Zu spät.

Als Gretel, Justus und ihre drei Töchter Deutschland mit der Bahn Richtung Triest und dann per Schiff nach Palästina verließen, wurden sie von Großmutter Bickart bis München begleitet. Abschied im Hauptbahnhof. Alle wussten: Es würde ein Abschied für immer. Die Saalheimers stiegen in den Zug. Marie Bickart stand auf dem Bahnsteig. Abfahrt. Alle weinten. Alle winkten. Auf Nimmerwiedersehen. Großmutter Bickart verhungerte in Theresienstadt.

Zionismus made in 1967
10. Juni 1967. Der Sechstagekrieg ist beendet, die jüdische Welt erleichtert. Die zuvor befürchtete neuerliche, welthistorisch vierte, Vernich-

tung eines jüdischen Staates fand nicht statt. Bei der ersten wurde 721 v.u.Z. das Königreich Israel von der assyrischen Weltmacht zerstört und bei der zweiten 586 v.u.Z. das Königreich Judäa von der babylonischen. Die dritte vollzog die römische im Jahre 70 u.z. Die ns-deutsche »Endlösung«, die vierte Großvernichtung außer vielen »kleineren«, war erst 22 Jahre zuvor von den Alliierten, nicht den Deutschen selbst, beendet worden.

Israel im Siegesrausch. Nun waren, zumindest kurzzeitig, fast alle Juden glühende Zionisten. Auch ich.

Mit dem von Opa Saalheimer sieben Jahre vorher entdeckten und vermittelten Wilhelm-Tell-»Zionismus« Friedrich Schillers im Tornister redete ich mir von November 1967 bis September 1970 als Soldat der Israelischen Verteidigungsarmee (Zahal) ein, Zionist zu sein, also jemand, der in Israel lebt oder nach Israel einwandert, um dort zu bleiben.

Dann das: In Israel stellte ich fest, wie deutsch ich war. Ein »Jeckepotz«. Auch bei mir waren in Israel Geografie und Psychologie nicht identisch. Israel empfand und empfinde ich als faszinierend, teils sogar als beispielhaft, aber ich bin dort nicht zu Hause. Ich spreche fließend Hebräisch und sogar fast (aber wirklich nur fast) akzentfrei. Ich lese Hebräisch schnell und gut, aber Deutsch schneller und besser. Ich schreibe Deutsch fehlerfrei und Hebräisch fast fehlerfrei. Aber eben nur fast. Das Tel Aviver Kammertheater war gut, die Berliner Schaubühne (damals) am Halleschen Ufer besser. Ich war gern in Israel, doch der Israelozentrismus der meisten Israelis, der weltliche Messianismus nervte mich. Es reizte und reizt mich der national- und orthodoxreligiöse Chauvinismus, der schon damals im Vormarsch war und 1977 die Wende zur nationalistisch-religiösen Koalition bewirkte. Seitdem regiert diese Konstellation das Land fast ununterbrochen. Nicht zu seinem Besten. Die von den fast durchweg osteuropäischen Gründern Israels geprägte zionistisch-israelische Folklore ist, was Wunder, osteuropäisch. Sie ist schön. Es ist nicht meine, sondern eine, an die ich mich als deutsch-westeuropäisch Geprägter erst gewöhnen muss. Sie gehört nicht reflexartig, sondern durch Reflexion zu meinem Wirgefühl.

Zum Wirgefühl gehört die Schicksalsgemeinschaft. Mit Ausnahme der glühend zionistischen Einwanderer – stets die Minderheit – waren die nach Israel Eingewanderten eine Notgemeinschaft. Als deutscher Jude Jahrgang 1947 war (und bin) ich nicht in Not. War, bin ich also Teil dieser Notgemeinschaft? Fremdbestimmt ja. Auch selbstbestimmt? Das Gründungswerk der Israelis osteuropäischer Herkunft, die jüdische »Heimstätte«, bewunderte und bewundere ich. Die Leistungen dieses Staates sind weltweit herausragend, nicht zuletzt bezogen auf Beiträge, die dem Wohl der Menschheit dienen, nicht nur Israels. Das ist phänomenal. Trotz der Dauerkriege. Doch war, bin ich in dieser Heimstätte daheim, zu Hause?

Was – außer der heute vermeintlichen und früher wirklichen Notgemeinschaft – verbindet mich mit den jüdischen Israelis orientalischer Herkunft? Einige waren im Militär und im zivilen Leben meine guten Kameraden, manche Freunde. Ihr Bezugspunkt ist der Orient, meiner der Okzident.

Den arabisch-palästinensischen Staatsbürgern Israels würde ich weitgehende interne Autonomie, materiell und ideell, im Rahmen der israelischen Demokratie wünschen und gewähren. Gehören sie zu meiner Not- oder Schicksalsgemeinschaft?

Bleibt der euro-amerikanische Teil der jüdisch-israelischen Bevölkerung. Was und wie vor allem sie diesen jungen Staat entwickelte ist atemberaubend, ist ideell und materiell zwar kein Paradies, doch Weltspitze. Es überrascht daher nicht, dass »die« Israelis, die (wie auch »die« Deutschen und andere) gerne meckern und jammern, bei internationalen Umfragen, die sich aufs Wohlbefinden im eigenen Land beziehen, seit Jahren in der Spitzengruppe der Zufriedenen zu finden sind.

Das euro-amerikanische Israel ist mein Israel. Europa und die USA und dort die von mir bevorzugte liberale Ostküste sowie ihre Kultur habe ich in Europa oder den USA. In Europa, (West-)Deutschland, bin ich aufgewachsen, wurde ich geprägt. Warum also das Original verlassen? Berlins Ku'damm oder die Fifth Avenue muss ich nicht in Tel Aviv spielen. Heute könnte man das eher erwägen als 1970. In diesem Jahr 1970 kehrte ich nach Westberlin zurück. Damals glich Tel Aviv weder Berlin noch New York City. Heute kann es mit beiden Metropolen zumindest konkurrieren. 1970 war Tel Aviv, war das westliche Israel ein spießiges, prüdes und (fand ich) kulturell langweiliges Krähwinkel. Das hat sich dramatisch verändert, doch warum sollte ich Deutschland verlassen? Anders als meine Vorfahren musste ich nicht. Ich konnte Deutscher und in Deutschland bleiben. Meine geografische Psychologie bzw. meine psychologische Geografie steht in der Kontinuität der Familie. Meine Vorfahren erfuhren die Ungnade, ich die Gnade der Geschichte und der Geografie.

Demokratie sog ich mit der Muttermilch ein, eine soziale Ader hatte ich, meine ich, im Blut, aber der bis 1977 in Israel etablierte und vorherrschende Sozialdemokratismus langweilte mich. Die von Willy Brandts SPD 1969 eingeleitete Ostpolitik faszinierte mich. Die Bundesrepublik war spätestens seit 1968 im Aufbruch. Ein noch neueres neues Deutschland schien im Werden. Da musste, da wollte ich wieder hin. Schon bald enttäuschten mich »die« 68er.

Meine Geografie und Identität waren dominant deutsch, westeuropäisch und angelsächsisch-amerikanisch, trotz der israelischen Zutaten, die ich nie missen wollte. Friedrich Schiller war nicht schuld, dass ich nur drei Jahre als in Israel lebender Staatsbürger Zionist der Tat war. Vielleicht gefielen mir auch nur die Schweizer und (groß)deutschen Alpen besser als die Berge Galiläas?

Kulinarisches

Als Zionisten haben Opa Justus und Friedrich Schiller bei mir versagt. Doch soooo zionistisch war selbst mein Opa Justus trotz Schiller nicht. Frankenwein schmeckte ihm besser als der israelische. Jener war seinerzeit in Israel nicht erhältlich und wäre für Justus unerschwinglich gewesen. So trank er den, wie er behauptete, gepanschten israelischen Wein und vergaß selten hinzuzufügen, man solle den einheimischen Winzern verraten, dass man Wein nicht nur aus Wasser, sondern auch aus Reben herstellen könne. Dieses Zunftgeheimnis hat sich inzwischen auch zu den israelischen Winzern herumgesprochen. Längst kredenzen auch sie Weltspitzenweine. Muss, soll ich deshalb meinen Lebensort wechseln? Justus Saalheimer konnte ab 1945. Er wollte »nach allem« nicht. Trotz des damals gepanschten Israel-Weins.

Fleisch in Israel schmeckte ihm auch nicht: »Schau dir diese abgemagerten Kühe an und das ausgetrocknete Gras, das sie fressen müssen. Vergleich das mal mit den saftigen Wiesen Deutschlands.« So trocken Israels Wiesen, so saftlos das Fleisch. Huhn, Huhn, Huhn und nochmals Huhn gab's zu kaufen, das konnte er sich leisten. »Bald fange ich noch an zu gackern.« Obwohl er »nach allem« nicht mehr in Deutschland leben wollte, war »alles in Deutschland besser«. Auch das Brathähnchen im Berliner Hendlrestaurant »Wienerwald« oder beim »Hühner Hugo« am Ku'damm. Armer Justus, arme Exilanten. Glückliche Exilanten. Sie hatten überlebt.

Berlinistische Geografie
Der Über-Wolffsohn Karl wirkte vor allem in Berlin. Dort schuf er Vergängliches wie Verlag und Archiv der »Lichtbildbühne«, die Lichtburg sowie andere Filmtheater, die Scala oder Plaza. Dort schuf er mit den Freunden Bernhard Sperber und der Verlegerfamilie Ullstein einstweilen Bleibendes, zumindest bis heute Gebliebenes: die Gartenstadt Atlantic. Auf diese Weise begründete er in der gesamten Familie direkt oder indirekt bis zum heutigen Tag eine Art Berlin-Zentrismus, den Wolffsohn'schen Berlinismus.

Die geografische Seele Berlins hatte Karl Wolffsohn geformt. Wie oft hat er mir, mit ironischer Berolinen-Inbrunst, dieses »Icke«-Gedicht eines Unbekannten aufgesagt!

Ick sitze hier und esse Klops.
Uff eenmal klopp's.
Ick kieke, staune, wundre mir,
uff eenmal jeht se uff, de Tür.
Nanu, denk ick, ick denk, nanu!
Jetzt is se uff, erst war se zu.
Ick jehe raus und kieke,
und wer steht draußen? – Icke!

Der Wolffsohn'sche Berlinismus weist eindeutige stadtgeografische Schwerpunkte auf. Sie sind zugleich soziologisch, kulturell und ökonomisch aussagekräftig. Am Anfang war Kreuzberg, ein klassischer Unterschichtenbezirk. Um die Wende zum 20. Jahrhundert war der junge Zuwanderer Karl Wolffsohn aus Wollstein, Posen, einer von unendlich vielen deutschen Ostjuden, die ihr Glück im Westen, in Berlin, suchten. Wohnungen in Nobelvierteln überstiegen sein Budget. Er zog nach Kreuzberg. Naunynstraße 42. Sozusagen um die Ecke, in der Adalbertstraße 5, der erste Standort der Gebrüder (Georg und Karl) Wolffsohn GmbH. Mit der dritten Firmenanschrift in der Michaelkirchstraße 17 hatten sich die Brüder dem Zeitungsviertel Koch- und Friedrichstraße genähert, 1921 gehörten sie dazu: Friedrichstraße 225 lautete nun die Unternehmensanschrift. Ein Riesengrundstück und -gebäude mitten im Zeitungsviertel. Dicht daneben, Friedrichstraße 236, die Anwaltskanzlei von Bruder Georg.

Ein Blick auf die Stadtgeografie Berlins oder anderer Städte verdeutlicht die wirtschaftlichen und kulturellen Zielgruppen der unternehmerischen Tätigkeiten Karl Wolffsohns. In Berlin-Schöneberg lebten vornehmlich Angehörige der wirtschaftlichen und kulturellen Mittel- und oberen Mittelschicht. Das war die Klientel der Scala. Dort war die Scala platziert. Klein- und Kleinstbürger, untere Mittel- sowie Unterschichten fand man am Gesundbrunnen, in Berlin-Wedding, wo die Lichtburg Film- und Variété-Unterhaltung bot. Die Unterschichten versorgte das Plaza-Variété am Ostbahnhof, in Berlin-Friedrichshain.

Dem berufsgeografischen Aufstieg der Gebrüder Wolffsohn GmbH entsprach der private, wohngeografische, soziologische, schichtenbezogene: von Kreuzberg nach Charlottenburg, von der Unter- zur Oberschicht, in Nobelgegenden: Winter»quartier« bot bis 1936 die Edelanschrift Mommsenstraße 16, dann, allerdings kleiner und dem durch die Arisierung geschrumpften Vermögen entsprechend, die ebenso feine Sybelstraße 67. Georg und Familie wohnten im Nachbarhaus, Sybelstraße 66. Fast hautnah, in der Niebuhrstraße 4, lebte Mutter Ernestine mit ihrer verwitweten Tochter Cäcilie Littmann. Unweit von allen Bruder Heinrich in der Schlüterstraße 32. Gute Adressen, die auf den Betrachter der Visitenkarte einen guten Eindruck machen sollten – und gemacht haben. Als Bestadresse wäre der Sommersitz von Karl und Recha zu nennen: Das achttausend Quadratmeter große Seegrundstück am Zehlendorfer Stölpchensee samt Vierzehnzimmervilla, dem unmittelbar danebengesetzten großzügigen Bediensteten-Haus für das Ehepaar Pötschner und ein Gästebungalow.

So weit, so faktizistisch und scheinbar langweilig oder eigentlich keiner Rede wert. Irrtum. Die familiäre Stadtgeografie dokumentiert nicht nur den wirtschaftlichen und gesellschaftlichen Aufstieg der Zuwanderer, sondern auch ihren familiären Zusammenhalt – trotz der zahllosen Familienkräche, von denen alle immer wieder berichteten.

Die Berlin-Wolffsohn'sche Familiengeografie spiegelt die allgemeinjüdische in Berlin und Deutschland wider. Abgesehen von den zugewanderten polnisch-russisch-jüdischen Unterschichten lebten die meisten deutschen Juden, auch die Wolffsohns-Saalheimers-Landeckers, in »guten oder besten Vierteln«, weil sie wirtschaftlich und kulturell zur oberen Mittel- oder auch zur Oberschicht zählten, ohne von oder in ihr mental integriert worden zu sein.

In Berlin und anderen deutschen Städten, fast überall in der Diaspora, lebten die Wolffsohns, wie die meisten Juden, in dem, was man »Judenballungen« nennen könnte. Das sind keine Gettos, doch Stadtteile mit starkem Judenanteil. Das Entstehungsmuster solcher Judenballungen lässt sich leicht erklären. Die neu Aufgestiegenen suchten zentrumsnahe, angenehme Lebensräume. Da sie zwar in der vermeintlich guten Gesellschaft angekommen, doch nicht wirklich angenommen waren, suchten sie untereinander menschliche Wärme und Nähe. Räumliche Konzentration bzw. Ballung war deshalb eine geografisch-psychologisch-kulturelle, keine religiöse Notwendigkeit. Diese modernen, religiös liberalen Juden gingen eher selten in die Synagoge. Deshalb suchten sie ihre Wohnung auch nicht, wie orthodoxe Juden, in der unmittelbaren Nachbarschaft ihres Gotteshauses, um es fußläufig erreichen zu können. Sie fuhren auch am Sabbat und an den hohen Feiertagen ohne Gewissensbisse im Auto »zu ihrem Gott«, wenn sie denn überhaupt »sein Haus« besuchten. Freilich zogen auch Synagogenmuffel den Fußweg der Autofahrt vor, wenn sie Zwiesprache mit »ihrem Herrn« suchten. Das Erbauen einer Synagoge folgte den möglichen Synagogengängern. Nicht umgekehrt. So auch zu beobachten bei Karl und Recha Wolffsohn. Der »Friedenstempel«, »ihre« 1923 eingeweihte Synagoge, war Teil der Judenballung von Berlin-Wilmersdorf und -Charlottenburg, etwas mehr als einen Steinwurf von den Wolffsohn-Wohnungen entfernt.

Das stadtgeografische, ökonomische, soziologische und kulturelle Muster der Ahnen gilt für die Wolffsohn-Saalheimer-Nachfahren bis zur Gegenwart. In Deutschland und wo auch immer. Bei aller Ähnlichkeit der geografisch-soziokulturellen Situation, bezüglich der Integration haben sich für sie die Lebensumstände für die Generationen nach 1945 fundamental verändert.

Einige Ausnahmen wären als Wandel trotz Kontinuität zu nennen. Die erste: Nicht einmal ansatzweise entspricht das Vermögen irgendeines der Nachfahren dem Reichtum eines Karl Wolffsohn bis 1933, der Nürnberger Bickarts oder auch nur Justus Saalheimers. Das wesentlich bescheidenere stadtgeografische Dasein der Nachfahren seit 1939 entspricht daher ihrem bescheideneren wirtschaftlichen Sein. Im Klartext: sie leben alle auf deutlich kleinerem Fuß.

Die zweite: Die Mehrheit der Wolffsohn-Sippen lebt seit jeher in der Stadt, der Zeew-Wolffsohn-Zweig jedoch mehrheitlich und aus urzionistischer Überzeugung auf dem Land. Folgerichtig ist er zwar nicht ausschließlich, doch mehrheitlich landwirtschaftlich orientiert und zieht bis heute die würzige Landluft Schadmot Dworahs, am Berg Tabor, in Untergaliläa, der angeblich frei machenden Stadtluft vor.

Eine konstante Determinante fällt auf: Wie die allgemein jüdische Stadtgeografie war auch die Wolffsohn'sche in erster Linie politisch bedingt, nicht wirtschaftlich.

»Der schönste Platz der Welt« – Schadmot Dworah

Karls Sohn Willi hatte seinen Vornamen in Zeew hebraisiert, in seinem Innersten war er aber, behaupte ich, lebenslang Willi geblieben. Wie seine vier Söhne verkündete er stets, der schönste Platz auf der Welt sei Schadmot Dworah, ihr Moschaw, das Genossenschaftsdorf am Fuße des Berges Tabor in Galiläa. Es stimmt: Die Landschaft um Schadmot Dworah ist atemberaubend schön. Der Berg Tabor, diese eindrucksvolle vulkanische Erhebung, war, dem Neuen Testament zufolge der Ort der Erleuchtung Jesu. Das blieb bei Zeew und seinen Söhnen unerwähnt, weil wohl unbekannt. Vergelt's Gott.

Im Gegensatz zu seinen Eltern hatte Zeew Hebräisch gelernt und in Wort sowie Schrift perfekt beherrscht. Sein und Leas Akzent blieb deutsch, aber ihr Hebräisch war elegant und perfekt. Untereinander sprachen sie Berlinisch und Hamburgisch. Das ist die Psychologie der Exilgeografie.

Madame besucht die Bauernschule

Zeews Zionismus war innerfamiliär bis in die 1960er fast schon aggressiv, auf jeden Fall offensiv. 1935 war er Richtung Zion ausgewandert. Er war noch auf der Landwirtschaftsschule »Mikwe Israel«, als ihn »Mutti« Recha einmal besuchen wollte. Sie ließ sich mit dem Taxi hinfahren. Gekleidet war sie elegant wie stets. Versteht sich. Schwarzes Kostüm bei Gluthitze, weiße Bluse, schwarzer Hut mit breiter Krempe. Zeew war nicht da. Das heißt: Er ließ sich verleugnen. »Mit dieser Frau habe ich nichts zu tun.« Schon äußerlich war Recha das Kontrastprogramm zu den »Chalutzim«, den zionistisch-agrarischen Pionieren.

Der »Nazi-Traktor«

Die Mechanisierung von Zeews Bauernhof begann 1956. Mit dem ersten Traktor. Der Papa in Westberlin sollte zahlen. Strafe für den Auswanderer (»Jored« = Absteiger) musste sein. Vor dem Kauf fachsimpelten Zeew und Karl brieflich über 3000 Kilometer hinweg. Die klügsten Ratschläge gab natürlich Karl, der bedeutende Agrarexperte. Zeew platzte der Kragen. Ein »Holder«-Kleintraktor aus dem deutschen Metzingen sollte, musste es sein. Mit deutscher Pünktlichkeit traf er in Israel ein.

Kurz nach Ankunft des Holder war Zeew huldvoll bereit, deutschen Boden zu betreten und seine Eltern plus Bruder Max, Schwägerin Thea und Neffen Michael – ebenfalls »Vaterlandsverräter« – zu besuchen.

Flughafen Berlin-Tempelhof. Alle Berliner Wolffsohns in feinem Zwirn. Sie stehen in Reih und Glied in der verglasten Aussichtshalle. Dem Flugzeug entsteigt Zeew. Karl explodiert: »Der Lümmel kommt in Khakihosen und Khakihemd. Der spinnt wohl.« Recha führt ihr Lorgnon ans linke Auge. »Tatsächlich, nicht zu glauben.« Im Nu herrschte gute Laune. Auch im Taxi. Max und Thea fuhren in ihrem VW-Käfer hinterher.

Vorne im Taxi Karl, hinten rechts Recha, links Zeew, in der Mitte ich. Schweigen. Recha hüstelt; nimmt Anlauf, überwindet sich: »Willi, und wie ist dein neuer Traktor?« Schon immer hatte sich Recha für Traktoren und Landwirtschaft brennend interessiert. Willi bellt zurück: »Euer Scheiß-Nazi-Traktor fährt leider sehr gut.«

Daheim, in der Wilmersdorfer Wohnung, wo Zeews »Vati und Mutti« zur Untermiete wohnten, wurde weiter in diesem freundschaftlichen Ton bis in die späte Nacht über Deutschland, Israel, Gott und die Welt gesprochen und gestritten. »Selbst die Flugzeuge landen in eurem Scheiß-Deutschland pünktlich«, grollte Zeew. Hatte er vergessen, dass er mit der PanAmerican nach Berlin geflogen war? Nur diese Fluglinie sowie Air France und Britisch European Airways durften damals Westberlin anfliegen. »Du kannst gerne ganz pünktlich aus unserem Scheiß-Deutschland zurückfliegen«, entgegnete Vater Karl liebevoll. Jedem Stich folgte ein Gegenstich. Schließlich erlitt Karl einen Herzanfall. Der Notarzt wurde gerufen.

Mein zionistischer Ritterschlag

26. Mai 1960. Meine Bar-Mizwa in Berlin. Wie jeder »Konfirmand« hatte ich je einen Abschnitt aus der Thora (Fünf Bücher Mose) und den Propheten im synagogalen Singsang auf Hebräisch vorzutragen. Neben und vor mir stand während meines Synagogen-Sing-Sangs der »Liebe Gott«; leibhaftig. Nun, nicht der ganz richtige, aber der greise weißhaarige, gertenschlanke, würdevolle amtierende Rabbiner Max Eschelbacher sah mit seinem langen, weißen Bart genau aus wie »der kleine Moritz« sich aufgrund der grauseligen Zeichnungen in den meisten Kinderbibeln den Lieben Gott vorstellt. Und wirklich: Vom Himmel hoch, da kam er her. Er landete mit dem Flugzeug aus London, wohin er aus Düsseldorf im Januar 1939 vor den NS-Mördern geflohen war. Nun priesen wir den Gott, der uns gerettet hatte. Hatte ER? Und die Millionen Nichtgeretteter? Hand aufs Herz, wer dachte an sie? »Gegen das Vergessen«, wurden und werden »die« Deutschen immer ermahnt. Auch wir vergaßen und vergessen manchmal. Ist das nicht überlebensnotwendig?

Sogar Zeew war mit meinem synagogalen Singsang zufrieden. Strahlend sagte er mir: »Das hast du wie ein richtiger Zabar (= ein in Israel Geborener und Lebender) gemacht.« Der richtige Zabar, das war der zionistische Ritterschlag.

Traktor am Luxushotel

Am Luxushotel,»Galei Kinneret« in Tiberias, am See Genezareth, Anfang der 1960er Jahre. Ein seltenes Ereignis: Recha besucht Zeew und seine Familie. Trotz ihrer Liebe zur Landwirtschaft konnte sich Sabta nicht aufraffen, bei Zeew, auf dem Bauernhof, zu wohnen. Das Hotel-WC war ihr doch etwas angenehmer als das Plumpsklo bei den zionistischen Wolffsohn-Pionieren. Als braver Sohn besucht Zeew seine Mutter. Es nähert sich dem Hotel ein laut knatternder Dieseltraktor, gesteuert von … Die Wiedersehensfreude war riesig, und Recha hatte endlich gelernt, dass ein echter Zionist Traktor und nicht Auto fährt. Ich vergaß: Nun fuhr Zeew einen großen Ford-Traktor made in USA.

Erhöhung auf dem Berg der Erleuchtung

Die Deutschland-Wolffsohns wurden finanziell gebraucht, aber lange (jetzt längst nicht mehr) moralisch von den Schadmot-Wolffsohns der ersten und zweiten Generation dreifach verachtet: Erstens als Jordim = Absteiger bzw. Auswanderer, zweitens als Auswanderer nach Deutschland und drittens als »Städter«. Gemäß altzionistischer, frühisraelischer Ideologie plus Geografie plus Psychologie galt: Der wahre jüdische Mensch, der gute jüdische Mensch, lebt auf dem Land – und natürlich in Israel.

Im Sommer 1958 nahm ich als Städter und Jored (= Singular von Jordim) die Herausforderung an. Mit den beiden älteren meiner vier dortigen Vettern unternahm ich in brütender Hitze eine Wanderung auf den Berg Tabor. Als Halbalibi und Kumpel war mein Tel Aviver Vetter Ron dabei. Er war zwar Israeli, aber nur ein halb richtiger, denn er lebte in der Stadt.

Alle vier erreichten den Gipfel, doch Ron und ich zuerst. Wir kamen alle heil zurück. Ron und ich zuerst, recht fit und munter, die beiden Vettern vom Lande am Ende ihrer Kräfte. So wurde die Erhöhung der Städter am Berge der Erleuchtung vollendet.

Kreislauf-Geografie oder geografische Streuung?
Zeew war letztlich zu intelligent, um sich dauerhaft einzureden, alles und jedes in Israel sei »am schönsten und besten«. Er liebte und lebte Israel und Schadmot Dworah, aber seine Welt blieb nicht schwarz-weiß. Auch nicht bezogen auf Deutschland. Am Ende seiner Tage hatte er, wie gesagt, eine Liebe und einen Koffer in Frankfurt am Main. Und die deutsche Staatsbürgerschaft. Auch alle seine vier Söhne und die meisten seiner Enkel (als »Volksdeutsche gemäß Artikel 116 Grundgesetz). Für sie alle ist dennoch Schadmot Dworah der schönste Platz der Welt. Dieser irdische Ort ist wirklich himmlisch. Nicht nur weil der Berg Tabor der Ort von Jesus' Erleuchtung gewesen sein soll. Es verbrennt sich aber längst keiner mehr an der Zionismusglut der galiläischen Wolffsohns. Sie lieben dieses Land trotz seiner selbst. Einige von Zeews Enkeln leben oder wollen im Ausland leben, am liebsten in Deutschland, am allerliebsten in Berlin. Wie Karl und Recha Wolffsohn. Soll man das »Kreislauf-Geografie« nennen? Historisch, psychologisch könnte man es tragisch nennen. Oder ist die Geschichte, selbst die blutigste, eine Komödie? Etwa beides?

Die Bezeichnung Kreislauf-Geografie trifft nicht zu, eher ist es geografische Streuung. Sie ist ohnehin Kennzeichen von Modernität und Mobilität. Wie bei Millionen anderer Juden waren sie bei der Wolffsohn-Sippe zunächst ganz und gar unfreiwillig. »Hitler war schuld.« Gesamtjüdisch kann man von einer Normalität jüdischer Mobilität immer noch nicht (nie?) sprechen. Allein im Jahre 2015 wanderten rund 8000 französische Juden nach Israel aus, um Islamismus und altneurechtem Antisemitismus zu entkommen. Das ist die eine Seite jüdischer Mobilität. Die Einwanderung in den jüdischen Staat.

Die Mobilität von Teilen der Wolffsohn-Sippe weist in die andere Richtung: die Auswanderung. Sie ist historisch eher tragisch, wenngleich alles andere als atypisch. Sie ist Symptom eines unbestreitbaren Israel-Überdrusses, einer tiefen Israel-Enttäuschung, Israel-Müdigkeit, der zionistisch-israelischen Gründer-»Aristokratie« sowie besonders ihrer Nachkommenschaft. Es ist ein neuer »Exodus«. Anders als im biblischen, nicht ins Gelobte Land, sondern vom Gelobten Land zurück zu den »Fleischtöpfen Ägyptens«, wie es im Buch Exodus abfällig heißt.

Heute stehen die Fleischtöpfe freilich längst nicht mehr in Ägypten, aber wieder in Deutschland.

»Die Fleischtöpfe Ägyptens«
Was man individuell oder generationell selbst erlebt, scheint einem neu. Doch dieser jüdische Exodus ist alles andere als neu »unter der Sonne«. Hierzu ist sogar die Bibel, nicht nur die Geschichtsüberlieferung, eine echte Quelle. In der Periode des Zweiten Tempels, also in der Zeit jüdischer Halb- und teilweise Ganzstaatlichkeit, gab es rund ums Mittelmeer große Diasporagemeinden, nicht zuletzt in Ägypten, besonders in Alexandria.

In babylonischer und persischer Zeit, um 610 v.u.Z. errichteten Juden in Ägypten auf der Nil-Insel Elephantine bei Assuan sogar einen eigenen Tempel. Er wurde 410 v.u.Z. niedergerissen.

Im zweiten vorchristlichen Jahrhundert gab es als Folge des jüdischen Bürgerkriegs in Judäa und als Konkurrenz zum Jerusalemer Gottes»wohnsitz« den Onias-Tempel in Leontopolis, nordöstlich von und nahe beim heutigen Kairo. Nach der Zerstörung des Jerusalemer Tempels im Jahre 70 u.Z. durch Titus, befahl sein Vater, Kaiser Vespasian, den Onias-Tempel niederreißen zu lassen.

586 v.u.Z. wurde der erste Tempel zerstört. Das war der Beginn des babylonischen Exils. 518 v.u.Z. erlaubte der Perserkönig Kambyses den Juden die Rückkehr nach Zion. Die Mehrheit blieb freiwillig in der Diaspora.

Jüdische Bipolarität – hie Israel, dort freiwillige (!) jüdische Diaspora – ist historisch so alt wie das Judentum selbst. Die Wolffsohn-Sippe hat sie nicht erfunden oder eingeleitet.

Exodus aus Israel
Israel-Überdruss und Liebe zogen meinen Vetter Ron Rotem (den Sohn von Ruth, geborene Saalheimer, jüngste Tochter von Justus und Gretel) Ende der 1990er Jahre nach Dänemark. Der Israel-Überdruss verschlug seinen Bruder Ornan erst nach Rom und dann nach London sowie achtzig Jahre »nach Hitler« zwei seiner Kinder in die deutsche Hauptstadt. Dort kam seine Enkelin im Januar 2016 zur Welt.

Was für eine Entwicklung! Der familiär-zionistischen Revolution folgte die Konterrevolution: der Exodus der Söhne und Enkel des zionistisch-israelischen »Aristokraten« Zeew Rotem. Zeews Söhne, Ron und Ornan, wurden »Jordim«, also Absteiger bzw. Auswanderer. Zeew oder seinen Eltern wäre so etwas in den ersten Jahrzehnten nach der Staatsgründung Israels unvorstellbar gewesen. Nur im Albtraum. Zeews Eltern, Nachum und Esther Goldstein, waren Anfang des 20. Jahrhunderts aus Odessa zu Fuß ins heiß ersehnte Palästina im wahrsten Wortsinne eingewandert. Nun das. Als glühender Zionist hatte Zeew den Nachnamen Goldstein ab- und sich den hebräischen Rotem zugelegt. Nach dem Zweiten Weltkrieg gehörte er zu den zionistischen Planern und Machern der Einwanderung von Holocaust-Überlebenden aus Europa nach Palästina. Die britische Mandatsmacht hatte genau das, aus Angst und Liebedienerei gegenüber arabischen Extremisten, verboten. Die zionistische Einwanderung nach Palästina war illegal, schwierig, gefährlich und manchmal tödlich. Wer Leon Uris' Bestseller ›Exodus‹ oder Otto Premingers Verfilmung kennt, weiß, wovon die Rede ist. Zeew Rotem brachte Holocaust-Überlebende nicht mit der »Exodus«, aber ähnlichen Schiffen nach Zion. Nie hätte er einen Exodus aus Zion erwartet, erst recht nicht bei seinen Nachkommen. Tragödie, sagen die einen, Komödie die anderen. Ein weiteres Kapitel der »Comédie humaine«, die wahrlich nicht immer lustig ist.

Natürlich gehörte Zeew Rotem zu den frühen Offizieren der Israelischen Verteidigungsarmee und kämpfte heldenhaft im Bürgerkrieg gegen die Palästinenser (30. November 1947 bis 14. Mai 1948) sowie 1948/49 im Unabhängigkeitskrieg gegen Arabiens Staaten, die das junge Israel »ins Meer schmeißen« wollten.

Zeew promovierte als Bakteriologe, gehörte zu den ersten Forschern am Institut für Biologische Forschung in Ness Ziona und dürfte dort (worüber er kein Wort verlor) israelische B-Waffen mitentwickelt haben. In diesem Umfeld kannte er – auch darüber sprach er nie – den einen oder anderen Atomforscher. Einer seiner Kollegen in Ness Ziona war der 1983 als KGB-Spion enttarnte Epidemiologe Marcus Klingberg. Ich fragte Zeew: »Kanntest du Klingberg?« Ja, er kannte ihn: »Der war ein Spion.« Mehr nicht. Der Rest war Schweigen. In den 1960er Jahren diente Zeew als Wissenschaftsattaché an Israels Londoner Botschaft, danach leitete er den Wissenschaftleraustausch zwischen Israel und den USA. Kurzum, mein Onkel Zeew gehörte wirklich zur Meritokratie, dem Verdienstadel Israels. Wie gesagt, zwei seiner Enkel und seine Urenkelin leben heute in Berlin. Von Deutschland und Russland nach Israel und zurück nach Deutschland ...

Zeews Söhne, Ron und Ornan, hatten, wie zu erwarten und zionistisch erhofft, ihren Militärdienst in Eliteeinheiten absolviert. So ändern sich die Zeiten und wir mit ihnen.

Israel-Begeisterung und Israel-Überdruss. Wieder »nichts Neues unter der Sonne«. Auch diese jüdische Selbstsicht ist elementarhistorisch. Wir finden sie schon in der Bibel. Hier ist Judäa sowohl ein »Land, in dem Milch und Honig fließen«, als auch ein »Land, das seine Bewohner frisst«. Was also? Dies oder das? Die Bibel sagt beides. Beides gilt auch heute.

Deutschland – dialektische Urkraft der jüdischen Geschichte

Obwohl in der Welt verstreut, ist der Kern der Wolffsohn-Sippe bipolar-jüdisch. Berlin und Israel. Berlin war die Quelle. War. Sie ist es für die meisten, meine Mini-Familie ausgenommen, längst nur noch nostalgisch. Für die Mehrheit der Kern-Sippe ist Israel trotz allem der geografische und psychologische Bezugsraum, Quelle der Identität. Auch für diejenigen, die dort nicht mehr leben. Ihre Zahl wächst.

Wohin sie ziehen? Nach Deutschland und vor allem nach Berlin. Wie viele junge Israelis. Wie viele? Ungefähr 20 000. Genau weiß es keiner. Die Schätzungen schwanken. Jedenfalls ist Deutschland, ist Berlin bei Israelis und anderen Juden, »wie einst im Mai« und trotz der dazwischenliegenden Mordzeit, wieder in Mode.

Diese physische Juden-Rückkehr nach Deutschland hat jenseits der Mode und der Tatsache, dass – anders als in und um Israel – in und um Deutschland kein Dauerkrieg (mehr) geführt wird und der Berlin-Alltag recht preisgünstig ist, tiefere psychische Gründe. *Deutschland ist eine dialektische Urkraft in der jüdischen Geschichte.* Schöpferisch ebenso wie mörderisch. Wer wissen und spüren will, was und wie jüdische Geschichte der letzten zweitausend Jahre war, weshalb er oder sie so und nicht anders kollektiv und individuell geprägt wurde, findet in Deutschland rationale und emotionale Erklärungen. In Deutschland, besonders in Berlin, finden »die« Juden, jedenfalls sehr viele, als Gemeinschaft und persönlich ihre Wurzeln.

Die neueren Wurzeln der heutigen Nachfahren von Israels Gründer-»Aristokratie« (zu der mein Onkel Zeew Rotem ebenso gehörte wie mein Onkel Zeew Wolffsohn) liegen in Israel. Ihr tieferes Wurzelwerk finden sie jedoch in der Diaspora, besonders in Deutschland, denn fast alles, was für oder gegen Juden in anderen Teilen der Diaspora getan und angetan wurde (man denke nicht »nur« der Holocaust-Geografie wegen an Russland und Osteuropa überhaupt), hing, positiv wie negativ, irgendwie und oft direkt mit Deutschland zusammen.

So gesehen, ist es die Erkenntnis, dass keiner und nichts aus dem Nichts entsteht. Wer seine Geschichte nicht kennt, erkennt (manchmal), dass er im Nichts lebt, kann sich selbst nicht einordnen und will schließlich das Nichts mit etwas füllen: dem Wissen, weshalb er so wurde. Die Rückkehr zum Lebensmittelpunkt der Urgroßeltern ist eine Form der Einkehr zu sich selbst, eine Art Selbstfindung. Sie geschieht in einer Zeit, in der gerade die Nachfahren der israelischen Gründerelite mehr denn je ihren individuellen und kollektiven, ja, ihren historischen Stand- und Lebensort in Frage stellen. Israel ist für sie der Nabel der Welt und ist es doch nicht mehr. »Wer bin ich, und wo will ich sein?« Das ist hier die Frage. In Deutschland, antworten viele. Und wenn schon nicht in Deutschland leben, dann wenigstens oft dort sein; erst recht, wenn der eigenen Familie gedacht wird.

Ein Karl-Wolffsohn-Gedenken fand am 23. Juni 2016 in Berlin-Gesundbrunnen statt. Eine Stele mit Text und Bild wurde auf dem Grund der Gartenstadt Atlantic, also auf Wolffsohn'schem Urgrund, enthüllt. Der Bezirk, (als Chiffre) der »deutsche Staat«, hatte sie zum Gedenken an und zu Ehren von Karl Wolffsohn geplant, und in unmittelbarer Nähe soll demnächst eine Straße »Lichtburgring« benannt werden. Zur Stelen-Enthüllung pilgerte fast die ganze Enkel- Ur- und Ururenkelschar, auch aus Israel, zur Gartenstadt Atlantic, nach Berlin.

Bei den Urenkeln ist die Rückkehr zu den Wurzeln auch auf andere Weise sichtbar. Einige, nicht alle, nennen sich nicht mehr »Ben Zeew«

(hebräisch Sohn des Wolfes, Wolfsohn), sondern wieder Wolffsohn bzw. (global leichter nachvollziehbar) Wolfson. Ist diese Geschichte ein Kreislaufen oder Fortlaufen?

Die Antworten, Denk- und Verhaltensweisen der Urzionisten-Nachfahren verstehe ich als Indiz für die nachzionistische Krise von Teilen der israelischen Gesellschaft. Es ist eine tiefe, elementare Sinnkrise, denn sie (be)trifft ihre ursprünglich idealistischsten Kräfte. Es sind die Besten der Guten.

Diese Krise des zionistisch-israelischen Sinns bedeutet keine Trennung vom zionistischen Sein. Das beweist auch die politisch-historische Vornamenspsychologie der Kinder, Kindeskinder und Kindeskinderkinder. Diese Vonamen sind, abgesehen von der deutschjüdischen Kleinfamilie Michael Wolffsohns, hebräisch-israelisch wie »Oschrat«, »Schani« oder »Schiran«. Sie sind nicht religiös-jüdisch wie »Aron« und schon gar nicht diasporajüdisch wie etwa »Jentll«.

Unterscheiden »wir« uns von den muslimischen Migranten der zweiten, dritten und vierten Generation? Ja, denn diese nennen ihre Kinder Ali, Mohammed, Aischa, Fatimah und so ähnlich. Anders, gleich, ähnlich? Das ist ein weites Feld. Aber zusätzlicher Integrationsprogramme bedarf es weder bei »den« Juden insgesamt noch bei der Familie Wolffsohn mit all ihren Nebenlinien.

Trotz des Israel-Mit-Bezugs (keine Zentralität) steht, wie bei allen Diasporajuden, die Loyalität der Diaspora-Wolffsohns zur alten oder neuen Heimat in Deutschland, Europa oder woanders in der Welt nicht in Frage. Wir fühlen uns, wo immer wir in der Welt wohnen, wohl. Wir verstehen uns als Teil der Gesellschaft, in und mit der und für die wir leben. Umgekehrt ermöglicht sie unser Leben und Wohlleben. Nennt man das nicht »Symbiose«?

Ämter und Würden in Israel

Das Gesagte trifft auf einen Teil der Sippe zu. Ein anderer ist zwar weltoffen, bleibt aber tief in Israel verwurzelt. Hier sind Geografie, Psychologie und (Staats-)Ideologie deckungsgleich. Zum Beispiel bei Joram Turbowicz, dem Sohn von Thea Wolffsohns Schwester Judith, geborene Edith. Joram, der Enkel des kleinen Bamberger Juden Justus, der nicht einmal Hebräisch konnte und in seiner historischen Heimat nie heimisch wurde, hat es positionell und finanziell weit gebracht. Es gibt den Begriff, jemand sei »in Amt und Würden«.

Joram hatte Jura in Jerusalem studiert, in Harvard promoviert und war bald danach in Politik und Wirtschaft arriviert. Als Staranwalt, Leiter der Kartellbehörde, Chef des Premierministeramtes unter Ehud Olmert sowie als erfolgreicher Öl- und Gasinvestor.

Joram war ein reizendes Kind und ein lieber Junge. Schon als junger Erwachsener kannte er den Weg zum materiellen Glück. Dabei hat ihm ein anderer aus der Sippe sehr geholfen: Gretel Saalheimers Vetter Walter Bickart. Der hatte Hitler & Co. in Tanger, Marokko, überlebt, wo er als Uhrenhändler sehr wohlhabend wurde ...

Tod in Arizona

Wir springen von Kontinent zu Kontinent, nach Amerika und Afrika und schauen auf Geografie, Psychologie und Staatsideologie der näheren und ferneren Verwandtschaft.

Für viele der Kinder und Kindeskinder ist Deutschland weniger als Nostalgie. Es ist Geschichte, weit, sehr weit zurückliegende Geschichte. Bamberg, Berlin, Nürnberg und so weiter – das sind Ortsnamen wie Vokabeln, die man lernt. Besucht man die Städte der Alten, um den eigenen Wurzeln (»roots«) zu folgen, so unterscheiden sich diese Visiten kaum von Museumsbesichtigungen. Der Herzschlag bleibt unverändert.

Ganz anders erging es dem armen Fred Bickart, einem Vetter von Gretel Saalheimer. Ihn und die Seinen besuchten meine Mutter und ich im Sommer 1966 in Phoenix, Arizona. Wir waren uns vorher nie persönlich begegnet. Die – natürlich kurzfristige – Kontaktaufnahme erfolgte nach gut jüdischer Art: »Hallihallo, ich bin do. Ich bin der Großgroßgroß-Vetter aus Dingsda. Ich bin die Tochter von A. Du weißt doch, die A ist die Schwester von B und die wiederum geschieden von C und liiert mit D. Ich würde dich gerne besuchen. Kann ich bei euch wohnen? Ich hab auch meinen Sohn mitgebracht. Was, du kennst ihn nicht? Nächstes Jahr bekommt er den überfälligen Nobelpreis.« Hocherfreut lädt der so Überraschte diese nahe Verwandtschaft ein.

Der hochbetagte Fred ließ es sich nicht nehmen, gemeinsam mit seiner Tochter Adele samt Gefolge meine Mutter und mich vom Flughafen abzuholen. »Weißt du, wie er aussieht?«, fragte ich Ima. »Keine Ahnung.« Wir erkannten ihn sofort. Er ähnelte »allen Bickarts«. Nein, wir veranstalteten keine Nasen- oder »Judenschau« à la ›Andorra‹ von Max Frisch. Auch »Rassenkunde« à la NS-»Rassen-Günther« betrieben wir nicht. Nur optische Familienkunde. Fred war wirklich hocherfreut. Bis spät in die Nacht konjugierten und deklinierten er und meine Mutter die Groß- und Kleinfamilie durch.

Wir wohnten bei Adele. Ima und ich saßen am nächsten Morgen alleine beim Frühstück, das liebevoll vorbereitet auf dem Tisch stand. Niemand im Haus. Seltsam. Schließlich kommt Adele. Völlig niedergeschlagen. »Something terrible happened. My father passed away last night.« Ich hatte gehofft, meine Englisch-Vokabelkenntnisse wären ungenügend und dass »to pass away« nicht sterben hieße.

Doch, Fred war gestorben. Die freudige Erregung, die Wiederbegegnung mit seiner und seiner Familie Vergangenheit im »deutschen Vaterland« hatte ihn innerlich aufgewühlt. Sein Herz kam nicht mit und setzte aus.

»Tod in Hollywood« – Trauerfeier und Beerdigung Freds hätten Hollywood alle Ehre bereitet. Im »Funeral Parlor« fand die Trauerfeier statt. Die Trauerfeier davor war christlich gewesen. Für Freds Trauergemeinde wurde das Kreuz ab- und der Davidstern anmontiert. Der Rabbi sprach so gut wie die meisten Rabbis und Pfarrer – uninspiriert. Am Ende wurde der Sargdeckel geöffnet, und alle schritten schweigend am Sarg entlang. »Wasn't he beautiful?«, fragte Ehefrau Ruth, keinen Widerspruch erwartend. Meinte sie, dass er immer oder nur als Toter schön war? Wir fragten nicht nach. Sie war diesbezüglich sehr amerikanisch. Sie und die Trauerkultur-Geografie waren eins.

Apropos Geografie: Auf diesem Gebiet waren die meisten Mittrauernden nicht gerade gesegnet. Wiederholt fragten sie meine Mutter und mich, ob wir aus West- oder Ostberlin kamen. Wohlgemerkt 1966, als die Berliner Mauer schon sechs Jahre stand.

Das Haus von Fred und seiner Frau Ruth glich von außen Millionen anderer US-Heime. Massen»konfektion«. Innen war es Klein-Deutschland, mitten im Glutofen Arizona. Nur die Schwarzwald-Kuckucksuhr, der röhrende Hirsch und der munter fließende Bergbach in Öl fehlten. Auch bei Fred Bickart lagen Psychologie und Geografie erkennbar weit voneinander entfernt. Plötzlich hatten meine Mutter und ich für ihn Deutschland personifiziert. Durch uns war Deutschland bei ihnen, die Toten scheinbar auferstanden. Aus dem Jenseits rissen sie Fred ins Jenseits.

Nach der Beerdigung fuhren meine Mutter und ich zum Grand Canyon, wo wir auf Mauleseln zum Coloradofluss hinunterritten. Wie hieß der Maulesel, auf dem meine Mutter ritt …? Richtig, Fred. Falsch, keine Seelenwanderung. Die Seele war deutsch geblieben. Innen Deutschland, außen Amerika.

Unser Amerika
Die 1960er Jahre. Außen USA, innen Deutschland. Geografie und Psychologie, die Identität und Mentalität vieler Exilanten waren weit voneinander entfernt. So weit wie bei ein und derselben Person das kontinentale Dasein und das sentimentale Sein. Nicht nur Fred Bickart war nach außen das zeitgenössische Amerika und nach innen das vornationalsozialistische Deutschland. Bei vielen Verwandten war dies Phänomen zu besichtigen. Einige waren von meiner Mutter und mir in den 1960er Jahren ebenfalls auf »typisch jüdische Art« durch unseren Besuch beglückt worden. Bei der Besuchsanmeldung verband meine Mutter »typisch« diasporajüdisches mit »typisch« unisraelischem Benehmen. Anders als »typische« Israelis, die ihren selig machenden Besuch oft am Ankunftstag ankündigen, ließ meine Mutter die schmachtenden Verwandten bereits Monate oder wenigstens Wochen vorher wissen, wann sie mit dem Vergnügen rechnen könnten, uns zu beherbergen.

Auch die in Los Angeles lebenden Landeckers wussten rechtzeitig, wer und was sie erwartete. Kurt Landecker war ein Vetter meiner Großmutter Recha Wolffsohn, geborene Landecker. Seine Frau war eine recht herbe Persönlichkeit. Nach altdeutscher Art waren auch die LA-Landeckers eingerichtet. Plüsch herrschte vor, dazu Spitzendeckchen, auch Pseudo-Perserteppiche. Weil alles so schön war, musste es geschont werden. Zu diesem Zweck hatte unsere Gastgeberin auf Boden, Teppiche, Sessel und

Sofa Plastikfolien gelegt. »Ihr kommt doch von der Straße. Da bringt ihr bestimmt Dreck mit.« Schöne Grüße vom deutschen Spießer. Kurt und Frau wollten eben zeigen, dass sie zu den feinen Leuten gehörten, was Recha immer bestritten hatte. »Der ist ja nur Klempner.«

In jeder Hinsicht wirklich feine Menschen waren Henry und Ulla Eastman. Ulla, die Tochter von Karl Wolffsohns 1931 verstorbenem Bruder, Rechtsanwalt und Geschäftspartner Georg, hatte den aus Pilsen im Böhmerland stammenden Bildungsbürger Henry geheiratet. Er brachte ebenso brillante wie witzig-ironische Bildung in die Familie. Noch eindrucksvoller: Er war wirklich in Amerika angekommen. Nicht nur körperlich, auch seelisch, ohne je sein Ich preiszugeben. Ihm gelang es auf einzigartige Weise, Deutschjüdischböhmisches mit modern Amerikanischem zu vereinen. Er war politisch, sprachlich und kulturell nicht nur auf der Höhe seiner Zeit und New Yorker Umgebung, ihm war auch Aktuelles aus seiner europäischen Heimat wohlbekannt. Er litt nicht am Exil, wo jeder und alles automatisch »schlechter und fremder als früher in XYZ« fand. Wenn Henry litt, dann nicht an allem und jedem, sondern an jedem ganz realen oder früheren Dummkopf, dem europäischen ebenso wie dem amerikanischen. Als Geschäftsmann war er erfolgreich, aber seine eigentliche Liebe war die (Welt-)Literatur, besonders Belletristik. Diese Welt war sein Zuhause. Dadurch war er seelisch weitgehend ortsunabhängig, passte sich aber seinem Lebensort auch dadurch an, dass er seinen ursprünglich »typisch« jüdischen Familiennamen amerikanisierte.

Exil, Krieg, Holocaust und der Alltagskampf um die Neuordnung des individuellen und kollektiven Über- und Neulebens nach 1945 hatten nicht nur bei den Wolffsohns die familieninterne Kommunikation massiv und lange unterbrochen, nicht selten zerbrochen.

Von Ulla und Henry hatten wir seit Jahrzehnten nichts gehört und gewusst. Plötzlich, im Sommer 1965, war Henry in Berlin. Feiner und zurückhaltender als die Wolffsohn-Saalheimer-Linie hatte er sich weder überfallartig angemeldet noch langfristig planend als Logiergast eingeladen. Henry wohnte im Hotel. Punkt. Kost und Logis waren überhaupt kein Thema.

Da, wie gesagt, die Wolffsohn-Saalheimers weniger fein und zurückhaltend waren, gastierte ich ein Jahr später, im Sommer 1966, bei Henry und Ulla monatelang als nicht zahlender Untermieter ihrer geschmackvoll eingerichteten Wohnung im feinen Manhattan: 72. Straße, zwischen York und Erster Avenue. Die sonnigheißen Wochenenden verbrachten wir in ihrem Strandferienhaus auf Fire Island, einer herrlichen Promiinsel. Fast »fest in jüdischer Hand«.

Waren bei Henry und Ulla Geografie und Psychologie wirklich deckungsgleich? Auf den ersten Blick ja. Sie waren nicht nur Pass-Amerikaner. Sie sprachen (anders als der etwa gleichaltrige Henry Kissinger) akzent- und (wie dieser) absolut fehlerfreies Amerikanisch, nicht den häufigen Exilanten-Sprachmischmasch. Ein erster Blick in ihre Wohnung signalisierte: Hier ist Mitteleuropa in Amerika. Der zweite Blick auf die Buchregale signalisierte: Hier sind Europa, Amerika und die ganze Welt des Geistes. Ein Blick auf die Schallplattensammlung (lange vor CDs und späteren Tonträgern) signalisierte: Hier ist der Raum des Heiligen Römischen Reiches Deutscher Nation, einiger Nachbarstaaten, und Amerika gibt es gewiss nicht nur nebenbei.

Auf Fire Island lernte ich viele meiner US-jüdischen »Volksgenossen« kennen. Allesamt sehr (erfolg)reich und besser ausgebildet als allgemeingebildet. »How is it for a Jew to live in Germany?« Das war die Standardfrage. Germany, das war Westdeutschland. Die DDR wurde moralisch nicht ernst und wahr genommen. Der »erste Arbeiter- und Bauernstaat auf deutschem Boden« erregte wenig Neugier. Er stieß ab. Das Linke irritierte weniger, denn »man« war linksliberal und deshalb auch »Commis« gegenüber tolerant. »After all, we fought together against Hitler Germany.« Nun war Hitler »gone«, aber wieder und wieder und noch einmal: »How is it for a Jew to live in Germany?« Hui, kam ich mir wichtig vor. Einflussreiche und erfolgreiche, weit ältere und reifere amerikanische Juden wollten von mir, ja, von mir diese, ach so wichtige Frage beantwortet haben. Mit stolzgeschwellter Brust berichtete ich nur Kluges, versteht sich. Auf der Smalltalk- und Thoughttalk-Hitparade von Fire Island war der 19-jährige frischgebackene, aus Berlin importierte Abiturient im Sommer 1966 die unangefochtene Nummer eins. Ich amüsierte mich köstlich, und ich amüsierte besonders Henry.

»Weißt du, Michael, wenn du wieder gefragt wirst, wie es sich als Jude in Deutschland lebt, verteilst du vorab verfasste und gedruckte Flugblätter. Dann kannst du dich schneller den choses de la vie widmen.«
Henry war noch mehr als die in der Musikwelt lebende Ulla Weltbürger, der klassische »jüdische Kosmopolit«. Der Freundeskreis der religiös unmusikalischen, weil uninteressierten, nie jüdelnden, weltoffenen Eastmans war fast rein jüdisch. Böhmisch-, deutsch-, österreichisch-jüdisch. Mitteleuropa, das war trotz aller Weltoffenheit die ihnen geistig nahe Welt. Auch in der Neuen Welt. Es war eine ferne Welt – für ihren Sohn George (benannt nach Ullas Vater und Karl Wolffsohns Bruder Georg), der Filmproduzent wurde. Aha, ein echter Wolffsohn. In der Neuen Welt knüpfte er beruflich, nicht kulturell, an die alte Berufswelt seiner Vorfahren an. Ansonsten ist George, sind auch die Enkel und Urenkel von Hermine Saalheimer-Klugmann-Powell, deren erster Mann ihr an der Freiheitsstatue den Laufpass gegeben hatte, so amerikanisch wie Apple Pie.

Mitteleuropa war Henrys und Ullas geistige Heimat geblieben, einem liberalen, »farbenblinden« Amerika galt ihr Herz. Wahrscheinlich auch deshalb, weil sie aus eigener Erfahrung wussten, wohin Rassismus führt. Mitte der 1960er Jahre war die hohe Zeit der Bürgerrechtsbewegung für die wirkliche Gleichstellung der Afro-Amerikaner, die man damals noch »Neger« oder »Schwarze« nannte.

Auf verschiedenen Einladungen lernte ich über Henry weiße und schwarze Bürgerrechtler kennen. Selbst radikale wie Stokely Carmichael (1941–1998), eine Galionsfigur der »Schwarzen Panther«. Auch er verkehrte in den Kreisen der jüdisch-amerikanischen Denkeria und Schickeria, die – Lehren aus der Geschichte – grundsätzlich mit den Schwächeren (»Underdogs«) sympathisierte und dabei keineswegs mit Dankbarkeit rechnen konnte oder wollte. Dankbarkeit wurde ihnen später gerade von radikalen Afro-Amerikanern vorenthalten. Darüber klagten Henry, Ulla und ihresgleichen nicht. Die Hauptgefahr war und blieb in ihren Augen Rassismus an sich. Noblesse als Lehre aus der Geschichte, selbst zum eigenen Nachteil. Hut ab.

Eine ganz echte, »reine« Wolffsohn war Karls Schwester Liesel, die meine Mutter und ich ebenfalls besuchten. Sie und ihr Mann, ein (»natürlich« ebenfalls erfolgreicher) Arzt, lebten zwar in New York City, Manhattan, waren aber seelisch nicht angekommen. Ihre Wohnung war im (für mich) schlimmsten Sinne altdeutsch: Die Wände mit dunklem (wahrscheinlich nicht deutschem) Eichenholz getäfelt, plumpsdicke Polstersessel, Wohnzimmer-»Gemälde«, sprich: Öl»schinken«, mit dem unvermeidlichen Motiv: Berge (oder Bäche mit oder ohne röhrenden Hirsch). Es fehlte allerdings die Schwarzwälder Kuckucksuhr. Dafür gab es schwere Brokatvorhänge mit vielen dicken Bommeln.

»Weißt du noch und kennst du XYZ? Hat ABC überlebt? Was macht sie, was verdient er, wie viele Kinder und Enkel, auch ein Auto, oder zwei, Nobelpreis? Ja, der Karibikurlaub. Nein, nicht und nie mehr nach Deutschland. Berlin was Besonderes. Noch schlimmer. Da waren wir, das schmerzt zu sehr.« Zu sagen hatten wir uns eigentlich nichts. Die Sprache des Bluts verstummte bald. Wir verabschiedeten uns freundlich – auf Nimmerwiedersehen.

Unser Afrika
Ihre alte Welt hatten die Landecker-Vettern Kurt, Hans und Rudi in ihrer neuen Welt, Südafrika, weitgehend hinter sich gelassen. Sie sprachen untereinander allerdings meistens Deutsch, nicht selten vermischt mit englischen Brocken und umgekehrt. Prinzip Salzstreuer. »Pass mir doch 'mal the Löffel over.« Ihr Englisch klang unverkennbar sächsisch, war aber deutlich besser als das nonexistente Hebräisch der Wolffsohn- und Saalheimer-Ahnen derselben Generation.

Erstaunlich und unerfreulich deckungsnah waren ihre politische Geografie und Ideologie. Im Klartext: Die damals dauerhaft scheinende Apartheid störte sie kein bisschen. Diese (Un-)Ordnung der Dinge schien ihnen gottgewollt.

Meine Eltern und ich besuchten 1972 die einst deutschen, dann südafrikanischen Landeckers, Vettern von Recha Wolffsohn. Unvorstellbar: Mein Vater und ich hatten unsere Hemden, wie auf jeder Reise, händisch und selbstverständlich selbst gewaschen. »Wie könnt ihr nur?«, empörten sich die Apartheid-»akkulturierten« Verwandten.

Dass die drei Landecker-Brüder Kurt und Hans und Rudi, die, wie zuvor in Deutschland, Textilunternehmer und dort als Juden verfolgt waren, nun in Kapstadt und Durban ihrerseits Mitläufer von Rassisten waren, wollte und will nicht in meinen Kopf. Die neue Geografie hat ihre neue Ideologie und Identität geprägt. »Hitler war schuld.« Ja, an ihrer Vertreibung, nicht an ihrem neuen Denken. »Ausgerechnet die?«, sagen die einen. Die anderen fragen zurück: »Seit wann wäre das nationalsozialistische Deutschland eine moralische Erziehungsanstalt?«

Das Ende des südafrikanischen Apartheid-Regimes war in den späten 1980er und frühen 1990er Jahren absehbar. Auch weniger rassistisch angepasste Juden als die meisten Landeckers fürchteten eine erneute Vertreibung. Nicht als Juden, sondern als Weiße. »Schon wieder vertreiben lassen« wollten sie sich nicht. Weder die weißjüdischen Apartheidgegner noch -mitläufer. »Sicher ist sicher.« In »die jüdische Urheimat«, Israel, zogen sie nicht. Manche nach England, viele nach Australien, Brasilien und Argentinien, wo sie, zum Beispiel in Buenos Aires, erstmals einen zu Hitlers Zeiten geflohenen Vetter von Recha Landecker und die aussterbende Gattung der Urnazis trafen.

»Ganz unten« in Afrika, im Süden, hatten die meisten Landeckers Wurzeln geschlagen. »Ganz oben«, im Norden, in Tanger, hatte Walter Bickart, ein Vetter von Gretel Saalheimer in den 1930er Jahren Zuflucht gefunden.

Die marokkanische Hafenstadt wurde seit 1923 von sieben und seit 1928 von acht Staaten verwaltet. Von 1940 bis 1945 hatte allein Spanien das Sagen. Die rund 15 000 Juden, die hier Zuflucht vor den Nazis gefunden hatten, blieben von der Obrigkeit unbehelligt. Tanger genoss Zollfreiheit, was auch Schmugglern enormen Auftrieb verlieh. Walter war natürlich ein Ehrenmann. Hoffe ich.

Mit seinem Sächsisch kam er dort nicht recht weiter. »Integration durch Sprache« – so lernte Vetter Walter lebenslang sächsisch gefärbtes Französisch. Arabisch sprach »man« in der europäischen Oberschicht »natürlich nicht«. Walter arbeitete im Freihafen Tanger hart und fiel dort finanziell weich, aber der »Kulturschock« (oder was er dafür hielt) traf ihn hart.

Selbstbestimmung? Walter sowie die meisten in Tanger lebenden deutschjüdischen Flüchtlinge waren im Prinzip dafür. Aber als Marokko 1956 unabhängig und Tanger Teil des altneuen Staates wurde, zogen Walter und die meisten anderen Juden doch lieber von dannen. »Sicher ist sicher.« Sie fürchteten, wie zu Zeiten Francos und Frankreichs, weniger die örtliche Obrigkeit als deren islamische Untertanen. Beides aus gutem Grund. Nicht wenige der Untertanen Seiner marokkanischen Majestät wollten zu Hause den israelisch-palästinensischen Konflikt auf gewaltsame Weise »lösen«. Die Obrigkeit, allen voran König Mohammed, der sich sogar in der Ära des ns-abhängigen französischen Vichy-Regimes vor »seine« Juden gestellt hatte, wollte einerseits die heimischen Juden schützen, konnte aber, obwohl Autokrat, den Druck von unten nicht gänzlich außer Acht lassen. Geld und Geist der Juden wollte die Obrigkeit behalten, doch auch die Macht. Das war Walter Bickart und den anderen Juden Marokkos zu riskant. Die Wirtschafts- und Bildungsoberschicht der Juden zog mehrheitlich nach Frankreich, die Unterschicht nach Israel. Vetter Walter wechselte vom Süd- zum Nordufer des westlichen Mittelmeeres, ins »englische« Gibraltar, wo eine andere Cousine mit ihrer Familie lebte. Doch Mitte der 1960er Jahre wurde es ihm wegen der spanischen Ansprüche auf die »Affenfelsen«-Enklave auch dort zu brenzlig. Er wurde Israeli, ohne je Zionist gewesen oder geworden zu sein.

Israel
Die jüdische Gesellschaft Israels ist seit jeher landsmannschaftlich gespalten, zwischen Religiösen und Nichtreligiösen, Aschkenasim bzw. euro-amerikanischen und orientalischen Juden. In der israelischen Verwandtschaft gibt es inzwischen auch Angeheiratete aus Marokko, Tunesien und Äthiopien. Unter uns: Es sind die Schönsten der Sippe. Dass alles ohne – soll man sagen – »rassistische« Spitzen abgelaufen wäre, lässt sich leider nicht berichten.
Und die Moral von der Geschicht'?
Verallgemeinern soll man nicht.
Auch nicht bezüglich »der« Wolffsohn-Großfamilie. Hie Landeckers in Südafrika, dort Henry und Ulla Eastman in den USA. Die Wolffsohns, die Deutschen, die Juden, diediedie? Nie!

Geografische Mobilität – kulturelle Vielfalt
Familiengeografie und Mobilität als Ergebnis historischer Brüche. Das ist in unserem Zeitalter neuer Völkerwanderungen längst nicht mehr Kennzeichen jüdischer oder mehrheitlich jüdischer Familien. Anders als in der großen, weiten, nichtjüdischen Welt, ist, so gesehen, in der kleinen jüdischen Wanderwelt eher eine Normalität der Mobilität eingetreten. Das festzustellen heißt nicht, dass es nicht sehr wohl noch Anormalität gäbe. Zum Beispiel Antisemitismus in Frankreich, teils auch in Deutschland, das, wie Westeuropa überhaupt, durch den demografischen Wandel, die Migration von Millionen Muslimen, mehr denn je mit dem Nahen Osten und den dortigen Konflikten verflochten ist. Deutschland und Westeuropa sind ein Nebenschauplatz der Kämpfe in und um Nahost. Das trifft und betrifft wahrlich nicht nur die, aber auch die Wolffsohn-Sippe in Deutschland, Europa und der Welt.

Von 1933 bis 1939 herrschte bei uns die Anormalität der Mobilität. Flucht ist das bessere Wort für diese Mobilität. Nun dominiert jedenfalls bei uns die Normalität der Mobilität bzw. Mobilität als Normalität. Dass meine Tochter, die lange in Mexiko lebte und als Dolmetscherin für Spanisch und Deutsch arbeitete, auf einer deutsch-kubanischen Tagung in Havanna ihren späteren Mann, einen Bundestagsabgeordneten der Linkspartei, kennenlernte, war gewiss nicht »Hitlers Schuld« und ist in keiner Weise aus der deutsch-jüdischen Geschichte ableitbar oder erwartbar, geografisch oder ideologisch programmiert. Entwicklung bedeutet eben immer entweder Aussterben oder Vervielfältigung. Diese Vielfalt, diesen Zufallsgang der Geschichte hat niemand bereut. Am wenigsten meine Tochter, nicht ihr Mann und nicht ihre beiden Kinder, meine hellblonden Enkel. Sie hätten wegen ihres »germanischen Aussehens« Adolf & Co. mühelos einen »Ariernachweis« vorlegen können. Die deutschen Zeiten haben sich mehr geändert als wir.

IV

GOTT UND DIE WOLFFSOHNS – FAMILIENTHEOLOGIE[23]

Wie ich nicht Rabbiner wurde

Mit 19 wollte ich (Reform-)Rabbiner werden. Gott sei Dank blieb das »Unserem Vater, unserem König«, also dem »Herrn der Welt«, den Juden, der übrigen Welt und mir erspart. Jene Lebensplanung war nur teilweise der spätpubertären Sinnsuche geschuldet und hatte nicht ganz so wenig Gewicht wie die Absicht kleiner Buben, Lokomotivführer oder Pilot zu werden. Etwas weiter und reifer war ich denn doch. Die Aufnahmeprüfung zur Rabbinerausbildung am Hebrew Union College, Cleveland, USA, hatte ich im Sommer 1967 bestanden und wollte nach meiner israelischen Militärzeit das Studium aufnehmen.

Was mich faszinierte – und noch heute fasziniert –, ist die Möglichkeit von Geistlichen jeglicher Religion, das Alltägliche mit dem Grundsätzlichen zu verbinden und gedanklich (versuchsweise) zu durchdringen, den wirklich wichtigen Dingen, Leben und Tod, auf den Seinsgrund zu gehen. Na ja, sagen wir bescheidener: dem Seinsgrund zuzustreben, ohne ihn je erreichen zu können. Geistliche halten gerne Monologe, kommen aber, erwünscht oder nicht, am Dialog mit anderen Menschen nicht vorbei.

Was mich mit 19 faszinierte und nunmehr seit Langem abstößt, ist die Gottes-, Glaubens-, Seinsgewissheit, die scheinbare Allwissenheit und der vermeintlich »direkte Draht zum Lieben Gott«, den zu viele Geistliche beanspruchen. Dann verkünden sie: »Gott sagt, Gott will, Gott weiß.« Woher weiß es der oder (inzwischen auch bei uns Juden teilweise) die? Sie glauben doch nur. Sie wissen über Gott so viel wie unsereins. Nichts.

Unwillentlich und unwissentlich, manchmal allerdings willentlich und wissentlich, verwandeln sich so viele, zu viele Geistliche zu Schauspielern, meist zu schlechten Schauspielern. Ausnahmen bestätigen die Regel. Versteht sich. Eine solche, meine Lebensweichen umstellende Ausnahme ist mein Freund Rabbiner Tovia Ben-Chorin, den ich 1967 in Israel kennenlernte. Später wechselte er nach Manchester, Zürich, Berlin und St. Gallen. Rabbi Tovia ist kein Schauspieler, Tovia *ist* Rabbiner, will sagen: Person und Beruf als Berufung sind identisch, deckungsgleich.

Bevor Rabbi Tovia Israel verließ, hatte er die Jerusalemer Reformgemeinde seines ebenfalls eindrucksvollen, hinreißend mitreißenden Vaters, Schalom Ben-Chorin, übernommen. Vater Schalom, aus München stammender Religionsgelehrter, gehörte zum deutschjüdischen Denker- und Freundeskreis von Martin Buber, Ernst Simon, Gershom Scholem und anderen Denker-und-Dichter-Jeckes in Jerusalem. Da waren Köpfe versammelt, und Köpfe sind mehr als nur Gesichter. Auf Jiddisch-Englisch wird diese realistische Bosheit noch boshafter ausgedrückt: »A ponem (jiddisch für Gesicht, eher Fratze, miese »Fresse«) is not yet a face.« In diesem Jerusalemer Jeckes-Kreis verkehrten also »Faces«, Köpfe eben.

Sie alle wohnten dicht beieinander im Stadtteil Rechavia, als Jeckes-Ballung bekannt und daher »Jeckestan« genannt. Deutsche Juden dominierten im Stadtteilbild. Wie in Goethes Weimar konnte jeder den anderen mühelos zu Fuß erreichen. Die Intensität ihres Geistesaustauschs war nicht zuletzt dadurch bedingt. »Hitler war schuld«, und hier bewirkte er wider Willen Gutes. Aber waren nicht auch diese Denker und Dichter mit ihrem Kopf und Herzen, anders als mit ihrem Körper, in Deutschland? In jenem Deutschland, das bis, sagen wir, 1930 oder bis zum 29. Januar 1933 bestand?

Während meines Militärdienstes in Israel 1967 bis 1970 ging ich regelmäßig zu Rabbi Tovias Sabbat-Gottesdiensten am Freitagabend und Samstagvormittag. Ich war auch oft bei ihm und seiner klugen, wirklich frommen Frau zu Gast. Allein durch sein Vorbild, sein Vorleben, zeigte mir Tovia, dass Rabbiner kein Beruf, sondern Berufung ist; dass auch ein echter Geistlicher Gott sucht und gar nicht genau weiß, ob und wo und was Gott ist, geschweige denn, was Gott will. Gott? Auch ein Geistlicher glaubt, er weiß nicht. Er *fühlt* sich sozusagen vom »Heiligen Geist« inspiriert, orientiert, geführt.

Aufschreien werden nun manche und behaupten, der Begriff »Heiliger Geist« sei ganz und gar »unjüdisch«. Sie mögen bitte Genesis 1 aufschlagen und den zweiten Satz lesen: Da ist vom »Wind« bzw. »Geist« (hebräisch Ruach) Gottes die Rede. Ist der »Geist Gottes« etwas anderes als der Heilige Geist? Wenn Gott heilig ist, so ist sein Geist eben der Heilige Geist.

Rabbi Tovia isst koscher, und er ist koscher. Er befolgt das Gesetz, auch die jüdischen Speisegesetze. Wie Rabbi Tovia mit den Gesetzen und dem Geist der Gesetze umging, verdeutlicht die folgende Begebenheit. Er besucht uns. Auch wir sind (meine ich) koscher, essen aber nicht koscher. Meine Frau bemühte sich, das nichtkoschere Essen so »koscher« wie möglich zusammenzustellen und fragte ihn nach diesem und jenem Detail. Er kürzte ab: »Wenn du das Essen mit der Absicht kochst, dass es koscher sei, dann ist es koscher. Die Absicht, hebräisch: kawana, entscheidet.«

Außer der Hymne auf Reform-Rabbiner Tovia Ben-Chorin könnte ich auch eine über seinen Kollegen und Freund, Rabbi Tom Kucera, singen. Beiden ist das Gespräch mit anderen Religionen ein Herzens- und Geistesbedürfnis.

In der großen, konservativen Jüdischen Gemeinde Münchens (IKG) verfügte die Präsidentin im Jahre 2009 kategorisch: »Muslime kommen nicht in unser Gemeindezentrum rein.« Selbst für Lesungen von aufgeklärten, weltoffenen und judenfreundlichsten Muslimen wie Necla Kelek, Najem Wali oder Ayaan Hirsi Ali musste ich gemeinsam mit Rachel Salamander, der Begründerin der »Literaturhandlung«, regelrechte Schlachten schlagen. Bei Rabbi Tovia und Tom Kucera sind Gutwillige jeder Religion und Herkunft willkommen, als Gäste, Mitbeter oder Gesprächspartner.

Kucera ist nicht nur (nur?) Rabbiner, sondern auch promovierter Biochemiker. Diese Loblieder auf zwei Reformrabbiner besagen nicht, dass alle Reformrabbiner vorbildlich wären. Wie immer und überall und in allen Religionen oder Berufen, gibt es solche und andere.

Bevor ich Tovias Rabbiner-Ethik und -Alltag erlebte, hatten zwei sehr erfolgreiche, im Rampenlicht stehende, meinen Großeltern Wolffsohn noch aus Berlin wohlbekannte und in ihrem Hause wohlgelittene und -bewirtete Reformrabbiner meinen spätpubertären Geist nicht nur wegen der familiären Kontinuität begeistert. Max Nussbaum und Joachim Prinz. Beide vormals Berlin, dann USA. Sowohl hier wie dort außerordentlich erfolgreich, charismatisch und rhetorische Feuerwerker. Nussbaum besonders in Hollywood – nicht unbedingt »eine feste Burg« Gottes – und Prinz im allgemeinpolitischen Bereich. 1963, beim Marsch auf Washington, war er vor dem Lincoln Memorial neben Martin Luther King einer der Hauptredner zugunsten der Rassengleichheit – was ihn ehrt und seine Bedeutung unterstreicht. Freilich wurde seine Rede nicht so berühmt wie die Martin Luther Kings, der dort seinen unvergesslichen Satz sprach: »I have a dream.« Mit diesem Wortblitz konnte selbst der wendige Joachim Prinz nicht wetteifern.

Prinz und Nussbaum, beide im herkömmlichen Sinne wohl als gut aussehende Männer zu bezeichnen, hatten nicht nur geistlich-rabbinischen, sondern offenbar frauenweltlich-körperlichen Sex-Appeal. Beide waren hochelegant gekleidet, ihre Anzüge saßen tadellos, scharfkantig waren die Bügelfalten. Prinz legte allerdings Wert darauf, lockerer, flotter und weniger herausgeputzt auszusehen.

Jedes einzelne Nussbaum-Haar glänzte. War es gefärbt? Jedenfalls mit »Brillantine« geölt. Jede Locke war am rechten Platz und sicherheitshalber durch liebevolles Streichen mit einer Hand zurechtgerückt. Der Hollywood-Rabbi trug gerne Manschettenknöpfe. Wenn der Hemdsärmel hochrutschte, zog Rabbi Max die Manschetten wieder hinaus. So oft, dass dieses Rausziehen eine seiner typischen Bewegungen wurde.

Wie weiland Don Giovanni hatte Rabbi Prinz so etwas wie seine eigene Leporello-Liste, auf der die eroberten Frauen notiert waren. In seinen Memoiren schildert er die Eroberung der einen und anderen Trophäe. Verheimlichen konnte er seine Jagderfolge ohnehin nicht, denn Zeitgenossen wussten, dass er »wegen Frauengeschichten« als Rabbiner in Berlin entlassen worden war.

Zu Rabbi Nussbaum verfügte ich über andere Quellen, zum Beispiel meine Mutter, der er freimütig dies und das berichtete – nicht beichtete: »Wir Rabbiner sind doch keine Mönche.« Stimmt. Gleiches gilt für Israels ehemalige Oberrabiner Israel Meir Lau und Jona Metzger. Man muss nicht lange googeln, um auf weitere rabbinische Jägermeister zu stoßen.

Leider oder Gott sei Dank ist Schürzenjagd keine Theologie, und das Gesetz befiehlt »Du sollst nicht begehren deines Nächsten Weib«. Nun gut, doch vielleicht ist dieses Begehren auch eine Art Seelsorge? Vielleicht. Wer wollte angesichts dieser Rabbis behaupten, »die« Juden oder »die« Rabbiner würden das Gesetz »herz- und kompromisslos« anwenden? Waren sie nicht eher herzig und bekundeten sie auf ihre Weise nicht einen geradezu unbändigen Reformwillen?

Auch bei der Interpretation der jüdischen Speisegesetze war Max Nussbaum reformfreudig. Bevor er in den 1930er Jahren zu meinen Großeltern als nicht zahlender Untermieter einzog, fragte er Recha Wolffsohn: »Ist es bei Ihnen koscher?« Ihre Antwort: »Unter koscher verstehe ich rein.« Darauf der Rabbi: »Ich auch.« Fortan war er Zimmer- und Tischgast der Wolffsohns. Ich wiederhole: Auch wer nicht koscher isst, ist koscher. Manchmal ja und manchmal nein. Umgekehrt gilt: Wer koscher isst, ist nicht automatisch koscher.

Bei Nussbaum und noch mehr bei Prinz dominierte das Politische, auch Gesellig-Gesellschaftliche. Es verdrängte das Religiöse, Theologische.

Durch Rabbi Tovia wurde mir klar, dass ich drauf und dran war, eine Karriere als Rabbiner-Schauspieler, nicht als Rabbiner, anzusteuern. Ich zog die Notbremse, bedankte mich in einem freundlichen Dankesbrief ans Hebrew Union College für die Bereitschaft, mich aufzunehmen und sagte Auf Wiedersehen, bevor ich es je betreten hatte.

Geistliches, Religiöses, beschäftigt mich mein Leben lang, mit Geistlichen, jüdischen wie christlichen, wurde der Kontakt lockerer, riss aber nie ab. Zwei katholische Geistliche wurden enge, echte Freunde: Der Theologe Eugen Biser, Universität München, und Klaus Günter Stahlschmidt, Pfarrer von »Leiden Christi«, Münchens zweitgrößter Gemeinde. In unseren Gesprächen erklommen wir gemeinsam die Himmelsleiter, und ich war intellektuell im siebten Himmel, wenn wir über »Gott und die Welt« sprachen und zu erkunden suchten, was die Welt »im Innersten zusammenhält«. Ich werde es wohl nie wissen und bin »so klug als wie zuvor«. Warum soll es mir besser als Goethes Faust ergehen? Aber seelisch, geistig und geistlich bereichert wurde ich. Lebensgestärkt. Wodurch, weshalb? Wir hatten nicht den geringsten Zweifel: Wenn es Gott, wie wir hofften, gibt, dann ist es nicht entweder Jahwe oder Gottvater als Einheit der Dreiheit (Trinität) oder Allah, sondern der Einzige, egal wer ihn wie nennt. Schöne Grüße an alle Fanatiker aller Mein-Gott-ist-der-Eine-Gott-Religionen. Die Wege unterscheiden sich, nicht das Ziel. Das klingt wie die selbstverständlichste Aussage der Welt. Ist es aber nicht auf dieser Welt.

Wer noch in der Familie hatte oder suchte Kontakte zu Rabbinern? Meine Mutter. Sie war nie wirklich religiös, eher folkloristisch jüdisch, aber die Nähe von Rabbinern suchte sie, weil sie gerne in der Gesellschaft von Menschen (nicht nur Männern) war, die nicht nur über Geld, Sex, Autos, Urlaub, Politik, Erfolge, Beruf, Kollegen, Kinder, Enkel, Klatsch, Tratsch oder andere Alltagsthemen sprachen. Dass der eine oder andere Rabbiner die Nähe dieser schönen, gepflegten und starken Frau nicht als Teil der Gottessuche verstand, steht auf einem anderen Blatt. Da sie über diese theologischen Varianten meinem Vater und mir oft belustigt erzählte, kann ich mir nicht vorstellen, dass jene rabbinischen Sucher des Lieben Gottes (oder nur des Liebesgottes?) ihn bei meiner Mutter fanden. Woraus man schließen kann, dass vergleichbare Probleme der katholischen Rabbinerkollegen, sprich: Priester, nicht allein aufs Zölibat zurückzuführen sind.

Hautnahen Kontakt zu einer evangelischen Pfarrerin aus Kopenhagen hatte mein Vetter Ron, Ruths Sohn. Jene Geistliche hatte die Quellen des Christentums im Heiligen Land gesucht und diese sowie meinen Vetter gefunden. Gottes Befehl »Seid fruchtbar und mehret euch«, befolgte sie umgehend. Die Folge waren im Laufe weniger Jahre zwei reizende Kinder. Die evangelische Gottesfrau war in Ron und das Judentum (oder nur in Ron?) zeitweilig so verliebt, dass sie an einen Glaubenswechsel zum Judentum dachte. Ihr Manneswechsel kam dem Glaubenswechsel zuvor. Sie verzichtete auf diesen zugunsten von jenem.

Gott und die Welt

Karl, der Über-Wolffsohn, war religiös eher unmusikalisch und seine Recha, wie beschrieben, eine Art Judenchristin. Der Freitagabend, also die familiäre Sabbatmahlzeit, war, fand er denn überhaupt im Hause statt, ein ganz normales Abendessen. Der Sederabend zu Beginn des Pessachfestes wurde bei Freunden und später bei den Saalheimers gefeiert. Als Quasi-Ersatz hatte Karl seinen beiden Söhnen ein, nein, das Gebetbuch für alle Tage (»Sidur«) und die Haggadah (Pessachgeschichte) geschenkt. Jeweils mit liebevoller Widmung. Aber irgendwie war es doch eine Art religiöses Pflichtpensum. »Man kann ja nie sicher sein …«

Wie die meisten deutschen Juden ließen sich die Senior-Wolffsohns an den hohen Feiertagen in der Synagoge sehen, also zwei Tage zu Neujahr (Rosch Haschana) und einen Tag am Versöhnungstag (Jom Kippur). Sie waren, wie unzählige Juden damals und heute, sprichwörtliche »Dreitagejuden«.

Sehen und gesehen werden. Das war und ist in der Synagoge mindestens so wichtig wie der Gottesdienst, der für die meisten Betenden und oft mehr miteinander Redenden eine Art Rückversicherungsvertrag mit dem Lieben Gott war und ist – in der Hoffnung, ER sei, es gebe IHN und ER würde irgendwie so etwas wie Unsterblichkeit garantieren.

Wer christliche Gottesdienste gewohnt ist, wundert und fühlt sich in Synagogen – peinlich berührt, mit schlechtem Gewissen – ans Klischee der »Judenschule« erinnert. Das schlechte Gewissen ist unnötig. Jüdische Gottesdienste dauern lang, und stehen, auch bei Liberalen, in der Tradition des »Beit Haknesset« (Versammlungshaus, hebräisch identisch mit: Synagoge). Deren Ursprung ist, wie in der nichtjüdischen Antike üblich, eine Verbindung von Forum, also Treffpunkt, Markt, und Bethaus. Das bedeutete nicht nur für Opa Karl und Max Wolffsohn wie für die meisten Juden, dass man in der Synagoge, selbst an den hohen Feiertagen über Politik und, jawohl, über die Börse sprach. »Typisch jüdisch« werden manche sagen. Ich antworte: Nein, es ist eine Tradition, in der das Weltliche zum Religiösen gehört. Welche Form des Gottesdienstes ist angemessener, schöner? Weder die eine noch die andere, beide folgen der Macht der Gewohnheit.

Uneitel war Karl nicht. Er legte Wert darauf, in einer der vorderen Synagogenreihen zu sitzen, unter den prominenten Gemeindemännern. Auch sein Sohn Max, der seit den 1970er Jahren lange im Gemeindevorstand amtierte: Reihe zwei, gleich hinter dem Vorsitzenden Heinz Galinski und dessen Sitznachbarn, dem urkonservativen ZDF-Journalisten Gerhard Löwenthal.

Heinz Galinski verabscheute Gerhard Löwenthal. Und umgekehrt. Belustigt erzählte Gerhard Löwenthal jedem, der es, wie ich, hören oder nicht hören wollte: »Diese Kröte, mich, muss Galinski schlucken, denn diesen Platz habe ich von meinem Vater geerbt.« Stimmt, es gibt den Brauch, dass der älteste oder einzige Sohn durch Vorkaufsrecht den Synagogenplatz des verstorbenen Vaters für die Feiertage »erbt«, sprich: das Vorkaufsrecht für diesen Platz an den hohen Feiertagen genießt. Ansonsten gilt in der Synagoge »Eintritt frei«. Einige Jahre später rückte mein Vater in die erste Reihe – auf den Platz des verstorbenen kinderlosen Gerhard Löwenthal. Dann wurde ich »Erbe« des Platzes neben dem »König der Berliner Juden«. Sofern ich zu den Feiertagen in Berlin weilte, war Heinz Galinski über meine Nachbarschaft ungefähr so begeistert wie Jahre zuvor über seinen Nah- und Mitbeter Gerhard Löwenthal. Mit Galinski wurde ich gut Freund. Post mortem.

Einen guten Platz in der Frauenabteilung hatte auch Recha Wolffsohn. Um genau zu sehen, wen sie sehen wollte, setzte sie ihr Lorgnon auf. Damit der oder die Beschaute auch genau wusste, dass Sabta ganz genau hinschaute – wenn sie nicht hingebungsvoll hinhörte wie Kantor Nechama sang, der eine wunderbare Tenorstimme hatte. Nicht nur Recha war von ihm hingerissen. Zu Recht, denn Estrongo Nechama war ein herzensguter, netter Mann. Nur seinen Nachnamen konnte sich Recha nie merken. Für sie war er »Herr el Chama«. Das klang ja auch »irgendwie orientalisch, und – nicht wahr? – das Judentum stammt doch aus dem Orient«.

Sabtas Traditionsmischmasch hatte durchaus deutschjüdische Methode bzw. Vor- und Mitläufer. Obwohl besonders das deutsche Judentum seit ungefähr Mitte des 19. Jahrhunderts kulturell durch und durch abendländisch sein wollte und war, schwirrte orientalische Folklore in den Köpfen deutscher Juden. Man erkennt das auch am seinerzeit und bis mindestens Ende des Kaiserreichs bevorzugten »maurisch-orientalischen« Stil der Synagogenarchitektur. Dieser »Stil« war historisch geradezu absurd, denn seine optischen Anleihen kamen aus dem alles andere als judenfreundlichen Islam, und der Islam entstand im Orient deutlich später als das Judentum.

Davidstern

Im Grunde genommen war dieser islamisierende Stil so unjüdisch und unauthentisch wie der Davidstern, der vermeintliche »Schild Davids«. Der sogenannte Davidstern hat mit dem biblischen König David nichts zu tun. Nachzulesen in Gershom Scholems ›Davidschild‹. Dieser sechszackige Stern ist menschheitsgeschichtlich fast weltweit und in vielen Epochen nachweisbar. Er sollte »böse Geister« vertreiben.

Als ein Großteil der Juden ihr Judentum verlor bzw. aufgab, seit der Epoche der »Emanzipation, (er)fand man den Davidstern als »typisch jüdisches« Symbol; quasi als jüdisches Gegenstück zum Kreuz der Christen und dem Halbmond der Muslime. Nebenbei sei erwähnt, dass auch dieses vermeintlich typische, morgenländische Islamsymbol alles andere als typisch muslimisch ist. Es stammt aus der abendländisch-römischen Antike.

Wie dem auch sei. Wie für so viele Juden galt auch für Theodor Herzl, Vater des modernen Zionismus, der Davidstern als wahrhaftiger Stern des vermeintlich großen Judenkönigs David. Folglich durfte in seinem Entwurf für die Fahne des künftigen Judenstaates der so »jüdische« Sechsender nicht fehlen.

Ich gestehe: Ich verhalte mich ebenfalls irrational. Ich trage eine Davidstern-Halskette. Mein Opa Karl hat sie mir vererbt. Ihre Aufschrift lautet: »Gott schütze Dich.« Ganz ungläubig war Karl Wolffsohn also nicht. War DANACH nicht gerade sein und Millionen anderer Juden Wunsch nach Gottes Schutz mehr als verständlich? War, ist es nicht verständlich, dass Juden hier und dort den Davidstern mit oder ohne »Gott schütze Dich« sieghaft trotzig tragen und sogar zeigen, nachdem der Judenstern sie oder ihre Vorfahren kurz zuvor kollektiv als vogelfrei Todgeweihte gebrandmarkt hatte?

Bilderverbot?

Die gängige synagogale und familiär-private Ästhetik von Juden (vieler, nicht aller Juden) einst und jetzt würde ich, besonders im Vergleich zu Kirchen und Moscheen,»unterentwickelt« nennen. Nein, das ist keineswegs auf das vermeintliche Bilderverbot im Judentum zurückzuführen. Bis ins Hochmittelalter ist das jüdische Bilderverbot eine Legende. Menschengruppen, die »ewig« wandern (müssen), bauen keine Groß- oder Prunkgebäude. Im europäischen Hochmittelalter, als die Kunst im christlichen Europa aufblühte,»blühten« auch Judenverfolgungen auf, und die europäisch-jüdische Bildtradition brach ab. Daher und seither rührt die Negativ-Ästhetik im Judentum.

Gipfel der synagogalen Negativ-Ästhetik ist für mich bis heute der Gammel-Betraum, den ich im »Volkshaus« von Schadmot Dworah, in der galiläischen Dorfgenossenschaft der Zeew-Wolffsohn-Familie, kennenlernte. Volkshaus – so nannte man in Israelis Sozialismus-Ära das, was man hierzulande »Bürgerhaus« nennt. Im Volkshaus gewährte man huldvoll dem Lieben Gott ein vergammeltes Betstübchen. Gammel- »Synagogen« dieser Art findet man bis heute in Israel und der übrigen jüdischen Welt.

Den meisten seiner Dorfgenossen war die Religion so wichtig wie meinem Onkel Zeew Wolffsohn. Nach den hohen Feiertagen in der Prachtsynagoge seines Dorfes schrieb er meinen Eltern nach Westberlin am 22. 10. 1978: »Wir haben unsere respektiven Krankheiten und die großen Herbstmanöver, die uns unsere Religion auferlegt, gut überstanden.«[24]

Apropos Ironie, Theologie und Ästhetik: Der klassisch-orthodoxe Kaftanjude erinnert mich unwillkürlich an Pinguine. Was ich gegen Pinguine habe? Nichts. Es sind entzückende Tiere. In Mea Schearim, dem orthodoxesten Stadtteil Jerusalems oder in Williamsburg, New York, wäre es Pinguinen zu heiß.

Leviten lesen
Von Pinguinen und Zeew zurück zu Recha und Karl Wolffsohn. Obwohl oder weil Opa Karl eher selten den Gottesdienst beehrte und mit dem Lieben Gott sozusagen privat verkehrte, legte er Wert darauf, dass

unsere Familie zum Priesterstamm Levi gehöre. Das berechtigt beim Aufruf der Männer zur Thoralesung in der Synagoge zur Nummer zwei von meistens sieben. Die Nummer eins, der erste Aufruf, steht einem »Kohen« (daher der Name »Kohn«) zu. Ein Kohn ist Priesternachfahre, ein Levi Nachkomme der Priestergehilfen. Weniger als ein Priester, aber immer noch jüdische »Aristokratie«, »Blutadel«, allemal »feiner« als »Israel«, einfach Israel, also das gemeine Volk. »Wir« Leviten werden also beim Lesen der Thora bevorzugt. Wir »lesen die Leviten«. Nun ja, nicht im sprichwörtlichen Sinne, zumal nicht die jeweils Aufgerufenen aus der Thora lesen, sondern der singsangende *Vorbeter*.

Woher weiß man, dass man/der Mann zu den Leviten gehört? Gar nicht. Oder doch: durch mündliche Überlieferung der Vorfahren. Deren Aussagen sind diesbezüglich so glaubwürdig wie die von Opa Karl. Sein Sohn Willi ermahnte ihn liebevoll: »Vati, red doch nich solche Bobemaises (Quatsch). Wir sind Amcha« (gemeines Volk). Woher Zeew das wusste? Aus ebenso zuverlässigen Quellen. »Bescheiden«, wie ich nun einmal bin, lasse ich mich als »Israel« zur Thora aufrufen, wenn mir die Ehre zuteil wird. Bei der Thoralesung werden Leviten eben bevorzugt. Eine Ehre ist es, soll es sein. Man »darf« sie manchmal bezahlen. Das jedoch fand ich immer unehrenhaft, appellierte ans Ehrgefühl derer, welche diese Ehre vergaben und dann nachgaben, ohne dass ich etwas gab.

In liberalen Gemeinden – ich gehöre inzwischen zur Münchener und habe die versteinerte, »große«, konservative Israelitische Kultusgemeinde (IKG) 2009 verlassen – ist jene Thoraaufruf-Ehre echte Ehrensache. »Und das ist auch gut so.« Ebenfalls die Tatsache, dass in Reform- bzw. liberalen Gemeinden auch Frauen zur Thoralesung aufgerufen werden. Dass Frauen ausgerechnet vor dem Lieben Gott Menschen zweiter Klasse sein sollen, leuchtete mir seit jeher weder rational noch emotional ein.

Kopftuch oder Perücke

Soll oder muss ein Mann einer Frau die Hand geben? Selbstverständlich, sagen die meisten von uns. Nein, nur Ehepaare oder nahe Verwandte dürften einander berühren, sagen religiöse Muslime. Ein Handschlag könne, o Schreck, die Vorstufe des Geschlechtsakts werden. Eine »züchtige Frau«, Muslima oder Jüdin, erwartet ihrerseits von jedermann und jedem Mann das Einhalten dieses Gebots.

Ist es wirklich ein Gebot? Sowohl im Judentum als auch im Islam steht diese Vorschrift auf religionsgesetzlich äußerst wackeligen Füßen, nein, auf Prothesen. Im Jerusalemer Talmud heißt es in Traktat Sota 3,1: »Selbst wenn er jung ist, wird seine Lust nicht von einer kurzzeitigen Handlung gerührt.« Der Babylonische Talmud ist im Traktat Beiza 25b noch freizügiger: Jalta, die Frau von Rabbi Nachman, habe sich von zwei Männern tragen lassen. Dabei musste sie die Männer berühren, um sich festzuhalten und nicht herunterzufallen. Die Quellen sind eindeutig, doch manch orthodoxe Volksgewohnheit will folkloristisch noch reiner als die reine Quelle sprudeln, die Thoragebote strikt befolgen und handelt talmudischer als der Talmud. Ähnliches gilt für den Volksislam, der uns hier nicht beschäftigt, denn Muslime haben wir in der Familie Wolffsohn (noch?) nicht. Ausgeschlossen in alle Ewigkeit? Keineswegs, wenn der Muslim oder die Muslima ähnlich offen ist, wie wir es, meine und hoffe ich, sind.

Eines Tages im Jahre 2009 begegnete ich in der Jüdischen Gemeinde München einem an sich netten orthodoxen Rabbiner. Seine Frau stand neben ihm. Beiden gab ich die Hand. Sie zog ihre zurück. Ihr Mann belehrte mich: Einer frommen jüdischen Frau gebe ein Mann nicht die Hand. Und umgekehrt. Oberbürgermeister Ude wisse das auch und handle entsprechend. Der Rabbi war bei mir an der richtigen Adresse: Amtsautoritäten seien meistens keine inhaltlichen, und auf Scheinautoritäten würde ich pfeifen. Ich fragte den frommen Mann zurück: Wo denn das Handverbot stehe. Das sei Halacha, Religionsgesetz, antwortete er. »Ich kenne die Halacha gut. Das steht da nicht.« Er beharrte: Das sei zwar nicht Halacha, also Gesetz, aber »Minhag«, also Brauchtum. Brauchtum, konterte ich, sei oft willkürlich, regional oder lokal, jedenfalls nicht verbindliches Religionsgesetz. Er war argumentativ k.o.

O.k., »typisch jüdisch« sann ich auf Rache. Ich sah, dass seine Frau eine Perücke trug. Warum sie kein Kopftuch trage, fragte ich. Das Verhüllen oder Verdecken des weiblichen Haares werde schließlich vom Thora-Gesetz verlangt. Eine Perücke sei mehr Brauchtum und kein Gesetz. Wie religiöse muslimische Frauen tragen orthodoxe Jüdinnen ebenfalls ein Kopftuch. Sie binden oder wickeln es anders, was nichts am Grundsätzlichen ändert.

Aha, werden manche Leser sagen, »bei uns gibt's das nicht«. Ich frage zurück: Sind Sie so sicher? Bäuerinnen tragen oder trugen Kopftücher, und im Mittelalter trug eine »anständige« verheiratete Frau eine Haube. »Sie kommt unter die Haube«, dieser Spruch hat hier seinen Ursprung. Man schaue auf die erlesen schöne Steinplastik der Uta im Dom zu Naumburg aus der Mitte des 13. Jahrhunderts. Sie trug, wie alle verheirateten Frauen eine Haube.

Was ist der tiefere Sinn oder (je nach Einstellung) Unsinn des Gebots, das Frauen verpflichtet(e), ihr Haar zu verdecken? Das Haar einer Frau gilt als erotisierend. Damit ER auf keine dummen Gedanken komme, muss SIE, sobald nicht mehr auf dem Heiratsmarkt »verfügbar«, »unter die Haube« oder unters Kopftuch. Das ist des Kopftuchs Kern; jüdisch, christlich, muslimisch.

Dem frommen Herrn Rabbiner, der anstelle seiner unterworfenen und unterwürfigen Frau antwortete, war dies offensichtlich unbekannt. Was ich denn wolle, ich hätte ja keine Ahnung, seine Frau trage eine Perücke. Damit sei das göttliche Gebot erfüllt. Ich klärte ihn auf, wie unsinnig der Perücken-Brauch sei, denn in der Thora werde die Frau verpflichtet, ihr Haar zu verbergen – und nicht durch anderes (natürlich ebenfalls erotisierendes) Haar zu ersetzen. Haar sei Haar. Echt oder als Perücke. Er widersprach. Ich bestand darauf, dass er mir einen Beleg für seine Behauptung schicke. Tatsächlich sandte er mir eine Menge Rabbiner-Zitate, doch diese sind, sogar für Orthodoxe, kein hilachischer, sprich: religionsgesetzlicher Beleg.

Schon ein einziger solcher Bornierter ist für Tolerante kaum zu ertragen, zwei sind unerträglich. Für zwei war in der Jüdischen Gemeinde München (IKG) gesorgt, und fleißig liefert die Orthodoxie Nachschub.

Ein seelenloser Seelsorger
Nicht nur die Orthodoxie kann seelenlosen Nachschub liefern. Betonköpfe und Karrieristen findet man in allen Religionen und Religionsströmungen, nein: überall und immer, wo und wenn Menschen zusam-

menkommen. Ein unschönes Beispiel dazu. Hauptakteur dabei war ein liberaler Rabbiner in Berlin. Einer meiner Freunde war Opfer eines Justizirrtums, recht besehen: eines Justizskandals. Er musste eine lange Haftstrafe verbüßen. Zu Unrecht, aber er war eben verurteilt. Justitia ist nicht nur manchmal blind ...

Nach seiner Haftentlassung wollte meine Familie jenem liberal-jüdisch gläubigen Freund bei seiner gesellschaftlichen Wiedereingliederung helfen. Wir wandten uns an den liberalen Rabbiner. Statt sich seelsorgerisch des Mannes anzunehmen, bedrückte den geistlichen Herrn die Frage, ob sein Einsatz die eigene Stellung in der Gemeinde gefährden könnte. Wir sagten auf Wiedersehen.

Monate später begegnete ich dem »Gottesmann«. Leider hatte er wohl in der Schule kein Latein. Sonst hätte er sich an den schönen Römerspruch »Si tacuisses, philosophus mansisses« erinnert, auf Deutsch: »Hättest du geschwiegen, wärest du ein Weiser geblieben.« Dieser Rabbi war weder Weiser noch Philosoph, es fehlte ihm offenbar menschliches Gespür, denn er fragte mich, weshalb sich unser Freund nicht bei ihm gemeldet hätte. Ich klärte ihn auf, doch die Aufklärung begeisterte ihn nicht wirklich.

Der jüdische Wonnebald Pück

Der ›Lebenslauf des heiligen Wonnebald Pück‹ ist eine wunderbar klugboshafte Erzählung von Ricarda Huch. Wonnebald Pück war ein, jüdisch ausgedrückt, nicht ganz koscherer Kirchenmann. Sich seiner entledigen konnte man umständehalber nur durch Beförderung. Auf diese Weise erreichte er die höchsten Stufen der Kirchenhierarchie. Selbst nach seinem Tod war es schier unvermeidlich, ihn in die »Schar der Heiligen« aufzunehmen und »wenn er länger gelebt und seine Laufbahn so schleunig wie bisher fortgesetzt hätte, die Kirche schließlich gezwungen gewesen wäre, ihn zum Herrgott zu machen, um ihn seinen Verdiensten und dem allgemeinen Bedürfnis entsprechend weiterzubefördern.«[25] So endet diese Erzählung.

Ich wurde an sie erinnert, als ich mit meinem über die mütterliche Großelternlinie Bickart Verwandten Züricher Röntgenarzt Dr. Gabriel Caro nicht nur über Gott und nicht nur über die jüdische Welt plauderte.[26] Ein Thema ergab das andere. Eines betraf die liberaljüdische Gemeinde Zürich, ein anderes den Deutschen Koordinierungsrat der Gesellschaften für Christlich-Jüdische Zusammenarbeit. Dieser veranstaltet höchst verdienstvoll seit Jahrzehnten unter anderem alljährlich die »Woche der Brüderlichkeit«.

Gabi, lange im Vorstand der liberalen Juden, erzählte von einem Rabbiner, der »vor ungefähr dreißig Jahren« wegen unerfreulicher »Geldgeschichten« von der Gemeinde entlassen worden sei. Wegen nicht zurückgezahlter Schulden »war er bei uns nicht mehr tragbar«.

Eben dieser in Zürich nicht mehr tragbare Rabbiner erhielt später in Deutschland jüdisch-geistliche Führungsämter und bekleidete im Koordinierungsrat als jüdischer Vertreter ein hohes Amt. Und die Moral von der Geschicht? Die Wonnebald Pücks dieser Welt finden wir nicht nur in der christlichen. In dieser wenig wonnigen Wonnebald-Welt herrscht echte Brüderlichkeit. Jahrelang, nicht wochenlang. Nebenbei: Diese christlich-jüdische Wonnebald-Variation haben mir später viele andere erzählt. Auch Rabbiner.

Wie stets kann man eine Gesamtheit nicht an Einzelfällen messen, be- oder verurteilen. Die Wolffsohns waren und blieben, sofern sie Synagogengemeinden aufsuchten, nur bei liberalen anzutreffen. Für zwei orthodoxe Ausnahmen trage ich die Schuld, und ich bekenne mich zu ihr besten Gewissens. Die erste Ausnahme war Hippie-Rabbi Shlomo Carlebach, die zweite der »Dicke Rabbi« aus Israel.

Hippie-Rabbi Carlebach
Shlomo Carlebach (1925–1994) stammte aus einer bedeutenden deutsch-jüdischen Rabbinerdynastie. »Dank« Hitler und Konsorten verschlug es ihn 1939 in die USA, wo er nicht nur ein großer Thora- und Talmud-Gelehrter wurde, sondern vor allem »der Hippie-Rabbi, genauer: der »singende Hippie-Rabbi«. In den wilden 60ern des 20. Jahrhunderts zog es ihn zu den Blumenkindern Kaliforniens. Dort und nicht nur dort trat er mit Alternativ-Ikonen wie Joan Baez und Bob Dylan auf und gewann so manche Blumenseele fürs Judentum.

»Reb Shloime« komponierte mitreißende »jüdische Gospels«. Er musizierte selbst, spielte seine Songs auf der Gitarre, und er sang sie.

Der bärtige, langhaarige, kleine, rundliche Mann mit den Schläfenlocken des Orthodoxen, dem die schönsten Frauen zu Füßen lagen wie einem charmanten, (erfolg)reichen Schönling, tanzte und hüpfte zu seiner Musik und riss das Publikum zu Begeisterungsstürmen mit. Mal tanzte er auf der Bühne alleine, mal mit Gruppen. Männlein und Weiblein zusammen – was bei Orthodoxen als anstößig gilt. Manchmal war die Musik schnell, langsam, laut oder leise. Eben Musik. Ergänzt um Bibeltexte oder seine Kommentare. Die Bezüge waren religiös. Nicht abstrakt, sondern abgeleitet aus der konkreten Situation der Menschen seiner Zeit und Umgebung. Mit ganz viel Seele füllte er die Säle. Nicht nur ausgeflippte, drogensüchtige Aussteiger wurden Erst- oder Wiedereinsteiger ins Judentum. Er faszinierte Langhaarige, Kurzhaarige, Blumenkinder oder andere Alternative, und er konnte auch Bürger und Spießbürger begeistern, zumal er seinen Gesang durch Selbstgespräche, Kurzvorträge, Sprüche, Kurzweisheiten, manchmal Predigten ergänzte. Er peitschte niemandem Gebote und Gesetze der Religion ein, sondern den Geist der Gesetze. Er »konnte« mit Etablierten ebenso wie Oppositionellen, Orthodoxen und Liberalen, Linken und Rechten. Immer war Reb Shloime er selbst.

Durch diverse Zufälle (oder doch »Gottes unerfindlichen Ratschluss«?) kamen wir zusammen. Ich organisierte ihm 1972 in Berlin familiäre Nostalgiebesichtigungen, Medienrummel, Privatgruppentreffen und einen großen Konzertabend in der jüdischen Gemeinde. Mein Gott, war das komisch. Der stocksteife, asketisch-schlanke, humorfreie, fast nie lächelnde oder gar lachende, fast glatzköpfige Gemeindevorsteher, Heinz Galinski, im Anzug, weißes Hemd, Krawatte, begrüßte und führte Shloime ein. Neben ihm der sonnig-strahlende, ausstrahlungsmächtige, vollschlanke Midlife-Hippie-Rabbi, Hose, aufgeknöpftes Hemd, Schlamperbart.

Carlebach, Wolffsohn, zwei berlinisch-jüdische Familiengeschichten kamen zueinander, wurden verglichen sowie mit der historisch- und religiös-jüdischen Welt der langen Vergangenheiten und Gegenwart verbunden. Verbunden hat Reb Shloime auf (für mich bis heute) ganz einzigartige Weise darüber hinaus die jüdische Orthodoxie mit anderen

Judentümern. Er riss Fenster auf, und der Mief des Nur-Eigenen entwich. Nicht zuletzt: Er schlug Brücken zur nichtjüdischen Welt.

Der »dicke Rabbi« und die Hochzeitstorte

Wie in vielen jüdischen Gemeinden außerhalb Israels leben viele, oft die meisten Ehepaare in einer sogenannten Mischehe. Noch im IKG-Vorstand schlug ich 2009 vor, auf dem Jüdischen Friedhof ein Areal für Mischehen-Paare vorzusehen. Münchens damaliger Orthodox-Rabbi Nummer zwei empörte sich: »Nichtjuden in geheiligter Erde? Niemals!«

Niemals war je ein Wolffsohn orthodox. So orthodox. Es gibt eine faszinierende, aufgeklärt moderne, weltoffene Neu-Orthodoxie, deren Ursprungsland, jawohl, Deutschland ist. Ihr Begründer war Rabbi Samson Raphael Hirsch. Im Laufe der Jahre entwickelten sich – wie könnte es anders sein? – in der jüdischen Neu-Orthodoxie unterschiedliche Strömungen und Mischungen.

Eine Mischung aus weltoffener Neo-Orthodoxie, religiösem Zionismus und Chassidismus personifizierte aus meiner Sicht der Rabbiner des Tel Aviver High-Society-Vororts Kfar Schmarjahu, einst eine Hochburg steinreicher Jeckes (wie Fredi Saalheimer). Die Jeckes, die ihr neues Zuhause in Kfar Schmarjahu in Anlehnung an den Berliner Stadtteil »Schmargendorf« nannten, sind weg, weil tot, andere Steinreiche folgten ihnen. Ihr langjähriger, hochbeliebter, beleibter, später auch populärer Fernseh-Rabbiner war Schmuel Avidor Hacohen (1926–2005). Ein brillanter Kopf.

Wir wurden Freunde. Nächtelang sprachen wir zwischen 1968 und 1970 in seiner noblen, stilsicher und geschmackvoll eingerichteten, vor Büchern überquellenden Wohnung in Edel-Tel-Aviv über Gott und die Welt. Anders als die meisten Orthodoxen verteufelte er weder das liberale Judentum noch meinen Reform-Rabbiner-Freund Tovia Ben-Chorin. Ganz im Gegenteil. Als ich die Idee hatte, T. zu heiraten, wäre er bereit gewesen, uns gemeinsam mit Rabbi Tovia zu trauen. Das wäre eine landesweit wahrnehmbare religionspolitische Bombe gewesen. Sie platzte nicht, weil die Verbindung zwischen T. und mir schon vorher platzte.

Dennoch erlebte ich den (wie er liebevoll neckend genannt wurde)

»dicken Rabbi« auf einer Hochzeit. Auf der Hochzeit seines Sohnes. Sie fand 1972 in Antwerpen statt, einer Hochburg der westeuropäisch-jüdischen Orthodoxie, die dort durch globalen Edelsteinhandel steinreich ist. Der weltweite Edelsteinhandel war damals noch über Antwerpen, New York und Ramat Gan (bei Tel Aviv) verteilt und fest in orthodox-jüdischer Hand. Die sehr schöne Tochter eines edelsteinreichen Orthodoxen heiratete den Sohn meines orthodoxen Rabbinerfreundes. Die Freude war groß, das Fest prächtig, Essen und Stimmung vorzüglich und die Gesellschaft rein jüdisch. Nach Festmahl und Reden begann der Tanz. Männlein mit Weiblein. Nicht aufregend. Doch! Mein Rabbiner-Freund stürmte die drei Stufen ans Mikrofon und verkündete atemlos japsend, dass, nach guter alter Sitte (aha, Brauchtum = Minhag), hier die Männer und dort die Frauen zu tanzen hätten. Keiner tanzte außer der Reihe.

Meinem ersten Schock folgte sogleich der zweite. Die Braut wollte die Hochzeitstorte anschneiden und verteilen lassen. Wieder fuhr mein Rabbi-Freund dazwischen. Diesmal hatte er es leichter. Er musste keine Stufe erklimmen. Hochzeitstorte, das sei »Minhag hagojim«, auf Deutsch: Brauchtum der Gojim, also der Nichtjuden. Seitdem waren wir keine Freunde. Auch keine Gegner. Mein Rest war Schweigen.

Jude bleibt Jude

Vergleichbares, wenngleich anderes, hatte Karl Wolffsohn nach seiner Rückkehr erlebt. Berlins »neue Juden« stammten aus Polen und Russland. Das störte ihn keineswegs. Ihr altorthodoxes Brauchtum stieß ihn allerdings ab. »Unsere Leute, diese Leute, sind nicht mehr unsere Leute, nicht meine Leute«, notierte er Anfang 1950 in sein Tagebuch. Er weigerte sich, in die Jüdische Gemeinde zu Berlin einzutreten. Ebenso Sohn Max, mein Vater. Zunächst. Anfang der 1960er Jahre trat er ihr doch bei. Er wollte die Gemeinschaft von innen liberalisieren. Damals war der Ausdruck »langer Marsch durch die Institutionen« noch nicht allgemein bekannt.

Anders als Karl und Max habe ich innerjüdische Meinungsverschiedenheiten oder Grundsatzauseinandersetzungen nach außen getragen. Verständlicherweise reagierte man von innen heftig und schlug auch außen auf mich ein. Strafe muss sein, versteht sich. Das gipfelte in der

Behauptung, ich wäre »gar kein Jude«. Tatsache war, dass ich Anfang der 1980er Jahre aus »Liebe zur Orthodoxie« und ihrer Förderung durch die Führung aus der Jüdischen Gemeinde München auf dem Standesamt ausgetreten war. Halachisch hat ein solcher Verwaltungsakt nicht die geringste Bedeutung, denn religionsgesetzlich-jüdisch ist und bleibt jedes Kind einer jüdischen Mutter lebenslang jüdisch. Das Motto der israelischen Artillerie, in der ich von 1967 bis 1970 diente, lautete: »Einmal Artillerist, immer Artillerist.« Übertragen auf die Halacha: Einmal Jude, immer Jude. Das ist im Babylonischen Talmud (»Sanhedrin« VI, II, Fol. 44a) dekretiert und liest sich so: »Israel (gemeint ist: »ein Jude«) hat sich versündigt. Rabbi Abba ben Zabdah sagte: Auch wenn er gesündigt hat, ist (gemeint ist: bleibt) er ein Israelit (=Jude). Rabbi Abba sagte: Das ist es, was die Leute sagen: Auch die Myrte im Schilf ist eine Myrte, und man nennt sie Myrte.«[27] Im Klartext: Auch ein sündiger Jude bleibt Jude.

Kein Kollektiv überlebt ohne Institution. Das jüdische Kollektiv als lebende Kultur war mir stets ein inneres Anliegen. Mein Einzelgängertum widersprach jedoch jener Maxime, der ich mich schließlich unterwarf. Kein Ich ohne Wir und umgekehrt. Folglich trat ich um die Jahrtausendwende wieder in die Gemeinde ein. Jude war ich vorher ebenso wie nachher, weil seit jeher. Anders sieht es das deutsche Verwaltungsrecht. Das ist natürlich rechtens, doch innerjüdisch, für die Halacha, absolut bedeutungslos. Dem deutschen Recht entsprechend war ich bis zu meinem Wiedereintritt nicht jüdisch, was die Halacha ungefähr so stark beeindruckt wie den Mond das Bellen des Hundes.

Ignatz Bubis, frisch gekürter Präsident des Zentralrates der Juden in Deutschland, wollte im Herbst 1992 Kritik verhindern, indem er einem seiner wenigen öffentlichen Kritiker, mir, den jüdischen Boden unter meinen jüdischen Füßen wegzuziehen versuchte. Öffentlich bezeichnete er mich als Nichtjuden. Ich sei ja »aus der Gemeinde ausgetreten«. Teile der ahnungslosen Öffentlichkeit nahmen ihn ernst und glaubten ihm. Woher sollten sie Jüdisches besser als der »Oberste Jude« kennen? Sie streuten die Version weiter. Jeder Vorläufer hat Nachläufer. Auch in der jüdischen Gemeinschaft. Mitläufertum gibt es nicht nur unter »den« Deutschen.

Die Vorsitzende der Münchener Gemeinde, Charlotte Knobloch (mit der ich mich später, judenchristlich mild, versöhnte), sowie der Vorsitzende der Gemeinde Nürnberg, Arno Hamburger (er war aber Nürnberger), sprangen medial auf den Wolffsohn-ist-kein-Jude-Zug.

Charlotte Knobloch und die Halacha

Das war unbedacht von Charlotte Knobloch. Sie wurde zwar im Dritten Reich als Jüdin verfolgt, lebte jüdisch in und mit der Gemeinde, heiratete einen halachisch unbestreitbaren Juden und erzog ihre Kinder geradezu vorbildlich als Juden. Doch anders als ich, der Attackierte und Diffamierte, war sie, religionsgesetzlich betrachtet, kein Kind einer Jüdin und folglich keine Jüdin. Das wusste fast jeder in der Gemeinde, doch keiner sprach darüber, und die Gojim trauten sich nicht, das offene Geheimnis auszusprechen.

Warum eigentlich? Frau Knobloch lebte mit Juden als Jüdin jüdisch, obwohl sie keine »echte« Jüdin war. Weil sie stets jüdisch lebte, wurde sie zur Präsidentin der Jüdischen Gemeinde gewählt. Das einzig Anstößige daran: die Münchner Gemeinde versteht sich als »orthodox« und wendet amtlich die Halacha – scheinbar – strikt an.

Anfang 2000 bezeichnete mich Charlotte Knobloch öffentlich als Nichtjuden. Also sprach ich, ebenfalls öffentlich, über ihren jüdischen Werdegang. Sie reagierte unverzüglich und bat mich um ein Gespräch. Ich willigte ein. Es überraschte mich nicht, denn Zentralratspräsident Bubis war im August 1999 gestorben. Seine Nachfolge war offen, die Wahl stand unmittelbar bevor. Charlotte Knobloch kandidierte.

Mediator war mein ehemaliger Grundschul-Klassenkamerad aus Berliner Zeiten, Leon Weissberg. Leon war der Junge, dem die Grundschullehrerin, Frau Nolte, 1955 oder 1956, eine Ohrfeige verpasst hatte, über die sich sein Papa flugs beschwerte, was die »Pädagogin« vor den versammelten Schülern bestritt, wobei ich ihr offen widersprach, was Leons Vater so sehr beeindruckte, dass er begeistert meiner Mutter zu ihrer Erziehung gratulierte.

Natürlich schlossen Charlotte und ich Frieden. Sie wusste genau, dass mein Judentum halachisch makellos ist. Ich wusste, dass sie stets jüdisch gelebt hatte, weil sie jüdisch leben wollte, also selbstbestimmt jüdisch ist.

Wer bin ich, um das zu bestreiten? Formal, aus Sicht der Halacha, mag anderes gelten, ich lasse das Recht auf Selbstbestimmung gelten. »Wer Jude ist, bestimme ich!«? Nein, aber wer sich als Jude oder was auch immer selbst bestimmt, ist Jude, wenn man auch als Außenstehender das Recht auf Selbstbestimmung ernst nimmt. Später haben Charlotte und ich (wir duzten uns bald danach) uns oft gestritten und auch wieder ausgesöhnt, aber dabei ging es – nicht selten hart – zur Sache.

Der Nürnberger Hamburger
Dem Nürnberger Arno Hamburger bin ich persönlich nie begegnet. Er wollte es ganz genau wissen, ob ich, als ein aus der jüdischen Gemeinde Ausgetretener, Jude sei oder nicht. Der Jeschiwa (Talmud- und Thora-Schule) »Ateret Kohanim« (auf Deutsch: Krone der Kohanim bzw. Priester) ließ er eine wohltätige Spende zukommen, um prüfen zu lassen, ob ich trotz meiner von ihm aufgelisteten Vergehen Jude sei. Rafael Plaut, Jerusalem, übermittelte die Antwort »von Herrn Rabbiner Aviner« nach Nürnberg am 25. August 1993. Artig bedankte er sich »für Ihre frdl. (=freundliche) Spende … im Namen der Jeschiwa und lege eine entsprechende Quittung anbei«.[28] Ja, in der »Judenschule« herrschte »deutsche Ordnung«.

Das Ergebnis war vorhersehbar, und die »Spende« hätte sich der Gemeindevorsitzende sparen können. Herr Rabbiner Aviner kannte seinen Talmud und die Halacha wirklich. Das bewies schon der erste, entscheidende Satz, in dem er sich ausdrücklich auf Sanhedrin 44a bezog: »Bekanntlich bleibt Israel (=ein Jude), auch wenn er sündigt, immer ein Jude. Daher macht auch eine offizielle Erklärung eines Menschen, dass er aus dem Judentum austritt, in Wirklichkeit ihn nicht zum Nichtjuden, insbesondere, da er in aller Öffentlichkeit verkündet, er sei Jude.«[29] Auf den ersten Blick mutet Außenstehende die talmudische Einordnung jüdischer »Sünder« wie theologischer Firlefanz an. Der Schein trügt. Die Festsetzung der talmudischen Weisen birgt, elegant verdeckt und versteckt, jüdisch-christlichen Sprengstoff.

Der Talmud entstand nach der Zerstörung des Zweiten Jerusalemer Tempels (70 u. Z.) zeitgleich mit dem frühen Christentum. Theologisch warf die Tempelzerstörung die Frage auf, ob »Israel« noch das »Volk Gottes« sei. Das frühe Christentum stand im Wettbewerb mit dem Judentum – und umgekehrt. Israel, so die christliche Polemik, sei nicht mehr Volk Gottes. Das neue Volk Gottes seien die Christen. Ein Anspruch, dem die talmudischen Weisen vehement widersprachen. Dass Tempelzerstörung und Diaspora »Gottes Strafe für die Sünden Israels« seien, hatten die Propheten vorhergesagt. Die Talmudisten konnten und wollten das nicht widerlegen. Folglich suchten sie eine Erklärung dafür, dass Israel (nicht der einzelne Jude) trotz seiner kollektiven Sünden Israel, also Gottes Volk, bleibe. So entstand die Formulierung: »Israel, auch wenn es sündigt, ist bzw. bleibt Israel.« Es heißt nicht: »Auch ein Jude, der sündigt, bleibt Jude.« Dieser Schluss ist freilich zwingend abzuleiten von der Gesamtheit auf Einzelpersonen. Ergo gilt, dass selbst ein so schlimmer Sünder wider Bubis, Knobloch, Hamburger & Co., wie ich, weil als Jude geboren, Jude bleibt. So wurde ich Nutznießer der uralten christlich-jüdischen Rivalität.

Simon Wiesenthal

Es war »Nazijäger« Simon Wiesenthal – anders als sein Ruf ein sanfter Mann und alles andere als ein »Racheengel« –, der mich davon überzeugte, doch wieder der Institution »Gemeinde« beizutreten. Sein Gedankengang: Kein Kollektiv – auch keine Religion, Kult oder Kultur – könne als Kollektiv ohne Institution überdauern. Umgekehrt brauche auch eine kreative Person die Infrastruktur einer Institution. Brav, wie ich allem Anschein zum Trotz bin, trat ich, wie gesagt, der sich orthodox nennenden Münchener Gemeinde (IKG) wieder bei. 2009 schloss ich mich der Liberalen Gemeinde an. Hier atmet man Frischluft.

Wie der »Liebe Gott« zu mir kam

Gegen die Vormachtstellung der Orthodoxie hatte schon meine Mutter aufbegehrt. Meine Eltern waren – ob jener Vormachtstellung grummelnd – der Jüdischen Gemeinde zu Berlin beigetreten. Im Mai 1960 fand meine Bar-Mizwa statt. Aber, so meine Mutter zum Gemeindeboss Heinz Galinski, keinen der erzkonservativen Rabbiner, die allesamt nur Diasporahebräisch sprächen oder duldeten, akzeptiere sie. Um meine jüdische Seele zu retten, ließ Heinz Galinski Rabbiner Max Eschelbacher extra aus London einfliegen. Alle Wolffsohns waren glücklich, denn Rabbi Eschelbacher sah genauso aus, wie wir uns den »Lieben Gott« vorstellten: Weißes Haar und ein langer, weißer Bart …

Jahrzehnte später suchte die Berliner Gemeinde einen liberalen Rabbiner. Wie meine Mutter es schaffte, gegen den Widerstand der Orthodoxen, Rabbiner Tovia Ben-Chorin sozusagen einzuschmuggeln, ist mir noch heute ein Rätsel. Nicht »Wir schaffen es«, »ich schaffe es«, war meist ihr Motto. Dabei hatte sie mich doch gut religiös erzogen. Nicht orthodox, aber fröhlich religiös. »Festgemauert in der Erden« war dabei für sie das Gebot »Ehre deinen Vater und deine Mutter«. Was sie in gewisser Weise als metaphysische Rechtfertigung ihrer irdisch quasi-absolutistischen Erwartungen an den Rest der Familie verstand. Der Sabbat wurde nicht, wie bei den Saalheimers, allfreitäglich und -samstäglich begangen, aber recht oft. Alle sangen gerne, laut und falsch die Gebete. Wir kannten sie gut.

Alljährlich wurde und wird auch in der längst gemischtreligiösen Familie, der Seder, der Beginn des Pessachfestes, gefeiert. Wie einst wird die Haggadah, die Pessachgeschichte, vorgetragen, kommentiert und fast endlos kommentiert. Irgendwann platzt irgendjemandem der Geduldsfaden: »Ich will endlich essen.« Das Lied »Dajenu« (= genug, es reicht) wird, gemäß der Haggadah, erst nach dem Essen gesungen, wenn es jemandem aber, wie fast immer, »reicht«, ruft der oder die: »Dajenu!« Ja, wirklich, es reicht jetzt, sagen die einen. Nein, nein, weiter, ist sehr interessant, die anderen. Irgendeiner spielt dann König Salomon und schlichtet »weise« auf seine Weise.

Als ich sechs Jahre alt war, frisch nach Deutschland importiert, belehrte mich meine Mutter: Buben würden in Deutschland Erwachsenen nicht nur einfach die Hand geben, sondern auch »einen Diener machen«, also den Kopf bei der Begrüßung leicht senken. Ich weigerte mich. Warum? Ich belehrte meine Mutter: In den Zehn Geboten stehe, dass sich Menschen nur vor Gott beugen dürfen. Eins zu null für mich. Nie mehr forderte mich meine Mutter auf, einen Diener zu machen.

Weihnachtsgrüße von Jude zu Jude

Anders als die meisten jüdischen Mädchen jener Jahre durfte, konnte meine (spätere) Großmutter Saalheimer, damals Fräulein Gretel Bickart, vierzehnjährig in der Synagoge »Bat-Mizwa« feiern. In orthodoxen Gemeinden war und ist die Konfirmation von Mädchen ausgeschlossen. Wie »es sich für anständige deutsche Juden gehörte«, für Unternehmer allemal, waren die Nürnberger Bickarts, wie die meisten deutschen Juden jener Jahre, liberalreligiös.

Dem vierzehnjährigen Fräulein Gretel und ihren Mitkonfirmandinnen wurde vom Religionslehrer jüdisches Wissen nach Schema F regelrecht eingetrichtert. Er diktierte so etwas wie ein Jedermann-Handbuch für junge Juden, eine Art Katechismus für Jugendliche, und lieferte die Interpretationen gleich dazu. Die Mädchen pinselten sauber und brav mit. Sie lernten alles auswendig. Rührend und zugleich naiv. Das ist die eine, ganz und gar unemanzipierte Seite.

Die andere: Dass im Jahre 1910 Mädchen jüdisch »konfirmiert« wurden, also Bat-Mizwa feierten, ist durchaus ein Zeichen für die schon damals in Teilen des bürgerlichen Judentums vorhandene religiöse und gesellschaftliche Erneuerungsbereitschaft. Ist also die Form wirklich so zweitrangig, wie ich es andeute? Ist die Form nicht zugleich ein Schutz des Menschen vor dem Menschen, indem sie Regeln schafft?

Wie auch immer, richtig tief war Gretels jüdisches Bewusstsein jedenfalls nicht. Mit 22 Jahren, im Dezember 1917, schickte sie ihrem Vetter Fritz »Weihnachtsgrüße«, gutjüdische Weihnachtsgrüße.

Für Fritz oder Jankel?

Gretels Enkel-Apfel fiel nicht weit vom Stamme. Hier ist der Beweis. Auf dem Pausenschulhof meiner Westberliner Grundschule schlagen sich Fritz und Jakob. Jankel kommt zu mir und fragt, für wen ich sei. Fritz. Jankel enttäuscht: »Aber Jakob ist doch Jude.« Ich belehrte Jankel: Es sei wichtiger, wer »ein guter Mensch« ist, egal, ob Jude, »Katholiker oder Evangeliker«. War ich altklug oder zur Achtung des anderen in seinem Anderssein erzogen? Wohl beides.

Ich denke an den Rom-Reisebericht meines Großvaters Karl Wolffsohn. Auf dem Weg von Israel nach Deutschland besuchte er mit

Recha den Petersdom: »Der Innenraum macht einen atemraubenden Eindruck, den man mit Worten nicht schildern kann. Man muss das selbst erleben! … Obschon wir doch keinen Kontakt mit den religiösen Gebräuchen haben, wird man unwillkürlich beeindruckt und mitgerissen.« [30] Ich danke meinen Großeltern für die Neugier auf und Begeisterungsfähigkeit über andere und anderes.

Im Sommer 1953 kam ich erstmals mit meinen Eltern nach Bamberg. Nicht nur die Familienstätten wurden besucht, selbstverständlich auch der Dom. Nie zuvor war ich in einer Kirche. Noch heute erinnere ich mich an den ersten Eindruck: Dunkelheit, Stille, Würde, nicht fassbar, überirdisch, unheimlich. Ich war tief beeindruckt und doch verängstigt. Die respektvollen Erklärungen meiner Eltern verscheuchten die Unheimlichkeit und erzeugten in mir eine Art Ur-Respekt gegenüber Kirchen und Christentum, ohne dass unser Judentum in Frage gestellt worden wäre. Danke, Aba und Ima.

Jenseits der Wolffsohn'schen Perspektive gibt es in diesem Zusammenhang religionsgesetzlich, historisch und politisch tatsächlich einen Fall mit tieferer Bedeutung: den des französischen Kardinals Jean-Marie Lustiger (1926–2007). In Paris als Kind nach Frankreich ausgewanderter Juden geboren, wurde er in Orléans von einer christlichen Familie während der deutschen Besatzung versteckt und dadurch gerettet. Seine Mutter wurde in Auschwitz ermordet. Er konvertierte noch in Zeiten von Krieg und Holocaust zum Katholizismus und stieg bis zur Kardinalswürde auf. Zeitweilig galt er als »papabile«, als papstwürdig, sprich: möglicher Nachfolger des amtierenden Papstes, damals Johannes Paul II., der schon vom Tod gezeichnet war.

Lustiger bekannte sehr offen, er sei ein katholischer Jude. Er gehöre durch Geburt zum jüdischen Volk, seine Religion sei der Katholizismus. Israels Oberrabbiner Lau hörte diese Botschaft nicht gerne, schob entschlossen die Halacha beiseite und nannte Lustiger 1995 einen »Verräter am jüdischen Volk, in dessen schlimmster Stunde« Man lese Lustigers Gesprächsbuch ›Gotteswahl‹ [31] und entscheide selbst. Ich empfinde wegen so eines Oberrabbiners Scham.

In Notre-Dame de Paris fand die Trauermesse für den Kardinal statt. Er hatte zu Lebzeiten darum gebeten, dass nach seinem Ableben sein

Die Brüder Siegfried, Justus und
Martin Saalheimer (von links) um 1910

Karl Wolffsohn 1931 © ullstein bild

oben: Max Wolffsohn 1919–2000
rechts: Recha Wolffsohn 1886–1972
unten Willi/Zeew Wolffsohn 1916–1991
Alle Fotos um 1930

Thea Wolffsohn mit Michael, daneben Willi/Zeew in Schadmot Dworah

Justus und Gretel Saalheimer 1961 in Tel Aviv

Willi/Zeew
Wolffsohn 1956

Michael Wolffsohn und andere Mitglieder des Berliner Schüler-
parlaments bei Begegnungen mit Ludwig Erhard (oben);
die Redakteure der Schülerzeitung ›Ictus‹ bei Willy Brandt 1965

Eintritt in die israelische Armee 1967

Mit Werken des verehrten Rabbi Shlomo Carlebach 1972

Die Gartenstadt Atlantic um 1928

Die ehemalige Lichtburg, nun Corso-Theater, in den 1950er-Jahren

Vetter, der Frankfurter Unternehmer und Historiker Arno Lustiger, für ihn öffentlich, am Portal der Kathedrale, das Kaddisch, das jüdische Totengebet, auf Hebräisch spreche. So geschah es. Jener großartige Christjude sollte ein »Verräter« am jüdischen Volk sein? Auch sein Vetter Arno war menschlich sowie intellektuell eindrucksvoll, und die Bücher seiner in Frankreich lebenden Tochter Gila sind lesenswert. Gäbe es doch mehr solcher »Verräter«-Familien.

Bleiben wir beim vermeintlichen oder tatsächlichen Verrat. Mein Vetter Joaw, der dritte Sohn von Zeew und Lea Wolffsohn, ist ein wunderbarer, ein wirklich guter Mensch, eine schöne Seele. »A Mentsch« mit einem Herzen aus Butter. Er und seine Frau – o ja, auch »a Mentsch« – waren aufgeklärt fromme Juden. Sie lebten koscher und sie aßen koscher.

Hat Gott meinen Vetter Joaw Ben Zeew (=Wolffsohn) verraten, oder er Gott? Jedenfalls grollt Joaw Gott, denn er hat eine geistig und körperlich schwerbehinderte Enkelin, und seine Tochter verlor zwei Kinder kurz vor dem Entbindungstermin. Wo ist Gott? Warum lässt Gott das zu?, fragt er verzweifelt. Er und seine Frau gehen nicht mehr in die Synagoge, und sie essen auch nicht mehr koscher. Sie sind aber koscher. Wer oder was ist also »koscher«? Was ist Form, was Inhalt?

Hängt jüdisches Sein, hängt jegliche Religion, von der Einhaltung bestimmter Vorschriften und Folkloren ab; zum Beispiel von den Speisegesetzen oder der Beschneidung? Koscher, »jüdisch«, essen ist keine moralisch-religiöse Ethik. Es dient(e) der Trennung zwischen Ethnien, Juden und Nichtjuden. Sie soll(t)en »von Tisch und Bett getrennt« werden. Wer nicht zusammen isst, ist nicht wirklich beieinander. Zum Beischlaf kommt es dann höchstwahrscheinlich nicht. Wenn doch, gibt es eine Notbremse: die Beschneidung. Die Entfernung der männlichen Vorhaut ist eine zusätzliche »Vorsichtsmaßnahme«. Sie macht »notfalls« die Frau darauf aufmerksam, dass Er nicht zum Wir gehört.

Haben die Klugmans das Judentum verraten? Die von ihrem Ehemann David Klugman an der New Yorker Freiheitsstatue verlassene Hermine, geborene Saalheimer, hatte zwei Söhne: Werner und Edgar. Sohn Werner und seine Frau Phila, Tochter eines bis 1939 in Berlin tätigen Rabbiners, traten in Pleasantville, New York, der »Ethical Society« bei. Vom New

Yorker Rabbinersohn Felix Adler (1851–1933) gegründet, versteht sich diese Bewegung sozusagen als Ethik ohne spezifische Religion. An der geistigen Noblesse dieser Bewegung würde ich nie zweifeln.

Meine Verwandten nahmen mich zu einem Sonntags-»Meeting«, »nicht Gottesdienst« mit. Danach ein kleiner Empfang. Die Anwesenden trugen Namensschilder. Ich las: Kohn, Levi, Berliner, Goldstein, Silverman, Heidelberger, Klugman und so weiter. »Sie sind also Juden und als solche Mitglieder der Ethik-Bewegung«, bemerkte ich Herrn Levi gegenüber. Er widersprach freundlich deutlich: »Wir sind vormals Juden«, »formerly Jews«. Aha. Aber sollte diese ehrbare, ehrenwerte, ethische Bewegung vormaliger Juden das Judentum und seine Ethik verraten haben? Abwegig, meine ich.

Ist es Verrat am Judentum, wenn der Sohn eines jüdischen Vaters und einer nichtjüdischen Mutter, selbst konfessionslos, katholisch heiratet, seine Tochter katholisch taufen lässt und diese dreijährig beim Anzünden der Chanukka-Kerzen das Chanukka-Lied »Maoz zur« mit mehr Inbrunst singt als die meisten jüdischen Kinder im jüdischen Kindergarten, nachdem sie »chag sameach«, ein »fröhliches Fest«, wünscht?

Anne Frank, Gott und die Welt

Religion ist mehr als Ethik. Sie ist »von Gott«. Das jedenfalls ist das Selbstverständnis jeder Offenbarungsreligion. Die Perversion der Religion ist Menschenwerk, orthodoxe Menschen eingeschlossen. Dem dreizehnjährigen Mädchen Anne Frank war diese Menschenschwäche wohlbekannt: »Appie Riem ist ziemlich orthodox, aber auch ein Dreckskerl«, notierte Anne am 15. Juni 1942.[32] Seinem Judentum konnte und wollte das Mädchen Anne Frank nicht entfliehen. Aber ihr Weg zum einen Gott führte nicht allein über das Judentum.

Im Dezember 1942 feierten die Franks (wahrscheinlich nicht zum ersten Mal) sowohl das jüdische Channukafest als auch »Nikolaus«. »Channuka und Nikolaus fielen dieses Jahr fast zusammen, der Unterschied war nur ein Tag. Für Chanukka haben wir nicht viel Umstände gemacht … Der Nikolausabend … war viel schöner.«[33] Aha, auch Familie Frank, nicht nur die Bickarts, von denen Gretel ihrem Vetter Weihnachtsgrüße schickte. Und eben auch nicht nur die Franks und die

Bickarts, viele, ganz viele deutsche Juden. Aus diesem Blickwinkel erkennen wir einmal mehr die doppelte Tragödie des deutschen und westeuropäischen Judentums. Teil eins der Holocaust-Tragödie war die sechsmillionenfache Ermordung, die physische Vernichtung. Teil zwei: Die Juden wurden für eine »Sache« ermordet, die längst nicht mehr ihre war: Jüdisches.

Die Toleranz und Akzeptanz, die uns Menschheitsmenschen beglückt, wurde und wird von der jüdischen und christlichen Orthodoxie verworfen. Beide kennen jeweils nur einen Weg zu Gott – ihren. Obwohl ER angeblich derselbe sei. Der Menschen Heil führe nur über die Kirche, sagen orthodoxe Christen, und für orthodoxe Juden ist »minhag hagojim«, das Brauchtum der Nichtjuden, verwerflich, zumindest für den Heilsweg von Juden.

Das Verhältnis Gott–Mensch ist im Judentum anders als im Christentum und unterscheidet sich erst recht von der vermeintlich aufgeklärten Sichtweise der modernen Dienstleistungsgesellschaft, die Gott, polemisch ausgedrückt, als obersten Kuschelvater der Menschheit versteht.

Das Christentum sieht es, vereinfacht, so: In seiner grenzenlosen Liebe zum Menschen hat Gott sein Liebstes, seinen Sohn Jesus, zu den Menschen geschickt, um sie zu (er)retten. Daraus abgeleitet: Gott ist für den Menschen da. Und daraus areligiös abgeleitet: Wenn Gott, dann Gott als oberster Dienstleister der Menschheit.

Totaliter aliter, also ganz anders, das jüdische Grundverständnis: Wenn der Mensch dem Gottesweg folge, der Halacha, erreiche er die wahre Ebenbildlichkeit Gottes, letztlich die höchste Stufe denkbarer Ethik; individuell-menschlich ebenso wie kollektiv-menschheitlich.[34] Folgerichtig sei Religion Dienst des Menschen an und für Gott – und Gott nicht Dienstleister des oder für den Menschen.

»Gottesdienst« ist daher für den Juden »Avodat hakodesch«, wörtlich »heilige Arbeit« bzw. Arbeit für den Heiligen, Arbeit für, Dienst an Gott. Der Mensch dient Gott, um gottgleich zu handeln. Wenn der Mensch gottgleich handelt, verbessert er sowohl sich selbst als auch die Welt. Dieser Dienst an Gott ist zugleich der Weg zu Gott und über Gott die Belohnung des Menschen und der Menschheit durch Gott im Diesseits. Weshalb? Ganz einfach: Weil durch die Beachtung der

Halacha, durch den Dienst an Gott der Mensch, die Menschheit, eben die ganze Welt besser, menschlicher, man müsste eigentlich sagen: göttlicher werde.

»Avodat hakodesch« war historisch, ursprünglich, zur Zeit der beiden Tempel, Arbeit im und am Heiligtum, also Arbeit für den Heiligen, sprich: für Gott. Nach der Zerstörung des Zweiten Tempels (70 u. Z.) wurde Avodat hakodesch in erster Linie, nennen wir es christlich-evangelisch, »Bibelarbeit«: Bibel lernen und lehren, interpretieren, kommentieren und recherchieren – vor allem aber im Sinne der Gebote leben.

Avodat hakodesch ist nicht das stille Gebet des in sich selbst versunkenen Gläubigen, der Gott seine ganz persönlichen Wünsche kundtut. Avodat hakodesch ist seelisch, intellektuell oder auch körperlich durchaus harte Arbeit, sie ist Teil der »vita activa«, des aktiven Lebens, nicht nur der »vita contemplativa«, also des schauenden und beschaulichen Lebens.

»Avodat hakodesch« und »Gottesdienst«, der jüdische und der christliche Begriff, beinhalten, recht besehen, mehr jüdisch-christliche Gemeinsamkeiten als man zunächst denkt. Beide, der jüdische und christliche Begriff, beinhalten einen Auftrag an den Menschen: »Du bist auf Erden, um Gott zu dienen. Gott ist nicht, um dir zu dienen.« Oder »Frag nicht, was Gott für dich tun kann. Frag, was du für Gott tun solltest.« Wer betet und bittet, bekommt? Gott als Buchhalter? Mitnichten. Wir Heutigen machen uns ein falsches Bild vom religiösen Gott-Mensch-Verständnis und -Verhältnis. Wegen Gottes Schweigen wozu auch immer, individuell oder kollektiv, übertragen wir unser Bild von der modernen Dienstleistungsgesellschaft auf unsere Beziehung zu Gott, den wir mit Liebesentzug strafen, wenn er uns nicht gut genug (be)dient. Wer oder was ist Gott? Gibt es IHN? Keiner weiß es, mancher sagt es. Selbst wenn es IHN nicht gibt, ist ER als *das* ethische Leitbild schlechthin zu verstehen, als Abstraktum jenseits der Geschichten über ihn und (angeblich, wie Bibel und Koran) von ihm. Wer an dieses Prinzip (und nicht an den netten alten Herrn mit dem langen weißen Bart) glaubt, danach handelt und es zumindest teilweise (und nie ganz) verwirklicht, erliegt keinem (Aber-)Glauben und macht nichts falsch, weder individuell noch kollektiv.

V

GÖTTERDÄMMERUNG

Jüdische Kriege um und in Deutschland

Antisemiten sind dumm. Sie fantasieren über »jüdische Weltmacht«, »jüdische Weltverschwörung«, »jüdische Einheitsfront«, dass »die« Juden »wie Pech und Schwefel« zusammenhielten. Unheilige Einfalt. Wenn überhaupt ein Klischee ein Körnchen Wahrheit enthält, dann dieses: Kaum ein Gruppenstreit ist so heftig wie innerjüdischer. Schon das Alte Testament berichtet darüber. Nicht zu vergessen Josephus Flavius. Sein ›Jüdischer Krieg‹ über den Aufstand Judäas gegen das Römische Kaiserreich in den Jahren 66 bis 70 bzw. 73 ist ein Klassiker. Ein Klassiker, bezogen auf diesen ganz und gar sinnlosen, hoffnungslosen, selbstmörderischen Krieg sowie bezogen auf innerjüdische Kämpfe, nein, Kriege, selbst angesichts einer weltmächtigen Bedrohung.

Der innerjüdische Dauerstreit, Dauerwettkampf, manchmal Dauerkrieg, sowohl von innen als auch von außen, stärkt Individuen und Kollektiv im Überlebenskampf. Jüdische Streitkultur ist meist heftig und nicht selten mehr Streit als Kultur. Davon erzählt dieses allgemein- und familiengeschichtliche Kapitel.

Zwei jüdische Streitpunkte bildeten nach dem Holocaust den Kern der Auseinandersetzungen. Zum einen war es die neujüdische Gretchenfrage: »Wie hältst du's mit dem neuen Deutschland?« Ein zweiter Streitpunkt: Waren oder sind »wir« – wir als Juden – aufgrund unserer kollektiven Leidensgeschichte, besonders in und gegenüber Deutschland »nach Auschwitz«, individuell, kollektiv oder von Amts wegen als jüdische Personen oder Institutionen eine oder gar die moralische Instanz? Die einhellige Antwort aller Wolffsohns darauf war und ist: Nein. Diese Einstellung ist innerjüdisch, sagen wir, nicht unumstritten.

Der nichtjüdischen Seite war unser Denken und Handeln auch verdächtig. Die neuen Deutschen – nennen wir sie so – fanden es verdächtig, dass wir nicht, wie erwartet, die Rolle des Opfers spielen wollten, das
hofiert werden muss. Somit wollten wir auch keine Absolution bzw.
einen »Persilschein« erteilen. Und wir wollten mit »den« Deutschen
nicht von oben herab mit der moralischen Keule in der Hand, sondern
auf Augenhöhe kommunizieren. Das haben viele als Nähe zur altdeut-
schen Rechten missverstanden oder missverstehen wollen.

Den alten und neuen deutschen Rechten wiederum blieben wir
ebenfalls verdächtig. Wir würden so tun, als seien Juden auch Deutsche
oder gar (bundes)deutschjüdische Patrioten. Mit diesem Vorwurf, der
sogar zu vielfachen Morddrohungen führte, bin ich seit Jahrzehnten
konfrontiert. Dass ich diese Haltung vertrete, sei eine für »die« Deutschen höchst gefährliche Tarnung, eine »hundsfottig« jüdische Täu-
schung, Teil der »jüdischen Weltmacht«. Gesteuert werde dieser »Griff
nach der Weltmacht« von »den« amerikanischen Juden oder der »zionistischen Zentrale in Tel Aviv«. Hierzu gibt es eine, ebenfalls vielfach
erlebte, linke Variante. Danach geht die Veschwörung nicht von allen
amerikanischen Juden, sondern von den jüdischen Neo-Konservativen,
den »Neo-Cons«, die ja zum Beispiel auch George Bush & Co und damit die Welt 2003 in den Irakkrieg getrieben hätten.

Daraus ergaben sich in Bezug auf meine Person zwei Leit- und Leid-
motive. Das rechte lautete: Was hat ein die Deutschen so täuschender
Jude ausgerechnet im Herzen des deutschen Seins, an der Bundes-
wehruniversität, zu suchen? Er »verseuche« doch nur das Denken und
Fühlen »unserer tapferen Offiziere« und überhaupt die deutsche Seele.
Das linke Leitmotiv las sich ungefähr so: Ich würde den »aggressiven,
imperialistischen, zionistisch-israelischen Terrorgeist« in Deutschlands
Gesellschaft und Streitkraft verbreiten.

Für die Zeit vor und nach 1933 sind die wichtigen Akteure, jüdisch
und nichtjüdisch, bestens bekannt. Dazu kann die Familengeschichte
der Wolffsohns nicht viel Neues bieten. Anderes gilt für die Zeit nach
1945/49.

Die alte Bundesrepublik hatte bis 1989 weder ihre geschichts- noch
weltpolitische Position gefunden. Unsicherheit allenthalben: Die 1950er-

Debatten um Westbindung, Wiedergutmachung, Wiederbewaffnung haben das dokumentiert. Gehören die Auseinandersetzungen um die Neue Ostpolitik, zunächst von Kanzler Ludwig Erhard und Außenminister Gerhard Schröder (CDU!, nicht der gleichnamige spätere SPD-Bundeskanzler), dann erst recht der sozialliberalen SPD/FDP-Koalition unter Willy Brandt und Walter Scheel nicht auch in diesen Zusammenhang? Judenpolitisch pikant, wenngleich nicht auf den ersten Blick erkennbar, war 1981/82 unter Helmut Schmidt und Hans-Dietrich Genscher, SPD/FDP, die Frage: »Deutsche an den Golf?«, an den Persischen Golf, um mit den USA eine etwaige Blockade der Straße von Hormuz durch den Iran zu brechen. Um den Iran, aber letztlich auch Israel und damit »die« Juden kreiste seit Januar 1981 auch dieser Streitpunkt: Deutsche Panzer nach Saudi-Arabien? Kanzler Schmidt wollte im April 1981, ausgerechnet in Saudi-Arabien, Deutschland »aus dem Schatten von Auschwitz« treten lassen und den Saudis Leopard-2-Panzer liefern. Anfang Mai 1981 schlug Israels Ministerpräsident Begin zurück. Er machte Helmut Schmidt und »das« deutsche Volk für die NS-Verbrechen mitverantwortlich. In der frühen Kohl-Kanzlerschaft jagte eine geschichtspolitische Kontroverse die andere: Genossen er und seine Altersgruppe die »Gnade der späten Geburt«? Hatten sie also einfach nur biologisches Glück, dass sie nicht Mit-Nazis wurden? Durfte, sollte Deutschland im Juni 1984 den vierzigsten Jahrestag der Alliierten-Landung in der Normandie mitfeiern, also den Anfang vom Ende Hitler-Deutschlands? Kohl wollte, er sollte nicht, er hat nicht, er durfte nicht. Dann der Streit um Bitburg: Sollte, durfte Kohl mit US-Präsident Reagan im April 1985 den Bitburger Friedhof besuchen und dort der Welt, über den Gräbern von Angehörigen der Waffen-SS, Gesten oder Worte der Versöhnung zeigen? Er hat. Es wurde gestritten. Heftig.

8. Mai 1985: Wie des 8. Mai 1945 gedenken? War es Befreiung, Niederlage, Ende, Anfang – was? Dann die Erlösung: Die grandiose Rede von Bundespräsident Richard von Weizsäcker im Bundestag. Im Juni 1986 begann der »Historikerstreit« mit und gegen Ernst Nolte. Der Soziologe Jürgen Habermas war ein, nein, der Haupt-Mit-Mischer. Die Kernfrage des mit intensiver außerdisziplinärer Beteiligung ausgetragenen Historikerstreits lautete: War der millionenfache Judenmord »einzig-

artig«? National und international tobten Wort- und Gesinnungsschlachten. Dann fiel die Berliner Mauer. Ausgerechnet am 9. November. Würden nun »die« Deutschen gerade an diesem Tag nur noch feiern und die »Reichskristallnacht« (die alle seit 1988, dem DDR-Jargon folgend, »Pogromnacht« nennen) vom 9. November 1938 verdrängen und vergessen? Es folgte der (manche sagten: zu) kurze Weg zur Wiedervereinigung Deutschlands am 3. Oktober 1990.

Angst vor Deutschland hatte Hochkonjunktur. Familie Wolffsohn hatte keine. Weder der deutsche noch der israelische oder amerikanische Zweig. Ich veröffentlichte im Sommer 1990 das Buch ›Keine Angst vor Deutschland‹. Ein Griff ins Wespennest.

Kaum vereinigt, musste Deutschland die Frage beantworten, ob es sich am Krieg gegen Iraks Saddam Hussein beteiligen würde. Der Diktator verfügte über biologische und chemische Waffen und stand kurz vor der zweiten Nuklearisierung seines Militärs. Die erste nukleare Aufrüstung war im Juni 1981 von israelischen Kampfbombern beendet worden, was auch in Deutschland (nicht bei den Wolffsohns und anderen, den meisten Juden) zu heftigem Protest gegen Israels Selbstschutz führte. Anfang 1991 verweigerte sich Deutschland im US-geführten Krieg gegen Saddams ABC-Waffen. Der feuerte zur selben Zeit Raketen auf Israel. Deutschland war nicht getroffen, aber betroffen – und sagte Israel die kostengünstige Lieferung atomwaffenfähiger U-Boote zu. Mit dieser deutschen Hilfe sollte Israel in die Lage versetzt werden, einen nuklearen Zweitschlag ausführen zu können. Wenige Monate später, im Juni 1991, begannen die Balkankriege. Sie dauerten bis 1999. Deutschland habe sie durch die vermeintlich allzu rasche Anerkennung der nachjugoslawischen Staaten mit ausgelöst, wurde nicht selten unterstellt. An der Wiederherstellung des Balkanfriedens beteiligte sich Deuschland zunächst nicht. Dann doch. Militärinterventionen? Nein danke. Dann aber ab 1999 doch und schließlich immer mehr und häufiger, sogar, ab Februar 2002, in Afghanistan. Rot-Grün hatte stets vor der »Militarisierung deutscher Außenpolitik« gewarnt, dann aber selbst den Damm durchbrochen.

Die Nerven lagen in jenen Jahrzehnten bei Juden und Nichtjuden bloß, sobald gefragt wurde: Wie hältst du's mit dem neuen Deutschland? Die Wolffsohns waren nicht nur dabei, sie mischten mit. Nicht zuletzt ich. Kleinstakteure in der großen Welt.

»Moralische Instanzen«? Institutionen und Personen
»Kantor Schapiro krächzt wie ein Rabe und ist ein Pollack. Ich bin Deutscher. Mit jennem amtiere ich nicht.« So – und dabei mit vielfach näselnd-verächtlichem »n« in »jenem« – begründete Bambergs nennliberaler Rabbiner Adolf (der Vorname Adolf war damals noch unverfänglich) Eckstein (1857–1935) seine Weigerung, den Gottesdienst mit Kantor Schapiro fortzuführen. Jene Botschaft nicht praktizierter Toleranz ist in mehrfacher Hinsicht erwähnenswert, sie betrifft nicht nur die kleine Saalheimer-Wolffsohn-Welt. Sie ist die Spitze des Eisbergs innerjüdischer »Streitkultur«.

Rabbiner Ecksteins Botschaft zeigt, dass selbst Vertreter des liberalen Judentums gegenüber »Ostjuden« alles andere als dünkelfrei waren. Sie hatten diesen Dünkel angenommen und weitergegeben. Adolf Eckstein war nicht nur Bambergs Distrikts- und Stadtrabbiner, sondern auch für den jüdischen Religionsunterricht am staatlichen Neuen Gymnasium verantwortlich. In diesem Geist erzog er den jüdischen Nachwuchs, der ihn weitergeben sollte.

Ecksteine des Eckstein'schen Denkens scheinen ganz allgemein Vorurteile gewesen zu sein. Als Justus Saalheimer ihn nach der Geburt seiner zweiten Tochter Edith im Herbst 1925 anrief und mitteilte, er habe »noch ein gesundes Kind, ein zweites Mädele«, bedauerte ihn der fromme Mann. »Dass es kein Junge ist, ärgert Sie bestimmt.« Nein, erwiderte Justus: »Mich ärgert, dass wir so einen herzlosen Rabbiner haben. Ich werde dafür sorgen, dass man Sie entlässt.« Tatsächlich amtierte Adolf Eckstein seit 1926 nicht mehr als Bambergs Rabbiner. Tochter Thea begründet es mit dem Einfluss ihres Vaters. Ich konnte die Gründe nicht ermitteln. Justus' Einfluss dürfte nicht ganz unerheblich, wenngleich nicht entscheidend gewesen sein. Die streng hierarchische Synagogen-Sitzordnung mag uns bei der Gewichtung helfen. Opa Justus saß in der zweiten Männer-Reihe. Vorne, aber eben nicht ganz vorne. Einerlei. Auch Rabbiner sind Menschen wie du und ich.

217

Die Spaltung zwischen Ost- und Westjuden bzw. deutschen Juden war nicht nur dünkelhaft und dumm. Sie war tragisch. Das beweist nicht zuletzt das Schicksal von Rabbiner Ecksteins Tochter Helene. Sie wurde 1944 in Auschwitz ermordet. Wie alle Antisemiten kannten die NS-Mörder nur Juden, gleich, ob Ost oder West, deutsch oder nicht. Sie meinten zudem, alle Juden würden immer und überall wie Pech und Schwefel zusammenhalten und sich gegen (versteht sich) wehrlose Nichtjuden »verschwören«.

Grob vereinfacht, aber nicht falsch: Innerjüdischem Streit haftet nicht erst seit gestern etwas Grundsätzliches an. Bei Eckstein-Schapiro war es eine Art »Zusammenstoß der Kulturen«. Zwar innerjüdisch, aber eben mehr als ein Zusammenstoß zweier Kampfhähne.

Warum wird bei innerjüdischem Streit oft mit so harten Bandagen gerungen? Wissenschaftliche Studien hierzu sind mir nicht bekannt. Aufgrund meiner Geschichtskenntnisse und »teilnehmender Beobachtung« (einer von Anthropologen heiß geliebten Methode) wage ich diese These: Jüdische Kontroversen kreisen oft um existenzielle Fragen, um Sein oder Nichtsein. Deshalb sind sie oft heftig, manchmal brutal und hier oder da unfreiwillig selbstmörderisch. Selbst eine scheinbar nur läppisch dünkelhafte Kontroverse Rabbi gegen Kantor.

Viele deutsche Juden meinten, das »schon nach außen sichtbar jüdische« Auftreten »der« Ostjuden provoziere noch mehr Antisemitismus. Natürlich war das ein Fehlschluss, aber so wurde es wahrgenommen, somit gesellschaftlich wirksam – und von existenzieller Bedeutung. Antisemitismus ja oder nein, das betrifft jüdisches Sein oder Nichtsein, und so wird aus einer Lappalie eine Lebensfrage. Umso mehr als durch die historische Addition von Diskriminierung und Liquidation individuelle sowie kollektive jüdische Nerven nicht selten bloßliegen. Das wiederum führt oft zu Überreaktionen besonders bei Fragen, wo es nicht um Sein oder Nichtsein geht, sondern um Nichtigkeiten und Eitelkeiten. Dann wird »mit Kanonen auf Spatzen geschossen«. Vergnügungssteuerpflichtig ist das nicht, schärft jedoch Geist, stärkt Widerstandskraft, taktisches Geschick, Überlebensfähigkeit und schafft dicke Haut für harte Schläge. Dünnhäutige haben das Nachsehen.

Die innerjüdische Geschichte ist voller Belege für Streit, Kontroversen, Konflikte, ja, für innerjüdische Kriege. Man schaue in die Hebräische Bibel: Moses führte »die« Juden aus der Sklaverei. Oft verfluchten sie ihn. Er liebte sie und litt unter ihnen. Die jüdischen Königreiche, Judäa und Israel, führten Dauerkriege. Im Zeitalter des Hellenismus, im zweiten vorchristlichen Jahrhundert, bekämpften jüdisch-partikularistische Makkabäer und universalistisch hellenisierte Juden einander. Kurz danach begann die teils mörderische Kontroverse zwischen den bürgerlich-synagogalen Pharisäern und der aristokratischen Tempelgruppierung der Sadduzäer.

Jesus ja oder nein? Das war zunächst und vor allem eine innerjüdische Auseinandersetzung – mit tödlichem Ausgang. Nachzulesen in den Evangelien des Neuen Testaments.

Als die römischen Soldaten am Ende des Jüdischen Krieges (66–70) vor den Toren Jerusalems standen, kämpften gleichzeitig drei jüdische Gruppierungen gegeneinander. Zeloten und Sicarier machten mit ihren Gegnern, der Friedenspartei, kurzen Prozess ohne Prozess. Schließlich gab es, besonders in der Tempel-Aristokratie, Juden, die mit der römischen Besatzungsmacht eng zusammenarbeiteten. Jeder beanspruchte für sich die langfristig richtige Lösung fürs jüdische Überleben. Den oder die anderen betrachtete jedwede Seite als für das Kollektiv lebensgefährlich. Nachzulesen in Josephus Flavius, ›Jüdischer Krieg‹.

Wir überspringen ein paar Jahrhunderte. Das Licht des großen Philosophen und Theologen Baruch Spinoza versuchte die Jüdische Gemeinde Amsterdams im 17. Jahrhundert zu löschen. Dem Herzens- und Seelenjudentum der Chassidim widersetzten sich seit dem 18. Jahrhundert die Rationalisten, die »Mitnagdim« (= Widersacher), um das »Genie von Wilna«, Rabbi Elijahu (1720–1797). Im späten 19. und frühen 20. Jahrhundert, teils heute noch, verunglimpfen »die« Westjuden »die« Ostjuden« – und umgekehrt. Lange nach 1945 schauten Juden in Israel und der Diaspora verachtungsvoll auf wieder oder immer noch »nach allem« in Deutschland lebende Juden. 1950 wurde sogar ein »Bann« über sie verhängt. Den Legenden zum Trotz ist der jüdische Staat, Israel, kein Schmelztiegel. Spannungen besonders zwischen religiösen und weltlichen Juden euro-amerikanischer und afro-asiatischer Herkunft sowie seit den 1990er Jahren »den« Russen sind Alltag, mal mehr, mal weniger.

Wir springen in den Januar 2016. Die israelische Regierung beschloss, außer den traditionell für Männer und Frauen getrennten Arealen, an der Jerusalemer Klagemauer ein weiteres, gemeinsames Areal für Männer und (!) Frauen zu schaffen. Prompt und plump protestierte der auch sonst nicht gerade vor Geist blitzende sephardische Oberrabbiner der Stadt. Zuvor hatte der Betonkopf Israels Juden als Landes-Oberrabbiner beglückt. Reformjuden, behauptete er, hätten vom Judentum keine Ahnung. Nur er und seine Orthodoxie, versteht sich. Ja, und überhaupt, Reformjuden seien gar keine Juden. Aha, eine seltsame Auslegung des Gesetzes. Halacha à la carte.

Vor diesem Hintergrund werden die Aufzeichnungen Karl Wolffsohns über die Jüdische Gemeinde zu Berlin in den Jahren 1949/50 verständlicher.[35] »Juden gegen Juden. Das Milieu der hiesigen Juden ist ein ganz anderes wie vor dem Krieg. In diesem Milieu kann sich ein deutscher Jude aus Israel nicht zurechtfinden. Diese jetzigen – meist polnischen – Juden fragen nicht nach dem früheren jüdischen Besitzer, wenn sie heute ›billig‹ zu diesem früher jüdischen Besitz kommen können. Und wenn dann ein früherer deutscher Jude seinen Besitz fordert, schreien diese, dass man sie betrogen und hereingelegt hat. Das ist das Milieu, das sind die maßgebenden und führenden Menschen in der Jüdischen Gemeinde Berlin.«

Harte Worte. Und noch mehr davon: »Eine andere Welt. Andere Menschen. Die Gemeinde wird beherrscht von Juden, aber anderen Juden, anders in Tradition, anders in der Durchführung des Gottesdienstes, nichts Würdiges, nichts Erhabenes. Es erinnert an die Zeit, in der Jesus die Kaufleute und Händler aus dem Tempel trieb, weil der Betsaal kein Basar ist und sein soll. Ein anderes Milieu, Menschen aus Polen etc., die viel erlitten und viel durchmachen mussten. Man bedauert, aber kann sich nicht mehr zurechtfinden.«

Bedauern und Mitleid für die Holocaust-Überlebenden empfand auch Karls Sohn Willi. Das war die eine Seite. Mitte der 1980er Jahre urteilte er nicht unbedingt wohlwollender als sein Vater: »Pack« seien die ihm bekannten Berliner Juden.

So hart? Ja. Zu hart? Ebenfalls ja. Allerdings weder bei Karl noch Willi Wolffsohn aus deutsch-westeuropäischem Dünkel. »Pollacken« hätten sie nicht einmal gedacht. Für Karl war es eine völlig fremde Welt. Sie gefiel ihm nicht. Das war's. Bei Zeew/Willi schwang noch die alte Verachtung mit, die jahrzehntelang zum schlechten »guten Ton« der Hauptstrom-Israelis den »ausgerechnet« (!) in Deutschland, im »Land der Mörder«, lebenden Juden entgegengebracht wurde. In ›Meine Juden – Eure Juden‹ habe ich diese hart-harsche Abscheu ausführlich dokumentiert und analysiert.³⁶

Wen wundert's, dass Karl Wolffsohn gar nicht und Max mit seiner Familie erst 1960 in die Jüdische Gemeinde zu Berlin eintrat? Dann jedoch erstieg mein Vater die »Karriere«leiter gemeindlicher Ehrenämter im Eiltempo. Er wurde Vize-Finanz»minister« im Vorstand und schließlich »Gemeindeältester«. Die Jüdische Gemeinde samt Kabale ohne Liebe war sein Leib- und Magenthema. Die Hauptperson war Heinz Galinski, der Gemeindevorsitzende und spätere Chef des Zentralrats der Juden in Deutschland.

Heinz Galinski

Heinz Galinski starb 1992. Es gibt noch keine ernst zu nehmende Biografie über ihn. Auch nicht über seine Vorgänger und Nachfolger. An Darstellungen von Hof- oder Hassbiografen mangelt es nicht. Das deutsch-jüdische Terrain ist aus nachvollziehbaren Gründen noch immer aufgeheizt. Deshalb kann man sich hier die Finger verbrennen und damit die Karriere verbauen. Zeitweilig spielte ich mit dem Gedanken, eine Biografie über Heinz Galinski oder über seinen Nachfolger Ignatz Bubis zu schreiben. Biografien sind nicht mein Genre. Ich verzichtete. Auf nahe gelegenen Forschungsfeldern bekam ich jedoch in diversen Archiven oder Behördenunterlagen Einblicke, die sich auch auf diese beiden sowie andere deutschjüdische Spitzenvertreter bezogen.

So viel ist klar: Deutschjüdische Spitzenvertreter wurden auf der öffentlichen Bühne von den meisten nichtjüdischen Akteuren in der Regel mit Applaus begleitet und als »moralische Instanz« gefeiert. Dies war in hohem Maße Heuchelei. Hinter den Kulissen hatten dieselben Akteure kräftig gegen ebendiese moralische Instanz gefeuert. Sie hätten ihr doch am liebsten, ganz unmoralisch, in den Allerwertesten treten wollen. Ausnahmen bestätigen die Regel. Die Zahl der beteiligten Akteure wuchs im Lauf der Jahre. Bei den meisten Dokumenten endet die Sperrfrist nach 30 Jahren. Man wird sich noch damit beschäftigen.

Über Heinz Galinski wurden viele üble »Informationen« und Gerüchte gestreut. Auch mein Großvater Karl Wolffsohn war dagegen nicht immun. In sein ›Reisetagebuch‹ notierte er im Sommer 1950, Galinski würde mit Vertretern der jüdischen Hilfsorganisation »Joint« (American Jewish Joint Distribution Committee) Kleider- und Lebensmittelpakete, die bedürftigen jüdischen Überlebenden zugedacht waren, verkaufen und den Erlös in die eigene Tasche fließen lassen.[37] Meine Nachforschungen haben diesbezüglich keinen einzigen Nachweis erbracht.

Heinz Galinski, so tuschelte das politische und mediale Deutschland nach dem Fall der Berliner Mauer von 1989/90 bis 1995, sei mit dem Decknamen »Reb« IM (Inoffizieller Mitarbeiter der DDR-Staatssicherheit) gewesen. So oft und von so vielen wurde getuschelt, dass es am Ende geglaubt, doch nie geprüft wurde. Die Fama, das Gerücht, galt ungeprüft als Fakt. Jeder »wusste« es irgendwie, doch kein sonst so mutiger Historiker oder Medienmensch äußerte sich öffentlich. Wer sich darüber ausließe, würde sofort als »Nazi-Sympathisant« dastehen und Karriere-Harakiri begehen.

Damit wollte ich mich nicht abfinden. Ich wollte die Tatsachen kennen und dann benennen. Ob IM oder nicht, die Wahrheit sollte ans Licht, denn nichts ist der politischen Hygiene schädlicher als Heuchelei. Sie zerstört ein wertvolles Gut: Glaubwürdigkeit. Ich machte mich an die Arbeit, hatte allerdings hohe Hindernisse zu überspringen. Kaum einer fand den Mut, meine Nachforschungen zu unterstützen. So mancher meinte, ich wolle mein Mütchen an Galinski kühlen und plane eine Vendetta. Das traf nicht zu, aber äußere Anlässe für einen solchen Verdacht gab es durchaus.

Heinz Galinski kannte ich seit meiner Kindheit. Als junger Erwachsener hatte ich, persönlich von ihm bestallt und gemeindlich bezahlt, in den Jahren 1971 bis 1973 den Kindergottesdienst sowie ein Nach-Bar-und Bat-Mizwa (= Nach-Konfirmations)-Colloquium gegründet und gestaltet. Galinski und ich gerieten oft aneinander. Ich war ihm zu »offen« und wich zu häufig von seiner amtlichen Gemeindelinie ab. Später erweiterten sich unsere Konflikte auf die Felder der Deutschland-, Juden- und Israelpolitik.

Wie mir mehrfach zugetragen wurde, versuchte er, mich öffentlich mundtot zu machen, sprich: aus TV- und Radiosendungen oder aus Kolumnen zu boxen. Wir waren also ziemlich beste Freunde, und das wussten alle. Nicht alle wussten, dass für uns beide dieser öffentliche Schlagabtausch ein zentrales Element einer offenen Gesellschaft war. Galinski galt vielen (gar »den«?) Deutschen als Racheengel. Das war er ganz bestimmt nicht. Er war streng und er hatte keinen Humor, aber er hatte ein makelloses Pflichtbewusstsein. Rache an den Deutschen lag ihm fern. Im Gegenteil, er wollte – und hat! – jüdisches Leben in Deutschland »nach Auschwitz« wiederauferstehen lassen. Mehr als jeder andere. »Ich habe Auschwitz nicht überlebt, um …«, war eine seiner stehenden Redewendungen. Meistens endete dieser »Um«-Final-bzw. Absichtssatz mit »um Hitlers Absichten Wirklichkeit werden zu lassen«. Das war Recht, richtig und keine Rache. Na ja, hier und da gebrauchte er diesen Satz auch als Wortwaffe im Streit mit Unbelasteten, die es »wagten«, ihm zu widersprechen. Wer konnte guten Gewissens einem solchen Satz widersprechen?

Ich ging ihm sicher genauso auf die Nerven wie er mir. Einmal, Anfang der 1970er Jahre, lud ich seine Tochter ins Theater ein. Dabei blieb es. Auch sie hat mein männlicher Charme nicht überzeugt. 1997 verklagte sie mich sogar wegen Verleumdung ihres Vaters. In meinem Buch ›Meine Juden – Eure Juden‹ hatte ich nachgewiesen, dass der Ehrendoktortitel, den er von einer israelischen Universität erhalten hatte, gekauft worden war – in der akademischen Welt alles andere als ungewöhnlich. Vor Gericht bekam ich recht. Aber sie hat mir das nicht verziehen. Anders als ihr Vater ist sie wahrlich nicht israelfreundlich. So ändert sich manchmal von Generation zu Generation die politische Position.

Heinz Galinski war alles andere als der verlängerte Arm israelischer

Außenpolitik in Deutschland. Auf deutschjüdischen Interessen bestand er durchaus. Mutig und klar. Im Jahre 1950 widersprach er öffentlich der Aufforderung der israelischen Regierung sowie der Jewish Agency, dass Deutschlands Juden innerhalb eines halben Jahres das Land der Mörder zu verlassen hätten. 1990/91 setzte er, sehr zum Missfallen Jerusalems, bei der Regierung Kohl/Genscher durch, dass nicht alle Juden, welche die Sowjetunion verließen, automatisch nach Israel müssten, sondern auch und nicht zuletzt nach Deutschland kommen und dort bleiben konnten. Ohne diese demografisch-strategische Weitsicht Galinskis wäre das seinerzeit völlig überalterte und winzige Judentum in Deutschland eher über kurz als lang ausgestorben.

Damals empfand ich es als geschichtspolitisch problematisch, ja, sogar unmoralisch, Israel Juden sozusagen wegzuschnappen. Ohne Israels von den USA seit 1967 und dort besonders von den Senatoren Jackson und Vanik (beide Demokraten) unterstützten Bemühungen wäre es kaum, zumindest nicht in diesem Ausmaß, seit 1974 zur sowjetjüdischen Auswanderung gekommen. Wer auswandern könne, meinte auch ich, habe eine jüdische Verpflichtung, dem jüdischen Staat wenigstens eine Chance zu gewähren, sprich: zunächst nach Israel zu gehen. Galinski und ich fochten diese Meinungsverschiedenheit offen und öffentlich aus. Er obsiegte – und er hatte recht. Sage ich inzwischen.

Heinz Galinski brachte unser Verhältnis denkbar nett und liebenswürdig auf den Punkt. Das sei kurz erzählt. Mein Vater wurde im Juni 1989 siebzig. Er lud zu einem großen Empfang. Natürlich waren Galinski und andere jüdische Amtsträger sowie viele Gemeindemitglieder und zahlreiche Nichtjuden eingeladen, denn seit Jahren saß Max Wolffsohn im demokratisch gewählten Gemeindeparlament als Mitglied der scheinbar ewig »regierenden« Galinski-Fraktion und auch im Gemeindevorstand.

Obwohl Abgeordneter der »Regierungs«fraktion, nervte Max Wolffsohn seinen Gemeindeboss. Berüchtigt waren seine Fragen unter dem Tagesordnungspunkt »Verschiedenes«. Da wollte mein Vater so manches wissen, was Galinski wusste, aber nicht wollte, dass auch andere es wissen. Da mein Vater zudem, wie viele Wolffsohns, eingebaute Nein-sager-Gene trug, zog sich so manches Frage-und-Antwort-Duell in die Länge, was Heinz Galinski missfiel. Galinski und meinen Vater verband eine misstrauische Kooperation oder, wer will, ein kooperatives Misstrauen.

Meine damals knapp neunjährige Tochter Katrin erfuhr, dass Galinski, »Papas Gegner«, auch eingeladen sei. Das wunderte sie. Es wurde ihr erklärt, dass »sich das halt so gehöre«. Die rechte Hand kess in der Hüfte, stellte sich Katrin in der Küche auf: »Dann geh ich eben auf Opas Fest zu Galinski und frage ihn: Herr Galinski, was haben Sie gegen meinen Papa?«

Galinski hatte zugesagt, er kam zum Geburtstagsempfang. Ich fragte Katrin und meine beiden Söhne (Philip damals 12 und Andreas 5), ob ich sie mit Heinz Galinski bekannt machen solle. Nach bangem Zögern: Ja. Wir kamen an Galinskis Tisch: »Herr Galinski, meine Kinder hören zu Hause viel über Sie und möchten Sie persönlich kennenlernen.« »Klar«, sagte er. Dann das: Der 77-jährige »König der deutschen Juden« steht meiner Zwergerl wegen auf: »Na, Kinder, bin ich wirklich so schlimm, wie euer Papa sagt?« Wir waren sprachlos, ich gerührt, denn diese Geste war nobel, charmant, nicht gallig, sondern witzig. So viel menschliche Wärme habe ich bei ihm weder vorher noch nachher erlebt, aber es gab sie eben auch.

Galinskis unerwartete Charmeoffensive ging noch weiter. Erwartet wurde eine kurze Laudatio auf meinen Vater. Sie kam, und er baute eine Brücke zu mir: »Zu Ihrem Sohn, lieber Max. Wir streiten oft, aber bei allem Streit verfolgen wir dasselbe Ziel. Das möchte ich ausdrücklich hervorheben.« Was will man mehr?

Zurück zu IM Reb. Ich wollte wirklich kein Galinski-Hühnchen rupfen, sondern die Fakten erfahren. Die Tuschler und ihre Gesellen machten es meinem Mitarbeiter Stefan Meining (später Redakteur beim Bayerischen Fernsehen) und mir schwer. Wenn, Gott behüte, »alles rauskäme« und sie die Wissensquelle aufgedeckt hätten … »nicht auszudenken, nein, nein …« Doch. Joachim Gauck, damals Beauftragter für die Stasiunterlagen, zuckte nicht mit der Wimper. In meinem Beisein beauftragte er einen Mitarbeiter, bei der Dokumentensuche zu helfen. Der fand nichts, aber ein anderer: Henry Leide, dessen vorzügliches, faktengesättigtes Buch ›NS-Verbrecher und Staatssicherheit. Die geheime Vergangenheitspolitik der DDR‹[38] Jahre danach ebenfalls für Aufsehen sorgte.

Schließlich ergaben Meinings und meine Recherchen, die ich in der ›Deutschland-Akte‹ veröffentlichte: Ja, es gab tatsächlich einen IM Reb. Nein, es war nicht Heinz Galinski, sondern der aus Ungarn stammende zeitweilige Ostberliner Rabbiner Ödön Singer. Er wusste, dass die DDR ihn als jüdisches, »antifaschistisches« Aushängeschild brauchte und ließ darob sogar die Stasi tanzen. Sie durfte ihm manchmal sogar seine Predigten schreiben.[39] Der ungarische Journalist Gábor Szántó hat über ihn, mich und mein die DDR-Judenpolitik enttarnendes Buch einen klugen und boshaft witzigen Roman geschrieben.[40]

Wie die meisten Menschen, teilte Heinz Galinski lieber aus, als einzustecken. Er verwechselte nicht selten Kritik mit Majestätsbeleidigung. Zum 50. Jahrestag der »Reichskristallnacht« fand einmal mehr der geschichtspolitische Schönheitswettbewerb zwischen der Bundesrepublik und der DDR statt. Der Clou des »Ersten (und hoffentlich letzten) Arbeiter- und Bauernstaates auf deutschem Boden« bestand darin, dass Partei- und Staatschef Erich Honecker zwei früher oft und hart gescholtenen Westjuden den höchsten DDR-Orden verlieh: Heinz Galinski und Edgar Bronfman, Präsident des Jüdischen Weltkongresses. Judenpolitisch hieß es am 9. November 1988 dank den beiden jüdischen Spitzenvertretern und trotz der traditionell antijüdischen und antiisraelischen Politik der DDR in der Partie BRD – DDR 0:1.

Ich übte mediale Kritik. Galinski wütete.[41] Ich hätte vorher mit ihm Kontakt aufnehmen sollen. Wozu? Fakten und Ergebnisse waren bekannt. Immerhin räumte er ein, und das war mir neu: »Die von Bronfman nach seinem Besuch bei Honecker gegebenen Erklärungen, die voll waren von Lobhudelei, empfand ich persönlich als ein Ärgernis.«

Er wollte freilich »klargestellt wissen, dass ich überhaupt keine Veranlassung sehe, mich jemandem – auch nicht Ihnen – gegenüber rechtfertigen zu müssen«. Da hatte er absolut recht. Richtig hatte Galinski zudem gehandelt, indem er vor der Entscheidung, den DDR-Orden anzunehmen, im Bundeskanzleramt sondiert hatte, wie das amtliche

Bonn dazu stehe. Natürlich positiv, denn spätestens seit September 1987, dem Honecker-Besuch in der Bundesrepublik, hatte sich das West-Ost-Verhältnis merklich entspannt. Allerdings hatte der judenpolitische Trumpf vom 9. November 1988 für die DDR weltpolitisch nichts bewirkt.

Wieder war die »jüdische Weltverschwörung« gescheitert, doch Galinski fühlte Rechtfertigungsbedarf. Er ließ in der ›Jüdischen Allgemeine‹ ein starkes Geschütz auffahren. Den damaligen Kanzleramtschef Wolfgang Schäuble. Der bestätigte: Ja, alles von Galinski Unternommene sei mit Bonn abgesprochen gewesen. Was nichts an der DDR-Aufwertung und ihrem unverdienten, mit jüdischer Hilfe erworbenen Gedenk-Sieg am 9. November 1988 änderte.

Wer wäre unfehlbar? Nicht einmal der damalige Judenpapst Deutschlands. Heinz Galinski hatte mehr Qualitäten als seine Kritiker, auch ich, seinerzeit wahrnahmen. Neudeutschjüdisches Gemeindeleben ist weitgehend sein Verdienst. Er verdient Dank, Hochachtung und meine Selbstkritik. Ich bin froh, dass ich das wenige Jahre vor ihrem Ableben seiner Witwe schreiben und sagen konnte.

Werner Nachmann
Heinz Galinski hatte zweimal als Vorsitzender des Zentralrats der Juden in Deutschland amtiert. Von 1954 bis 1963 und von 1988 bis zu seinem Tod, 1992. Werner Nachmann »regierte« von 1969 bis zu seinem Tod 1988. Zu Lebzeiten wurde auch er von Bundesdeutschlands Politik und Publizistik unentwegt als »moralische Instanz« gepriesen und gefeiert. Hinter vorgehaltener Hand wurde innerhalb und außerhalb der Judengemeinden getuschelt, Westdeutschlands Oberjude sei in Gelddingen nicht koscher. Eigentlich pfiffen es die Spatzen seit Jahren von den Dächern. Hat ihn Bundeskanzler Willy Brandt deshalb wochenlang nach seinem Regierungsantritt im Oktober 1969 ignoriert und sich im Dezember 1970 geweigert, ihn auf seine kniefallhistorische Warschau-Reise mitzunehmen? Als Gemeindepolitiker hatte mein Vater die eine und andere Begegnung oder Besprechung mit Werner Nachmann. Ob an den Gerüchten etwas sei, wusste er nicht. Er war Nachmann nicht nah genug, um es wissen zu können. Für mich waren diese Gerüchte

jedenfalls mit ein Grund dafür, dass ich Anfang der 1980er Jahre aus der Jüdischen Gemeinde austrat.

8. Mai 1985. Gedenkstunde des Bundestags zum 40. Jahrestag des Kriegsendes. Bundespräsident Richard von Weizsäcker hielt die Rede. *Die* Rede seines Lebens. Unter den Ehrengästen, ganz vorne, Werner Nachmann. Mit Millionen anderen saß auch Familie Wolffsohn in der ersten Fernseherreihe. Damit jeder Depp verstand, wann und wo der Bundespräsident nicht nur moralisch, sondern hochmoralisch Bedeutsames vortrug, zeigte die Kamera bei den entsprechenden Passagen häufig den zustimmend nickenden Werner Nachmann. Aha, Moral, wussten dann Deutschlands Michel und Micheline. Sie wussten und bekamen zugleich den bestmöglichen, fernsehamtlichen Moralsegen Deutschlands: den von Werner Nachmann. Knapp drei Jahre später war Nachmann tot. Deutschland trauerte und pries den Verstorbenen in den höchsten Tönen. Kaum war die Moralinstanz beerdigt, platzte die Moralblase. In den Jahren 1981 bis 1988 hatte er 33 Millionen Mark veruntreut. Das für NS-Opfer als Wiedergutmachung der Bundesregierung gedachte Geld lenkte er lieber in die eigene Kasse. Wo genau die war? Das weiß man bis heute nicht, zumindest nicht offiziell.

Dass daraus kein Zerrbild vom »typischen Juden« wurde, war nicht zuletzt das Verdienst von Heinz Galinski. Noch am Abend des Nachmann-Enthüllungstages sendete das Erste Deutsche Fernsehen einen ARD-›Brennpunkt‹. Im Fernsehstudio des Sender Freies Berlin (SFB) diskutierten unter der Leitung von Chefredakteur Jürgen Engert Heinz Galinski, der zeithistorisch wildernde Althistoriker Christian Meier und ich über den (wörtlich) Fall Nachmann. »Stimmt die Nachricht denn?«, fragte Jürgen Engert Heinz Galinski. Und der: »Ja, leider«, und ging ins Detail. Ohne Überzuckerung, Verniedlichung oder Verlautbarungsblabla. Noch heute bin ich begeistert, wenn ich an diesen Auftritt Galinskis denke. Dabei hatte er vor der Sendung vehement versucht, mir (im übertragenen Sinne) einen Tritt in den Allerwertesten zu verpassen. Um jeden Preis wollte er meinen Auftritt verhindern. Dann komme er nicht, drohte er. »Dann müssen wir leider die Sendung ohne Sie planen«, entgegnete Jürgen Engert. »Zivilcourage« nenne ich Engerts Haltung. Danke, Jürgen Engert.

Solche Methoden setzte Galinski regelmäßig ein. Wer nicht seine Gnade fand, durfte im Weltblatt des Zentralrats, der ›Jüdischen Allgemeine‹, weder veröffentlichen noch erwähnt werden. Zeitweise widerfuhr auch mir dieser Schicksalsschlag. Als mein Name eines Tages doch in der ›Jüdischen Allgemeinen‹ auftauchte, wenngleich nur erwähnt und nicht als Autor, wandte ich mich an Heinz Galinski: »Ich bin entsetzt, denn Ihre Anweisungen werden in der ›Allgemeine‹ offenbar nicht mehr strikt befolgt. Auch ich bin der Meinung, dass Sie diesen Irrtum künftig korrigieren müssen.«[42]

Die ›Jüdische Allgemeine‹ betrieb einen regelrechten Heinz-Galinski-Kult und schmückte ihre Seiten mit zahlreichen Fotos von ihm und all den bedeutenden Menschen, denen er begegnete. Mein Vater machte sich einen Spaß daraus, die Fotos zu zählen. Galinski war öfter in der Zeitung als der japanische Kaiser Hirohito. Manche nannten ihn auch so, obwohl er ja nicht ganz so lange »regierte«. Alljährlicher Höhepunkt des Gemeindelebens war »Kaisers Geburtstag«. Schier endlos schien die Reihe derer, die Seiner Berlinjüdischen Majestät gratulierten. Auch Max und Thea Wolffsohn.

Ich vermute, in Wirklichkeit war Heinz Galinski wohl ein einsamer Mann. Gefürchtet, aber nicht geliebt. Schade, denn so viele hatten ihm wirklich viel zu verdanken.

Im Herbst 1998 strahlte das Zweite Deutsche Fernsehen (ZDF) anlässlich der »Walser-Debatte« um den (wie vielten?) Schlussstrich unter das Holocaustthema eine Podiumsdiskussion aus. Der Schriftsteller Martin Walser hatte in der Frankfurter Paulskirche in seiner Dankesrede zur Verleihung des Friedenspreises des Deutschen Buchhandels ein Zuviel zum und über den Holocaust geradezu wutschnaubend angeprangert. Ignatz Bubis, der Nachfolger von Heinz Galinski, wurde seinerseits wütend. Walser sei ein »geistiger Brandstifter«. Das rief Klaus von Dohnanyi auf den FAZ-Plan. Der einstige SPD-Bundesminister unter Willy Brandt, später Hamburgs Erster Bürgermeister, ein Gentleman vom Scheitel bis zur Sohle, Sohn des von den Nazis hingerichteten Widerstandskämpfers Hans von Dohnanyi, kritisierte den Walser-Kritiker Bubis, was der als »bösartig« empfand. Ich war von

Walsers eher platt polemischer Rede alles andere als begeistert, aber gegen den Brandstifter- oder gar Antisemitismus-Vorwurf nahm ich Walser in Schutz. Guido Knopp, der damalige ZDF-Haushistoriker, plante eine Diskussion zur Deeskalation. Ignatz Bubis und sein Kontrahent Klaus von Dohnanyi konnten sich je einen »Sekundanten« auswählen. Bubis entschied sich für Rita Süssmuth, die langjährige Bundestagspräsidentin, Klaus von Dohnanyi für mich. Als Prellbock, Schiedsrichter oder Vermittler sollte der Grünen-Politiker Cem Özdemir fungieren. »Nicht den Wolffsohn«, verlangte Bubis vom ZDF. Hans-Jochen Vogel, wie Dohnanyi prominenter Sozialdemokrat, wurde vorgeschlagen. Der sei ihm hierfür zu weich, er bestehe auf Wolffsohn, beharrte der Herr aus Hamburg und obsiegte. Zivilcourage. Danke, Klaus von Dohnanyi.

… womit wir bei Ignatz Bubis angelangt wären.

Ignatz Bubis
Ignatz Bubis konnte sehr charmant und witzig sein, er war überhaupt nicht gallig wie »Galle Galinski«. Deutschlands Michel und Micheline atmeten auf. Mein Vater kannte Bubis privat, unter anderem über einen gemeinsamen Freund, den Quizmeister Hans Rosenthal. Sie hatten aber weder geschäftlich noch politisch etwas miteinander zu tun.

Ruhige Gewässer.

Scheinbar, denn 1965 hatte Ignatz Bubis das Grundstück der einstigen »Scala« in Berlin-Schöneberg, Martin-Luther-Straße 14 bis 18, Ecke Fuggerstraße, dem Nazi-Profiteur Boguslav von Garczynski-Rautenberg für 3 Millionen Mark abgekauft.[43] Ob das meinem Vater bekannt war, weiß ich nicht. Ich jedenfalls erfuhr davon erst im Jahre 2015 durch Fabian Riedel, der an der Universität Potsdam über die Arisierung und nicht erfolgte Entschädigung der beiden Variétés »Scala« und »Plaza« promovierte.[44] Angesichts jenes Kaufes dürfte Bubis' jüdisches Gewissen der Familie Wolffsohn gegenüber nicht sonderlich rein gewesen sein. Gewiss, vor einem Geschäftsabschluss muss man über den Verkäufer kein psychologisches Gutachten erstellen oder sich ein polizeiliches Führungszeugnis vorlegen lassen, aber dass Bubis wusste, wer bis 1933 die vorherigen jüdischen Eigentümer waren, ist sicher. Dafür gibt es ein

Grundbuch. Es gibt zwar nicht den Grund für Besitzerwechsel an, doch bei der Nennung der Jahreszahl 1933 sowie der Voreigentümer-Namen muss keiner lange raten. Sie verraten alles. Nicht nur das. Die Rückerstattungsproblematik, also einstige Arisierung, war bei dem Kauf offensichtlich ein Thema, denn die Notarurkunde besagt: Der Verkäufer »versichert, dass hinsichtlich des Kaufgrundstücks keinerlei Rückerstattungsansprüche mehr geltend gemacht werden«.[45] Natürlich nicht, dafür hatte die höchstrichterlich gebräunte Justiz des Bundesgerichtshofs bereits Jahre zuvor gesorgt. Die Ansprüche von Karl und Max Wolffsohn waren in »Rechts«schlachten von 1949 bis 1962 abgeschmettert worden.

In der Notarurkunde wird ausdrücklich darauf hingewiesen, der Kaufmann Boguslav von Garczynski-Rautenberg habe erklärt, »dass er seine nachstehenden Erklärungen nicht im eigenen Namen abgebe, sondern für die Scala Gesellschaft mit beschränkter Haftung«. Haben Käufer und Verkäufer das Grundbuch geprüft? Ja, die notarielle Urkunde lässt keinen Zweifel zu.[46]

Da Bubis und seine Geschäftspartner auf dem Grundstück Wohnungen bauen, also Gutes tun wollten, beantragten sie, gemäß dem Wohnungsbaugesetz, sowohl die Befreiung von den Gerichtsgebühren als auch von der Grunderwerbssteuer.[47] Für solche Wohltaten hatte der Gesetzgeber vorgesorgt. Wer wollte da nicht an Recht und Gerechtigkeit glauben?

In den 1970er und 1980er Jahren hatte sich Bubis nicht nur in Frankfurt am Main den Ruf eines »Immobilienhais« erworben, der, so hieß es, Altbauhäuser rücksichtslos entmietete und luxussanierte. Der deutsche Filmkünstler Rainer Werner Fassbinder hat hierüber das miserable und wirklich antisemitische, weil vor Judenklischees strotzende, Theaterstück ›Der Müll, die Stadt und der Tod‹ geschrieben. Es sollte in Frankfurt im Herbst 1985 uraufgeführt werden. Dazu kam es nicht. Massive Proteste nicht nur der Jüdischen Gemeinde haben Premiere und weitere Aufführungen verhindert. So weit mir bekannt, hat Deutschlands Kultur diesen Verzicht unbeschadet überlebt. Auch Bubis. Im Sommer 1992 wurde er zum Nachfolger Galinskis an die Spitze des deutschjüdischen Zentralrats gewählt. So wurde über Nacht, durchs Amt, der Buhmann zur moralischen Instanz.

Im ARD-›Brennpunkt‹, unmittelbar nach Bubis' Wahl, sagte ich »den« Deutschen zur besten Fernsehzeit, dass »der Makler als Mahner« und »Moralist« unglaubwürdig sei. Zugegeben, die Berufsbezeichnung »Makler« war nicht zutreffend oder sonderlich gelungen, deutete jedoch in die meines Erachtens richtige Richtung. Das Gedankenpaket »Makler-Mahner-Moralist« sollte vor allem diese Gedankenhappen beinhalten: Es drohe bei Bubis eine Vermischung von Moral und Geschäft, privatem und allgemein-jüdischem sowie allgemein-deutschem Interesse.

Es begann ein regelrechter »Medienkrieg« zwischen Bubis und mir, in dem er sich zu der Behauptung verstieg, ich sei kein Jude. Aber damit nicht genug. Bubis hatte noch mehr auf Lager: Ich sei der »Judenreferent der ARD«, der »Vorzeigejude der deutschen Rechtsradikalen« und Mitglied der rechtsextremistischen Partei »Die Republikaner«.[48] Besonders feinfühlig und geschmackvoll war der »Judenreferent«, eine Anspielung auf das »Judenreferat« bzw. »Eichmannreferat«, eine Gestapo-Abteilung im Reichssicherheitshauptamt. Das war ab 1941 die Schaltzentrale für die »Endlösung der Judenfrage«. Aufrichtigkeit sei sein Hauptcharakterzug, hatte Bubis 1994 im Fragebogen des FAZ-Magazins offenbart.

Im November 1992, spätabends an einem Sonntag, traten Bubis und ich in die Kölner TV-Manege des Westdeutschen Rundfunks. Das Studio voller Zuschauer. Ein Blick genügte: Überall organisierte Bubis-Claqueure. Moderator: der erfahrene, üblicherweise souveräne, durch Bubis und mich, durch den folgenden jüdischen Krieg, jedoch völlig überforderte Hans-Hinrich Casdorff. Es wurde eine regelrechte Schlammschlacht, bei der sich Bubis erneut zu der Behauptung verstieg, ich sei kein Jude, weil ich »aus dem Judentum ausgetreten« sei. Wie erwähnt, jüdisch, religiös ist das Unsinn, doch Bubis hatte richtig kalkuliert. Die »Gojim« (Nichtjuden) würden es ihm, dem (Volksmund) »Oberjuden«, glauben. Selbst das Oberlandesgericht Frankfurt ging diesem Unsinn auf den Leim.[49] Noch Klügere verbreiteten die Mär, auf dem Dach meines Hauses sei ein meterhohes (Christen-)Kreuz montiert.

Unter Umgehung des Datenschutzes hatte sich Ignatz Bubis vom Landesverband der Israelitischen Kultusgemeinden in Bayern meine amtsgerichtliche Austrittserklärung verschafft. Er fuchtelte mit der Kopie vor der Kamera herum. Das Publikum johlte. Woher sollte der arme Moderator auch wissen, dass ein geborener Jude immer Jude bleibt, auch wenn er vor einer weltlichen, zumal nichtjüdischen, Behörde seinen Austritt aus der Gemeinde erklärt. Auf das sich den meisten Fernsehrunden anschließende Abendessen oder Büfett haben sowohl Bubis als auch ich verzichtet. Jeder hatte dem anderen den Appetit verdorben.

Der Fernsehkritiker der ›Süddeutschen Zeitung‹ gab sich von der »persönlichen Schlammschlacht« schockiert, wagte aber nicht einmal eine Inhaltsangabe. »Das hätte gerade noch gefehlt: Dass in aller Öffentlichkeit eine Privatfehde darüber ausgetragen wird, wer denn nun der bessere Jude ist.«⁵⁰ Am nächsten Vormittag klingelte mein Telefon. Dieter Wild vom ›Spiegel‹. Große Aufregung in der Redaktionskonferenz. Das Bubis-Wolffsohn-Gemetzel gehe offenkundig weit über persönliche Abneigungen hinaus. Der Streit gelte erkennbar und grundsätzlich dem deutschjüdischen Sein, jüdischen Personen und Institutionen. Sein Magazin wolle dem Problem ohne Sensationslust und Häme auf den Grund gehen. Ob ich zu einem ausführlichen Gespräch bereit sei. Ich war. Natürlich.

Bei mir zu Hause und danach im Restaurant sprachen wir vom frühen Nachmittag bis in die Nacht. »Lassen Sie Milde mit mir walten«, bat ich Dieter Wild beim Abschied. Das Thema sei viel zu ernst und wichtig, um zu polemisieren, erwiderte er. Eine Woche später erschien ein tiefsinniger, ausgewogener, völlig unpolemischer, mehrseitiger Artikel. Er verdeutlichte, dass hier zwei deutschjüdische Nachkriegswelten aufeinanderprallten. Hie »moralische Instanz« von Amtes und der Geschichte wegen, dort die Nachkriegsgenerationen auf Augenhöhe, ohne kollektiv zuzuordnende Moral. Danke, Dieter Wild, und, ja, Dank dem ›Spiegel‹.

Ebenfalls am Montag nach jenem WDR-Sonntagabend kam noch ein bemerkenswerter Anruf. »Guten Tag, Herr Wolffsohn, hier Rrrrrrr-reich-Rrrranicki.« Marcel Reich-Ranicki fiel mit der Tür ins Haus und verkündete, unschlagbar charmant sowie keinen Widerspruch duldend, dass der jüdische Krieg Bubis–Wolffsohn unverzüglich zu beenden sei. Jüdische Kriege schadeten in erster Linie den Juden, beteiligten und unbeteiligten. »Denken Sie an Josephus Flavius«, appellierte Deutschlands jüdischer Literaturpapst. Für so weltbewegend hielt und halte ich weder Bubis noch gar mich, aber literarisch und historisch traf MRRs geschichtsmoralischer Hinweis den Kern der Sache. Zwar waren Bubis und ich nicht mit einer so großen Aufgabe wie der Verteidigung Jerusalems betraut, aber diese Schlammschlacht diente keinem. MRR war bereit, zu vermitteln. Ich solle nach Frankfurt kommen. Seine Frau werde Tee und Pralinen vorbereiten. Auch ich musste, bevor ich den Tee bekam, den obligatorischen Test absolvieren, ob ich wisse, welche Schriftstellerporträts an der Wohnzimmerwand hingen. Ich wusste.

MRR verfügte den sofortigen Waffenstillstand. Bubis gehorchte, ich gehorchte. Obwohl Bubis über einen Teil der Begründung nicht glücklich gewesen sein mag: »Wolffsohn ist jünger als Sie, sieht besser aus, und er kann besser Deutsch.« Der Macht des Dompteurs beugt sich der Löwe. Nach außen hielt sich auch Bubis an die Vereinbarung. Hinter den Kulissen wetzte er weiter das Messer. Aber der öffentliche Krieg war beendet. Die folgenden Scharmützel zählten nicht. Bubis und ich trafen kurz vor Weihnachten 1992 in der Halle des Münchener Hotels Bayerischer Hof zusammen und rauchten, wie es sich für zwei Juden gehört, direkt neben dem riesigen Weihnachtsbaum die Friedenspfeife. Bubis entschuldigte sich für die Nettigkeiten, die er mir zuvor öffentlich entgegengeschleudert hatte.[51] Dieses Muster kennen viele, die in der Öffentlichkeit stehen. Die maßlosen Attacken werden öffentlich geritten, die mündlichen Entschuldigungen folgen relativ schnell – privat und von der Öffentlichkeit unbemerkt, manchmal sogar schriftlich. Mit den papierenen Entschuldigungen kann man dann die eigenen Wände tapezieren. Die Außenwirkung ist natürlich »durchschlagend«.

Das Ende unserer direkten Beziehung entsprach dem Anfang. Es tobte wieder ein jüdischer Krieg. Den konnte auch das Charisma von Marcel Reich-Ranicki nicht verhindern. Abgesehen von der persönlichen Chemie gab es zwischen uns handfeste inhaltliche und ethische Gegensätze. Sie summierten sich Mitte der 1990er Jahre, eine Mischung aus tagesaktuellen und historischen Streitpunkten. Beide kreisten um Fragen von Moneten und Moral und hatten zunächst scheinbar mit Bubis und mir weniger als nichts zu tun. Der Schein trügt.

Nazigold, Nazigeld, Dresdner Bank und Deutsche Bank

Ausgelöst vom Jüdischen Weltkongress, bewegte seit Mitte der 1990er Jahre das Thema »Schweiz, Schweizer Banken, Naziherrschaft, Nazigeld und Nazigold« national und international die Gemüter. Dieser Komplex führte, versteht sich, zur Frage nach wirtschaftlicher und politischer Wiedergutmachung für die Betroffenen oder deren Nachfahren. Es bedarf keines Logikkurses, um zu vermuten, dass diese Debatte schnell auf Deutschland überschwappte: Wie hatten sich deutsche Banken in und nach der NS-Zeit verhalten? Hatten sie ihre Rollen »aufgearbeitet« und ihrerseits Wiedergutmachung welcher Art und wem auch immer geleistet? Sie hatten nicht und wenn doch, unzureichend. Nun saßen sie auf der Anklagebank. Schnell handelte die Deutsche Bank. Sie setzte eine internationale Expertengruppe ein, die wissenschaftlich untersuchen und antworten sollte.

Die Dresdner Bank, Bubis' Hausbank, zögerte zunächst. Nicht nur über die Verwendung, sondern nicht zuletzt über die Herkunft von Gold und Geld bzw. Kontenbesitzer wurde spekuliert und recherchiert. War es »nur« – schlimm genug – einfaches Raub- und Beutegut der Nazis, oder war es – noch schlimmer –, wie manche munkelten, zum Beispiel auch Zahn- und anderes Gold, das den Opfern der Vernichtungshöllen wie Auschwitz vor ihrer Ermordung entwendet worden war? Wie und von wem wurde es nach dem Zivilisationsbruch des NS-Terrors verwendet? Wer betrieb nach 1945 in und für Deutschland Goldhandel? Die Antwort auf die letzte Frage musste nicht lange gesucht werden. Ignatz Bubis hatte sie in autobiografischen Zeugnissen längst beantwortet. So 1993: »Wir haben das Gold in München eingekauft und nach Pforzheim verkauft.«[52] Mehr Einzelheiten nannte er 1996: »Für die deutsche Schmuckindustrie gab es damals keine Möglichkeit, in Deutschland Gold zu kaufen, denn der Handel mit Feingold war ... für Deutsche verboten. Unsere Firma übernahm in München Gold, das vermutlich illegal aus der Schweiz kam, und leitete es an Scheideanstalten in Pforzheim weiter, die daraus Bleche und Drähte fertigten. Diese wiederum wurden an Firmen weiterverkauft, die Schmuck herstellten, oder auch für Zahngold verwendet.«[53]

Die Edelmetallindustrie hatte im Bundesfinanzministerium für Bubis eine Ausnahmegenehmigung durchgesetzt. Sie ermöglichte es ihm, dass er »Gold besitzen durfte, ohne angeben zu müssen, woher es käme. »Kein Mensch kontrollierte mich ... Wir hatten ein Monopol. Das blieb so bis 1953.« Dann »fiel unsere Monopolstellung weg. Ich bekam zu dieser Zeit auch Probleme mit der Steuerbehörde. Plötzlich sollte ich vier Prozent Umsatzsteuer für etwa drei Jahre nachzahlen. Das ergab eine derart immense Summe, ca. acht Millionen DM, dass ich wahrscheinlich heute noch zahlen müsste. Die Firmen Degussa und Heraeus, mit denen ich zusammenarbeitete, erreichten schließlich, dass ich davon befreit wurde.«[54] Bald verlegte Bubis seinen Firmensitz nach Hanau, dem »Hauptsitz« von Heraeus, wo auch die Degussa eine Niederlassung hatte. »Ich wickelte meine Aufträge allerdings in erster Linie über die Degussa Pforzheim bzw. Frankfurt ab«, hatte Bubis seinem (»Auto«-) Biografen Peter Sichrovsky anvertraut.[55]

Kurz nach Erscheinen des Buches kam es zum Zerwürfnis zwischen beiden. Sichrovsky, ein österreichischer Jude, kam als Mitglied der rechtsnationalistischen Haider-Partei FPÖ ins Europäische Parlament. Das war Bubis natürlich hochnotpeinlich, zumal er ihm auf Seite vier des gemeinsamen Werkes geradezu überschwänglich gedankt hatte.

Degussa – von Zyklon B und Zahngold zur Aufarbeitung
Was gingen die Wolffsohns die Degussa-Geschäfte von Bubis an? Persönlich und privat nichts, politisch und historisch so viel wie jeden anderen Menschen auch. Die Degussa handelte mit Gold, auch während der NS-Zeit. Nun ja. Aber nicht nur das. Erstens: Ein Degussa-Tochterunternehmen, die »Deutsche Gesellschaft für Schädlings(!)bekämpfung«, hatte den NS-Vernichtungshöllen das mörderische Zyklon-B geliefert. Zweitens: Die Degussa war im Dritten Reich auch am Einschmelzen von Schmuck- und Zahngold der Holocaust-Opfer beteiligt. Das war 1995/96, als Bubis an seiner Autobiografie arbeitete, bekannt. Da lag doch zumindest die (selbst)kritische Frage nahe, woher denn das Nachkriegs-Degussa-Gold stammte. Darauf hatte er verzichtet. Ebenso wie 1965, als er – wirklich ohne nachzufragen oder nachzuschauen? – vom Arisierungsprofiteur Boguslav von Garczynski-Rautenberg das Karl Wolffsohn und seinen Partnern ns-geraubte Berliner Scala-Grund-

stück erwarb. Immerhin hatte sich aber der Jüdische Weltkongress, dessen Vizepräsident Bubis 1998 wurde, seit 1995 um Aufklärung und Entschädigung für Nazigold, Nazigeld und Zwangsarbeiterentschädigung durch Deutschland und die deutsche Wirtschaft bemüht.

Auf die Idee, dem nachzuspüren, waren außer mir auch andere gekommen. Aber erst nach Bubis' Tod kam Licht ins Dunkel. Ganz ausgeleuchtet wurde das Problem trotzdem bis heute nicht. Weder der Journalist Christian von Hiller (erst ›Le Monde‹, dann ›Welt‹, ›Frankfurter Rundschau‹, ›Wirtschaftswoche‹ und ›FAZ‹) noch der Potsdamer Scala-Plaza-Doktorand Fabian Riedel oder Deutschlands Nummer-eins-Investigativ-Journalist Hans Leyendecker[56] erhielten von der Degussa Aktenzugang. Von mir ganz zu schweigen.

Meine immer wieder unterbrochenen Recherchen zogen sich rund dreizehn Jahre hin. Das war auch der Familien- und persönlichen Geschichte geschuldet. Am 13. November 2000 hatte ich von der damaligen Leiterin des Degussa-Archivs Frankfurt die Auskunft erhalten, sie sei bezüglich Ignatz Bubis »nicht fündig geworden«.[57] Das war kaum zu glauben, denn Bubis hatte, wie er selbst bezeugte, bis 1953 das Goldimportmonopol für die Degussa. Die neue Archivleiterin wurde indessen fündig. Das ließ hoffen, doch nichts wurde offen. Am 9. Mai 2011 wies sie mich »der guten Ordnung halber« darauf hin, »dass Familie Bubis gebeten habe, diese Akten nicht öffentlich zugänglich zu machen, und dies erst jüngst wiederholt (habe). Frau Bubis als Witwe des Verstorbenen ist auch berechtigt, die Persönlichkeitsrechte ihres verstorbenen Ehemannes geltend zu machen. Postmortale Persönlichkeitsrechte sind umso länger zu beachten, als der Verstorbene eine bekannte und bedeutende Persönlichkeit des öffentlichen Lebens war. Dies ist bei Ignatz Bubis der Fall. Im Einklang mit gesetzlichen Regeln und der höchstrichterlichen Rechtsprechung sind wir auch als Unternehmen deshalb verpflichtet, die weiterhin bestehenden Persönlichkeitsrechte des Verstorbenen zu wahren. Ein Zugang zu den entsprechenden Akten kann Ihnen deshalb nicht gewährt werden. Wir bitten um Verständnis.«[58]

Den gleichen Bescheid erhielt Christian von Hiller, damals ›FAZ‹-Redakteur. Er war erstaunt und antwortete prompt: »Ihren Verweis auf die besonderen Persönlichkeitsrechte von Herrn Bubis kann ich nicht nachvollziehen. Denn erstens lebt er ja nicht mehr, und zweitens ist er nun einmal eine Persönlichkeit der Zeitgeschichte. Aus dem Presserecht kenne ich das genau umgekehrt: Personen, die im öffentlichen Interesse stehen, und Persönlichkeiten der Zeitgeschichte haben geringere Persönlichkeitsrechte. Niemand hatte ja Herrn Bubis gezwungen, sich dem öffentlichen Interesse auszusetzen. Aber nachdem er das ja aus freiem Willen und über Jahre hinweg getan hat, müssen sich seine Nachfahren nun damit abfinden, dass er im öffentlichen Interesse steht. Dass Sie der Familie Bubis einen Gefallen tun wollen, ehrt Sie. Wissenschaftlich und journalistisch ist Ihre Auskunftsverweigerung jedoch nicht verständlich.«[59]

Wohin man schaut oder hört – Mauern des (Ver-)Schweigens. Nicht nur bei der Degussa. Wohlmeinende Normen- und Wertesetzer sowie Normen- und Wertevertreter, sprich: die funktionalen Eliten, die fürs Setzen oder Einhalten der Normen verantwortlich sind, wollen auf diese Weise sowohl einzelne jüdische Spitzenvertreter als auch das jüdische Kollektiv schützen. Das ist ein Irrweg. Ihr Verschweigen wirkt anders. Von einzelnen, wenigen inkorrekt handelnden Juden schließen Krethi und Plethi, die ohnehin »etwas läuten hören«, auf die Gesamtheit der Juden. Das Verschweigen der Normenverantwortlichen belohnt und motiviert die wenigen Normenbrecher und bestraft diejenigen, welche die Normen einhalten. Die Werteverantwortlichen unterhöhlen die Werte auf diese Weise. Durchaus in guter Absicht. Aber sie sägen sich den Ast ab, auf dem sie sitzen und, wichtiger, die wertegesteuerte Gesellschaft sitzt. Einmal gebrochen, hält kein Damm. Wo und wenn das Recht nicht für alle gleichermaßen gilt, wird der Rechtsstaat von denjenigen ausgehebelt, die für sein Aufrechterhalten verantwortlich sind.

Das werteauflösende Denken und Handeln der Verantwortlichen ist keineswegs auf Juden beschränkt. Lange wurde in der deutschen Kriminalitätsstatistik die Herkunft ausländischer Krimineller verschwiegen. Man wollte ja »nicht ausländerfeindlich« oder »rechtsextremistisch« sein. Wer so denkt und handelt, meint es gut, untergräbt jedoch das Vertrauen in die Volksvertreter. Dann schlägt die Stunde der Volksverhetzer.

Kennzeichen jüdischer Minderheiten war seit jeher gerade ihre strikte Gesetzes- bzw. Staatstreue.»Landesrecht gilt«,»dina demalchuta dina«, das gilt seit den biblischen Propheten. Am Maßstab jener Prophetentradition müssen auch und gerade Vertreter der Judenheit gemessen werden.

Die bundesdeutsche Degussa hat ihre ns-deutsche Vergangenheit wissenschaftlich, kritisch sowie unter moralisch, geschichtspolitisch einwandfreien Vorgaben durchleuchten, doch 1945 enden und sich dafür feiern lassen.[60] Bis heute kein Wort über Degussa-Gold von 1945 bis 1953.»Die Welt ist eine Bühne.« Selbst wenn die Erstfassung eines Schauspiels Tragödie war, kann die Zweitfassung zur Komödie entarten. So auch im Degussa-Geschichtstheater.

Universität Passau, Sommer 2006. Der Degussa-Vorstandsvorsitzende Utz-Hellmuth Felcht sprach von der Verantwortung deutscher Unternehmen, ihre NS-Geschichte untersuchen und darstellen zu lassen, um daraus moralisches Handeln in Gegenwart und Zukunft abzuleiten. Wie wacker. Er weckte meine Neugier. In einem Brief fragte ich den hohen Degussa-Herrn, weshalb die Geschichte des Degussa-Goldes nach 1945 noch tabu sei und die diesbezüglichen Bubis-Akten gesperrt. Er antwortete nicht, versuchte aber, mich über einen gemeinsamen Bekannten zu besänftigen.

Die äußerliche und innerliche Runderneuerung der Degussa gilt deutsch-amtlich-moralisch als so vollendet, dass Michael Jansen von 1990 bis 2004 sowie, nach einem Zwischenspiel als Staatssekretär von Bundespräsident Horst Köhler, erneut 2008 Vorsitzender des Kuratoriums der Stiftung»Erinnerung, Verantwortung, Zukunft« (EVZ) wurde. Die EVZ ist ein im Jahre 2000 in die Welt gesetztes»Kind« der Bundesregierung und der Stiftungsinitiative der deutschen Wirtschaft. Sie übernahm die sehr späten und unter weltweitem politisch-moralischem Druck vollzogenen Entschädigungszahlungen an die überlebenden Zwangsarbeiter der NS-Herrschaft in Europa. Wie es im schönen Amtsdeutsch heißt, fördert sie»Projekte zur Versöhnung«. Diese kommen meistens Sozialwissenschaftlern im In- und Ausland zugute, die zum Beispiel auf Tagungen die Stühle wärmen. Wie zu erwarten, werden, so meine mehrmalige Erfahrung, jene Projekte von Geschichtsbürokraten verwaltet. Das ist höchst bedauerlich, denn einige deutsche Manager –

ich denke, wieder aus eigenem Erleben, vor allem an Manfred Gentz (ehemals Daimler-Chrysler-Finanzchef) – haben sich für jene Stiftung nicht aus politischem Opportunismus, sondern mit Leib und Seele eingesetzt.

Voller Stolz hatte mir Michael Jansen in seinem Büro als Staatssekretär des Bundespräsidenten das dickleibige Buch über die Degussa im Dritten Reich geschenkt. »Und die Goldstory danach?«, fragte ich. Höflich verwies er mich ans Degussa-Archiv. Ausgang bekannt.

Rechtsstaat DDR?

Der Goldhandel, so berichtet Bubis in seiner Autobiografie mit geradezu offensiver Offenheit, sei Grundlage seiner späteren Geschäfte gewesen, und außerdem betätigte er sich im Ost-West-Schwarzhandel der Nachkriegsjahre. Daraus macht er kein Geheimnis. Weshalb auch? Schwarzhandel war in den Nachkriegsjahren üblich und überlebenswichtig. Er war, wenn man so will, auch quasi die erste Form christlich-jüdischer Zusammenarbeit.

Eines Tages wurden Bubis und seine Partner von den DDR-Behörden gefasst, vor Gericht gestellt und zu teils langjährigen Gefängnisstrafen verurteilt. Bubis in Abwesenheit. Er war klug genug, rechtzeitig die DDR nicht mehr zu betreten. Das Dresdner Gericht verkündete am 15. September 1951 sein Urteil:[61] Zwölf Jahre Zuchthaus, Vermögenseinziehung, Einziehung eines geschätzten Gewinns von 252 000 Mark.

Von einem Gericht des Unrechtsstaates DDR verurteilt worden zu sein, ist im Prinzip ein moralischer und rechtlicher Ritterschlag. Dachte ich. »Im Prinzip« ja. Anfang 1995, ich arbeitete an meinem Buch ›Die Deutschland-Akte‹ über die Juden- und Israelpolitik der DDR, erfuhr ich, dass Bubis, wie viele andere im vereinigten Deutschand, aus welchen Gründen auch immer, beantragt hatte, das damalige DDR-Urteil aufzuheben. Das war mir unverständlich, denn – siehe Ritterschlag. Sei's drum. Natürlich, so meine Erwartung, sei das Urteil unverzüglich aufgehoben worden. Nicht, weil Bubis inzwischen Deutschlands »Chefjude« war, sondern weil DDR-Unrecht im Rechtsstaat Bundesrepublik kein Recht sein kann.

Ich begann meine Nachforschungen sowohl beim Landgericht

Dresden als auch beim damaligen Justizminister Sachsens, Steffen Heitmann.[62] Der Landgerichtspräsident antwortete höflich und zuvorkommend. Er bezog sich auf einen von mir »behaupteten Rehabilitierungsantrag« und hegte den »dringenden Verdacht«, ich interessierte mich nicht für die Sache, sondern »in 1. Linie die Person von Herrn Bubis … Gerade deren Schutz gebietet mir die Vertraulichkeit; dieser Persönlichkeitsschutz geht Ihren wissenschaftlichen Absichten vor.« Wie gesagt, eine vollendet höfliche Antwort. Trotzdem: Irgendwie und irgendwo zwickte und zwackte den Präsidenten sein Gewissen oder was auch immer. Da ihm mein »Anliegen«, ein wissenschaftliches Buch über die Judenpolitik der DDR zu schreiben, »sehr gewichtig« erschien, habe er »nachforschen lassen, ob im Zusammenhang mit dem Namen Ignatz Bubis bei dem Landgericht Dresden Akten vorhanden sind, die auf die ›Judenpolitik der DDR‹ Rückschlüsse zulassen. Ich versichere Ihnen hiermit, dass keine derartigen Unterlagen gefunden worden sind.«[63]

Beim Justizminister Sachsens, Steffen Heitmann, hörten sich die Aktenauskünfte geringfügig anders an. Es sei ihm »völlig neu«, dass die Akten »1993/94 nicht auffindbar gewesen sein sollen«. Das Dresdner Gericht habe sich mit Bubis »geeinigt, das Verfahren ruhen zu lassen«. Journalisten »hätten aber Zugang zu dem ganzen Vorgang, weil Bubis eine Person der Zeitgeschichte« sei.[64] Identisch die Information, die ich von Hessens ehemaligem Justizminister Christian Wagner erhielt.

Verschollen, versteckt, wie auch immer. Unter dem neuen Dresdener Landgerichtspräsidenten wurden die Akten gefunden. Sozusagen amtlich. Anfang 1998 stellte Ignatz Bubis einen neuen Antrag auf Rehabilitierung.[65] Weshalb, wozu? Man hatte sich doch Jahre zuvor verständigt, das Verfahren ruhen zu lassen. Jedenfalls blieb die Rehabilitierung aus. Das bestätigte mir am 16. Juni 1999, wenige Wochen vor Bubis' Tod, Sachsens Justizminister Heitmann.

Zwei Gewinner: Bubis und die Deutsche Bank

Mitte der 1990er Jahre war ich auf Einladung meines geschätzten und gelehrten Kollegen Lothar Gall Vortragsgast der hochnoblen »Frankfurter Gesellschaft für Handel und Industrie« im Edelviertel Westend. Die High Society Frankfurts gab sich ein Stelldichein. Dass Ignatz Bubis

Mitglied jener Gesellschaft war, verstand sich von selbst. Was sich für mich nicht von selbst verstand, war das Verhalten einiger Herrschaften. Es waren nicht wenige, die sich an meiner Brust über die »Usancen« von Ignatz Bubis ausweinen und mich als Klagemauer benutzen wollten. Das fand ich ungehörig. Bubis sei ihr Mitglied, ich Gast und würde mich nicht in ihre inneren Angelegenheten einmischen. Es war so typisch bundesdeutsch: Nach außen, politisch korrekt, schmückte man sich mit dem Vorzeigejuden, hinter vorgehaltener Hand verfluchte man ihn. Mich weihte man ein, weil man wusste, dass Bubis und ich nicht glücklich verheiratet waren.

Bubis fand auch echte Partner. Sein Frankfurter Doppelhochhaus Ulmenstraße 37 bis 39 stand 1995, weil in einem desolaten Zustand, fast leer und galt als unvermietbar. Eigenmittel für die notwendige Sanierung oder Modernisierung hatte Bubis nicht mehr. Dieses Haus war nicht irgendein Gebäude im Frankfurter Westend. Es war in den frühen 1970er Jahren sozusagen der Austragungsort des Spontiprotestes von Daniel Cohn-Bendit, Joschka Fischer und anderen Gesinnungsgenossen gegen Luxussanierungen und den Wandel des Viertels zum Bankenzentrum. Bubis' Ulmenstraßenhaus war, wörtlich, Stein des Anstoßes und Anlass für Rainer Werner Fassbinders Theaterstück.

In seiner, wie sich nach seinem Tod herausstellte, finalen Wirtschaftsnot[66] half ihm – wie sich später zeigte: vergeblich – die Deutsche Bank. Ganz selbstlos handelte sie nicht, denn seit 1995 waren bekanntlich nach den Schweizer auch die deutschen Großbanken in geschichtspolitische Not geraten. Im USA-Geschäft, besonders bei »den wohlhabenden Juden der Ostküste«, drohte wegen der damals noch nicht abgeschlossenen Zwangsarbeiterentschädigung Ungemach. Einmal mehr zogen NS-Wolken über den bundesdeutschen Himmel. Doch die Deutsche Bank war weitsichtig. Sie hatte, wie erwähnt, »schon« 1995, zum 125-jährigen Jubiläum, eine wissenschaftliche Untersuchung über die Rolle des Finanzinstituts im Dritten Reich veröffentlicht und weitere Studien in Auftrag gegeben.

Im Juli 1998 mietete die Deutsche Bank in der Ägide Rolf Breuer für sein »Baby«, »Deutsche Bank 24«, die Etagen 1 bis 11 plus 14, also zwölf von insgesamt achtzehn Doppeletagen, jenes Bubis-Hauses. Der Quadratmeterpreis von 38 DM entsprach dem Frankfurter Durchschnitt.[67] Großzügig übernahm die Deutsche Bank die Renovierungsarbeiten. Die Mitarbeiter grollten, besonders diejenigen, die ins Bubis-Gebäude ziehen mussten, denn selbst nach der Sanierung war das Gebäude wenig ansehnlich.

Das Bankhaus handelte so wenig selbstlos wie der Zentralratspräsident. Das Finanzhaus wollte das US-Geldinstitut Bankers Trust kaufen und mit ihm fusionieren. Die amerikanischen Behörden machten ihre Genehmigung dafür von der Zustimmung des Jüdischen Weltkongresses (JWK) abhängig. Der bestand auf einer Klärung jüdischer Entschädigungsforderungen gegenüber der Deutschen Bank sowie einer Regelung für nichtjüdische NS-Zwangsarbeiter durch die deutsche Wirtschaft. Noch im Spätherbst 1998 wurde mit der weltjüdischen Organisation gestritten. Kurz zuvor wurde Bubis Vizepräsident des Jüdischen Weltkongresses. Am 4. Juni 1999 wurde Bankers Trust von der Deutschen Bank übernommen. Der JWK hatte seinen Einspruch zurückgezogen. Die Deutsche Bank 24 arbeitete in der Ulmenstraße 37 bis 39. Eine Einigung über die NS-Zwangsarbeiter wurde allerdings erst zur Jahreswende 1999/2000 erzielt und im Jahre 2000 verbindlich formalisiert. Die zu Beginn vehemente und laute Forderung des JWK nach einer vorherigen Regelung war still und leise zurückgezogen worden.

Bei Licht besehen war Bubis eine tragische Figur. Die Vermengung von Amt und Geschäft, Volks- und persönlichem Leid, Geschichte und schlechtem deutschem Gewissen half ihm nicht. Kurz vor seinem Ableben, im Juli 1999, gab er dem ›Stern‹ ein Interview. Es war sein letztes. »Ich bin gescheitert.«[68] Dieses Fazit seines politischen Lebens zog er. Es las sich politisch und schien dem ewigen Antisemitismus der Deutschen geschuldet. Dahinter steckte weder Scherz noch Ironie, doch tiefere Bedeutung. Ja, Bubis war, wie viele andere, gescheitert – als Geschäftsmann. Er hat diese Tatsache in jenem Vermächtnis gescheit und geschickt verdeckt: durch Politik. Sagen wollte er auch, dass sein Kampf gegen den Antisemitismus vergeblich gewesen sei. Das stimmt, doch an dieser Aufgabe sind seit rund dreitausend Jahren schon Größere als Ignatz Bubis gescheitert. Weitere werden folgen. Don Quijote und Sisyphos lassen grüßen.

Die Wolffsohn-Sympathie der Dresdner Bank

Die Bank »mit dem grünen Band der Sympathie«. Trotz dieses schönen Werbe-Wortbilds ließ sich der wirtschaftliche Nieder- und schließlich Untergang der Dresdner Bank nicht verhindern. Es war nicht die »Schuld der Juden«, und auch Familie Wolffsohn war daran weder schuld noch beteiligt. Unbestreitbar hegte jedoch das Bankhaus seit jeher eine besondere Sympathie für Juden. Die Zuneigung der Bank galt im Dritten Reich weniger dem jüdischen Kollektiv oder Individuum als vielmehr dem jeweiligen Vermögen; auch dem Wolffsohn'schen. Uns blieb die Dresdner Bank auch in der Bonner und Berliner Republik verbunden.

Im Sommer 1997 kontaktierte mich die Führung der Dresdner Bank. Sie wolle die Rolle des Kreditinstituts im Dritten Reich sowie in den ersten Nachkriegsjahren wissenschaftlich aus- und bewerten lassen. Ob ich bereit sei, das Unterfangen zu leiten. War ich nicht, denn ich arbeitete mit meinem Freund und Kollegen Thomas Brechenmacher an einem langjährigen, methodisch sehr ehrgeizigen und fachlich ebenso innovativen wie ergiebigen Großprojekt über »Vornamen als Indikator öffentlicher Meinung«. Daraus entstanden, neben vielen Aufsätzen, zwei Bücher.[69] Ablenkung durfte nicht sein, und das bei Bankenauftragsforschung zu erwartende große Geld interessiert(e) mich nicht. Zudem hatte ich Wirtschaftsgeschichte kurz nach Jesu Geburt, in meiner wissenschaftlichen Altsteinzeit, im Rahmen meiner Dissertation, betrieben. Gerne sei ich aber bereit, mich mit den Verantwortlichen zu treffen. Da ich mit den politischen Fallstricken eines solchen Vorhabens wohlvertraut sei, könne ich vielleicht den einen oder anderen Rat geben.

Mit Manfred Schaudwet, dem Generalbevollmächtigten der Dresdner Bank, wurde ein Treffen in München vereinbart. Er werde selbstverständlich zu mir kommen. Die Begegnung wurde buchstäblich in letzter Minute telefonisch abgesagt. Wegen einer Erkrankung? Mitnichten. Er hatte inzwischen gemeinsam mit seinem obersten Chef, Jürgen Sarrazin, wie ich sehr schnell aus diversen Quellen erfuhr und was Sarrazins Nachfolger Bernhard Walter mir später bestätigte, fachmännischen Rat bezüglich der wissenschaftlichen Aufarbeitung des bankhistorischen Themas eingeholt. Bei Ignatz Bubis.[70]

Ob Wolffsohn der geeignete Mann für das Forschungsvorhaben sei, wollten die Bänker wissen. Bubis brauste auf: Bloß nicht der. Für diesen geschichtswissenschaftlichen Expertenrat erhielt Bubis 300 000 Mark. Dieses letzte kleine Detail dementierte die Dresdner Bank halbherzig und schwach, ich publizierte es zwei Jahre später, die Bank prozessierte nie.[71] Sie wusste weshalb, denn munter sprudelten die mündlichen Quellen der »Dresdner« aus Frankfurt. Bankchef Bernhard Walter bot mir mentale Befriedung und materielle Befriedigung an: einen (sicher gut dotierten) Vortrag. Ich dankte, »aber an Vortragseinladungen mangelt es mir nicht, und am Geld bin ich, das sagte ich Ihnen ja, völlig desinteressiert«.[72] Dank Ignatz Bubis wurde das Forschungsprojekt vom Dresdner Hannah-Arendt-Institut durchgeführt. Der Beiratsvorsitzende dieser wissenschaftlichen Einrichtung, mein Münchener Kollege Hans Günther Hockerts, hatte »von einem Rat« durch Bubis »gehört« und räumte ein: »… denken konnte ich mir ein Honorar.«[73]

Schon vor der hierüber ab Juni 1999 politisch und medial geführten Schlacht, im Sommer 1997, fürchtete der Bank-Generalbevollmächtigte Manfred Schaudwet Ungemach. Nun konnte er mich gar nicht schnell genug treffen. »Freund« Schaudwet – Rotarier wie ich, daher die Anrede »Freund« – besuchte mich.[74] Ich servierte ihm frische Erd-, Blau- und himmlische Himbeeren. Schaudwet bestätigte, dass Bubis zum Vorhaben befragt worden sei. Über Geld sei nicht gesprochen worden, wohl aber über das Anliegen, die Rolle der Bank im Dritten Reich aufzuklären.[75]

Dr. Schaudwet wollte offenbar ausloten, ob durch mich Gefahr in Verzug sei. Nein, nicht. Drohte der Bank andere Wolffsohn-Gefahr? Ich hatte meinem Vater vom Anliegen der Dresdner Bank erzählt. »Oij weh, Dresdner Bank, die waren uns gegenüber Ganeffs.« Ganoven nennt man auf Jiddisch Ganeffs. Wie, die Dresdner Bank Ganoven? Wie das?

Mein Vater klärte mich auf: 1933/34 sei die Dresdner Bank bei der »Arisierung«, also Enteignung, der Großvariétés Scala und Plaza federführend gewesen. An beiden waren bekanntlich Karl Wolffsohn und andere Juden beteiligt. Jede Arisierung sei »mies und fies« gewesen, aber bei dieser sei das Wechselspiel zwischen NS-Politik und dem bankwirtschaftlichem Eigeninteresse offenkundig gewesen. 1949 habe Karl

Wolffsohn Entschädigung beantragt. Als Anwalt habe die Dresdner Bank denselben Anwalt verpflichtet, der seinerzeit die Arisierung erfolgreich vollzogen habe. Auch nach dem Krieg blieb ihm und der Bank mit Hilfe der bundesdeutschen Justiz der Erfolg treu. 1962 entschied der Bundesgerichtshof zugunsten der Dresdner Bank. Scala und Plaza seien 1933/34 aus rein wirtschaftlichen und nicht aus politischen Gründen von der Bank aufgegeben und schließlich enteignet worden.

Keine Frage, in den frühen 1930er Jahren waren die Auswirkungen der 1929 ausgebrochenen Weltwirtschaftskrise massiv spürbar. Sicher auch im Bereich der Unterhaltungs»industrie«. Dass jedoch ein jüdisches Unternehmen 1933/34 aus rein wirtschaftlichen und nicht politischen Gründen arisiert worden sein solle, fand ich ausgesprochen spannend.

Deshalb bat ich Dr. Manfred Schaudwet, aus persönlich-familiengeschichtlichen Gründen die Scala-Plaza-Akten einsehen zu können. Freundlich reagierte der Freund: Selbstverständlich, sofern die Akten auffindbar und nicht in Krieg und Kriegswirren vernichtet worden seien.

Im Prinzip gibt es zu jeder Überlieferung eine Gegenüberlieferung. Unabhängig von der erbetenen und versprochenen Überlieferung der Bank machte ich mich auf die Suche nach Karl Wolffsohns Gegenüberlieferung zum Scala-Plaza-Komplex. Ich wurde in seinem Nachlass (den heute jedermann im Münchener Institut für Zeitgeschichte, IfZ, auswerten kann) fündig. Und, siehe da, welche Überraschung: NSDAP und SA hatten bei der Arisierung im wahrsten Sinne des Wortes handgreiflich mitgelenkt und mitgemacht.[76]

Noch im Herbst 1932 waren die Darlehen an die Scala-Plaza von der Dresdner Bank verlängert und im Frühjahr 1933 (aus rein wirtschaftlichen Gründen, versteht sich) gekündigt worden. Das war die Ouvertüre des Scala-Plaza-Raubes, ihres Wechsels in »arische« Hände. Dieser, wie noch der Bundesgerichtshof im Entschädigungsprozess Karl und Max Wolffsohn gegen die Dresdner Bank 1962 in seinem Urteil bestätigte, rein betriebswirtschaftlich und nicht politisch bedingte Schritt, diese Einleitung der Arisierung bekam etwas paramilitärische Begleitung: Die SA besetzte das Scala-Gebäude und verwehrte Juden den Eintritt.

Auch im Frühjahr 1999 waren die Akten nicht auffindbar. Manfred Schaudwet bedauerte das sehr. Offenbar seien sie verschollen. So ein Pech auch. Und weil die Scala-Plaza-Akten verschollen waren, hatte sie der Frankfurter Journalist, mein Freund Christian von Hiller, im Mai 1999 in Schaudwets Büro stehen sehen. Fein säuberlich aufgereiht, wie er mir berichtete. Ich hakte beim Bänker nach. Ich sei nicht länger bereit, mich hinhalten zu lassen, und behalte mir weitere Schritte vor. Wenn ich an die Öffentlichkeit gehe, so Schaudwet, werde er bekannt machen, dass sich Karl Wolffsohn mit Scala und Plaza eines »betrügerischen Bankrotts« schuldig gemacht habe. Ich antwortete, ich sei nicht erpressbar. Karl Wolffsohn sei Karl Wolffsohn, ich sei Michael Wolffsohn. Außerdem dokumentierten die Wolffsohn'schen Akten im IfZ die Skrupellosigkeit von Bank, Staat und Partei, aber keinen betrügerischen Bankrott durch meinen Großvater. Selbst wenn er sich dessen schuldig gemacht haben sollte, würde ich dies bedauern, weil ich ihn über seinen Tod hinaus liebte und verehrte, aber, nochmals, erpressbar sei ich deshalb nicht. Wir könnten zudem alles offen und öffentlich klären lassen.

Manfred Schaudwet antwortete nicht. Am 10. Juni 1999 informierte Christian von Hiller die Öffentlichkeit über die Bankpraktiken in einem ganzseitigen Artikel auf Seite drei der (damals durchaus einflussreichen) ›Frankfurter Rundschau‹.[77]

Ignatz Bubis starb am 13. August 1999. Zurück blieb die Bank ohne ihren politischen Beschützer. Angesichts der öffentlichen Aufmerksamkeit fühlte sich die Dreba-Führung nun doppelt unsicher. Sie versuchte, mich durch freundliche Versprechungen ruhig zu halten. Am 13. September 1999 lud mich Vorstandssprecher Bernhard Walter zu einem klärenden Gespräch ein. »Standesgemäß« im Frankfurter Chefzimmer. Mit dabei Dr. Christian Willemer, der Chefjustitiar der Bank. Flug, Zeit und Aufwand hätte ich mir sparen können. Beide Seiten wiederholten Wohlbekanntes, doch herrlich war der Blick übers sonnige Frankfurt und auf die eindrucksvolle Kunstsammlung. Vorzüglich die Manieren der Herren. Sie begleiteten mich nach unserem Treffen höchstpersönlich zum Fahrstuhl, Herr Willemer sogar bis zur Pforte, wo er von der »so klaren und rein juristischen Sichtweise« der Bundesrichter im Endurteil Wolffsohn gegen Dresdner Bank aus dem Jahre 1962 schwärmte.

Bei der historischen Aufarbeitung jener Arisierung machte ich selbstständig weiter. Mein Diplomand Jens Schnauber wertete den Karl-Wolffsohn-Nachlass aus. Nach dem Ende der Dresdner Bank – sie fusionierte 2009 mit der Commerzbank und war dabei faktisch »geschluckt« worden – studierte der Potsdamer Doktorand Fabian Riedel als Erster sowohl die Bank- als auch die Wolffsohn-Überlieferung.[78] Dem Diplomanden hatte die Dresdner Bank den Zugang (natürlich) verwehrt, die bankbestallten Forscher veröffentlichten über die Rolle der Dresdner Bank im Dritten Reich fünf Bände. Im zweiten findet man längere Abschnitte über die Scala, Plaza und Karl Wolffsohn.[79] Das hatte seinerzeit in der Dresdner Bank vornehmlich ein Akteur durchgesetzt, dessen Name ungenannt bleiben muss. Ihn empörte die Politik des eigenen Hauses.

In der Ära Schaudwet waren solche Aktivitäten nahezu selbstmörderisch. Um zu ermitteln, welche Mitarbeiter zu welchen Journalisten Kontakt hielten, hatte Schaudwet bis Ende 1999 sogar einen Detektiv angestellt.[80] Ohne Verschulden jenes couragierten Mannes, dessen Zukunft noch vor ihm lag, begingen die Dreba-Auftragsforscher die bereits erwähnte handwerkliche Ursünde: Sie benutzten allein die Überlieferung von A (Dresdner Bank), ohne auch nur einen Blick auf B's Überlieferung (Nachlass Karl Wolffsohn) zu werfen. »Wes Brot ich ess, des Lied ich sing«? Nein, nicht wirklich, denn die umfangreiche Studie verhehlt die historisch-ethisch schändliche Rolle ihres Auftraggebers nicht. Dennoch ist ein so schwerwiegender methodischer Mangel bei einem Werk dieser Bedeutung wissenschaftlich nicht akzeptabel.

Wie überall »im wahren Leben« gab es in der Dresdner Bank neben Schatten auch Licht. Ich denke nicht nur an den besagten und nicht benannten zivilcouragierten Mann, sondern an spätere Führungspersönlichkeiten der Dreba. Personen kommen und gehen, und sie verändern die Institutionen. Im Jahre 2005 finanzierte die neue Führung des Kreditinstituts auf dem Gelände der – von Karl Wolffsohn mitgegründeten, 1937 übernommenen, 1939 (direkt von der Gestapo) arisierten, von 1945/49 bis 1962 juristisch mühsam zurückerkämpften und von 2001 bis 2005 modernisierten – Berliner Wohnanlage Gartenstadt Atlantic einen schönen und großen Brunnen für 40 000 Euro. Mit Anstand, ohne Gerichte und ohne Bürokratie. Auch so geht Wiedergutmachung.

»Allianz« des Anstands

Mit Noblesse und ganz ohne solche Manöver handhabe die Allianz-Versicherung unter der Regie von Kommunikationschef Emilio Galli-Zugaro sowie dem Vorstandsvorsitzenden Henning Schulte-Noelle die Entschädigung einer in den frühen 1930er Jahren abgeschlossenen voluminösen Lebensversicherung von Karl Wolffsohn. Die Wiedergutmachungssumme wurde ohne Getöse aufs Konto der von meiner Familie im Jahre 2000 gegründeten gemeinnützigen Lichtburg-Stiftung überwiesen. Sie unterstützt im Mikrokosmos Gartenstadt Atlantic Integrations- und Kulturprojekte.

Edgar Bronfman und der Jüdische Weltkongress

In die Kategorie der Komödien oder auch Klamotten gehören folgende Kurzgeschichten. Sie betreffen Erlebnisse und Erfahrungen, die auch die Familiengeschichte der Wolffsohns berühren.

Edgar Bronfman, von 1979 bis 2007 Präsident des Jüdischen Weltkongresses, verstand es meisterhaft, die privatwirtschaftlichen Interessen seines Spirituosenunternehmens Seagrams mit politischen Interessen, persönlichen ebenso wie institutionellen, zu verknüpfen. In meinem Buch ›Die Deutschland-Akte‹ habe ich das Wichtigste dokumentiert.[81] Das Witzigste – Stichwort Komödie und Klamotte – und Dreisteste: Parallel zu den Verhandlungen dieses Paradekapitalisten mit der Sowjetunion und den anderen kommunistischen Staaten Osteuropas über Erleichterungen für Juden sowie mit der DDR über Wiedergutmachungszahlungen für ns-deutsche Verbrechen, sprachen er und seine Mitarbeiter seit Mitte der 1980er Jahre bis 1989 über Handelsvorteile für Seagrams auf den kommunistischen Märkten. Die kommunistischen Staaten suchten im Westen verzweifelt nach jedweder Chance für eine wirtschaftliche Lebensverlängerung. Beiden Seiten schien gedient. Nach außen drang, mit geschichtspolitischem und moralischem Sirup übergossen, nur das allgemeinjüdische Thema.

Jüdischer Weltkongress – das klingt wie die FIFA der Juden oder »Die jüdische Weltmacht«. Auf Jiddisch würde man sagen: Nebbich, denn diese Organisation mit Weltanspruch im Namen ist eine Art Potemkinsches Dorf: bemalte Kulisse. Der Jüdische Weltkongress (JWK) ist eine kleine, aber bestens organisierte Interessenorganisation. Man kann auch »Lobby« sagen. Dass sie »die« Juden »der« Welt verträte, ist mehr Anspruch als Wirklichkeit, Schein statt Sein. Über die demokratische Legitimation des JWK schweigt man besser. Es gibt sie nicht. Er ist (wie der Zentralrat der Muslime in Deutschland) ein kleiner Quasidachverband noch kleinerer Verbände. Doch viele Nichtjuden, damals im Ostblock sowie besonders in Deutschland Ost plus West, ließen und lassen sich vom Etikett beeindrucken. Das ist gewollt – und als Überlebensinstrument bitter nötig, denn nie waren oder sind »die« Juden eine Weltmacht. Sie waren und sind David – ohne Schleuder.

Ich deckte Anfang der 1990er Jahre, zuerst in der ›Frankfurter Allgemeinen Zeitung‹ und dann ausführlich in der ›Deutschland-Akte‹, den Versuch der End-DDR auf, mit Hilfe Bronfmans sowie des JWK die eigene staatliche Existenz zu erhalten und die Wiedervereinigung zu verhindern. Edgar Bronfman und sein JWK-Team liebten Deutschland damals so innig wie der 1970 verstorbene französische Literaturnobelpreisträger François Mauriac. Dessen Liebeserklärung las sich so: »Ich liebe Deutschland. Ich liebe es so sehr, dass ich zufrieden bin, weil es gleich zwei Deutschland gibt.« Obwohl die DDR-Führung, wie die sowjetische, seit Herbst 1948 regelrecht juden- und israelfeindlich war, unternahm der Jüdische Weltkongress alles nur Denk- und Machbare, um nach dem Mauerfall die Wiedervereinigung zu verhindern. Die internationale Presse, auch das ›Time Magazine‹ und andere US-Blätter, griffen meine Forschungsergebnisse auf. So gelangten sie bis nach Kanada, zu Familie Bronfman und zur JWK-Zentrale in New York City und wer weiß wohin noch. Auch unser gemeinsamer Glaubensgenosse Max Frenkel von der ›Neuen Zürcher Zeitung‹ traf damals die JWK-Spitze und verriet mir ein Geheimnis: Die JWK-Führung schlösse mich nicht gerade in ihre Nachtgebete ein. Doch ich hatte wirkmächtige Verbündete: »Nazijäger« Simon Wiesenthal und sein Freund, den aus Österreich stammenden britisch-jüdischen Verleger Lord George Weidenfeld. Gemeinsam veröffentlichten wir in der ›Jerusalem Post‹ einen Artikel. Er trug die Überschrift: »Just Who are Our Jewish Leaders?« Ja, wer waren »unsere jüdischen Führer«? (Die »Leaders«-Überschrift hatte die ›Jerusalem Post‹ gewählt ...) In einem unserer Gespräche hatte sich Wiesenthal über unsere jüdischen Spitzenvertreter (nicht »Führer«) bitter beklagt: »Früher stand Geistesadel an der Spitze jüdischer Einrichtungen, heute der Geldadel.«

Selbstverständlich waren jüdische (und nichtjüdische) Ängste gegenüber einem vereinigten Deutschland historisch und psychologisch nachvollziehbar. Erst recht die Befürchtungen des Auschwitzüberlebenden Elie Wiesel. Unmittelbar nach dem Fall der Berliner Mauer glaubte er in der ›Zeit‹ neudeutsche Holocaust-Gespenster erkennen zu müssen. Im gleichen Blatt widersprach ich kurz danach. Es entwickelte sich eine Korrespondenz zwischen uns, die der Friedensnobelpreisträger würdig abschloss: »Wer von uns beiden hat recht? Die Zeit wird's zeigen.«

Bundeskanzler Helmut Kohl schloss nach meinen Veröffentlichungen Bronfman und den Jüdischen Weltkongress offenbar ebenfalls nicht in seine Nachtgebete ein. Mehr noch: Im April 1992 wagte es der deutsche Kanzler, den JWK-Beelzebub, Österreichs Bundespräsidenten Kurt Waldheim, in München zu treffen. Der zählte seit 1986 als vermeintlicher NS-Kriegsverbrecher zu den Lieblingsfeinden des JWK. Den charakterschwachen Opportunisten und NS-Mitläufer liebte der JWK noch mehr als mich. Die Feindschaft der »Jüdischen Weltmacht« gegenüber Waldheim machte ihn freilich in den Augen seiner Landsleute 1986 erst recht als Staatsoberhaupt wählbar.

Es kam, wie es zunächst kommen musste. Der Jüdische Weltkongress schalt Kohl, Kohl schalt Bronfman & Co. und gebrauchte dabei wortwörtlich meine Forschungsergebnisse als Argument. Namentlich nannte Kohl mich nicht.[82] Thank God, obwohl gerade der (also Gott) es wusste. »Mit wem ich mich hier in München … treffe, das bestimme ich als Bundeskanzler. Da brauche ich keinen Ratschlag.«[83]

Doch, den brauchte Kohl sehr bald. Sobald sich nämlich in deutschen Landen fremdenfeindliche und antisemitische Angriffe häuften. Das geschah im Sommer und Herbst 1992. Da war sie wieder im In- und Ausland: die »Angst vor Deutschland«, dem Vierten Reich, der Antisemitismus-Fratze und wie die Schlagworte alle hießen und heißen. Von Stund an suchte Helmut Kohl sowohl die Nähe zu Bronfman als auch zu Ignatz Bubis. Vorbei der, wenn auch unausgesprochene, Bezug auf Michael Wolffsohn, seine Ergebnisse, Erlebnisse und Veröffentlichungen. Bronfman, Bubis und der JWK hatten mehr »Divisionen« als ich, und der Kanzler brauchte sie für seine Visionen mehr als mich. Ich verstehe ihn, verübele nichts und denke mir meinen Teil.

Noch im Oktober 1992 hatte mich der Bundeskanzler gebeten, die Festrede »Zehn Jahre Bundeskanzler Helmut Kohl« in seiner Heimatstadt Ludwigshafen zu halten. Ich hielt sie (kostenlos, versteht sich) und erhielt viel Beifall sowie Dank. Doch Dank ist keine dauerhafte Währung.

Die Höhle des Löwen

Kanada, Montreal, April 1993. Ort der Handlung: Das Gebäude, das den Namen von Edgar Bronfmans Mutter trug und von seiner Schwester, der Architektin Phyllis Lambert, erbaut wurde – das Saidye Bronfman Center (seit 2010 Segal Center). Dort sprach ich als Gast des Goethe-Instituts über Deutschland nach der Wiedervereinigung. »Outspoken and controversial«, so hatte mich das Goethe-Institut angekündigt.

Die Familie Bronfman verdankt ihr Großvermögen der Prohibition in den USA. Von 1920 bis 1933 waren Herstellung, Verkauf und Handel mit Alkohol verboten, was den Schwarzmarkt erblühen und die Schwarzmarktakteure reich werden ließ. Der kanadisch-jüdische Schriftsteller Mordecai Richler hat über die Bronfman-Geschichte einen vorzüglichen, die Tatsachen wenig tarnenden Roman veröffentlicht, welcher zum Fazit führt: Keine feinen Leute,[84] aber einflussreich und, siehe Edgar, nicht persönlich, doch von Amtes wegen eine »moralische Instanz«.

Mein gut besuchter Vortrag und die Diskussion verliefen sachlich, bis sich ein mittelalter Mann erhob: »Die jüdische Geschichte kennt drei Schreckensgestalten – Josephus Flavius, Josef Mengele und Michael Wolffsohn.« Etwas seltsam fand ich dieses Dreiergespann doch.

Für Flavius Josephus hatte ich immer Sympathie. Er hatte im Jüdischen Krieg, den Judäas Juden im Jahre 66 gegen die Weltmacht Rom begonnen hatten, zunächst gegen Rom gekämpft, erkannte die Sinn- und Hoffnungslosigkeit, stellte sich dann in römische Dienste und wurde zur wichtigsten, zuverlässigsten Quelle für die jüdische Geschichte des Altertums. KZ-»Arzt« Mengele war ein Massenmörder, aber er handelte im Auftrag eines noch größeren Verbrechers namens Adolf Hitler, den mein Montreal-Verehrer möglicherweise vergessen hatte. Was mich betraf, fand und finde ich mich in dieser Galerie etwas überbewertet. Sagen wir, disproportional.

Diese Disproportionalität führte dazu, dass einem alten Herrn der Kragen platzte. »Das ist ja unglaublich, was Sie sich erlauben«, schrie er jenen Geschichtsphilosophen an. »Outrageous«, sagte er und zitterte am ganzen Leibe, denn: »Ich weiß, wovon ich spreche. Ich war in Auschwitz und habe Mengele erlebt.« Fortan war, wie der Berliner sagt, »Ruhe im Karton«. Nach der Intervention dieses Auschwitz-Überlebenden kam der Geschichtsphilosoph nicht mehr zum Zuge. Irgendjemand murrte. »Dajeinu!«, rief ein anderer, neben dem Auschwitz-Überlebenden sitzender alter Mann dem Murrenden zu: »Dajeinu«, was auf Hebräisch »genug« heißt oder »jetzt reicht's«.

Kurz zuvor hatte das Pessachfest stattgefunden. An dessen erstem Abend, dem Seder, liest man aus der Haggadah. Darin gibt es ein langes Lied mit dem Refrain »dajeinu«, wobei man Gott für seine reichlichen Wohltaten dankt. Das Montreal-Dajeinu hatte es also in sich. Es war geistreich, witzig, spritzig und sehr jüdisch. Vor Dankbarkeit hätte ich den Auschwitz-Überlebenden und den Dajeinu-Geistesblitzer umarmen mögen. Ich hatte gesiegt. Nun scheute sich auch der deutsche Generalkonsul nicht, mich einzuladen. Ähnlich verhielten sich die damaligen deutschen Generalkonsuln in New York und Boston wenige Wochen später, nachdem ich – ohne Polemik plus Gegenpolemik – im New Yorker American Council und in Harvard (mit viel Gift und Gegengift) die Feuertaufe bestanden hatte. Zuvor hatten sich die Herren an Heinrich Heine erinnert, der von seinem heimlichen Liebchen nicht Unter den Linden gegrüßt, dafür zu Hause geküsst (und mehr) sein wollte. Die Generalkonsuln übergeordneten Botschafter-Kollegen in Caracas, Venezuela, und Mexico City hatten vorsichtiger taktiert. Sie kamen zu meinem, ebenfalls vom Goethe-Institut organisierten Vortrag ins jeweilige Jüdische Gemeindezentrum. Sie hörten zu, wie erkennbar provokativ programmierte Glaubensgenossen mich zum Beispiel als »bezahlten Agenten Deutschlands« beschimpften. Der jeweils anwesende Israel-Botschafter schüttelte seinen Kopf – sichtbar nicht über mich … Josephus Flavius …»Der Jüdische Krieg«. Da und dort unblutig, gottlob. Von wegen »Jüdischer Krieg«: Ihm fiel auch der Seagram-Kaufmann-Diplomat Edgar Bronfman zum Opfer. Zu lange hatte er an seinem Israel Singer als JWK-Generalsekretär festgehalten. Der wiederum hatte einige Millionen veruntreut.

Einmal mehr: Tragödie – Komödie – Klamotte.

Vom Winde verweht. Längst herrscht Frieden zwischen dem JWK und mir. Man hat nichts miteinander, füreinander, gegeneinander. Wenn Bronfmans Nachfolger Ronald Lauder und ich uns begegnen, sprechen wir wie zwei zivilisierte Menschen. Keiner heckt Kabalen aus, auch wenn von Liebe keine Rede ist.

Das American Jewish Committee

Meine Mutter war immer eine fabelhafte Gastgeberin. Sie kochte hervorragend und deckte den Tisch geschmackvoll und prachtvoll. Zudem verstand sie es, ihre Gäste zu unterhalten. Dies lernten auch Führungspersönlichkeiten des traditionsreichen und zu Recht einflussreichen American Jewish Committee (AJC) wie William (Bill) Trosten zu schätzen. Von 1982 bis 1991 war er mehrfach bei uns zu Gast. Das war die Ära meiner Liebesaffäre mit dem AJC. Sie führte vom Honigmond über Ehekrach und Versöhnung zurück zu Freundschaft und Zusammenarbeit.

Meine AJC-Honigmond-Ära fiel in die Endzeit von William (Bill) Trosten als Executive Director. Er empfand der Bundesrepublik Deutschland gegenüber tiefe, aufrichtige Freundschaft. Zu Land und Leuten, Spitzenleuten ebenso wie den kleinen Leuten. In der Periode von Mauerfall, Wiedervereinigung, Frühphase der Berliner Republik spitzte sich im AJC die Kritik an seiner Person und seiner prodeutschen Politik zu. Die deutschlandkritischen Akteure obsiegten. 1990 trat Bill Trosten als faktische Nummer zwei des AJC zurück. Er wurde zurückgetreten. Mit ihm geriet auch ich in den Abwärtsstrudel. Ungefähr ein Jahrzehnt beäugte das neue AJC das vereinigte Deutschland skeptisch und witterte hier und dort und überall Antisemitismen und Antisemiten. Eine Zeit lang galt nun auch ich als ein solcher. Nicht nur das: Die extreme deutsche Rechte würde mich umschwärmen, hieß es. Das AJC-Jahrbuch lieferte sogar einen Beweis: Eine rechtsextreme Postille hätte mich als deutsch-jüdischen Patrioten gepriesen.[85] Das Gegenteil traf zu, wenngleich auch dies in einer verrückten Variante. Ich sei viel gefährlicher als die meisten anderen Juden, denn ich würde »den Deutschen« vorgaukeln, Juden könnten Deutsche und sogar deutsche Patrioten sein. So weit die These der Idioten.

Nicht viel klüger war die Darstellung im AJC-Jahrbuch. Ich verlangte eine Gegendarstellung. Sie wurde verweigert. Jüdische Vermittler schalteten sich ein und drängten den verantwortlichen AJC-Repräsentanten, der Jahre zuvor gerne und oft die Gastfreundschaft meiner Mutter genossen und mir Scheinfreundschaft bekundet hatte, zur Rücknahme. Nein, ich könne ja klagen und würde verlieren, denn der AJC habe ein zweistelliges Millionenbudget sowie gute Anwälte. Ich klagte – und gewann in zwei Instanzen, trotz des vermeintlichen Staranwalts auf Seiten des AJC. Der gute Mann war zwar teuer, aber inkompetent. Er hatte weder den rechtsextremen Text noch die AJC-Darstellung gelesen und erst nach dem Urteil festgestellt, dass mich die Neonazis angegriffen und nicht bejubelt hatten. Noch ein überschätzter Schaumschläger. Die so oft beschworene »Macht« des Weltjudentums reichte nicht einmal, um einen querköpfigen Mitjuden, mich gottlob ebenfalls Machtlosen, politisch oder familienwirtschaftlich zu erledigen oder zu erlegen.

Paul Spiegel
Zum Nachfolger von Ignatz Bubis als Präsident des Zentralrates der Juden in Deutschland wurde Paul Spiegel gewählt. Meine Eltern hatten ihn hier und dort, hin und wieder, auch über ihren Quizmeister-Freund Hans Rosenthal, getroffen. Guten Tag – Guten Tag. Das war's. Dabei hätte es auch zwischen Paul Spiegel und mir bleiben können, wenn ich im Jahre 2000 nicht einen prestigeträchtigen Ruf an die Universität Bonn als Nachfolger von Karl Kaiser (Bonn/Harvard) zu erwarten gehabt hätte. Paul Spiegel war ein toleranter Mann, doch diese Aussicht überforderte damals seine Toleranz. Wie ich aus zuverlässigen Quellen weiß, intervenierte er beim SPD-Ministerpräsidenten Nordrhein-Westfalens, Wolfgang Clement, und warnte vor mir. Clement reagierte artig und gab seiner Wissenschaftsministerin, Gabriele Behler, mit der Paul Spiegel ebenfalls gesprochen hatte,[86] die entsprechende Anweisung. Die

Universität duckte sich. Sie befand – völlig zu Recht –, dass ein Wolffsohn die von der Landesregierung angedrohten Etatkürzungen in Millionenhöhe nicht aufwiege.

Das Hickhack beschäftigte die Presse sowie den NRW-Landtagsausschuss für Wissenschaft und Forschung. Dem CDU-Abgeordneten Manfred Kuhmichel schien das Verhalten der Landesregierung nicht koscher. »Ministerin Gabriele Behler versichert, das Ministerium und sie persönlich entschieden über Berufungen nicht nach politischen oder sonstigen Vorbedingungen, sondern nach fachlicher Qualität.«[87] Vermittelt von Michel Friedman, damals Spiegels Vize im Zentralrat, packte ich den Stier bei den Hörnern. Ich rief Spiegel an: Nein und wieder nein, bestimmt nicht, er habe nie und nimmer Herrn Clement oder die Ministerin vor mir gewarnt. Diese wiederum hatte die Welt mit einer Allerweltskeule bedient: Ich hätte ihr »Antisemitismus« unterstellt. Dieses Totschlagargument gehört nicht zu meinem Waffenarsenal.

Und so schrieb ich Ministerpräsident Clement einen Brief.

Sehr geehrter Herr Ministerpräsident,

Ihre Ministerin Behler verbreitet die Behauptung, ich würde ihr »Antisemitismus« unterstellen. Das sagte sie zum Beispiel auch dem Präsidenten des Zentralrates der Juden in Deutschland, Paul Spiegel.

Tatsache ist, dass Frau Behler aus, wie ich sicher weiß, rein politischen Gründen mir einen Ruf an die Universität Bonn von Anfang an verweigern wollte und verweigert hat. Um ihre politischen Motive zu verdecken, scheut Frau Behler offenbar sogar jenen Rufmord nicht. Jeder, der meine Positionen zu deutschjüdischen Fragen kennt, weiß, wie absurd die Unterstellung ist, ich würde zur »Antisemitismuskeule« greifen.

Dass eine sozialdemokratische Politikerin die Vorstellungen des rechten Stammtisches, der uns Juden ebendiese »Antisemitismuskeule« unterstellt, aufgreift und, mich als jüdische Fußmatte benützend, für ihre tagespolitischen Zwecke umformt, ist völlig inakzeptabel. Ist das der »Aufstand der Anständigen«? [88]

Dank Michel Friedman ruhten bald die Waffen zwischen Paul Spiegel und mir. Ja, wir schlossen sogar Frieden. Ohne Vertrag, versteht sich. Nach einem meiner Vorträge im Düsseldorfer Industrie Club, den Paul Spiegel als Gcste des guten Willens besuchte, bot er mir beim Abendessen an, Rektor der Hochschule für Jüdische Studien in Heidelberg zu werden. Der Kreis hatte sich geschlossen und ich fand das sehr komisch. Zeigte es aber nicht. Rektor werden wollte ich nicht. Ich dankte.

In der Charlottenburg

»Charlottenburg« ist nicht nur ein Berliner Bezirk. Ironisch wird so auch das 2006 eingeweihte Jüdische Gemeindezentrum Münchens genannt. Charlotte Knoblochs »Burg« im Herzen der »Hauptstadt der Bewegung«. Die Bezeichnung klingt boshaft, ist sie aber nicht. Eher respektvoll ist sie gemeint, und das ist alles andere als unverdient, denn ausschließlich ihrer Hartnäckigkeit, Durchsetzungskraft und ihren taktischen Finessen ist dieser Neubau zu verdanken.

Die Architekten erhielten 2011 fürs »Jüdische Zentrum«, zu dem auch die Synagoge sowie das Jüdische Museum gehören, den Deutschen Architekturpreis. Theologisch und religionsgeschichtlich betrachtet hat die Synagogenarchitektur allerdings keine Substanz. Zumindest lässt sie diesbezüglich, wie ich bei der ausgesprochen freundlichen persönlichen Führung durch die Architektin Andrea Wandel feststellte, fundamental zu wünschen übrig. Die Architektin erklärte mir, für den Bau der Münchener Synagoge habe sie optische Anleihen beim antiken Salomonischen Tempel Jerusalems aufgenommen.

Dazu muss man sagen, dass »die« Synagoge und »der« Tempel in der Antike heftig rivalisierten, ja, einander sogar in einem jüdischen Bürgerkrieg bekämpften. Die Synagogenfraktion, die Pharisäer und Schriftgelehrten, gehörten zur judäischen Bourgeoisie, die Tempelgruppe zur Aristokratie. Zwischen ihnen tobte ein religiös unterfütterter Klassenkampf. Die innergemeindlichen Kämpfe der Gegenwart – sei es in Berlin oder andeswo – finden auch in dieser jüdischen Vergangenheit große Vorbilder. Einiges von dieser eindrucksvollen Tradition bekam auch ich in den Jahren 2008/09 im Vorstand der Israelitischen Kultusgemeinde München und Oberbayern (IKG) zu spüren.

»Warum tust du dir das an?«, fragte mich meine Mutter, als sie erfuhr, dass ich für den IKG-Vorstand kandidierte und dann auch noch gewählt wurde. Ich habe nicht auf sie gehört. Dummerweise.

Im Vorstand zuständig für Kultur, plante ich gemeinsam mit *der* Kult- und Kulturjüdin Rachel Salamander eine jüdisch-islamische Veranstaltungsserie. Mit aufgeklärten Muslimen wollten wir Tacheles reden und uns den Wurzeln der zwar nicht ewigen, doch tief liegenden Konflikte zwischen beiden Religionsgruppen nähern. Eingeladen hatten wir zunächst Ayaan Hirsi Ali, die mutige und kluge, aus Somalia stammende, in die Niederlande und dann in die USA vor Islamisten geflohene Politikerin und Schriftstellerin. Die furchtlose Deutsch-Türkin Necla Kelek, deren Gedanken und deren Rückgrat wir bewunderten, wurde ebenso eingeladen wie der im Berliner Exil lebende irakische Schriftsteller Najem Wali. Wie hat doch der linksliberale israelische Politiker Jossi Sarid das Buch ›Reise in das Herz des Feindes: Ein Iraker in Israel‹[89] im intellektuellen Landes-Leitmedium ›Haaretz‹ bilanziert: »Es gibt nur einen einzigen Einwand gegen Autor und Buch: Wir Israelis werden viel zu positiv beschrieben.«

Charlotte Knobloch hatte auf einer Vorstandssitzung verfügt: »Muslime kommen mir nicht ins Gemeindezentrum.« Auch fast alle übrigen Vorstandsmitglieder waren der Ansicht, entweder würden Rachel Salamander und ich muslimische Terroristen in die Gemeinde einschleusen oder aber islamische Terroristen durch diese islamkritischen Muslime zu Gewalt provozieren. Nach unendlichem Palaver durften jene drei klugen und mutigen Menschen schließlich doch auftreten. Die Veranstaltungen waren bestens besucht, und es flog keine Bombe. Aber nicht nur diese, sondern jede andere eher anspruchsvolle Veranstaltung musste in langen Endlossitzungen durchgesetzt werden. Irgendwann reichte es mir, und ich trat zurück.

Ich trat auch zurück, weil fünfstellige Sponsorengelder, die ich für IKG-Konzerte von Spitzenkünstlern gewinnen konnte, anderweitig verwendet worden waren.

Den letzten Anstoß gab eine Veranstaltung, bei der ohne Rücksprache mit mir, dem seinerzeit Verantwortlichen, ein Gast auftrat, der zwar als Berufsbewältiger ns-deutscher Vergangenheit bestens ausgewiesen war, von dem ich aber Unkoscheres erfahren hatte. Es folgte ein Rechtsstreit, an dem ich von Amts wegen beteiligt war. Die Kosten wollte die IKG auf mich abwälzen, doch das gelang ihr nicht.

2009 – Zwanzig Jahre Mauerfall am 9. November. Ich schlug Charlotte Knobloch vor, sie möge als Präsidentin des Zentralrats der Juden in Berlin eine Feierstunde »Danke, Deutschland!« veranstalten und dazu Bundeskanzlerin Angela Merkel einladen. Großartig, meinte sie. Monate vergingen, und die Bundeskanzlerin war noch immer nicht eingeladen. Ich fragte meine Präsidentin: »Ach, lad du sie ein.« Protokollarisch entsprach das nicht der ganz reinen Lehre. Doch warum nicht? Und ja, die Bundeskanzlerin sagte zu. Anfang November flog sie nach Washington DC, um vor beiden Häusern des US-Kongresses zu sprechen. Als »Ouvertüre«, so der Vorschlag aus dem Bundeskanzleramt, wäre die deutsch-jüdische Veranstaltung unübertrefflich. Doch weder Charlotte Knobloch noch ihr Geschäftsführer meldeten sich, bis die Bundeskanzlerin auf ganz und gar unprotokollarische Weise per Handy ausgeladen wurde. »Danke, Deutschland!« Das könne man bestenfalls, wenn überhaupt, denken, aber auf keinen Fall öffentlich thematisieren. »Danke, Deutschland!« war nicht konsensfähig. Für mein »Nein danke!« war ich alleine zuständig. Das war es für mich dann.

Das Ende des jüdischen Volkes?
Die »Endlösung« des Jüdischen Volkes haben seit mehr als 3000 Jahren immer wieder viele versucht, auch wenn die zahllosen Judenvertreibungen und -vernichtungen anders genannt wurden. Das Ende des jüdischen Volkes durch innere Auflösungsprozesse hatte 1965 auch der jüdische Philosoph und Soziologe Georges Friedmann in seinem gleichnamigen Buch vorhergesagt. Er irrte. Gottlob. Und trotz hohen Blutzolls haben WIR Juden als Kollektiv das Kollektiv unserer Verfolger und Vernichter immer wieder überlebt. Daran wird sich wahrscheinlich, hoffentlich, nein sicherlich auch künftig nichts ändern – trotz gewaltiger personeller und institutioneller Defizite in der jüdischen (ebenso wie in der nichtjüdischen) Welt.

Wir Juden stellen nur 0,2 Prozent der Weltbevölkerung dar, aber 20 Prozent der Nobelpreise wurden Juden verliehen. Einstein und Freud waren Juden. Sie waren Genies, die auf jüdischem Bildungsboden wuchsen. Deshalb ist wahrlich nicht jeder Jude ein Genie. Auch im jüdischen Dorf gibt es manchmal mehr als nur einen Dorftrottel. Wie auch immer, »Schädlinge« sind wir Juden nie gewesen. Selbst Juden, die, wie die Wolffsohns, keinen Nobelpreis bekommen haben oder werden. Aufgrund einer in rund 2100 Jahren bewährten Tradition breiter Volksbildung besteht nach wie vor in jüdischen Gemeinschaften eine vorzügliche Bildungsinfrastruktur. Bildung ist die Voraussetzung für Erfolg, Wohlstand, individuellen sowie kollektiven Fortschritt. Sie bedarf, wie der Sport, einer breiten Infrastruktur. Ohne Breitensport kein Spitzensport. Die enorm lange und traditionell breite Bildungsinfrastruktur bietet »den« Juden demnach vergleichsweise optimale Voraussetzungen. Davon haben auch die Wolffsohns profitiert – sofern die Außenwelt es zuließ.

Weshalb sollte man, sollten wir, dieses Umfeld verlassen? Nie und nimmer. Ist das der Stolz des Individuums oder der Familie aufs Kollektiv, auf Verdienste anderer? Mitnichten. Es ist Dankbarkeit dafür, in ein Umfeld geboren zu sein, das eine optimale Infrastruktur für Leistung und Wohlbefinden ermöglicht. Trotz der historisch immensen Nachteile und sogar der nicht selten tödlichen Gefahren.

Unbestreitbar hat uns die selten freundliche Außenwelt durch ihre Unfreundlichkeit und Feindschaft zusammengeschweißt, aber es gab und gibt genügend innere Leitlinien, die sich als individueller und kollektiver Kompass bewährt haben. Sie waren lange religiös motiviert und wurden auch trotz und nach der Verweltlichung konserviert. Auf den Punkt brachte es der Hohepriester Simon der Gerechte (300 – 270 v.u.Z.) in den »Sprüchen der Väter« [90] aus der »Mischna«, dem ersten Teil des Talmud, der zweite heißt »Gemara«: »Auf drei Dingen steht die Welt: auf Thora, Avoda und Gmilut Chassadim.« Auf der Lehre (Thora bzw. den Fünf Büchern Mose), auf dem (Gottes-)Dienst (wörtlich Arbeit = Avoda) und Sozialem bzw. Wohltaten von und für Menschen. In die Sprache der Moderne übertragen: Erstens: Lerne und bilde dich, um Leistung zu erbringen. Zweitens: Setz das Erlernte in konkrete, erfolgreiche Arbeit um. Drittens: Das erworbene Eigentum verpflichtet zu sozialen Leistungen an die Bedürftigen.

Rabbi Schimon ben Gamliel nannte drei andere Welt-Säulen: (Das Streben nach) »Wahrheit, Recht und Frieden«.[91] »Rabbi« bzw. »Der Fürst«, Rabbi Jehuda I., Sohn von Rabban Schimon ben Gamliel (136 – 217 u. Z.), End-Redaktor der Mischna, sagt: »Beachte drei Dinge, um das Gesetz nicht zu übertreten: Wisse, (wer oder) was über dir ist: ein sehendes Auge und ein hörendes Ohr, und alle deine Taten stehen im (Lebens-)Buch (Gottes).«[92]

Das sind keine schlechten Maximen für ein verantwortungsvolles Leben im Gleichgewicht von individuellem und kollektivem Wohlbefinden, Ideellem und Materiellem. Sie wiegen jedes schwarze Schaf und jeden der zahlreichen (inner)jüdischen (Dauer-)Kriege auf. Sie verbinden den Blick aufs eigene Ich oder die eigene Gemeinschaft mit der Sicht und Offenheit nach außen. Sie garantieren schließlich, dass Jüdisches auch in der Familie Wolffsohn in der einen oder anderen Weise erhalten bleibt.

Das Alter versöhnt, mit den Alten versöhnt man sich, und der neue Juden-Zentralrat singt leisere, bescheidenere, angenehmere Töne. Im Frühsommer 2016 warb das »Zentralorgan« des Zentralrats, die ›Jüdische Allgemeine‹, mit meinem Konterfei für das Blatt: »Ein anderer Blick auf die Welt.« Was gibt's Schöneres auf Erden, als nun so gelobt zu werden?

VI

DER KRIEGSGOTT UND DIE WOLFFSOHNS

Allgemeine Wehrpflicht
»Ham' se jedient?« Wir haben. Wir, die meisten Männer der Wolffsohn-Sippe, haben Kriegsgott Mars gedient. Zunächst im kaiserdeutschen Militär, dann in verschiedenen anderen Armeen: der israelischen, britischen, US-amerikanischen. Sind wir deshalb »vaterlandslose Gesellen«? Das erste Vaterland, Deutschland, hat uns verfolgt, verstoßen, verjagt und auch manche von uns vernichtet. Viele Nachfahren haben deshalb heute andere Muttersprachen. Die Sprachen der Länder, die uns als Flüchtlinge aufgenommen und unser Leben gerettet haben. War es da nicht selbstverständlich, dass wir dann unsererseits die mit verteidigten, die uns oder unsere Vorfahren verteidigt hatten? Sollten wir nur nehmen, ohne selbst zu geben?

Das ist die eine Seite der allgemeinen Wehrpflicht – sofern sie allgemein ist. Sie betraf auch die Familie Wolffsohn.

Die andere Seite ist weniger sentimental und eher zynisch. Durch die Einführung der allgemeinen Wehrpflicht bekam der Staat – welcher auch immer – seine Soldaten fast zum Nulltarif. Vorher musste er sie bezahlen. Der Sold der wehrpflichtigen Soldaten betrug nur Bruchteile der zuvor zusammengekauften Männer, die ihren Sold bekamen und so meist aus wirtschaftlicher Not oder anderen Zwängen »Soldaten« wurden.

Die Abschaffung der allgemeinen Wehrpflicht verwandelte die Sicherung des Staates nach außen wieder zur bezahlten Dienstleistung der zunächst eigenen oder eingebürgerten Staatsangehörigen. Ist deren Reservoir erschöpft, kehrt man wieder zum »Einkauf« ausländischer Kämpfer zurück. So weit sind wir in Deutschland (noch?) nicht. Die

Abschaffung der Wehrpflicht sowie die (Wieder-)Einführung der Berufsarmee ist, so gesehen, ein Rückfall unserer Gegenwart in die frühe Neuzeit.

Wer meint, in der Vergangenheit wären die Bürger – auch die deutschen – begeistert in den jeweiligen Krieg gezogen, möge sich informieren und dann seinen Irrglauben korrigieren. Nie hat sich die Menschheit vorgedrängelt, wenn es ans Sterben ging. Wer konnte, drückte sich. Wer trotzdem dem Tod entgegenstürmt(e), erwartet(e) Unheil, nicht Heil.

Inzwischen drücken sich auch viele Israelis, weil selbst dieses scheinbar seiner selbst so gewisse jüdische Gemeinwesen in eine staatlich-gesellschaftskulturelle Sinnkrise geraten und nicht mehr von der Alternativlosigkeit der Gewalt als Mittel der Politik überzeugt ist – wie noch zu meiner Zeit.

Unser älterer Sohn diente im neu- bzw. bundesdeutschen Militär, in der Bundeswehr. Formalrechtlich war das nicht nötig, denn er galt als »Holocaust-Überlebender der dritten Generation«. Diese war seit 1989 von der Wehrpflicht, also auch dem Zivildienst, ausgenommen. Heinz Galinski hatte diese Regelung bei Kanzler Kohl und Rupert Scholz, dem damaligen Bundesverteidigungsminister, durchgesetzt. Kohl und Scholz knirschten vernehmbar mit den Zähnen. »Das war das letzte Mal, Herr Galinski«, habe Rupert Scholz ihm entgegengehalten, berichtete mir der Minister in seinem Bonner Dienstzimmer.

Scholz, von Hause aus hochangesehener Rechtsprofessor, wusste, dass ich mich öffentlich gegen diese Ausnahmeregelung ausgesprochen hatte. Mein Argument: Gleiche Rechte, gleiche Pflichten. Das kennzeichne den Rechtsstaat. Sondergesetze, auch wohlmeinende, seien ein Systembruch und, auf die Spitze getrieben, Nürnberger NS-Judengesetze unter anderen, also gut gemeinten Vorzeichen. Selbstverständlich habe dabei das Recht auf Wehrdienstverweigerung und damit, sofern die Betreffenden »wehrfähig«, die Pflicht zum Zivildienst zu gelten.

Das hatte Folgen. Freundlich gestimmte Glaubens»genossen« hielten mich schlicht für plemplem. Andere reagierten weniger nachsichtig. Jahre danach, 1996, saßen meine Familie und ich während eines Urlaubs in der südisraelischen Hafenstadt Eilat beim Abendessen zufällig mit einem Berliner Juden und seinem Sohn, einem »Holocaust-Überlebenden« der vierten Generation, am selben Tisch. Nach seiner Rückkehr erwartete den jungen Mann der Wehrdienst. Er hatte sich drücken wollen und wies im Wehrbereichskommando darauf hin, er esse nur koscher – was erkennbar nicht stimmte. Das müssen auch die Bundeswehr-Verantwortlichen erkannt haben. Sie klärten ihn auf, dass es in der Bundeswehr genügend Kartoffeln gebe. Die seien alle für jeden koscher, und er könne sie auch selbst schälen.

Die Bundeswehrspitze nahm die vorgeschobenen Argumente bereits damals nicht sonderlich ernst und sorgte auf ihre Weise für Rollenspielchen. Der damalige Generalinspekteur der Bundeswehr, Admiral Wellershoff, fragte mich witzelnd, ob ich nicht vielleicht doch noch Rabbiner werden wollte, Oberrabbiner der Bundeswehr …

»Dass du zum Bund musst, das hast du dem Wolffsohn zu verdanken. Der hat die Ausnahmeregelung für uns geknackt«, hatte dem Berlin-Eilat-Knaben eine erboste Bekannte verraten. Das war zwar falsch, entsprach jedoch damals mehr oder weniger der allgemeinjüdischen Wahrnehmung.

Inzwischen quillt die Bundeswehr nicht über vor Juden, aber sie haben in der deutschdemokratischen Streitmacht längst keinen Seltenheitswert mehr. In der Bundeswehr gibt es nicht nur wenige Juden, sondern überhaupt wenig Personal, auch nichtjüdisches. Einen jüdischen Oberrabbiner hat und braucht die Bundeswehr nicht, aber der liberale Rabbiner und Potsdamer Professor Walter Homolka erfüllt in etwa diese Funktion. Ihm wurde eine prächtige, wenngleich etwas operettenhafte Uniform geschneidert, und seit 2010 trägt er das Ehrenkreuz der Bundeswehr in Gold.

Als Westberliner war ich von der Wehrpflicht befreit. »Jedient« habe ich freiwillig. Drei lange Jahre, von 1967 bis 1970, in der israelischen Armee.

Obwohl »Holocaust-Überlebender« der dritten Generation, diente unser ältester Sohn in der Bundeswehr. Er empfand sich nicht als Überlebender des Holocaust, sondern als bundesdeutscher Staatsbürger unter anderen und wie alle anderen. Gleiche Rechte, gleiche Pflichten und, weil kürzer, lieber Wehrpflicht als Zivildienst.

Unser jüngerer Sohn verweigerte und leistete Zivildienst. Der damalige Bundesverteidigungsminister Peter Struck hatte mich im Jahre 2004 in der sogenannten Folterdebatte öffentlich attackiert und mehrfach angelogen. Unter so jemandem wollte mein Sohn nicht dienen. So nicht, und dieses So-Nicht entsprach der allgemeinen Familiensicht, zumal Strucks Aggressivität rund 20 Trittbrettfahrer dazu ermunterte, mir Morddrohungen zu schicken. Ich nahm sie zuerst auf die leichte Schulter, aber nicht der Polizeipräsident Münchens. Der Sicherheitsschutz für die Familie wurde verstärkt.

Eine absurde Situation war entstanden: Ein Teil der inneren Sicherheit meiner Familie wurde durchs Auftreten des für die äußere Sicherheit zuständigen Bundesministers gefährdet. Bundesverteidigungsminister Peter Struck war für unsere Familie ein Sicherheitsrisiko.

Siegfried und andere

Im Vergleich zu den Erfahrungen meiner Vorfahren war das harmlos. Mein Großvater Justus Saalheimer und sein Bruder Fredi (damals noch Siegfried) waren zunächst als »Einjährige« – freiwillig, versteht sich – bei der königlich-bayerischen Kavallerie. Herrenreiter waren sie nicht, und später wurde ihnen durch den Gang der Geschichte das Hochmütige und Blasierte ausgetrieben, aber beide waren durchaus stolz einherreitende Herren.

Im Ersten Weltkrieg kämpften sie an der Westfront. Mehrfach entrannen sie Gevatter Tod nur knapp. Fredi wurde schwer verletzt. Beide wurden mit dem Eisernen Kreuz erster Klasse ausgezeichnet. »Klimbim« nannte Fredi das EK später, während es mir Justus noch 1961 in Tel Aviv mit stolzgeschwellter Brust zeigte. Wir erinnern uns: Dieses »Edel«metall hatte er auch am 9. November 1938 dem SA-Pöbel entgegengehalten, als der ihn in der »Reichskristallnacht« aus dem Schlaf gerissen und nach Dachau geprügelt hatte: »Saujud, häng dir deine Orden an den Arsch.«

Auch diese Erfahrung beeinträchtigte Justus' Wertschätzung des kaiserlich-deutsch Militärischen nicht. Von seiner ersten Deutschlandreise nach dem Krieg, 1951, brachte er mir einen feinstoffigen Matrosenanzug à la Wilhelm-Zwei-Marine mit. »So'n dämliches Ding zieht mein Sohn nicht an«, verkündete meine Mutter ihrem empörten Herrn Papa und verwandelte den Matrosenanzug in mehrere Putzlappen. Geschichtspolitik nach Mutterns Art.

Die Zeiten ändern sich. Nicht nur einmal. Immer wieder. Mein Großvater Justus hatte im königlich-bayerischen Ulanenregiment Fürst von Wrede gedient. Namensgeber war der bayerische Generalfeldmarschall Carl-Philipp von Wrede (1767–1838). Einen Fürsten von Wrede bekam Ulan Justus im Wrede-Regiment, wenn überhaupt, nur von fern zu sehen. Im Regiment eben. Jahrzehnte später war ich Gast eines fürstwredischen Nachfahrens auf Schloss Sandsee, dem Wohnsitz der Familie. Der Abend war angenehm, heiter, nicht eisern, gänzlich unmilitärisch, locker, und natürlich musste ich nicht vor dem Fürsten strammstehen. Er und seine Frau waren vollendete Gastgeber, und wir kommunizierten – ebenfalls natürlich – auf Augenhöhe. Gerade dieses Natürliche war, historisch betrachtet, alles andere als natürlich. Mein Wrede-Abend war individuell schön, doch welthistorisch belanglos. Jenseits der rein persönlichen Spatzenperspektive wäre dieses angenehme Mini-Ereignis ohne maxigeschichtliche Veränderungen in Deutschland und »der« Deutschen ebenso undenkbar wie unmöglich. Ich wurde von der Geschichtssonne beschienen. Ich bin ein Glückskind.

Wolffsohn gegen Wüstenfuchs
Willi, inzwischen Zeew Wolffsohn, diente im Zweiten Weltkrieg gegen Hitler in der Streitmacht Seiner Majestät, des Königs von Großbritannien. An der ägyptischen Front vertrieben er und seine künftige, aus dem deutschen Hamburg stammende Ehefrau Lea den deutschen »Wüstenfuchs« Rommel und seine Männer im Oktober 1942. Das war der Anfang von Hitlers Ende und zugleich das Ende der geplanten »Endlösung der Judenfrage« in Nahost. Wohlgemerkt, nur in Nahost. Begonnen hatte die nahöstliche Endlösung im Februar 1941, unmittelbar nach der Landung des deutschen Afrikakorps in Libyen.

»His Majesty's Armed Forces« waren von 1943 bis 1948 auch der Arbeitgeber meines Vaters Max. Er trug zwar Uniform, erfüllte jedoch als Leiter des Magazins auf dem britischen Riesenstützpunkt »Sarafand« rein zivile Aufgaben. Seine Vorgesetzten waren von seinem Verhalten hingerissen. Seitdem er das Magazin leitete, verschwand nichts mehr auf unerfindlichen oder unauffindbaren Wegen. Solange der »Jeckepotz« wachte, wurde nichts »geklaut«. Um sich den so Bewährten als Arbeitnehmer zu bewahren, bescherten ihm seine Arbeitgeber einen Zusatzjob. Sie kürten Max, den Sohn des Kinopioniers Karl Wolffsohn, zum Kinomanager von Sarafand und anderen Stützpunkten in Palästina. In diesen Lagerkinos fühlten sich Männer und Mäuse sauwohl.

Von 1968 bis 1970 diente auch ich in Sarafand. Ich war dort im Hauptquartier der israelischen Artillerie persönlicher Referent des Personalchefs. Zu meiner Zeit hieß das einstige Sarafand »Zrifin«. Das dem Stützpunkt benachbarte arabische Dorf Sarafand, in der Nähe der Stadt Ramle, zwischen Tel Aviv und Jerusalem gelegen, gab es nach 1948 nicht mehr. Die Bewohner waren im israelischen Unabhängigkeitskrieg mehrheitlich nach Jordanien geflohen und/oder vertrieben worden. Wie auch immer: Ich verstand endlich, weshalb sich die kleinen Nagetiere in Sarafand, wie mein Vater erzählt hatte, so mäusewohl fühlten. Die Mäuse schätzten den britischen Männerdreck. Wie ich zu dieser scheinbar diskriminierenden Schlussfolgerung gelange? Noch während meiner Sarafand/Zrifin-Jahre war an mehreren Baracken zu lesen: »Let hygiene be your second front.« Israelischen Soldaten wurden weise Sprüche dieser und anderer Art auf Hebräisch überbracht, und die mir bekannten sehr zahlreichen israelischen Soldaten bedurften dieser Ermahnung nicht ... Übrigens gab es zu meiner Zeit in Zrifin keine Mäuse- oder Rattenplage. Wir konnten und wollten zwar nicht vom Fußboden essen, aber im Camp war es trotzdem sauber. Auch wir waren sauber. Körperlich (wir duschten täglich) und militärisch, denn man brachte uns bei, dass Militär und Ethik einander nicht ausschlössen. Wir hatten diese Lektion verinnerlicht, und fern der militärischen Front kämpften wir erfolgreich an der hygienischen.

Max erobert Jaffa
Beim Militär war mein Vater eine Mischung aus dem »braven Soldaten Schwejk« und einem hyperkorrekten deutschen Beamten. Folgerichtig verlief seine militärische Karriere atemberaubend. Die »Hochachtung« seiner Kameraden war ihm sicher. Am 14. Mai 1948, dem Tag der israe-

lischen Unabhängigkeitserklärung, eroberten Soldaten der sozialdemokratischen »Hagana«-Miliz (unter ihnen Max Wolffsohn) mit Menachem Begins[93] rechtsnationalistischem »Irgun« bzw. »Etzel« das arabische Jaffo, südlich von Tel Aviv. Vor dem Krieg lebten dort rund 80 000
Araber, nach der Eroberung waren es knapp 4000. Kein Wunder, denn
die Eroberer plünderten alles, was nicht niet- und nagelfest war. Am
liebsten Schmuck als »Geschenk« für ihre jeweilige Liebste oder Be-
gehrte. Kühlschränke sowie Radiogeräte erfreuten sich bei den Plünde-
rern auch ohne Gedanken an die Geliebte großer Beliebtheit.

Das missfiel Max gar sehr. »Leute, ihr stehlt und raubt. Ich find's nicht
okay.« Sie hörten's, lachten schallend und waren um keine Antwort verlegen. Die häufigste lautete: »Steck dir deine Chochmes (jiddisch für
Pseudoweisheiten) in den Arsch.«

Schließlich »raubte« mein Vater doch etwas und brachte es meiner
Mutter mit: Ein Paket Schweißblätter hatte er in seine Hosentasche
gesteckt. Ihr umgerechneter Wert ca. 2,50 Euro.

Professor Schwejk
Ein dritter Schwejk-Clown (nach dem Original und meinem Vater) war
ich weder freiwillig noch unfreiwillig. Dafür waren Zeit und Umstände
meiner Militärzeit vom November 1967 bis zum 24. September 1970 zu
dramatisch.

Besonders dramatisch war der letzte Tag meiner Militär»karriere«.
Ich brachte es nur bis zum Oberstabsgefreiten. Als Offizier hätte ich
noch länger dienen müssen, und sooo weit ging die Liebe nun doch
nicht. Am 24. September 1970 hätte ich eigentlich gar nicht entlassen
werden können oder dürfen. Israels Streitkraft war in höchster Alarm-
bereitschaft, denn in Jordanien herrschte Bürgerkrieg. König Hussein
ließ die Palästinenser, die kurz vor der Machtergreifung in seinem Land
standen, von seiner Armee regelrecht abschlachten. Als »Schwarzer
September« ging dieses Massaker in die Geschichte ein. Zu den Spät-
folgen zählte das von Palästinensern an israelischen Sportlern verübte
Massaker während der Münchener Olympiade, im September 1972. In
jenem September 1970 rückten auch syrische Panzer gegen den »kleinen König« vor, wurden aber zurückgeschlagen. Um Hussein notfalls

retten zu können, näherte sich die Sechste US-Flotte dem östlichen Mittelmeer, und Israel war seinerseits vorbereitet zuzuschlagen. Mir traute das israelische Militär Letzteres offenbar nicht so recht zu. Jedenfalls, hurra, ich wurde »trotz allem« entlassen, konnte die Uniform ausziehen, dalassen und nach Berlin zurückfliegen, um dort wieder zu studieren.

Wie mein Vater, war ich kein »Frontschwein«. Auch kein Amtsschimmel. Ein »Jobnik«. Jemand, der seinen Job vorübergehend beim Militär machte. An der Front kämpfte ich nicht, und zum »Kommando 805« gehörte ich ebenfalls nicht. Dieses, so hieß es in der israelischen Armee, komme um acht Uhr früh, arbeite null, gehe um fünf Uhr nachmittags nach Hause und trage – o Schande – keine Militärstiefel, sondern Halbschuhe. Pfui.

Der damals allgemein verbreiteten »Jobnik«-Verdammnis abhold, schämte ich mich nicht. Arbeit war wichtig, auch spannend und meine beiden Vorgesetzten waren wunderbare Menschen. Der erste war ein von Hitler und der Deutschen Wehrmacht aus der Bahn geworfener polnischer Bildungsbürger. In organisatorischen Dingen war er ein liebenswürdiger Chaot. Das war natürlich die beste Voraussetzung für einen erfolgreichen Personalchef. Mein zweiter Vorgesetzter war ein unglaublich charmanter, aus Libyen stammender Faulpelz. Beide ließen mich weitgehend selbstständig arbeiten, so dass ich – ohne Prahlerei – in den zweieinhalb Jahren im Hauptquartier der Artillerie der eigentliche Personalchef war.

Loyal war ich ohnehin, auch motiviert. Kein Mensch hatte mich gezwungen, meine auf geduldigem Israel-Papier damals bestehende »Wehrpflicht« zu absolvieren. Ich hatte im militärfreien, fernen Westberlin als deutscher und israelischer Staatsbürger gelebt. Den Lieben Gott hätte ich »einen guten Mann sein lassen« können. Doch angesichts der jüdischen und israelischen Geschichte empfand ich 1967 die innere Verpflichtung, für die »jüdische Lebensversicherung«, den jüdischen Staat, einen Beitrag zu leisten. Dass der nicht vergnügungssteuerpflichtig sein würde, wusste ich.

Außerdem wollte ich mich selbst prüfen und dann über meine Lebensgeografie entscheiden: In Deutschland bleiben oder zurück nach

Israel? Kurzum, ich war faktisch Freiwilliger. Aus Rührung und Dankbarkeit hat Israel inzwischen längst die Wehrpflicht für meinesgleichen abgeschafft. Amen. Ein Denkmal wurde mir aber immer noch nicht errichtet.

Das militärische Gehabe, wo auch immer, hatte ich seit jeher als eine Art Kasperletheater von Erwachsenen vor todernstem Hintergrund betrachtet: Exerzieren. Gewehr hoch, Gewehr runter, Gewehr zur Seite und so weiter. Grußritual: Wie viele Finger an die rechte Stirn? Nehmen Linkshänder die Linke? Nein, ach so. Es muss ja alles einheitlich sein. Der uniformierte Mensch in Uniform. »Schlaf ist hier ein Geschenk.« »Ich kann nicht ist der Vetter von ich will nicht.« Tamtam, Bummbumm. Wie gesagt, todernst, tödlich ernst, funktional rational, nüchtern betrachtet meistens kollektiv-emotional. Eine Qual. Und oft alternativlos. In Israel, jawohl, strategisch ein defensiver Dauerakt, wenngleich taktisch meist offensiv und in den Augen der Außenwelt fast immer aggressiv.

Ich lernte viel. Ich lernte wieder Hebräisch. Nun gut, das soll auch außerhalb des Militärs möglich sein. Ich lernte, dass es außerhalb meiner Elfenbeinturm-Welt auch eine andere gab. Die richtige? Eine andere. Harte Jungs waren dabei. Der eine hatte so harte Zähne, dass er den Kronkorkenverschluss der Limonadenflasche (nein, kein Bier) mit seinen Zähnen öffnete. Der andere hatte harte Fäuste, die ihm Probleme und Kuraufenthalte in israelischen Gefängnissen und wiederum anderen ausgeschlagene Zähne und angeschlagene Kiefer beschert hatten. Noch ein anderer – ausgerechnet »Zion« war sein Vorname – hatte etwas lange Finger und ließ auch bei seinen Kameraden dieses oder jenes aus Versehen mitgehen. Sogar meine langen Unterhosen waren eines Tages verschwunden. (Während der Grundausbildung in Ramallah, in den Judäischen Bergen, war es im November/Dezember 1967 »eis«kalt.)

Vom legendären israelisch-zionistischen Gemeinsinn hielten meine Grundausbildungskameraden sehr viel: Wir sollten die Stube sauber kehren. Was heißt Stube? Es war ein Riesenschlafsaal, in dem vierzig junge Männer schnarchten, in der Nase bohrten, pupsten, rülpsten, sich selbst befriedigten, lasen, redeten und irgendwann sogar die Klappe hielten oder schliefen. »Auserwähltes Volk«, »Volk des Buches« …

Drei von den vierzig jungen Männern fegten tatsächlich den Groß-
raum sauber. Einer der Deppen war ich. Der Rest der Truppe – meist
vom Typ harte Jungs, nordafrikanischer Unterschichtenherkunft und
des Schreibens halbkundig – quatschten, lachten, lästerten, rauchten.
Ihr Wortführer (unvergessen, unvergesslich) trug einen quasi klassisch marokkanisch-jüdisch-israelischen Namen: Zion (noch einer)
Abutbul.

Als frisch aus Germanien importierter idealistischer Zionist appellierte ich an Zions und der »Kameraden« Gemeinsinn. Ich erntete den
hochverdienten Hohn und Spott. Endlich, Jahre danach, am 5. Mai 1981,
erkannte ich, dass jener vermeintlich asoziale Zion in Wahrheit ein
Prophet war. »Red nich wie'n Professor, quatsch wie wir«, hatte er mich
aufgefordert. Seine Aufforderung, Proleten(»gruppen«-)Hebräisch zu
sprechen, konnte ich nie erfüllen, denn ich kannte es nicht. Doch anders als ich wusste Zion, dass ich eigentlich schon damals Professor war.
Mein Ruf an die Bundeswehruniversität München traf am 5. Mai 1981
ein. Fortan war ich Professor und Zion ein wahrer Prophet. Ich hatte
ihn verkannt.

Nicht prophetisch, doch hochgebildet, sensibel und feinsinnig waren
andere Mitsoldaten, Kameraden ohne Anführungszeichen. Jahrzehntelang blieb ich mit einigen in Verbindung.

Ovid in Israels Militär

Einen Vorgesetzten werde ich nie vergessen: Oberst Mosche Schdemati.
Er lehrte mich im Februar 1968, dass die alten Römer auch ohne jüdi-
sche Propheten klassische Weisheiten gekannt und verbreitet hatten.
Zum Beispiel diese: »Non scholae, sed vitae discimus«, »Nicht für die
Schule, sondern fürs Leben lernen wir«. Das ist die dazugehörige Ge-
schichte.

Der nicht sonderlich groß gewachsene, halbglatzige, etwas korpu-
lente Oberst Schdemati, Personaloffizier der israelischen Artillerie,
stammte aus Polen und war Spross einer bildungsbürgerlichen Familie.
Zu ihm wurde ich nach meiner Grundausbildung einbestellt. Er schaute
in meine Personalakte: »A deutsches Abitur. Schön. Hast du das Latinum?« Ich bejahte. »Das Große Latinum.« Wer mein römischer Lieb-

lingsschriftsteller sei. Ovid. ›Ars amatoria‹, Liebeskunst? Nein, die ›Metamorphosen‹. Schdemati rezitierte aus der Vorrede: »In nova fert animus – mach weiter«. Ich vollendete den Satz: »mutatas dicere formas corpora.« So wurde ich Schdematis persönlicher Referent.

Intelligent waren viele der Offiziere, die ich in Israel kennenlernte. Wirklich gebildet, wie Oberst Schdemati, Intellektuelle, waren die wenigsten. Klassisch als Typ war General Natti Scharon. Als er eine Militärdelegation in London leitete, wurde auch das British Museum besucht. Das war »man« sich und dem jüdisch-israelischen »Volksimage« schuldig. Natti & Co. betreten einen der vielen Räume. Er schaut nach vorne, nach hinten, nach rechts und nach links: »So, Jungs, ich hab's Prinzip verstanden. Ab in den nächsten Raum.«

Nebenbei: Viele Bundeswehroffiziere, die ich kennenlernte, waren ähnlich »gestrickt«. Beeindruckt und in vielem belehrt hat mich jedoch General Gerd Schmückle, der ein väterlicher Freund wurde. Auch die Generäle Klaus Naumann und Klaus Reinhardt konnten und kannten erheblich mehr als nur Militärisches.

Zurück zu ihresgleichen in Israel. Schdemati war fürs harte Militär zu gutmütig. Um mehr Soldaten für ihre jeweilige Einheit zu bekommen, spielten seine Offizierskameraden, besonders die Kommandeure der diversen Einheiten, mit ihm ihr personalpolitisch durchaus verständliches Lieblingsspiel »Soldatenklau«. Es hatte eine einfache Regel: »Ich hab Soldaten, melde sie aber nicht dem Schdemati.« Der hatte die Spielregel erahnt, konnte ihre Anwendung jedoch weder beweisen noch verhindern. Auf seiner Liste standen die Soldaten X, Y und Z, doch die Kommandanten widersprachen: Nix da, die nicht, weiß nicht wo.

Auch Schdemati glaubte an das Klischee vom pingeligen, sorgsamen, pflichtbewussten und loyalen »Jecken«, also der Mischung aus Jude plus Preuße. In mir, mit mir, hoffte er, einen solchen gefunden zu haben. Ja oder nein, Ordnung musste sein. Ich schaffte sie, indem ich jede einzelne Einheit besuchte, dabei Leute kennenlernte und Land, einschließlich der besetzten Gebiete, die damals meistens – doch nicht von mir – »befreite« genannt wurden. Ich knöpfte mir jeden Kommandeur vor. Natürlich war jeder dieser Männer deutlich ranghöher als ich, doch ich war eben von Amtes wegen »der Revisor«. Über jeden angeblich feh-

lenden Soldaten musste jeder Kommandeur einzeln Rechenschaft ablegen:
- X ist gefallen.
- Auf meiner Liste steht er. Zeig die Todesmeldung.
- Fehlanzeige.
Oder:
- Y sitzt im Militärknast.
- Zeig die militäramtliche Bestätigung.
- Fehlanzeige.
Und so weiter. Als ich im Frühjahr 1968 gerade ein halbes Jahr der Dienstzeit hinter mir hatte, war die israelische Regierung über mein Kommen und meinen Einsatz so gerührt und dankbar, dass sie mich noch länger als ungeheure Verstärkung des Militärs behalten wollte. Allein deshalb wurde die Wehrpflicht von zweieinhalb Jahren auf drei verlängert. Am Toten Meer stationiert, in unmittelbarer Nähe von Qumran, wo rund zwanzig Jahre zuvor die weltberühmten Essener-Schriftrollen vom Toten Meer gefunden worden waren, raufte ich mir vor Freude die Haare.

Die Bildung kam auch im Militär nicht zu kurz. Wie es sich für Soldaten aus dem »Volk des Buches« gehörte, mussten wir Rekruten nicht irgendwohin, sondern oft nach Qumran marschieren. Tags oder nachts. Wie es sich fürs »Volk des Buches« gehört, erklärte unser Kommandeur, wer die Essener waren, die vor 2000 Jahren in der Wüsteneinöde Qumran lebten, was sie gedacht und gemacht hatten und, jawohl, er erwähnte ihren Einfluss auf Jesus. Zion Abutbul, Badichi oder der seine Zähne als Kronenverschlussöffner nutzende Kamerad wussten genau, wer Jesus und die Essener waren und interessierten sich brennend für sie. Versteht sich. Vier oder fünf Spinner, einer von ihnen ich, fühlten den Atem der Geistesgeschichte.

»Jeder Bastard ist ein König«
Aber auch die Abutbuls, Badichis & Co. lernte ich schätzen. Sie waren schon im Herbst 1967 den deutschen 68ern voraus. Ideologiefrei und sozusagen von Natur aus waren sie einfach wunderbar antiautoritär, und ihr Verhalten war durchaus »typisch« für junge Israelis nordafrika-

nisch-jüdischer Herkunft. Nicht zufällig füllte 1968 eine belanglose israelische Kriegsschnulze die Kinokassen. Ihr Titel: ›Jeder Bastard ist ein König‹. Der Film handelte zwar nicht von meinem Zion oder meinem Badichi, doch von diesem vermeintlichen »Bastard«-Typen schlechthin. Und ja, irgendwie und irgendwo waren auch sie »Könige«. Irgendwie strahlten sie so etwas wie Würde aus.

Diese Würde könnte man so umschreiben: Sie waren authentisch und nahmen für diese Authentizität auch Nachteile in Kauf. Sogar, wenn sie vor einem Militärgericht standen und dem Richtergeneral eine unverschämte oder lügnerische Antwort nach der anderen gaben. Ich durfte manchmal protokollieren und lernte so unendlich viel von diesen Ungebildeten. Keine Bildung, aber was für ein Rückgrat. Das Motto der israelischen Artillerie war: »Einmal Artillerist, immer Artillerist.« Sie war, wie jede Artillerie, sozial und kulturell, sagen wir, mehrschichtig. Die Alt-Artillerie meiner Zeit brauchte gute Mathematiker ebenso wie Soldaten die, wie ich, wenigstens 2+2 addieren sowie lesen und schreiben, aber auch Analphabeten, die Kanonenkugeln ins Rohr schieben konnten. Die Artillerie brauchte sowohl Badichi als auch mich, obwohl sich meine Mathematikfähigkeiten in durchaus erträglichen Grenzen hielten.

Schimschon Badichi (ch wieder wie in ach) wurde »Stinkmorchel« genannt. Er war Sohn marokkanischer Einwanderer. Den Spitznamen verdankte Badichi seiner Schwäche. Er hatte panische Angst vor Wasser, was an heißen Tagen (derer es in Israel viele gibt) besonders unangenehm war. Wer nicht duschte, stank schnell. Eines Nachts im Mai 1968 bewachte ich im besetzt/»befreiten« Ostjerusalem Kriegsgerät, das Israel im Junikrieg 1967 von Ägypten erobert hatte, und das auf der Parade zum 20. Unabhängigkeitstag den stolzen Landsleuten vorgeführt werden sollte (und wurde). Während meiner Nachtwache kroch mein Zeltnachbar Stinkmorchel in meinen Schlafsack. Ich habe ihn nie wieder benützt. So lernte ich Demokratie. Nicht nur Demokratie. Auch Soziologie, die Soziologie Israels und die Ideologie vieler junger Israelis, die inzwischen sicher längst Großeltern sind, sofern sie noch leben.

Ich kam mit allen Schichten der Bevölkerung zusammen. Ich kannte die Daten Tausender Soldaten, und ich lernte viele von ihnen persönlich kennen. Ich hatte sie sozusagen verplant, auch an die Front, und musste ihnen das nicht selten von Angesicht zu Angesicht mitteilen, individuell oder vor ihren Kameraden. In meiner Dienstzeit tobte am Suezkanal vom November 1967 bis zum August 1970 der Abnutzungskrieg gegen Ägypten bzw. Ägyptens gegen Israel. Im Januar 1970 griff die sowjetische Luftwaffe zugunsten Kairos ein. Wie einst von 66 bis 70 n. Chr. drohte eine bewaffnete Auseinandersetzung zwischen Maus und Elefant. Damals Judäa gegen Rom, zu meiner Zeit zwischen Israel und der Weltmacht Sowjetunion. An der Golanfront zu Syrien knallte es immer wieder, auch in und aus Jordanien, wo die Palästinenserorganisationen an die Macht zu kommen versuchten und von wo aus sie ständig Israel mit Guerillaangriffen überfielen.

Schreibtisch versus Angesicht. Was für ein gewaltiger Unterschied! Erst recht, wenn davon möglicherweise Leben oder Tod der Betroffenen abhängt. Mag sein, dass »man« im Laufe der Jahre diesbezüglich eine seelische Elefantenhaut bekommt. Meine Seele verweigerte ein solches Wachstum.

Elitesoldaten

Aus gänzlich anderem Soldatenholz als Karl, Max oder Michael-Schwejk Wolffsohn waren meine Vettern. Mein Vetter Ron Rotem sowie alle vier Söhne von Zeew und Lea dienten in kämpfenden Einheiten. In sogenannten Eliteeinheiten. Jeder junge Israeli, der damals (heute weniger) etwas auf sich hielt und in den Augen seiner Mitmenschen weiter etwas gelten wollte, sollte, dem Umweltdruck folgend, sich freiwillig zu Kampfeinheiten melden. Jigal, Juval, Joav und Jaron folgten diesem ungeschriebenen Gebot.

Jigal, zum Beispiel, der Älteste, hatte sich bereits im »Kreiswehrersatzamt« freiwillig zu den Fallschirmjägern gemeldet. Ich hatte nicht im Traum daran gedacht. Am ersten Tag meines tapferen Soldatenlebens sprach mich ein Kopfjäger der Fallschirmer an: »He, Langer, du hast die richtige Figur für die Fallschirmer. Wie wär's?« Für die Offerte undankbar, lehnte ich dankend ab.

Schreckliches erlebte Jigal im 1967er- und noch Schrecklicheres im Jom-Kippur-Krieg vom Oktober 1973, der sich an der syrischen Front, im Golangebirge, bis zum Frühjahr 1974 hinzog. Auf den Golanhöhen sah er von syrischen Soldaten getötete Kameraden, denen der Kopf abgeschnitten war. Im Mund steckte ihr Geschlechtsteil.

Als 2015/16 syrische Flüchtlinge aus dem Bürgerkrieg ihrer Heimat nach Deutschland strömten, trat ich ohne Wenn und Aber öffentlich dafür ein, sie aufzunehmen. Das war ein Gebot der Menschlichkeit. Meinen Eltern und Großeltern, der ganzen Wolffsohn-Sippe, Hunderttausenden Juden, waren seit 1938 die Tore fast aller Länder verschlossen. Sollte ausgerechnet ich, sollten ausgerechnet wir Juden, diese Hilfe verweigern? Deshalb mein Plädoyer. Deshalb haben auch die Kinder meiner Vettern 2015 auf den Golanhöhen verletzten Syrern geholfen, nach Israel zu gelangen und dort in Krankenhäusern behandelt zu werden. Will ihnen jemand verübeln, dass sie zumindest gemischte Gefühle empfanden?

Aber auch, dass die deutschen Wolffsohns gemischte Gefühle empfanden, als scharenweise Menschen aus islamischen Staaten nach Deutschland strömten, in deren Heimat seit Jahrzehnten Antijudaismus schlicht zum guten Ton gehört?

Ihre mütterlichen Großeltern, die Zadeks, waren, obwohl hamburgisch-jüdische Patrizier, glühende Idealisten-Zionisten. Sie kamen nach Palästina, nicht nur weil sie Hitlers wegen mussten, sondern weil sie dorthin wollten. Ihre väterlichen Großeltern, also auch meine sowie meine mütterlichen, konnten sich das Aufnahmeland nicht, wie die meisten Flüchtlinge 2014/15, à la carte aussuchen. Genau das versuchten 2014/15 viele Nahost-Flüchtlinge. Auch daher gemischte Familiengefühle.

Dennoch: Menschlichkeit ist unteilbar. Ohne Einschränkung. Artikel 1 Grundgesetz, Satz 1: »Die Würde des Menschen ist unantastbar.« Das klingt famos, aber auch die klügsten Interpreten konnten mir nicht eindeutig erklären, was unter der »Würde des Menschen« eigentlich zu verstehen sei. Ich verstehe sie so: Jeder Mensch, jeder, hat das natürliche (und, wer will, auch göttliche) Recht auf ein menschenwürdiges Leben. Also erstens das Lebensrecht an sich und zweitens ein Leben ohne Armut und mit Freiheit.

Die deutsche Formulierung »Würde des Menschen« hat, zeitlos gültig, konkret(er), schöner und präziser Thomas Jefferson in der Unabhängigkeitserklärung der USA ausgedrückt: »Life, Liberty and the pursuit of happiness« seien angeborene (von Natur aus gegebene) sowie unveräußerliche Menschenrechte.

Professor gegen Minister: Wolffsohn gegen Rühe
Es gab einige Minister, gleich welcher politischen Färbung und nicht nur für die Bundesverteidigung, denen die Wolffsohn-Saalheimer-Gene nicht die reine Freude bereiteten. Davon konnte auch Volker Rühe (CDU), Amtschef von 1992 bis 1998, ein Lied singen.

Professoren der beiden Bundeswehruniversitäten (die eine in Hamburg, die andere in Neubiberg bei München) werden, wie alle Hochschullehrer, nach wissenschaftlichen Kriterien ausgewählt und berufen. Sie sind und bleiben Zivilisten, und natürlich gilt auch für sie uneingeschränkt und ohne jedes Weisungsrecht Dritter die Freiheit von Forschung und Lehre, also Artikel 5 Grundgesetz. Dienstherr ist der jeweilige Bundesverteidigungsminister. Dass wissenschaftliche Kriterien nicht selten mehr persönlich oder politisch als rein wissenschaftlich sind, steht auf einem anderen Blatt und gilt bedauerlicherweise weltweit für die meisten wissenschaftlichen Einrichtungen, zivil oder nicht, staatlich oder privat. Wer die reine Lehre sucht, stößt schnell in Leere.

Wie und weshalb gerieten Bundesverteidigungsminister Rühe und ich aneinander? Militärisches spielte keine Rolle, nur Politisches. Ein Kollege, zugleich mein damaliger Dekan, wahrlich kein Nazi oder Antisemit, keine graue Maus, eher ein bunter Vogel, hatte Ende 1991 außerhalb der Universität, öffentlich, aus Adolf Hitlers ›Mein Kampf‹ gelesen.[94] Es war eine persiflierende, den menschenmörderischen Diktator demaskierende Lesung, keine Vorlesung, kein Seminar. Ich protestierte leise und intern. Meine Begründung: Kurz nach der Wiedervereinigung Deutschlands war die »Angst vor Deutschland« im In- und Ausland wieder sehr lebendig. Zum einen wegen der historischen Psychologie. Zum anderen machten sich aktuell alte und neue Nazis durch diverse fremdenfeindliche sowie antisemitische Vor- und Überfälle besorgniserregend bemerkbar.

Rechtssystemisch, so meine Begründung, könne man, unabhängig von der jeweiligen politischen Absicht, Hans nicht verweigern, was

Franz dürfe, also einem Nazi nicht verbieten, was einem Nicht-Nazi-Professor erlaubt sei. Dieser liest Hitler, um ihn zu persiflieren, jener, um den »Führer« zu hofieren. Entweder beide oder keiner. »Alle Tiere sind gleich.« Orwells ›Farm der Tiere‹. »Manche Tiere sind gleicher« – auch ›Farm der Tiere‹. Wir leben im Rechtsstaat Bundesrepublik Deutschland. Gleiches Recht für alle, nichts à la carte. Deshalb: ›Mein Kampf‹ – mein Dekan? Nein, danke!

Was ich intern äußerte, eskalierte, drang rasch nach außen, eskalierte auch dort und wurde ein nationales Thema. Der Präsident meiner Universität rügte nicht den ›Mein-Kampf‹-Leser, sondern mich. Die meisten Kollegen der Universität und Fakultät wollten Ruhe und schalten den Ruhestörer, also mich. Der schrille Schall opportunistischer Kollegialität sollte nicht nach außen dringen. Er drang nach draußen.

Wenige Kollegen hielten zu mir. Mit einigen saß ich eines Mittags im Universitätskasino zusammen. Wir überlegten, wie wir weiter vorgehen sollten. Der Zufall wollte es, dass ein Mitarbeiter des Präsidialamtes am Nebentisch saß. Heimlich schrieb er mit, was wir besprachen, überreichte es dem Präsidenten, der dem stellvertretenden Generalinspekteur der Bundeswehr, der Ehrenprofessor unserer Universität werden wollte, und von ihm gelangte die Mitschrift zu Minister Rühe.

Da Professoren klatschen und tratschen »wie du und ich«, erreichte auch mich die Nachricht von der präsidial gebilligten und genutzten Abhöraktion. Dieser Tropfen brachte mein Fass zum Überlaufen. Ich schrieb Minister Rühe. Ich forderte ihn auf, den kurz zuvor an der Universität wiedergewählten Präsidenten wegen der Abhöraktion nicht wieder zu ernennen. Das war formal nötig. Zunächst reagierte Rühe gar nicht, dann des bald starken Medienechos wegen plötzlich blitzschnell.

Es war kurz vor Weihnachten 1992. Noch vorher, so der Minister, sollten wir uns in Bonn, in seinem Büro treffen. Als gut jüdischer »Christ« vertröstete ich ihn auf einen nachweihnachtlichen Termin. Irgendwann im Januar war es so weit.

Außer Volker Rühe und mir war sein Staatssekretär Peter Wichert dabei. Ein Diener vieler Minister-Herren: Erst Stoltenberg, dann Rühe (beide CDU), später Scharping (SPD) und Jung (CDU). Der Mann konnte politisch überleben. Skrupel kannte Wichert nicht: Ich sei doch deutschjüdischer Patriot, was ich zum Beispiel Edgar Bronfman und Ignatz Bubis gegenüber bewiesen habe. Wir drei ständen einander außerdem politisch nah. Der »Herr Minister« und er würden gerne »die Sache unter den Teppich fegen«. So weit der Diener. Ich fragte den Herrn. Ja, das sei auch seine Meinung. Meine nicht, entgegnete ich. Zwar sei ich deutschjüdischer Patriot, aber mein Patriotismus basiere auf Prinzipien und nicht auf Mauscheleien. Wenn er bei seiner Position bleibe, müssten wir die Kontroverse, wie in Demokratien üblich, offen und öffentlich austragen. Kurz danach traten Präsident und Dekan zurück. Freiwillig, versteht sich …

Ebenfalls kurz danach wurde der zurückgetretene Universitätspräsident, zuvor unhabilitierter Professor der Gehaltsstufe C3, von der Universität Hohenheim geholt und mit der besseren Gehaltsstufe C4 belohnt, ohne dass der Gelehrte inzwischen habilitiert worden wäre oder eine nennenswerte, der Habilitationsschrift vergleichbare Veröffentlichung vorgelegt hätte. Auch der zurückgetretene Dekankollege bekam sein Zuckerl: Er wurde auf Kosten des Steuerzahlers im Alter von 60 Jahren Frührenter. So sehr hatte sein Kampf, der durch ›Mein Kampf‹ auch mein Kampf wurde, seiner Gesundheit geschadet.

Minister gegen Professor I: Struck gegen Wolffsohn
Die »Menschenwürde«, also Artikel 1 Grundgesetz, be- und verhindern oder verletzen zu wollen, Unmenschlichkeit, wurde mir im Frühjahr und Sommer 2004 von Teilen der Medien und der rot-grünen Bundesregierung, allen voran Bundesverteidigungsminister Peter Struck und (meist implizit) Bundesaußenminister Joschka Fischer, geradezu kampagnenartig unterstellt.[95]

Was war Gegenstand der »Debatte«, die einer Hetzkampagne gleichkam und die bei meiner Mutter, Jahrgang 1922, albtraumhafte Erinnerungen an dunkeldeutsche Zeiten weckte, als »der deutsche Staat« nicht nur sie und ihre Familie attackierte, diskriminierte, fortjagte und andere liquidierte? Das klingt nach übertriebenem Selbstmitleid? Ich bedauere nicht mich selbst, ich schildere das subjektive Empfinden einer Holocaust-Überlebenden: meiner Mutter. Das für sie schier unglaubliche und für unmöglich gehaltene altneue Muster sah zeit- und personenverschoben so aus: Hier und dort verfolgte »der« Staat einen der Ihren und damit sie selbst. Auf diesen Gedanken, dieses Gefühl kam Struck überhaupt nicht. Davon konnte ich mich in einem Gespräch mit ihm überzeugen. Worum ging es konkret?

Ich hatte in einem n-tv-Interview mit Sandra Maischberger ausführlich, vielfach differenzierend und schließlich bilanzierend gesagt, es sei im Anti-Terror-Kampf unter bestimmten Voraussetzungen legitim, gegebenenfalls Verdächtige zu foltern, um einen Mega-Terrorakt zu verhindern, also Menschenleben zu retten. Ausdrücklich unterschied ich zwischen legitim und legal. Dieser elementare Unterschied hätte nicht nur Juristen bekannt sein müssen. (Ein Honorarprofessor der Universität Heidelberg hielt mir entgegen, dass Legitimität und Legalität identisch wären. Aus anderen Gründen wurde ihm später die Ehrenprofessur aberkannt.)

Legitim bedeutete in diesem Zusammenhang unmissverständlich: Es könne *gedacht* werden, heiße aber eben gerade nicht, dass es *gemacht* werden könne, dürfe, solle oder müsse – weil es nicht legal sei, also fundamental gegen unsere Gesetze verstoße.

Minister Struck forderte meinen Rücktritt als Professor »seiner« Bundeswehruniversität. Dabei verwechselte er Professoren mit Generälen. Diese kann der Verteidigungsminister absetzen, jene nicht. Zudem kann ein Beamter nicht »zurücktreten«.

Das wusste offensichtlich auch ein anderer Politiker, ebenfalls Jurist, nicht: Guido Westerwelle, damals Vorsitzender der oppositionellen FDP. Er verlangte, wie Struck, der rot-grüne und der einsetzende mediale Mehrheitschor (anders als, durch Umfragen nachgewiesen, die öffentliche Meinung), meinen »Rücktritt«.

Dieses Thema war für Westerwelles FDP nur vorgeschoben. Er hatte mit mir ein anderes Hühnchen zu rupfen. Während des Bundestagswahlkampfes 2002 hatte der Freidemokrat Jürgen Möllemann, Speerspitze der deutschen Arabien-Lobby und Israel-Grundsatzkritiker vom Dienst, einmal mehr Israel, dessen Ministerpräsidenten Scharon und den deutschjüdischen Repräsentanten Michel Friedman heftig attackiert. So heftig, dass man dafür beim besten Willen keine andere Vokabel benutzen konnte als »antisemitisch«.

Ich hatte auf meine Weise reagiert und den deutschjüdischen Wählern in der ›Jüdischen Allgemeinen‹ empfohlen, die Möglichkeiten demokratischer Politik zu nutzen, statt mit Boxhandschuhen in die Arena zu steigen. Zwar denke und handle der Großteil »der« Juden in Deutschland und woanders grundsätzlich liberal, aber Liberalität dieser Art müsse keiner von uns unterstützen. Daher keine Stimme dieser FDP. Zwei Jahre später erhielt Westerwelle die ebenso legitime wie legale Strafe. Er verlor den FDP-Vorsitz. Freilich nicht meinetwegen. Drei Jahre später wurden wir bei einer größeren Abendeinladung am selben Tisch nebeneinandergesetzt. Ich wechselte den Platz: »Sie verstehen, Herr Westerwelle, dass ich nicht neben Ihnen sitzen möchte.«

Für gar manchen war ich im Frühsommer 2004 als »Folterknecht« Unperson. Im großen Jägerchor gab es Solisten, die andere Melodien als Struck, Fischer und Westerwelle sangen. Der Rechtspolitiker Jerzy Montag, Bundestagsabgeordneter der Grünen, oder die Fraktionsvorsitzende der Grünen im Bayerischen Landtag, Margarete Bause, auch Volker Beck, Grünen-MdB, hielten die mir entgegengebrachten Vorwürfe für abwegig. Montag sprach sogar von einer »antisemitischen Kampagne«, was viele verblüffte, aber, bezogen auf diverse öffentliche und nichtöffentliche Verlautbarungen, leider stimmte.

Den von mir sehr geschätzten SPD-Außenpolitiker Hans-Ulrich Klose bat ich um Rat und Deeskalationsbemühungen seitens der grünroten Bundesregierung und besonders seiner Fraktion. Was für eine Enttäuschung. Er empfahl mir, ich solle mich entschuldigen. Wofür? Was hatte ich getan, gar verbrochen? Nachgedacht hatte ich über ein bestimmtes Thema, ohne dazu aufzufordern, das Gedachte in Gemachtes umzusetzen.

Ich erinnere mich an den damaligen Bundesaußenminister. Joschka Fischer stand im fernen Washington vor der hochspritzenden Fontäne am Weißen Haus und belehrte mich, vom Deutschen Fernsehen befragt, dass »wir in Deutschland, nach allem, was bei uns passiert ist, so etwas nicht wollen«. Ich auch nicht. Aber hier – und darauf legte ich in der öffentlichen »Diskussion« wert – gehörte ich nicht zum deutschen Wir, denn wir Wolffsohns und die deutschen Juden waren »damals« nicht Subjekte, sondern Objekte, sprich: Opfer deutschen Wollens.

Elf Jahre später – er war noch »weiser« und ich noch gelassener geworden – rauchten wir auf einer Podiumsdiskussion der Heinrich-Böll-Stiftung die Friedenspfeife. Es gab genug Tabak.

Über ungefähr vier Wochen, im Mai und Juni 2004, war ich so etwas wie Staatsfeind Nummer eins oder die sprichwörtliche »Sau vom Dienst«, die durchs Dorf gejagt werden musste. Als wäre ich wirklich ein Welt-Thema, prangte »Wolffsohn« auf der Seite eins von ›Welt‹ über ›taz‹, ›FAZ‹ und ›SZ‹ bis zum ›Neuen Deutschland‹. Absurd. Wildfremde Menschen sprachen mich auf der Straße an und machten mir Mut. Sie hätten verstanden, was ich meinte, und fänden die Hexenjagd auf mich unerhört. Andere Wildfremde pöbelten mich an.

Nicht gejagt, sondern gestützt hat mich Angela Merkel, damals noch Oppositionsführerin. Wir kannten uns nicht wirklich. Einmal hatten wir miteinander gesprochen, ganz am Anfang ihrer Laufbahn, als sie noch Kanzler Kohls »Mädchen« war. Aus heiterem Himmel rief sie mich nun an. Ja, sie, ihre Fraktion und Parteiführung wüssten, was ich meinte, schätzten mich nach wie vor und würden sich definitiv den Attacken gegen mich widersetzen. Das tat gut und besser. Auch meiner Mutter, die nun rational dem Emotionalen gegensteuern konnte.

Israels Botschafter in Deutschland, mein Freund Shimon Stein, versuchte diplomatisch sanft und zugleich klar, Minister Struck und seine Mannschaft zur Vernunft zu bringen. Ein Staatssekretär, dessen Namen ich wirklich vergessen habe, antwortete ihm, dass man »in Israel so etwas denken und sogar machen kann, nicht aber in Deutschland«. Das war, finde ich, ein geschichtlich, geschichtspolitisch, ethisch und pädagogisch erstaunlicher Rollenwechsel zwischen Deutschen und Juden. »Tempora mutantur, die Zeiten ändern sich und wir mit ihnen«, individuell und kollektiv.

Peter Struck setzte alle Hebel in Bewegung. Die Rechtsabteilung seines Ministeriums sollte Mittel und Wege finden, mich als lebenslang beamteten deutschen Professor zu entlassen. Da ich weder silberne Löffel gestohlen noch Studenten oder Studentinnen (hatten wir damals nicht an der Bundeswehruniversität) missbraucht hatte, war das unmöglich. Auch das hätte der Jurist Struck wissen müssen. Nach zwei Wochen des öffentlichen Hickhacks intervenierte Bundespräsident

Johannes Rau hinter den Kulissen. Seine Morgenrunde hatte sich mit dem »Wolffsohn-Folterthema« befasst und kam zu dem Schluss: Der eigentliche Skandal sei nicht Wolffsohn, sondern seien die Attacken der Bundesregierung, allen voran des Bundesverteidigungsministers.[96] Der hatte mich genau zu dieser Zeit um ein Gespräch gebeten. Wohlgemerkt: gebeten, nicht geladen. Genau das jedoch behauptete er öffentlich. Ich sollte alleine erscheinen. Er bat meinen Universitätspräsidenten dazu sowie seinen zweiten Staatssekretär. Nein, alleine würde ich nicht kommen, nur mit meinem Anwalt. Struck, der mich »geladen« hatte, schluckte die Kröte, wohl wissend, dass diese beißen konnte: Trutz Graf von Kerssenbrock, der landesweit bekannte CDU-Rebell aus Schleswig-Holstein, der 1987 als Erster seinen Partei»freund« und Ministerpräsidenten Uwe Barschel in der Kieler Watergate-Affäre (die mit Barschels Mord oder Selbstmord endete) vom Sockel gestoßen hatte, was ihm die Union nie verzieh.

Berlin, 18. Mai 2004. Noch eine Stunde vorher hatte Struck mich vor laufenden Kameras und Mikrofonen wüst beschimpft. Dann im Dienstzimmer des Ministers. Er gibt sich sanft und samtig. Eigentlich hätte ich ja recht, und »das Volk« sei sowieso meiner Meinung. Doch dem Volk solle man nicht folgen. Es befürworte oft die wunderlichsten Ideen und sei sogar mehrheitlich für die Todesstrafe. Dieses Bekenntnis des demokratisch bestimmten Ministers einer (damals) Volkspartei zu Volkes Meinung, zur Demokratie schlechthin, überraschte mich. Der Staatssekretär spitzte den Griffel, setzte die Brille auf und verlas ein Zitat aus meinem angeblichen Folterplädoyer: All das sei ja gut und richtig, »nur dieser Halbsatz nicht«. Der wiederum war völlig harmlos und hatte mit Folter nichts zu tun. Ich hätte recht, so der Minister, »aber die eine oder andere Formulierung …«.

Was sollte nun gelten? Minister und Staatssekretär waren sich einig, dass ich Folter nicht befürwortet hatte, stimmten mir angeblich inhaltlich zu, rügten einen belanglosen Halbsatz und hielten nichts von Volkes Meinung. Gleichzeitig beschimpften sie mich öffentlich und brachten auch meine Familie in Gefahr. »Ein deutscher Soldat foltert nicht«, sprach der Minister. Na hoffentlich. Das klang so »wie einst im Mai«: »Ein deutscher Mann weint nicht.« Um nicht Öl ins Feuer zu gießen und weil ich ein höflicher Gast war, fragte ich »meinen Minister« nicht, ob er Bundeswehr- und Wehrmachtssoldaten in einen Topf werfe. Es soll ja Wehrmachtssoldaten gegeben haben, die gefoltert haben. 1904 während des Herero-Aufstands auch Kaiser Wilhelms Soldaten. Waren das keine Deutschen? Und wusste er nicht, wer ihm gegenübersaß? Noch ein Jahr zuvor hatte er mit mir zusammen im »Reichstag« das Buch ›Ausgerechnet Israel? Prominente Deutsche über einen wichtigen Partner‹ vorgestellt, das Buch und mich über den grünen Klee gelobt.

Ins Ministerhorn stieß auch der Präsident meiner Universität. Beide nahmen ihre Fürsorgepflicht mir gegenüber ernst. Es habe sich niemand bei ihnen gemeldet, der meiner Meinung gewesen sei. Wie konnte das sein? Ich hatte von vielen mir völlig unbekannten Menschen Kopien der Schreiben bekommen, die sie an die beiden Herren geschickt hatten.

Mein elektronischer Posteingang quoll über. Pro Tag der circa vierwöchigen Hexenjagd wurde ich mit ungefähr 3000 Mails beglückt, mal zustimmend, mal ablehnend. In solchen Situationen erkennt man schnellstens die wahren Freunde und die Opportunisten, die heute deine Nähe suchen und sich morgen abwenden. Plötzlich wurde ich bei Ausstellungseröffnungen, in Konzert- oder Theaterpausen nicht mehr gegrüßt, von Menschen, die mir insgeheim signalisierten: »Ich denke anders, doch kann nicht anders.« Unvermeidlich kommt einem wieder der gute Heinrich Heine in den Sinn: »Blamier mich nicht, mein schönes Kind/Und grüß mich nicht Unter den Linden./Wenn wir nachher zu Hause sind,/Wird sich schon alles finden.«

Durch die Attacken von Struck & Co. fühlten sich 20 erkennbar Rechtsextreme beflügelt, mir mit Mord zu drohen. Wie gesagt: Ich nahm das zunächst nicht ernst, wohl aber eben der Münchener Polizeipräsident. Einer wollte mich an meinem »beschnittenen Juden-P...« aufhängen, Füße oben, Kopf unten und so weiter. Diese E-Mail zeigte ich dem Minister. Das hätte ich ihm zu verdanken. Er als Vertreter der amtierenden Bundesregierung hätte mich, einen deutschen Bürger, den der Staat eigentlich schützen müsse, zum Abschuss freigegeben. Struck protestierte. Was sonst? »Der erzieherischen Wirkung wegen« wollte er mich entlassen. Das ginge aber rechtlich leider nicht. Struck hatte mich belehrt: Die Bundeswehr sei in Afghanistan hochwillkommen, beliebt und werde als Befreier betrachtet. Das werde nicht so bleiben, entgegnete ich und verwies auf meine Erfahrungen und Forschungen über die israelische Besatzung seit 1967. »Ja, Israel, das ist etwas ganz anderes …« Offenbar doch nicht, wie inzwischen jeder einsieht, der weiß, wie »hochwillkommen« die Bundeswehr in Afghanistan nach des Ministers Prognose blieb … Die internationale »Friedens- und Aufbaumission« am Hindukusch werde ein großer Erfolg, meinte er. Ich war anderer Ansicht: Von Frieden zu reden, sei leichter, als Frieden zu machen. Das Stück endete so: Obwohl (oder gerade weil?) mein Ministerchef meine Thesen weitab von der aufgehetzten Öffentlichkeit eigentlich »ganz in Ordnung« gefunden hatte, einigten wir uns, dass wir uns nicht über eine gemeinsame öffentliche Erklärung einigen könnten. Er bat mich jedoch um die eine oder andere Entschärfung meiner Stellungnahme, die ich ihm vorgetragen hatte. Des lieben Friedens willen lenkte ich ein. Aber: Jeder werde der Presse seine eigene Mitteilung zukommen lassen. Ein gemeinsames Papier wollten wir beide nicht.

Wir verständigten uns darauf, dass meine Erklärung und die Erklärung des Ministeriums gleichzeitig veröffentlicht würden. Ich hatte in dem Augenblick gar keine Mittel zur Verbreitung in der Hand. Aber die Presseerklärung des Ministers wurde umgehend verbreitet. Ich saß noch mit meinem Anwalt im Café. Wir ließen das Treffen Revue passieren. Plötzlich klingelte mein Handy. Kurt Kister am Apparat, damals Berlin-Korrespondent der ›Süddeutschen Zeitung‹: Der Minister habe gerade … ob ich denn nicht auch etwas …? – Aber ja, wir hatten uns doch … – Nein, von mir sei nichts bekannt gegeben worden.

Mit Frau und Freunden wurde nun vom heimischen Computer über Mail und Fax die David-Offensive gegen den ministeriellen Goliath gestartet, meine Sicht der Dinge verbreitet, meine Bewertung des Gesprächs. Allerdings nun ohne jegliche Entschärfung und mit dem Hinweis, dass der Minister mich über das gemeinsame Vorgehen getäuscht hatte. Der Minister schwieg. Es schwiegen nun auch seine Ministerkollegen und die Parlamentarier ihrer Fraktionen. Das war klug, denn über ihnen schwebte das Damoklesschwert einer öffentlichen Rüge durch den Bundespräsidenten.

Warum hätte ich schweigen sollen? Das wäre einem Eingeständnis gleichgekommen, dass ich tatsächlich Folter befürwortet hätte. Einen Monat »nach Struck« hatte ich in der ›Frankfurter Allgemeinen Zeitung‹ Gelegenheit zu einem publizistischen Gegenschlag, dann ein ganzseitiges Interview in der ›Welt‹. Auch ›taz‹ und ›Süddeutsche Zeitung‹ schrieben nun differenzierter, wenngleich es dort auch noch einen Hassartikel von außen gab. Der Autor war, versteht sich, jüdisch. Sicher ist sicher. Hofjuden gab es schon immer. Einerlei.

Meine Wolffsohn-Vettern, die Landwirte aus Israel, Zeews Söhne, hatten in der besonders auflagenstarken Wochenendausgabe von ›Jediot Acharonot‹, Israels größter Tageszeitung, in einem zweiseitigen Artikel von meinem Folterhalali erfahren. Mein Vetter Jigal rief mich begeistert an: »Bravo, Michael, echt Wolffsohn. Wir lassen uns nichts gefallen. Nur nicht den Mächtigen gegenüber einknicken.«

Genau diese Zivilcourage hatte Jigal Jahre zuvor auf seine Weise vorgeführt. Wie alle Moschawim Israels (Genossenschaften) war sein Betrieb durch die Landwirtschaftspolitik der Regierung hoch verschuldet. Kein Landwirt bekam noch Bankkredite. Auch er natürlich nicht. Was tun? Jigal informierte die Presse, er werde mit einer seiner Kühe dann und dann in die Filiale Nummer sowieso der Bank Sowieso kommen. Die Medien bitte auch. Sie kamen. Das erwartete Schauspiel war eine bebilderte und gefilmte Topmeldung: »Kuh macht ihr Geschäft in Bankfiliale.«

Ob es sich dabei um bestimmte jüdische »Gene« handelt, die die deutsche Nation im Jahre 2010 auch im Zusammenhang mit der Debatte um Thilo Sarrazins Buch ›Deutschland schafft sich ab‹ so erregten, sei dahingestellt. Genetisch oder nicht, die meisten Wolffsohns sind von wem und was auch immer darauf programmiert, Unrecht nicht still zu erdulden. Und jenseits des Familiären, Anekdotischen und Selbstironischen wird hier vielleicht doch, nein, ganz gewiss, etwas typisch Neu-Jüdisches erkennbar, ein: »Nie wieder!« Nie wieder still untergehen. Nicht untergehen. Vorhang zu.

Schlussvorhang auf. Rund ein Jahr später, im Mai 2005, fühlte sich Minister Struck wieder einmal völlig von mir verkannt. Ich hätte (Konjunktiv des Unwirklichen = irrealis) in der ›Rheinischen Post‹ vom

3. Mai »der SPD«, deren Bundesgeschäftsführer Franz Müntefering »geldgierige« internationale Großinvestoren als Heuschrecken bezeichnet hatte, NS-Gedankengut unterstellt.[97] Das war, so wiedergegeben, nicht einmal viertelrichtig und führte trotzdem kurzfristig zu neuerlichem national-medialem Wolffsohn-Gestöhne und -Geschrei. Diesmal war ich allerdings (etwas) klüger: Ich würde nur verteidigen, was ich tatsächlich gesagt habe, nicht jedoch, was man mir unterstelle, gesagt zu haben. Das wirkte. Ruhe kehrte ein. Nicht ganz.

Der stellvertretende Pressesprecher von Peter Struck, ein ehemaliger Student, rief mich an. Ich freute mich, denn ich mochte die (meisten) Studenten. Irrtum. Er wolle mir mitteilen: »Ich und meine Kameraden finden es ganz schlimm, dass wir denselben Arbeitgeber haben.« Was ich antwortete, weiß ich nicht mehr. Ein guter Freund verriet mir später, was ich hätte sagen sollen: »Dann sucht euch doch einen anderen Arbeitgeber.«

Minister gegen Professor II: Fischer gegen Wolffsohn
Bekanntlich muss im modernen Politik- und Medienzirkus ungefähr einmal wöchentlich die sprichwörtliche Sau durchs sprichwörtliche Dorf gejagt werden. Sau oder Schwein, das muss sein. Egal, ob einer koscher (also kein Schwein) ist oder isst. Dass auch ich irgendwann wieder »dran« sein würde, konnte ich nicht ausschließen, denn jeder, der in öffentliche Debatten eingreift, tritt anderen auf die Füße. Willentlich oder nicht. Es bedarf dann immer nur eines Anlasses, um »alte Rechnungen zu begleichen«. Peter Struck war (hinter den Kulissen) wenigstens so ehrlich, das zuzugeben.

Einer, der eine solche Gelegenheit gerne nutzte, war der ehemalige ARD-Ankermann Friedrich Küppersbusch. Das kam so: 1995 moderierte Küppersbusch im Ersten Deutschen Fernsehen für den Westdeutschen Rundfunk (WDR) jeden Sonntagabend die beliebte Satiresendung ›ZAK‹. Stets trat dabei ein Studiogast auf, der wie ein Grillhähnchen der Moderatorhitze ausgesetzt und dann dem Millionenpublikum zum Fraße vorgesetzt wurde. Als Autor des Buches ›Die Deutschland-Akte‹ über die Juden- und Israelpolitik der DDR war ich Ende 1995 der zu Grillende. Volldampf voraus. Das war schon am

Vorspann erkennbar: Das TV-Bild zeigte mich rechts unten, am Schreibtisch sitzend. Rechts oben: Viele Soldatenstiefel im Marschschritt. In der Mitte die Reichskriegsflagge mit dem Hakenkreuz. Dann wurde mein Konterfei ins Hakenkreuz geschoben. Der Jude als Nazi. Mir stockte der Atem.

Es wurde ein mit Worten ausgetragener Boxkampf. Nix da, Nazi Wolffsohn. So weit gehe die deutsche Vergangenheitsbewältigung auch 50 Jahre »danach« nun doch nicht. Sehr »witzig«, den Sohn und Enkel von Holocaust-Überlebenden als Nazi-Militaristen zu präsentieren. Bewältigung der Vergangenheit als überwältigende Pietät. Drei Studiorunden währte der Boxkampf. Ich gewann nach Punkten. Das räumte sogar Küppersbusch am Ende indirekt ein.

Aufgeregt, aufgelöst, empört, schlaflos verbrachten meine Eltern die Nacht. »Sind wir dafür zurück nach Deutschland? Dafür, dass unser Sohn im Deutschen Fernsehen in einer Mischung aus Mittelalter und linkem 68er-Milieu als militaristischer Nazi an den Pranger gestellt wird?« Sie beschwerten sich schriftlich beim zuständigen WDR-Intendanten, Fritz Pleitgen. Der glättete zusammen mit seinem Politikchefredakteur Nikolaus Brender die Wogen. Eine unmissverständliche Entschuldigung folgte, und auch in den Gremien des Hauses muss es, sagen wir, Unruhe gegeben haben.

Wie es der Zufall so wollte. Als ich am 5. Mai 2004 der n-tv-Sendung ›Maischberger‹ das vermeintliche »Folterinterview« gab, war jener Friedrich Küppersbusch Leiter der Sendung. Eine Woche nach dem Interview geschah nichts, denn niemand fand meine Thesen skandalös. Unentwegt hatte Küppersbusch eine Redaktion nach der anderen angerufen: ob sie gehört hätten? Der Wolffsohn ... Folter. Schließlich biss das Leitmedium ›Spiegel Online‹ an. Nun war die Lawine losgetreten.[98]

Menschliches, allzu Menschliches. Das galt auch für die Bereitschaft von Bundesaußenminister Joschka Fischer, aufs Trittbrett jenes Anti-Folter-Zugs zu springen. Er wusste, dass ich im Januar 2001 einen Redakteur des Fernsehmagazins ›Report München‹, meinem Doktoranden Stefan Meining, handwerklich geholfen hatte, Joschkas einstige PLO- und Jassir-Arafat-Begeisterung aufzudecken. Im Oktober 1969 war der damals radikale Jung-Frankfurter Gast des Palästinensischen

Nationalkongresses, auf dem Arafat einmal mehr die Vernichtung Israels gefordert hatte. Zu denen, die applaudiert hatten, gehörte, nicht zuletzt durch Bildmaterial dokumentiert, Jung-Joschka, was dem älteren Joschka als Außenminister nicht unerhebliche Probleme bereitete.

Ebenfalls im Januar 2001 wurde bekannt, dass der junge Joschka in den wilden 1970er Jahren wild auf einen Frankfurter Polizisten eingeschlagen hatte. Als Erster hatte ich daraufhin in der Fernseh-Talksendung ›Sabine Christiansen‹ den Rücktritt des Außenministers gefordert. Es war wie im richtigen Krieg. Gewalt folgt Gewalt. Gottlob nur Wortgewalt, wenngleich die Salven von Struck, Joschka und anderen rot-grünen Koalitionären sowie Westerwelle, Küppersbusch & Co. – zeitlich versetzt und aus unterschiedlichen Anlässen – für meine Familie und mich zeitweise lebensbedrohliche Folgen zeitigten. Sie verfolgten ganz offen ein Ziel: durch Entzug der Professur die materielle Grundlage meiner Familie zu zerstören. Doch Artikel 5 Grundgesetz war stärker als sie alle.

Im Mai 2005 führten Noch-Außenminister Fischer und ich auf dem Evangelischen Kirchentag in Hannover vor 5000 Joschka-Begeiste(r)-ten eine Wort- und Gedankenschlacht über »Ethik und Außenpolitik«. Wir begrüßten uns nicht, wir verabschiedeten uns nicht voneinander. Wer austeilt, muss einstecken.

Es wäre wahnwitzig, einen Zusammenhang zwischen der Verfolgung meiner Familie und anderer Juden durch die ns-deutsche Regierung einerseits sowie jener rot-grün-deutschen Regierungshexenjagd auf mich andererseits herzustellen. Hier gab es weder Kontinuität noch gar Identität. Aber keine Vergnügungssteuer muss entrichten, wer sich fast alleine gegen irgendeine Regierung, ihre Holzfäller und Wasserträger verteidigen muss.

Minister gegen Professor III: KTG gegen Wolffsohn
Wer oder was ist KTG? Karl-Theodor Freiherr von und zu Guttenberg. Mein Dienstherr in den Jahren 2009 bis 2011. Die Älteren unter uns werden sich an ihn erinnern. Der Beinahe-Kanzler mit dem begehrten akademischen Vornamen »Doktor« hatte während seiner Amtszeit als Bundesverteidigungsminister die Luft deutscher Politik elektrisiert.

Dann stellte sich heraus, dass alles heiße Luft und seine Doktorarbeit dreiste Abpinselei war.

Ich gestehe, dass auch ich seine Mischung aus charismatischer Dynamik, Moderne und Bewahrungswillen zunächst als wohltuend empfand. Endlich ein Konservativer, für den das Abendland noch nicht untergegangen war und auch nicht unmittelbar vor dem (wie vielten?) Untergang stand. Dachte ich, hoffte ich. Im Januar 2011, noch bevor seine Doktortäuschung aufgedeckt wurde, hörte ich einen Vortrag, in dem er über sein Thema sprach, deutsche Sicherheitspolitik. Ich war entsetzt. Nichts als Windbeutelei.

Bereits 2010 hatte ich in verschiedenen Veröffentlichungen und Interviews auf die Tatsache hingewiesen, dass Ostdeutsche weit häufiger als Westdeutsche in der Bundeswehr dienten. Der Anteil war überproportional hoch. Das war eine Tatsache. Der Grund war eindeutig: Mangels ziviler Angebote und einer schwächeren Wirtschaftsstruktur suchten und fanden mehr Ostdeutsche den Weg zur Bundeswehr. »Ossifizierung« der Bundeswehr hatte ich das genannt. Der Ausdruck war knackig, wenn auch nicht glücklich gewählt. Er wurde als rein negative Bewertung wahrgenommen. Aufmerksamkeit und Erregung waren groß, Empörung überwog. Der Verteidigungsminister wurde in den ARD-›Tagesthemen‹ dazu befragt und erläuterte ausführlich und wortreich sein höchst differenziertes, aussagekräftiges Urteil in bestem Akademikerdeutsch: »Blödsinn.« Kein Wort zum Faktum an sich. Bald stürzte der Minister seiner abgeschriebenen Doktorarbeit wegen in die politische Tiefe.

Das Thema – ob »Ossifizierung« oder anders genannt – beschäftigte Bundeswehr und Öffentlichkeit weiter. Natürlich, denn die Zahlen sprachen eine klare Sprache. Schon bald ging wieder ein Minister. Und wieder kam ein neuer Minister. Ich blieb bis zur Pensionierung.

Minister gegen Professor IV: TdM gegen Wolffsohn
Mein Bleiben erfreute auch TdM, KTGs Amtsnachfolger Thomas de Maizière, nicht sonderlich. Er erbte mein Ost-West-Thema, das, recht besehen, von Amts wegen eher seines als meines war. Ich hatte neue Daten gesammelt und einmal mehr in der Tageszeitung ›Die Welt‹

nachgelegt. Der Herr Minister verlangte höchstpersönlich eine Gegendarstellung. Keine Gegendarstellung im herkömmlichen Sinne, sondern einen Gegenartikel. Natürlich stimmte die Redaktion zu, denn ohne These und Gegenthese gibt es keine freie Diskussion, und die gehört zur Demokratie wie die Luft zum Atmen.

Der Ministertext verdeutlichte, dass aus lauter Empörung nicht einmal die von mir vorgelegten Fakten wahrgenommen, sondern schlichtweg ignoriert worden waren. »Dass nicht sein kann, was nicht sein darf.« In der alten Filmkomödie ›Die Feuerzangenbowle‹ hätte der Lehrer gesagt: »Pfffeuuufer, sötzen se sich. Sechs.« Beim Schülerversagen stellt sich immer zugleich auch die Frage nach einem eventuellen Lehrerversagen. Hier war das eindeutig. Ich erfuhr nämlich, dass einer meiner ehemaligen Studenten, sogar ein Hauptfach-Absolvent meiner Fakultät an der Bundeswehruniversität München, inzwischen hochrangiger Offizier im Bundesverteidigungsministerium, den Ministerartikel verfasst hatte. Die nicht ganz bürgerlichen oder hugenottisch-aristokratischen (»de« = von) Umgangsformen entsprechenden Wort-Rempeleien hatte unser gemeinsamer Vorgesetzter selbst er- und gefunden. Als im Abendland integrierter und akkulturierter jüdischer Ex-»Morgenländer« schwieg ich christlich-mild. Sowohl der vor allem in Afghanistan kriegführende Verteidigungsminister als auch ich an meinem Schreibtisch hatten anderes zu tun als uns zu bekriegen.

Bei unserer nächsten medialen und wieder indirekten Konfrontation ging es allerdings wirklich um Krieg. Nicht unseren, denn wir führten trotz wachsender gegenseitiger Abneigung keinen Krieg. Frei nach dem Motto: »Bin ich Ihnen genauso unsympathisch wie Sie mir?«

Wir trugen Kontroversen aus. Darunter die folgende: Frühjahr 2012. Seit rund einem Jahr tobte in und um Syrien Bürgerkrieg. Ein Massaker folgte dem anderen. Abertausende flüchteten; mehrheitlich in die Türkei. International wurde hier und da der Gedanke einer robusten Schutzzone (anders als unter selbstmörderischer UN-Regie 1995 in Srebreniza) ventiliert. Außer Richard Herzinger (›Die Welt‹) hatten Julian Reichelt (Chefredakteur ›Bild Online‹) und ich diesen Vorschlag »Schutzzone zum Schutz der Wehrlosen« im Fernsehtalk von Anne Will aufgegriffen und mit sachlichen Argumenten befürwortet. Der Minister beschimpfte uns in der ›taz‹ als »Kaffeehausintellektuelle«.

Nun zählt die Tradition der Kaffeehausintellektuellen wahrlich nicht zu den schlechtesten der deutschsprachigen Kultur. Ihr verdanken wir bedeutende Romane, und sie entstammt vornehmlich der Wiener Kulturblüte von 1866 bis 1914. Eigentlich war es schmeichelhaft. So weit, so belanglos. In den folgenden drei Jahren verloren etwa 400 000 Syrer ihr Leben, und Millionen flohen. Viele, besonders 2015, nach Deutschland. Bekanntlich sorgte diese Not-Migration für erhebliche gesellschaftliche und politische Turbulenzen in Deutschland. Im Februar 2016 – mittlerweile war TdM wegen seiner Erfolge im Verteidigungsministerium ins Bundesinnenministerium zurückversetzt worden – hatte sich der EU-Gipfel, also auch seine oberste »Kriegs«herrin, Kanzlerin Angela Merkel, diesen Gedanken zu eigen gemacht, wenngleich nicht in die Tat umgesetzt.

Das Allgemeine im Persönlichen
Warum diese Ich-Erzählungen im Rahmen (m)einer deutschjüdischen Familiengeschichte? Die Antwort fällt mir leicht. Man vergleiche meine politischen Einfluss- und Widerspruchs-, also Selbstbestimmungsmöglichkeiten mit denen meiner Vorfahren im jeweiligen Militär. Nicht nur rund 100, sondern Lichtjahre scheinen vergangen. Im Bild ausgedrückt: Ich konnte gegen den Strom schwimmen, weil ich es gesetzlich durfte. Es gefiel meinen Vorgesetzten nicht, aber ich durfte eben, und sie durften es nicht verhindern, wenngleich sie es zu behindern suchten und am liebsten verhindert hätten. Meine Vorfahren konnten es nicht, weil sie es nicht durften. In der britischen und israelischen Armee hätten sie gedurft, aber sie wollten nicht, weil es moral- und weltpolitisch, individuell und kollektiv, selbstmörderisch gewesen wäre. Wären sie gegen den Strom geschwommen, er hätte sie fortgerissen. Ich lebte in, ich erlebte bessere Zeiten. Ich bin ein Glückskind.

Wie fast jeder im Zeitalter der Wehrpflicht musste ich zwei Fragen beantworten. Die eine auf mich selbst bezogen, die andere auf meine Kinder, genauer Söhne. Der deutsche Chansonnier Reinhard Mey hat die zweite für sich in seinem Lied »Nein, meine Söhne geb' ich nicht!«

auf seine Weise beantwortet. Seine Antwort dürfte der Mehrheitsmeinung nicht nur in Deutschland entsprechen. Sie geht von der Annahme aus, dass die Anwendung jeglicher Waffengewalt, dass jeder Krieg verwerflich und jedes Militär erbarmungslos und hasserfüllt wäre. Das deckt sich weder mit meinen Erfahrungen in den israelischen Streitkräften noch mit meiner Einschätzung der vielen Bundeswehrsoldaten, denen ich in drei Jahrzehnten begegnet bin.

Im Militär glaubten Justus und Fredi Saalheimer an ihre und ihres »Vaterlandes« Mission. Hinterher wussten sie es besser, Justus nicht so sehr.

Für Max und Zeew Wolffsohn sowie für dessen vier Söhne und meine anderen israelischen Vettern war jeder Krieg eine Frage von Sein oder Nichtsein. Für sich selbst, ihre Familie, ihren Staat. Für Max und Zeew Wolffsohn war es im Zweiten Weltkrieg gegen Hitler-Deutschland zudem die einzige Möglichkeit, das millionenfache Juden- und Völkermorden zu beenden. »Die« Deutschen vermochten nicht, sich selbst von Hitler zu befreien. Das ist allseits bekannt.

Ich finde, unsere Familie fand daher den nachhitlerischen Pazifismus in Deutschland historisch und ethisch nicht nur nicht recht nachvollziehbar, sondern moralisch überheblich. In einer Art moralischer Großmannssucht erheben sich die Nachfahren der Täter, die natürlich keine Täter sind, über die Moral ihrer Befreier, die ihnen diese Freiheit überhaupt erst ermöglichten.

Die Befreiung der Welt von Hitler und Konsorten wäre auch ohne Zeew und Max Wolffsohn gelungen, aber es war die Summe solcher Männer, welche diese Befreiung ermöglicht haben. Hätten ihre Väter, wie Reinhard Mey, gesagt »Nein, meine Söhne geb' ich nicht!«, hätte er nie dieses Lied erdacht, gedacht, gesungen, und viele andere nachgeborene Deutsche hätten es nicht nachsingen können.

Deshalb hat kein Holocaust-Nachgeborener der Wolffsohn-Sippe die Legitimität des Militärs an sich, »seines« Militärs, der Wehrpflicht und, aus der *strukturellen Defensive*, als letztes Überlebens»instrument« des Individuums und Kollektivs die manchmal traurige Notwendigkeit des Verteidigungskriegs angezweifelt.

Um das Überleben jüdischen Seins und Daseins in seiner Vielfalt zu sichern, haben wir alle angesichts der Geschichte (nicht »nur« der Holo-caust-Geschichte) Jahre unseres Lebens im Militär geopfert. Es war nicht auszuschließen, dass wir unser Leben geopfert hätten, um anderen das Überleben eigener Wahl, individuell und kollektiv selbstbestimmt, zu sichern.

Ich traf viele Militärs, die Menschen im Sinne menschlicher Men-schen waren und sind, also (jiddisch) »a Mentsch«. Es ist trotzdem ab-solut richtig und notwendig, dass die Politik das Militär kontrolliert, also das Primat der Politik gilt.

Wem würde ich »meine Söhne geben«? Die Frage geht von falschen Voraussetzungen aus. Zu entscheiden haben nämlich die erwachsenen Söhne, nicht der Vater. Welches Recht, welche Berechtigung hat wel-cher Vater (oder welche Mutter), das eigene Kind zu entmündigen? Das vorausgesetzt, weiche ich der Antwort nicht aus.

Rein menschlich, bezüglich ihrer Bildung oder Herzensbildung, ste-hen mir viele jener Militärs – ich denke an Männer wie meine Militär-Vorgesetzten Oberst Schdemati und Ivo oder die Generäle Gerd Schmückle, Klaus Naumann, Klaus Reinhardt und viele meiner ehema-ligen Studenten (männlich wie weiblich), also Bundeswehroffiziere – erheblich näher als so mancher Minister, der mein ziviler Vorgesetzter war. Systemisch und allgemein gilt das Primat der Politik. Es muss gel-ten. Menschlich ist das Bild erheblich differenzierter. Schwarz-weiß ist es gewiss nicht.

VII

UNTERTANEN ODER RUHESTÖRER?
WIDRIGKEITEN MIT OBRIGKEITEN

Ob aus persönlicher Wertschätzung, Dank fürs Aufdecken des Bronf-man-Komplotts oder anderen Gründen bat mich Kanzler Kohl im Herbst 1992 um den Festvortrag zu seinem zehnjährigen Amtsjubiläum in seiner Heimatstadt Ludwigshafen. Mein Schwiegervater, der bundesdeutsche Designpionier Wilhelm Braun-Feldweg, war, obwohl treubraver CDU-Wähler, nicht gerade begeistert. Weshalb ich auf »diesen dummen, dicken Spießer« eine Lobrede halte. Spießer hin, dick her, Kohl war nicht dumm, und seine Wiedervereinigungspolitik, auch seinen Einsatz für Europa, halte ich nach wie vor für beispielhaft. Das zählte für mich.

Noch mehr zählten für mich geschichtspolitische und -psychologi-sche Schwingungen: Jahrzehnte zuvor galten meine Eltern und Groß-eltern den »Volksgenossen« und ihrem Kanzler-»Führer« als »Sau-juden«. Sie wurden, wie alle Juden, gedemütigt, enteignet, verfolgt und verjagt. Sie hatten sogar Glück, denn sie entkamen der Vernichtung. Dann eben das: Ein deutscher, dieser deutsche Kanzler bittet mich als Kanzler um eine Würdigung des Kanzlers. Das Persönliche spiegelte sich für mich im Politischen – oder, meinetwegen, auch umgekehrt – wider. »Hier wird's Ereignis« – das neue Deutschland. Auch meine Eltern bekamen bei diesen Gedanken und Gefühlen Geschichtsgänsehaut.

Ähnlich empfanden sie und ich, als ich im November 1995, am Volks-trauertag im Berliner Dom, vor den versammelten deutschen (Posi-tions-)Eliten den Gedenkvortrag hielt. Auf dem Lesepult mit dem preu-ßischen Adler, dem »Adlerpult«, lag mein Text. Andreas Schlüter hatte die Prunkablage 1701 zur Königsberger (Selbst-)Krönung von Preußen-könig Friedrich I. geschaffen. Geschichte – hier fühlte ich sie.

1965, früher als 1992 (Kanzlerrede) oder 1995 (»Kanzel«rede im Dom), freilich später als die deutschen sowie der Deutschen Verbrechen an meinen Vorfahren, hatte es für »Jung-Michael«, seine Eltern und beiden noch lebenden Großmütter eine kleine Ouvertüre gegeben: Bundeskanzler Ludwig Erhard besuchte das Berliner Schülerparlament, eine An- und Versammlung junger, wichtigtuerischer Klugschnacker im »Umerziehungs«-Zeitalter der Deutschen. Als einer der drei (natürlich altklug-vorlauten) »Präsidenten« jener Schüler-Wichtigtuerrunde durfte ich den Bundeskanzler begrüßen. Es war vielleicht Ehrfurcht vor dem Amt, die wir hatten, aber eben keine Ehrfurcht vor der Amtsperson. Kein Untertanengeist, eher kesse jugendliche Wichtigtuerei. Schon vor den 68ern hatten sich gar nicht so wenige Jugendliche »emanzipiert«. Auch wir Vor-68er redeten mit, und schon zu unserer Zeit war Reden (oder gar Quatschen?) nicht selten Selbstzweck. Man ließ uns, und nicht zuletzt jener Mann, der Bundeskanzler war, ließ uns. Sooo unterdrückend, »strukturell gewalttätig«, vermieft, verspießt und verklemmt war die frühe Bundesrepublik offenbar doch nicht.

Nein-Sager
Wolffsohn'sche Gene waren ungeeignet für willfährigen Untertanengeist.

Der Über-Wolffsohn Karl hatte sich nicht nur Kaiser Wilhelm Zwei und seinem Krieg entzogen, er zog sogar in Hitlers Drittem Reich mehrfach vor Gericht. Nicht zu glauben, aber wahr: Einmal, 1935, gewann der kleine »Jude Wolffsohn« einen Prozess gegen eine große »arisch«-deutsche Firma, die beim Bau der Berliner Lichtburg gepfuscht hatte. Mit dem Kauf der Gartenstadt Atlantic versuchte er, die Gestapo zu überlisten. Das misslang. Zur Belohnung kam er in »Schutzhaft«. Auf linkszionistische Bannerträger des Fortschritts richtete er seinen Zornesstrahl bzw. Wasserstrahl. Als Israelis eigentlich nicht nach Deutschland durften, erkämpfte er sich die Genehmigung. Dieser Mann war kein guter Untertan.

Auch bei Karls jüngerem Sohn Max, ansonsten folgsamer, war dieser genetische Defekt spürbar. Den autoritären, lebenslänglichen Vorsitzenden der Jüdischen Gemeinde zu Berlin, Heinz Galinski, trieb er mit bohrenden Fragen und häufigem Nein auf dessen Antworten manchmal in die Raserei. Nach stundenlangen und wie fast immer in der allgemeinen jüdischen Geschichte streitintensiven Sitzungen gelangte das Gemeindeparlament endlich zum Tagesordnungspunkt »Verschiedenes«. Alle wollten endlich weg, weg, nur weg. Da hob Max Wolffsohn seinen Arm: »Herr Galinski, ich wüsste gerne ...«

Koste es, was es wolle, wenn sie oder einer der Ihren Unrecht erlitt, focht Thea jeden Kampf gegen jedwede Unter- oder Ober-Obrigkeit. Gemessen an seinem Bruder Willi bzw. Zeew war Max ein Lämmlein. Nein, gegenüber Groß und Klein, war Zeews Lieblingswort. Er wusste, dass er sich damit nicht beliebt machte und seinen Ruf als »Ruhestörer« zementierte. Es kümmerte ihn nicht. Zeew wurde ein Michael Kohlhaas – ohne, wie dieser, Landfriedensbruch zu begehen.

Zeews Sohn Jigal rückte, wie berichtet, samt Kuh und Medien in der Bank ein, die ihm seine Schulden nicht erlassen wollte. Joaw, der Drittgeborene, belehrte Minister und Generalstabschefs in langen Briefen über ihre Unzulänglichkeiten. »Die sind Bürger des Landes wie ich. Nicht mehr und nicht weniger.« Ein Generalstabschef bedankte sich auf seine Weise und versetzte Joaws Sohn Schiran in eine besonders unerfreuliche Einheit im Westjordanland: Dort hatte er Palästinenser zu kontrollieren, die legal nach Israel wollten. Untersuchte er sie nach Vorschrift misstrauisch sowie distanziert, fühlte er sich schuldig, und die Palästinenser zürnten. Verhielt er sich freundlich und zuvorkommend, wurde er von seinen »Kameraden« gemobbt.

Manchmal schnappe ich nach Luft, wenn ich darüber nachdenke, und kann es kaum glauben, was für einen deutsch-obrigkeitlichen Fundamentalwandel ich am eigenen Leibe erleben durfte; wie sehr sich Deutschland seit dem späten 19. Jahrhundert verändert hat: Im Kaiserreich war der Bürger (nicht nur bei Heinrich Mann) »der Untertan«. Erst recht der jüdische. In Weimar gehörten »wir« zur und identifizierten uns mit der »Republik der Außenseiter«. (So nannte der Yale-Historiker Peter Gay, in Berlin 1923 geborener »Fröhlich«, Deutschlands erste Demokratie.) Im Dritten Reich gehörten »wir« nicht nur nicht dazu. Wir wurden geächtet, entrechtet, beraubt, verfolgt, vertrieben, aber, anders als Millionen von »uns«, nicht vernichtet, weil »wir«, jedenfalls die meisten von uns, im nahezu letzten Augenblick fliehen konnten. Glückskinder eben.

Der kleine Judenjunge – zwei Welten, zwei Zeiten
Lichtjahre scheinen zwischen den deutschen Obrigkeitserfahrungen meiner Vorfahren und meinen eigenen zu liegen. Dabei sind es nur wenige Jahrzehnte. Sie »hatten es in sich«. Meine Obrigkeit war keine. Ich erlebte funktionale, demokratisch legitimierte Führungen auf Zeit. Eine Führung, die mich, wie alle Bürger, nicht als Objekt, sondern als Subjekt zu behandeln hat, auch wenn sie es manchmal gerne anders möchte. Eine Führung, der ich ohne Gefahr für Leib und Leben (wenngleich durchaus für die eigene wirtschaftliche Existenz – schöne Grüße von Bundesminister Peter Struck) widersprechen konnte und widersprochen habe. Eine Führung, die mit mir und mit der ich auf Augenhöhe und manchmal auch dreist gesprochen oder gestritten habe. Hier geachtet, dort verachtet, jedenfalls nicht nur beachtet.

Ich erlebte Bürgerlenker, die von ihren Bürgern Vertrauen auf Zeit erhielten oder auch verloren. Diese Lenker waren selten Denker und eher funktionale als normative Obrigkeit, aber sie waren trotz aller Unzulänglichkeiten alles andere als Verbrecher. Sie ermöglichten individuelle sowie kollektive Selbstbestimmung. Banalitäten, raunen jüngere bundesdeutsche Realisten. Sie haben recht, denn sie sind anders geprägt als wir. Meinen Eltern und Großeltern und durch sie auch mir gleicht diese Realität einem Wunder.

Obwohl »mit Haut und Haaren« Bürger der Bundesrepublik Deutschland, mit deren Grundgesetzordnung wir uns ohne Wenn und Aber identifiziert, integriert, akkulturiert und sonstwie »-iert« haben, lebt meine Familie nicht nur in dieser gegenwärtigen, sondern zugleich auch in jener ns-früheren und noch früheren deutschen Welt. Wir leben gleichzeitig in zwei Welten und zwei Zeiten. Fast jeder historisch oder religiös oder historisch und religiös bewusste Jude, sei er auch noch so guter und gerne Bürger irgendeines Staates, trägt sozusagen eine historische Alarm- und Vergleichsanlage in sich.

Ich stehe trotz Augenhöhe und vergleichsweise hohen Erfolgswerten

seit jeher neben dem immerkleinen »Judenjungen« Michael und durch-
lebe das Erlebte mehr mit Gefühl als Verstand oder gar geschichtswissen-
schaftlicher Analyse. Ich stehe ungläubig neben mir und kneife mich, um
zu prüfen, ob ich träume. Soll all das wahr sein? Damals wollten der deutsche Kanzler und seine Regierung deine Eltern und Großeltern ermorden, du aber redest mit Kanzlern, Präsidenten, Ministern und anderen
Autoritäten, echten und eingebildeten, scheinbar locker, furchtlos, von
gleich zu gleich und – unglaublich – manchmal »chutzpedick«. Das ist
nicht dein Verdienst, es ist ein historisches Wunder. Ein – vor allem mit
Hilfe der Westalliierten ermöglichtes – deutsches Wunder. So sehe, so
fühle ich es als Ich. Als Wissenschaftler vermag freilich auch ich Haare in
der deutschen Wundersuppe zu erkennen und zu benennen.

Einige meiner dreisten (= »chutzpedicken«) Auftritte seien erzählt.
Schön, »nett«, dass ich sie erlebt habe. Sie bedeuten nichts und doch
eine ganze Menge. Sie illustrieren nämlich allmählich gelöste Ent-
krampfungen; deutsch-jüdische sowie, ganz allgemein, zwischen den
bundesdeutschen Bürgern und ihren Bürgerlenkern.

Wurde ich verachtet? Nun ja. Ich verweise auf die eine oder andere
meiner geschilderten Schlachten. Wiederholungen langweilen.

Geachtet? Vielleicht. Möglicherweise auch nur beachtet, weil medial
gegenwärtig. Wer vermag selbst einzuschätzen, ob die entgegenge-
brachte Wertschätzung echt oder vorgetäuscht ist?

Aus der Sicht des einst altklugen, nun alternden kleinen Judenjungen, Enkel und Sohn der einst von den (nur positionell) Großen Gejag-
ten, seien einige Miniaturen skizziert. Sie sollen versuchsweise (m)eine
Mischung aus »Herz und Hirn«, Gefühl, Gedanken und Geschichte
darstellen. Es ist, zugegeben, eine wilde Mischung und erhebt nicht
den Anspruch, die Skizzierten historisch-biografisch, politisch oder
menschlich zu würdigen. Situationell Erlebtes und Gefühltes laufe durch
den Filter rational historischer Wahrnehmung.

Bundeskanzler Ludwig Erhard
Altklug war ich schon als Junge, und ich umgab mich mit anderen Alt-
klugen. »Gleich und Gleich gesellt sich gern.« Da war zum Beispiel das
Berliner Schülerparlament, die Gesamtvertretung aller Schülermitver-

waltungen der West-Stadt. Schülermitverwaltung war zweifellos ein Kind von amerikanischen Umerziehungseltern der Nachkriegs-Bundesdeutschen. Die US-Umerzieher – und nicht wie oft irrtümlich behauptet die 68er – haben das Wort »Partizipation« in den deutschen Polit-Wortschatz eingeführt. Dieses Wort und diese Tat(en) gab es – in zivilisierter und zugleich altkluger Manier – bereits vor 1968, zum Beispiel in besagtem Schülerparlament, in der Schülermitverwaltung oder -mitverantwortung (nicht nur für die Schulmilchpausen) ganz generell.

Im Juni 1963 besuchte US-Präsident John F. Kennedy die »Frontstadt« Westberlin. Der Anlass gab mir eine sensationelle Idee ein: schulfrei. Westberlins Schüler sollten JFK bejubeln können. Micha-Wichtig, der Wicht, stellte im Berliner Schülerparlament den Antrag. Er wurde mit großer Mehrheit angenommen. Große Überraschung, Schüler stimmen für schulfrei … Der Schulsenat stimmte zu, und wir alle feierten am 26. Juni 1963 den jugendlichen US-Präsidenten, der uns zurief, dass auch er »ein Berliner« sei. Vieltausend Mal wurde der Amerikaner von den Berlinern am Rudolf-Wilde-Platz bejubelt. Nach seiner Ermordung im November 1963 wurde der Platz in John-F.-Kennedy-Platz umbenannt. Ja, damals bejubelten »die« Berliner Amerikaner im Allgemeinen und ihren Präsidenten im Besonderen. Das sollte sich bald ändern …

Die Mit-Altklugen des Berliner Schülerparlaments wählten mich 1963 als einen von zehn Kandidaten ins Dreierpräsidium. Alle waren gleich (alt)klug, aber manche besonders und das Präsidium ganz besonders.

Im Frühjahr 1964 besuchte Bundeskanzler Ludwig Erhard das Schülerparlament. Hörfunk, Fernsehen, Tralala, ein Riesenrummel um den Kanzler, der den Bundesbürgern in der sich abzeichnenden Mini-Wirtschaftskrise geraten hatte, »Maß zu halten«. Dafür wurde er verlacht. Kaum ein Bundesbürger wollte Maß halten. Erst recht nicht wir drei Parlamentspräsidenten. Maßlos genossen wir das vermeintliche Vorrecht der schlecht erzogenen Jugend, indem wir uns maßlos überschätzten und maßlos vorlaut verhielten. In seiner Rede versprach sich der Kanzler einmal. Meine Präsidiumskollegin Erika B. widersprach nicht, aber sie verbesserte ihn, indem sie ihm ins Wort fiel. Das gefiel. Bedeutungslos? Scheinbar ja, tatsächlich nein. Welcher deutsche Naseweis oder Erwachsene hätte einen Adolf Hitler auf offener Bühne, vor offenen Mikrofonen und laufender Kamera und gar auf diese Art und Weise widersprochen? Wer nur in einer Welt lebt, kann das sicher schwer nachvollziehen, mag mir aber glauben: Es ist so.

Wer wäre in der einen, rein deutschen Welt nicht seit den späten 1960er Jahren an zumindest verbalrüpelhaftes Politiker-und-Kanzler-»Prügeln« gewöhnt? Wir waren es, trotz unserer Maßlosigkeit, 1964 noch nicht. Dass wir es »wagten«, gefiel uns und den anderen Maßlosen im großen, vollen Saal. Wir gefielen uns.

Bundespräsident Heinrich Lübke

Wir gefielen uns auch, als wir Schülerpräsidenten im selben Jahr auf einem Empfang Gäste von Bundespräsident Heinrich Lübke waren. Der arme Mann war krank, litt an Gehirnverkalkung, aber alle Welt machte sich über den »Oberdeppen der deutschen Nation« lustig. Auch wir Unwissenden, Maßlosen, Taktlosen. Die ›Spiegel‹-Redaktion wusste, dass die meisten Lübke unterstellten Deppen-Zitate falsch waren. Dort waren sie erfunden worden, und wir plapperten, wie Millionen Bundesdeutsche, Alt und Jung, GeSPIEGELtes nach. Lübke fing im Gespräch mit Erika B. und mir einen Satz an. Dessen Fortsetzung war leicht vorhersehbar, doch Lübke konnte ihn nicht vollenden. Das taten dann Erika und ich.

Waren wir, jenseits unserer Selbstgefälligkeit und ohne es zu ahnen, nicht doch so etwas wie Vorboten kommender 68er-Dinge? Haben auch wir die Geister mit gerufen, die mir später so missfielen und die ich, wie Goethes ›Zauberlehrling‹, nicht mehr loswurde?

Die gleiche Frage richte ich – heute – selbstkritisch an mich im Zusammenhang mit meiner aufmüpfigen, denkbar undankbaren Abiturientenrede im Frühjahr 1966. Da gab es zum Beispiel diese Passage, für die ich mich heute schäme: Irgendetwas, ich weiß wirklich nicht mehr was, behauptete ich, wäre wichtiger, als zu wissen, dass Faust Eins von Goethe und nicht die erste Runde eines Boxkampfs sei. Haha. Mein Gott, war ich stolz, dass sich Oberstudiendirektor Padberg sowie manche Lehrer empörten. Nur wenige hatten meine altkluge Prügelei verdient, sage ich heute.

War, bin ich durch Wolffsohn'sche Aufmüpfigkeiten programmiert? Stand, stehe ich in der heute (!) ehrwürdigen Tradition deutsch-jüdischer Ruhestörer, oder war ich nur ganz einfach als unwissend Mitlaufender einer der unzähligen Vorläufer der 68er? Wahrscheinlich alles zusammen, und alles zusammen war obrigkeitswidrig. Das wiederum bedauere ich nicht.

Zu Obrigkeitswidrigkeiten zählt der mangelnde Respekt vermeintlichen oder tatsächlichen Autoritäten gegenüber. Auch hierfür dürften alle genannten Wirkfaktoren verantwortlich sein.

Willy Brandt – als Noch-nicht-Kanzler
Willy Brandt lernte ich 1965 in meiner Eigenschaft als Chefredakteur des ›Ictus‹, der Schülerzeitung meines Walther-Rathenau-Gymnasiums, kennen. Gemeinsam mit zwei »Kollegen« hatten wir den späteren »Kanzler der Ostpolitik«, damals noch Regierender Bürgermeister von (West-)Berlin, interviewt. Sein Amtszimmer im Schöneberger Rathaus lag nur wenige Meter vom Balkon entfernt, auf dem sich John F. Kennedy als Berliner »geoutet« hatte.

Der ›Ictus‹ war für uns allwissende Redakteure natürlich die »beste Schülerzeitung der Welt« und nachdem wir diverse Preise gewonnen hatten, die allerbeste. Dementsprechend selbsttrunken traten wir auf, und nachdem der geschichtsphilosophierende Regierende einen historischen Sachverhalt eindeutig falsch dargestellt hatte, fuhren wir ihm in die Parade. Nichts selbstverständlicher als das – für uns. 1965, nicht 1968. Als Schüler, nicht als rebellische Studenten. Kinder unserer Zeit, 68er-Vorläufer … ohne dass wir es wussten. Bei Axel G. und Christian B., meinen ebenfalls naseweisen Mitredakteuren, waren es weder die »jüdischen Gene« noch die deutschjüdische Tradition. Nach 68 wurden Axel G., Christian B. und ich als Gegenläufer zu den Bilderstürmern »konservativ«. Fortan störten wir die universitäre Machtausübung der 68er. So gesehen waren wir die Ruhestörer.

Ouvertüren zu 1968
Vorlaute Aufmüpfigkeit lag in der Luft. Es war die harmloseste Windart. Sie wehte als frischer Wind zunächst aus den USA, wo Blumenkinder-

Aussteiger und Studenten gegen den Vietnamkrieg protestierten, in den sie verständlicherweise nicht ziehen wollten.

Ab Mai 1966 hatte Chinas Mao die »permanente Revolution« als Kulturrevolution mit viel Blut und wenig Kultur angezettelt. Den Erstgeburtsanspruch auf die permanente Revolution reklamierten – begriffsgeschichtlich korrekt – die Trotzkisten für sich, während die eher spießigen Anhänger des Sowjetkommunismus Moskaus Revolution mit (Un-)Recht und Ordnung verbinden wollten. Gruppen und Grüppchen, die einen gefährlich, andere nur laut, wir, ich, unrevolutionär harmlos und doch alle obrigkeitswidrig.

Was viele neue (Bundes-)Deutsche und westeuropäische Schreihälse, Rebellen und Revolutionäre entdeckten, gehörte seit biblischen Zeiten zur jüdischen Tradition. In ihrer religiösen ebenso wie modern, nichtreligiösen Ausprägung. Sie war sozusagen in unserer Muttermilch enthalten. Schon der Liebe Gott litt gar sehr unter »unserer« Aufmüpfigkeit, ebenso der gute alte Moses. Als das »Volk Israel«, »wie (damals) alle Völker«, einen König verlangte, wurde es vom Richter-Propheten Samuel vor den Folgen seiner Macht gewarnt. Er sollte recht behalten. Zwischen Propheten und Königen entwickelte sich fortan ein Dauerkampf um Deutungs-, geistige, geistliche und letztlich machtpolitische Lenkungshoheit.

Das Verhältnis »der« Juden zu den Diaspora-Obrigkeiten war von Anfang an ambivalent – weil die Obrigkeiten ihre Haltung zu »den« Juden im Laufe der Geschichte änderten: Von den biblischen Zeiten bis heute. Erst der tolerante, dann der judenverfolgende Pharao. Erst der Babylonier Nebukadnezar, der Judäa besiegte, zerstörte und ins Exil führte, dann der Perserkönig Kyros, der die Rückkehr nach Zion erlaubte. Erst das kurze Goldene Zeitalter islamisch-christlich-jüdischer Harmonie auf der Iberischen Halbinsel, dann ab ungefähr 1000 n. Chr. islamische Drangsalierungen und 1492 bzw. 1497 die Vertreibung aus dem christlichen Spanien und Portugal. Das sich abwechselnde Muster von Willkommen und Zwangsabschied bzw. Belästigen, Bekehren, Bekriegen, Töten haben »die« Juden in ihrer Geschichte ständig erlebt. Ihr Leben blieb hiervon kollektiv und individuell geprägt. Ihr Verhältnis zur Obrigkeit schwankte deshalb, je nach den Umständen, zwischen Dankbarkeit, Misstrauen und Angst. Trotzdem, wer, wenn nicht der

Staat, schützte »uns«? Die Volksmassen gewiss nicht. Vielleicht erklärt auch dieser Gedanke die Tatsache, dass Deutschlands Juden auf das Morden der staatlich gelenkten Hitler-Horden und -Henker mental nicht vorbereitet waren.

Warum sollten wir Wolffsohns eine Ausnahme von diesem jüdischen Staatsgefühl bilden? Auch wir waren für den normalen, vom Staat gegen Verfolger und Vernichter gesicherten, zumindest relativ verfolgungsfreien staatlichen Lebensalltag dankbar, wenn es ihn gab. Ihn wollten wir – auf weltoffener, freiheitlicher (= »liberaler«) Grundlage – bewahren, also »konservieren«. So gesehen waren wir, bin auch ich »konservativ-liberal«. War dieser Normalalltag jedoch irgendwo oder irgendwie gefährdet, wurden und blieben wir rebellisch, »Ruhestörer« eben. Wir verhalten uns, wie es die Umstände für ein (»stink«)normales Leben in Freiheit erfordern. Wir blieben und handelten umstandsgemäß mal konservativ, mal innovativ, mal rebellisch.

Erkennbar kollektiv und familiär belastet bin ich also. Ich bin, wir sind für Obrigkeiten nicht berechenbar. Oder doch: Solange sie uns in Frieden und Freiheit leben lassen. Karl Wolffsohn hatte auf seine Weise versucht, den Nazis zu trotzen, Zeew und sein Bruder Max, mein Vater, sagten immer zuerst Nein statt Ja, und meine Mutter war mal Schrecken, mal Liebling meiner Lehrer und Schuldirektoren.

Watschen für Helmut Schmidt

Man kann es auch mit der »Emanzipation« gegenüber Obrigkeiten übertreiben. Ich habe übertrieben.

Nach seiner Kanzlerschaft hatte Helmut Schmidt mit anderen ehemaligen Steuer- manche sagen: Staatsmännern einen Gesprächskreis gegründet. Die Kernmannschaft bestand aus ihm, Edward Heath (Premier Großbritanniens von 1970 bis 1974) und Valéry Giscard d'Estaing (Frankeichs Präsident von 1974 bis 1981). Einerseits war es eine Art Altherrenrunde, andererseits waren diese alten Herren nach herkömmlichen Kriterien durchaus Hochkaräter.

Irgendwann lud mich Exkanzler Helmut Schmidt zu einem ihrer Expertengespräche über Ich-weiß-nicht-mehr-was und wann genau nach Wien ein. Ich gestehe, die meisten Politikergespräche, so wichtig sie seien, haben mich zeitlebens eher gelangweilt. Wie ein neugieriges Kleinkind wollte und will ich Neues lernen. Dort wird meist Altbekanntes geboten, ergänzt um ichverherrlichende Dönekens, längst Gesagtes, öffentlich Bekanntes. Taktisches überwiegt. Um Grundsätzliches, Strategisches geht es selten. Das jedenfalls ist meine Erfahrung. Trotzdem war meine Absage in Ton und Inhalt mehr als ungebührlich und chutzpedick. Sie wäre nicht erwähnenswert, wenn sie nicht eines – wenngleich maßlos überzogen – zeigte: Jude oder nicht, ich fühlte mich als Bürger A wie Bürger B berechtigt, nicht nur auf Augenhöhe, sondern von oben herab mit dem Bürger Bundeskanzler (a. D., aber nicht einflusslos) zu kommunizieren.

Das war schlechtes Benehmen, werden manche sagen. »Müssen wir uns das von einem, von ›den‹ Juden bieten lassen?«, werden sich andere empören. »Alle Tiere sind gleich« und keines gleicher, erinnern diese an George Orwells ›Farm der Tiere‹. Abgesehen vom zweiten, wohl antisemitischen Argument stimme ich allem zu, ergänze aber einen Gedanken. Vielleicht genoss ich – unterbewusst – das neue Bundesdeutschland, das es mir erlaubte, mit einem Kanzler so umzugehen. Gewiss, schnöselig, unverschämt, arrogant – aber ohne Gefahr für Leib und Leben. Ich bin diesem neuen Deutschland dankbar und entschuldige mich reumütig für mein schlechtes Benehmen. Es ist familiengenetisch und (Entschuldigung) historisch-»völkisch« bedingt.

Bundeskanzler Helmut Kohl

»Ja, ich kann« gefahrlos widersprechen oder auch zustimmen – egal ob Jude oder nicht, mitlaufender oder gegenlaufender 68er, Unionsanhänger oder nicht. Das gleiche Leitmotiv galt gegenüber Bundeskanzler Helmut Kohl. Obwohl längst bundesdeutsche Normalität, bewegt mich gerade diese Normalität unter dem Aspekt der deutsch(jüdischen) Geschichte immer wieder aufs Neue. Ich kann es lediglich beschreiben, weil und dass ich so empfinde. Wie gesagt, zwei Welten …

Ich konnte und wollte Ja sagen, ich habe Ja gesagt, als mich der politische Richtlinienbestimmer Deutschlands bat, auf einer Großveranstaltung in seinem Wahlkreis Ludwigshafen im Oktober 1992 »Zehn Jahre Bundeskanzler Helmut Kohl« den Festvortrag zu halten.

»Was, auf diesen dicken, dummen Spießer willst du eine Lobrede halten?« schimpfte, wie gesagt, mein Schwiegervater. Seit Jahrzehnten war er braver CDU-Wähler, aber als Künstler hätte er sich nie überwinden können, den Strickjacken-, Birkenstock- und Aquariums-Kanzler zu preisen. Ich konnte und wollte. Erstens hatte er mit der Deutschen Einheit kurz zuvor (s)ein Meisterstück vollbracht, und zweitens war ich überwältigt. Nicht von mir, sondern vom Gang der Geschichte. Ich muss mich wiederholen: Meine Eltern und Großeltern wurden vom damaligen deutschen Kanzler verfolgt, 6 Millionen Juden ließ er ermorden, nur weil sie Juden waren, und wenige Jahrzehnte später bat mich, dieser andere deutsche Kanzler um meine Lobrede. Dass meine Eltern, dass ich das erleben durfte. War es wahr?

Es war, und ich setzte durchaus jüdische Akzente. Am Ende prostete ich dem deutschen Kanzler von der »Kanzel« auf Hebräisch zu: »Lechajim, aufs Leben, prost, bis 120.« Meine Großeltern wären »unter Adolf« weder in den Saal noch aufs Podium gelangt und wären unverzüglich erschossen worden, hätten sie Adolf »lechajim« zugeprostet. Ich kann mich dieser Geschichtsmagie noch immer nicht entziehen. Sie verursacht mir Gänsehaut. Danke, Deutschland – ab 1949.

Auch »Nein, danke«, sagte ich Kanzler Kohl. Er wollte mich 1993 zum Direktor des Deutschen Historischen Instituts in Washington bestallen. Obwohl geehrt und erfreut – Washington ist eine Messe wert –, wollte ich nicht. Fünf Jahre Washington hätten zwar den Horizont der Kinder (und ihrer Eltern) erweitert, die Kinder aber schulisch verunsichert und aus der Bahn geworfen. Vaterkarriere auf Kosten der Kinder – siehe Karl und Recha Wolffsohn – sollte nicht sein. So wenig wie wissenschaftliche Posten dank Politik. Mobilität bewirkt bei Kindern eher selten Stabilität. Das hatten mir meine Eltern vorgelebt.

Ein Wolffsohn sagt nicht selten Nein. Ich sagte dankend ab. Ein »leitender Mitarbeiter« des Kanzlers rief mich an: »Einem Bundeskanzler sagt man nicht ab«, erklärte mir die Hofschranze. Man nicht, ich, ja. Gefahrlos. Danke, Deutschland; auch dafür.

Bundespräsident Richard von Weizsäcker
Noch als Regierender Bürgermeister von Westberlin kam Richard von Weizsäcker oft und gerne in die Jüdische Gemeinde. »Sind Sie nicht Max Wolffsohn, und waren wir nicht am Bismarck-Gymnasium in derselben Klasse?«»Ja, waren wir, und Sie waren nicht nur in Latein besser.« Richard von Weizsäcker (RvW) war in der Wahrnehmung vieler der ewige Bundespräsident. Noch im Amt ein Denkmal, eine Ikone. Leider haben die meisten Wolffsohns eine genetische Ikonensperre. Das dürfte der Hauptgrund dafür gewesen sein, dass ich immer wieder irgendein Haar in seiner Bundespräsidentensuppe suchte, fand und flugs medial verbreitete.

Mehr als nur ein Haar fand ich, wie viele, in der Bewertung der Rolle, die sein Vater als Spitzendiplomat des Dritten Reiches gespielt hatte. Doch auch hier gibt es, recht besehen, so viele Schichten, dass man sich hüte, den ersten Stein zu werfen. Zu diesem Thema ist schon alles und eigentlich auch von jedem gesagt.

Ich jedenfalls bin weder vorher noch nachher jemandem, prominent oder nicht, begegnet, der so nobel und souverän auf öffentliche Kritik reagierte wie Richard von Weizsäcker, der trotz und nach heftigen Angriffen sogar bereit war, gemeinsam die »Friedenspfeife« zu rauchen.

Wieder einmal hatte ich RvW medial attackiert. Wann genau? Ich weiß es nicht mehr. Während oder nach seiner Amtszeit? Ich weiß es nicht. Ich weiß jedoch sehr wohl und werde nie vergessen, dass er mir einen bewegenden handschriftlichen Brief schickte, seine Position erläuterte und dabei die versöhnende Hand reichte. Was für eine Geste! Überhaupt und grundsätzlich, menschlich. Erst recht für einen Zwei-Welten- und Zwei-Zeiten-Menschen wie mich.

Wir kamen danach nicht-oft-nicht-selten zusammen, kamen uns menschlich nah und führten vorzügliche Gespräche. Er half meiner Familie und mir bei der inhaltlichen Fortentwicklung der Berliner Wohnanlage Gartenstadt Atlantic und des Freundeskreises ihres kultur-, bildungs- und integrationspolitischen Mikrokosmos. Bis zu seinem Tod war er Ehrenmitglied jenes Freundeskreises. Ein Herr. Ein Kopf.

Bundestagspräsidentin Rita Süssmuth
Ähnliche Auseinandersetzungen wie zuerst mit Richard von Weizsäcker
hatte ich mit Rita Süssmuth geführt, der langjährigen Bundestagspräsidentin. Ich fand ihre geschichtspolitischen Äußerungen inhaltlich
meistens durchaus zutreffend, aber ihre ständige, wie mir schien, zur
Schau gestellte Zerknirschtheit schien mir erheblich zu dick aufgetragen, ja, geradezu unerträglich.

Im November 1995 hielt ich im Berliner Dom die zentrale Gedenk-
rede zum Volkstrauertag. Wie gesagt: der »kleine Judenjunge« Michael
am Pult der Krönungsmesse von Preußenkönig Friedrich I. aus dem
Jahre 1701 ... Mehr als zwei Zeiten und Welten. Dann das: Beim an-
schließenden Empfang kam Rita Süssmuth auf mich zu: »Ich bin ja oft
nicht einverstanden mit dem, was Sie sagen, aber heute mit allem.«
»Vielleicht, Frau Süssmuth, haben Sie mich missverstanden und vielleicht auch ich Sie?«

Schnell kamen wir überein, dass wir uns in Ruhe aussprechen sollten.
Das geschah. Und siehe da, jeder verstand nun den anderen. Sie zum
Beispiel meine Kritik gegenüber Edgar Bronfman, Ignatz Bubis und
anderen jüdischen Repräsentanten, die, wie ich meine, Jüdisches und
Juden nicht nur falsch, sondern nicht wirklich repräsentierten. Sie verstand, weshalb ich das verbale deutsche Gutmenschentum so uner- und
unverträglich fand.

Umgekehrt verstand ich, wer oder was sie außer der Stahlhelm-Frak-
tion ihrer Partei reizte. Wie jeder Mensch reagierte jeder von uns beiden auf seine eigene positive oder negative Prägung und übertrug diese
Erfahrungen auf Dritte. Oft ist diese Übertragung völlig verfehlt. Und
wenn nicht verfehlt, versteht man bei näherer Betrachtung auch die
Motive seiner Gegner und Kritiker.

Nicht kritisiert, sondern ob meiner Volkstrauertagsrede mehr als
protokollarisch notwendig gelobt, hatte mich bei jenem Nachempfang
auch Bundespräsident Herzog. Das Lob misshagte mir seiner Begründung wegen: Vergangenheitsbezogene Reden seien in Deutschland
immer ein »heißes Eisen«. Ich dachte, eine klare Sache, denn was soll
an der Verurteilung der NS-Verbrechen ein heißes Eisen sein?

Bundespräsident Roman Herzog
Sechs Monate nach seinem Amtsantritt, im Dezember 1994, besuchte Bundespräsident Roman Herzog Israel. Vorher wollte er sich beraten lassen. Auch von mir. Das freute mich persönlich und historisch. »Der olle Hindenburg« hätte sich nicht von meinesgleichen oder mir beraten lassen, sagte ich mir erfreut. Die Zeit, das Land hatte sich verändert. Zum Guten. Zwei Welten, zwei Zeiten.

Der nicht eitlen, sondern Zwei-Welten-Zwei-Zeiten-Freude folgte Enttäuschung. Nicht, weil der »Herr Bundespräsident« meinen Rat in den Wind schlug, sondern weil der sich nach außen als strategischer Denker und rückgratstark gebende Mann, wie jedermann, vornehmlich taktisch-windelweich der allgemeinen Windrichtung anpasste. Woher die Enttäuschung?

Bereits 1994 herrschte seit Jahren im deutsch-israelischen Verhältnis erhebliche Asymmetrie. Besonders seit Mai 1981, sprich: seit Premier Begins Verbalattacken auf Bundeskanzler Helmut Schmidt und das im und nach dem Dritten Reich vermeintlich nur nazistische deutsche Volk. Umfragen hatten kontinuierlich gezeigt (sie dokumentieren es noch heute), dass »die« Israelis das neue Deutschland außerordentlich schätzen, während für »die« große Mehrheit »der« Deutschen Israel zu den drei unbeliebtesten Staaten weltweit zählte und immer noch zählt.

Ich regte an, der Bundespräsident möge diese eigentlich bekannten Fakten aufgreifen, sensibel benennen und mit Israelis besprechen, um zu versuchen, eine Wende einzuleiten. Das sei ein »zu heißes Eisen«, entgegnete unser Staatsoberhaupt. Warum, verdammt, fuhr er dann überhaupt nach Israel? Um (außer in der Holocaust-Gedenkstätte Yad Vashem) zu lächeln, Hände zu schütteln und Händchen zu halten? Israel als »Land des Lächelns«? Des Sonnenscheins! Doch dort war auch schon zu Herzogs Präsidentenzeiten das deutsch-israelische Wetter weit besser als in Deutschland.

Bundespräsident Joachim Gauck
Wie dankbar war ich Bundespräsident Joachim Gauck, dass er – man höre und staune nicht –, ohne vorher oder nachher meinen, ach, so klugen Rat eingeholt zu haben, bei seinen Staatsbesuchen in Israel (im Mai

2012 und Dezember 2015) genau jene Bundespräsident Roman Herzog vorgetragene Tatsache als Sorge aussprach. Trotzdem blieb der grundlegende Klimawandel aus, und nach wie vor scheint in Israel weit mehr Sonne aufs zweiseitige Verhältnis. Aber auf der politischen und gesellschaftlichen Ebene wird in beiden Staaten seitdem offener und unverkrampfter über das Problem gedacht und gesprochen.

Unverkrampft war unser persönlicher Umgang seit jeher, vor und seit seiner Amtszeit. Unvergesslich bleiben mir aus meiner Zwei-Welten-Zwei-Zeiten-Sicht besonders drei Begegnungen.

Die erste Mitte der 1990er Jahre. Ich hatte mich bei einem öffentlichen Vortrag in Berlin über die auf Evangelischen Kirchentagen schwelgerisch-schmachtende und nicht immer ehrliche Israel-Liebe in Form von hebräischen Liedern lustig gemacht. Am beliebtesten war und ist (man staune wieder nicht) das Lied »Wir haben euch Frieden gebracht« (hewenu schalom alechem). Manchmal könnte man schon meinen, es wäre inzwischen ein evangelisches Kirchenlied.

Diskussion. Joachim Gauck (damals Chef der Stasi-Unterlagen- bzw. Gauck-Behörde) meldet sich zu Wort: »Lieber Herr Wolffsohn, ich bekenne, dass auch ich zu den Kirchentagssängern gehöre, die, wie Sie es beschreiben, mit freudigen Kulleraugen hebräische Lieder singen. Was ist daran falsch?« Eins zu null für Joachim Gauck. Zwei Welten, zwei Zeiten? Eine Welt, eine Zeit, Dankbarkeit.

Die zweite Begegnung. Berlin, Juni 2011. Die Schriftstellerin Monika Maron, eine gemeinsame Freundin, feiert ihren 70. Geburtstag. Am Büfett treffe ich Joachim Gauck. Erst ein nettes Dies-und-das-Geplänkel. Dann ich zu ihm: »Herr Gauck, Sie haben letztens genau das gesagt, was ich zuvor veröffentlicht hatte. Ich wurde gesteinigt, Sie bejubelt. Können Sie mir erklären, wie sowas zustande kommt?« Darauf Gauck: »Wir sagen das Gleiche, aber ich sage es verbindlich.« Herrlich. Zwei Welten, zwei Zeiten? Eine Welt, eine Zeit, Dankbarkeit.

Begegnung drei, 2013, ein lauer Spätsommerabend. Die Schriftstellerin Monika Maron stellt ihr Buch ›Zwischenspiel‹ vor. Irgendwo im Publikum, nein, nicht in der ersten Reihe: Joachim Gauck. Als Privatmann, nicht Bundespräsident. Der Ort? Berlin, im Haus des Literarischen Colloquiums, am Großen Wannsee. Genau gegenüber, auf der anderen Seite des Sees, fand am 20. Januar 1942 die berüchtigte »Wannsee-Konferenz« statt. Thema: »Endlösung der Judenfrage«.

Nach Buchvorstellung und Diskussion sitzt eine größere Gruppe entspannt auf der Terrasse. Einer von vielen: Ein Mann namens Joachim Gauck. Hauptberuf: Bundespräsident. Er spricht, andere sprechen, er hört meistens zu. Ich stoße dazu. Er: »Hallo, Herr Wolffsohn, na, wurden Sie in letzter Zeit wieder von den bösen Linken attackiert?« Köstlich. Zwei Welten, zwei Zeiten? Eine Welt, eine Zeit, Dankbarkeit.

Bundeskanzlerin Angela Merkel
Zwei Welten, zwei Zeiten? Anders empfinde ich es gegenüber Angela Merkel. Eine Welt, eine Zeit, Dankbarkeit, obwohl wir in vielem nicht übereinstimmten, wohl aber im ethisch Grundsätzlichen.

Wie könnte ich einer deutschen Politikerin grollen, die den »kleinen Judenjungen« noch als Bundesministerin für Frauen und Jugend zu sich ins Bonner Büro bat, um mit der damaligen Ausländerbeauftragten Berlins, der legendären Barbara John, über Wege und Irrwege der Ausländerpolitik zu diskutieren? Frau Merkel stellte Fragen, dann hörte sie zu. Eine zuhörende, nicht nur selbst redende Politikerin. Keineswegs selbstredend. Ergo sympathisch, zumal deutsche Ausländerpolitik kaum ohne Bezüge zur deutsch-jüdischen Vergangenheit möglich ist. Nein, »Berater« der Bundeskanzlerin war ich nie, aber das eine oder andere Mal wurde ich von ihr gefragt. Mit der größten Selbstverständlichkeit und Freundlichkeit. Mir war es nie selbstverständlich, eben weil in unserer Familie die Erinnerung daran sehr gegenwärtig ist, wie ein deutscher Kanzler mit ihnen und ihresgleichen, Juden in seinem Herrschaftsbereich, umgegangen war.

War Karl Wolffsohn im Berliner Gestapo-Gefängnis gefoltert worden? Darüber hat er nie gesprochen. Mir war unterstellt worden, ich würde Folter befürworten. Ich habe das beschrieben und ebenfalls erwähnt, dass ich in der Folge zwanzig Morddrohungen erhielt. Abstrakt formuliert und sehr konkret erlebt: »Dank« der damaligen Bundesregierung wurde ich für vogelfrei erklärt.

In dieser Situation nahm die Oppositionsführerin Angela Merkel den Telefonhörer in die Hand: Sie habe verstanden, was ich meinte.

Manche würden mich aus taktischen Gründen missverstehen wollen. Sie verspreche mir, dass sie und ihre Fraktion sich jedem Versuch widersetzen würden, mich weiter zu beschädigen oder gar mir meine Professur zu entziehen. Das neue Deutschland! Da wurd' es mir Ereignis. Wieder einmal. Und wie. Wie könnte ich angesichts meiner Familien- und »Volksgeschichte« diese humane und politisch-taktisch für sie nicht unriskante Geste vergessen oder geringschätzen? Genauso wenig wie ihren 2015 im Zusammenhang mit der großen nach Deutschland strömenden Flüchtlingswelle formulierten »humanitären Imperativ«. Viele verhöhnten sie hierfür, aber mir ist eine deutsche Kanzlerin, die sich von einem humanitären Imperativ leiten lässt, lieber als jeder andere, der Menschen in Not im Stich lässt, oder ein deutscher Kanzler, der sich, wie Adolf H., vom inhumanen Imperativ leiten ließ.

Ja, Angela Merkel hat in der operativen Flüchtlingspolitik fast alles falsch gemacht, was falsch zu machen war. Das ändert aber nichts an der Moralität ihres Grundverständnisses. Moralische Politiker, denen sogar krasse Fehler unterlaufen, sind mir lieber als unmoralische, und Fehler begeht jeder.

Ähnlich hatte es Zeew Wolffsohn im israelischen Zusammenhang ausgedrückt. Am 5. Juni 1967 schickte Israels Ministerpräsident Levy Eshkol sein Volk in den Krieg. Er stotterte bei seiner Ansprache vor Erregung. Viele verhöhnten den »Stotterpremier«. Zeew konterte: »Mir ist ein Ministerpräsident, der sein Volk stotternd in den Krieg schickt, weit lieber als einer, der zackig und bedenkenlos Hurra schreit, weil es ihm wurscht ist, was seinen Bürgern passiert.« Gerade Deutschen steht es gut an, moralisch geleiteten Politikern zu vertrauen.

Ich gestehe: Meine Angela-Merkel-Bewertung scheint mehr emotional als rational. Hier ist nicht der Ort, ihre Politik zu analysieren. Ich will nur ihren moralischen Grundansatz kommentieren. Wie ich ihn sehe. Sollte ein humanitärer Imperativ, dem sich Politiker unterwerfen, wirklich nur mein Maßstab sein? Das kann ich mir nicht vorstellen.

Meine, unsere deutsch-jüdisch-familiäre, Gegenwart ist auch Energiefeld der Vergangenheit. Ob mehr als bei anderen, vermag ich nicht zu beurteilen. Darauf kommt es nicht an, denn es ändert nichts an der Tatsache.

VIII

GELD ALS LEBENSMITTEL?
VON LEIB UND SEELE

Steine mit Menschenherz: die Berliner Lichtburg
Schnulzentexte sind meistens läppisch. Meistens, nicht immer. Ein
israelisches Kitschlied aus dem Jahr 1967 besingt die Klagemauer, die
Westmauer des zum ersten Mal im Jahre 586 v.u.Z. und 70 u.Z. zum
zweiten Mal zerstörten Jerusalemer Tempels. Rührselig, rührseliger, am
rührseligsten, emotional höchstgeladen: »Manche Menschen haben
Herzen aus Stein und manche Steine das Herz eines Menschen.« Schüt-
telfrost bekommt man bei der Lektüre, aber ...

Auch für viele Wolffsohns, nicht nur für mich, haben manche Steine
Menschenherzen. Steine, die unsere Familiengeschichte, unser Glück
und Leid, umbauten: Die virtuellen, weil im Krieg zerstörten, Steine der
Berliner »Lichtburg«, des einstigen Verlagsgebäudes der ›Lichtbildbühne‹, der »Scala« und »Plaza«, die Steine von Teilen der großen,
denkmalgeschützten Berliner Wohnanlage »Gartenstadt Atlantic« sowie der wiederaufgebauten »Lichtburg« in Essen.

Optisches Symbol dieser Steine mit Menschenherzen ist seit Karl
Wolffsohn für die folgenden Wolffsohn-Generationen eines der Um-
schlagfotos auf diesem Buch: die Berliner Lichtburg bei Nacht. 1929 von
Rudolf Fränkel erbaut, war sie Teil der Gartenstadt Atlantic, die ebenfalls von diesem Architekten konzipiert und realisiert wurde. Die Berliner und die Essener Lichtburg, diese beiden Filmtheater, gehörten in
jeder Hinsicht zusammen, nicht nur durch Karl Wolffsohn. Wie kam es
dazu?

Die ›Lichtbildbühne‹ war in den 1920er Jahren Grundstein des Karl-
Wolffsohn'schen Wirtschafts»imperiums« auf dem Feld der europäi-

schen Unterhaltungsindustrie. Ohne den Lichtbildbühne-Verlag hätte es weder die Lichtburg gegeben noch die Variétés Scala und Plaza oder den Kauf der Wohnanlage Gartenstadt Atlantic – und so manch anderes, inzwischen völlig vergessenes Juwel des europäischen »Entertainments« während der Zwischenkriegsjahre. Es hätte auch nicht die Nobelvilla mit 14 Zimmern direkt am Ufer des Berliner Stölpchensees auf achttausend Quadratmetern Grund gegeben, den »Sommersitz« der Familie. Die Lichtburg steht auch für die »Arisierung« des Wolffsohn'schen Vermögens, für den NS-Raub an unserer Familie und unzähligen, Millionen anderen. Die Lichtburg steht für Einzelräuber, Miträuber à la Dresdner Bank, Nachkriegsräuber, Möchtegernräuber und Scheinheilige verschiedener Herkunft. Sie steht aber auch für Menschen, über die man neutestamentlich sagen möchte »Ecce Homo« oder jiddisch: »Das is a Mentsch.«

Die Lichtburg steht nicht zuletzt für die Wiederauferstehung ihres Geistes nach der Zerstörung ihres »Körpers« durch die direkten und indirekten Nachfahren Karl Wolffsohns seit 2001. Sie steht für die Modernisierung der Wohnanlage Gartenstadt Atlantic sowie die Gründung der Lichtburg-Stiftung, welche die Integrations-, Bildungs- und Kulturprojekte des Mikrokosmos Gartenstadt Atlantic im wilden Norden Berlins, dem sozialen Brennpunkt Gesundbrunnen, fördert.

Der Wunschtraum: Markt und Moral

Das Foto der Berliner Lichtburg bei Nacht symbolisiert für die Wolffsohns historisch und psychologisch die Verbindung von Leib und Seele, von Stein und Sein. Im Anfang war die Idee. Sie entsprang der (im Bild gesprochen) Seele Karl Wolffsohns, die sich auf die Seelenlage »des« Menschen, letztlich auf die »Marktsituation«, einstellte: dass der Mensch Unterhaltung sucht und will, weil er sie braucht. Unterhaltung von Menschen durch Menschen und für Menschen. So gesehen war die von Karl Wolffsohn geschaffene Unterhaltung ein Lebensmittel für »Hersteller« und »Verbraucher«. Es ermöglichte einerseits vielen Menschen im Kino oder Variété und erst recht in den Wohnungen der Gartenstadt Atlantic ein schöneres Leben, und es schuf andererseits den Reichtum des Unternehmers Karl Wolffsohn.

Seele schuf Unterhaltung und diese, jawohl, durch Profit das notwendige Kapital, das wiederum zusätzlichen Seelen Unterhaltung und dem Unternehmer zusätzlichen Profit ermöglichte sowie zusätzliches Kapital erbrachte, das zum Beispiel in den Bau der Gartenstadt Atlantic investiert werden konnte, wo Menschen mit kleinem Geldbeutel menschenwürdig wohnen konnten. Ein Kreislauf aus Moral, Markt, Profit und Kapital.

Wirtschaftshistorisch und wirtschaftsethisch betrachtet fällt auf, dass überproportional viele deutsche Juden diese Verbindung aus Markt und Moral verwirklichten. Manche, wie etwa James Simon (1851–1932), der große Mäzen und Spender der Nofretete oder Eduard Arnhold (1849–1925), der Vater und Spender der Villa Massimo in Rom, der paradiesischen Oase für deutsche Künstler. Etwas übertrieben, aber nicht falsch: Ohne die Gaben deutschjüdischer Unternehmer wären deutsche Museen heute halb leer.

Bildende Kunst, Musik und Literatur waren Karl und Recha Wolffsohn sowie den meisten Wolffsöhnen zwar lange leider fast fremde Planeten. Trotzdem: Ohne die Unternehmer»philosophie« meines philosophiefernen Großvaters peinlich überhöhen zu wollen, würde ich sie als Synthese aus Marktwirtschaft, Sozialethik und Kultur bezeichnen, ganz einfach als Wirtschaftsethik. Wunsch und Wirklichkeit waren in den Goldenen 1920er Jahren, weil möglich, weitgehend deckungsgleich.

Die wirtschaftsethische Großvaterlyrik scheint der prosaischen Wirklichkeit recht nahe zu kommen. Mehr als 60 Jahre nach Karl Wolffsohns Tod erinnerte sich seiner dankbar der Sohn einer Platzanweiserin und Kartenabreißerin des Essener Großkinos ›Lichtburg‹. Karl Wolffsohn habe ihr und vielen Kollegen oft geholfen.

Schlagartig wurde Karl Wolffsohn, wie Millionen andere Juden, aus seinem deutschen Teil-und-Schein-Paradies vertrieben. Zuerst durch die im Oktober 1929 einsetzende Weltwirtschaftskrise, dann die NS-Verbrecher, die ohne Weltwirtschaftskrise wohl nicht an die Macht gekommen wären. Den Nationalsozialisten, die jüdisches Eigentum massenweise raubten, in »arische Hände« überführten, war die Weltwirtschaftskrise bei der Arisierung außerordentlich hilfreich. Viele Unternehmen, natürlich auch jüdische, waren um 1933 der Weltwirtschaftskrise wegen insolvent oder schwer angeschlagen. Ihr Marktwert war damals tatsächlich gering oder noch geringer als gering. Selbst nichtnationalsozialistische »Arier« konnten ohne jede NS-Hilfe jedes Eigentum »für 'n Appel und 'n Ei« erwerben. Jüdisches Eigentum war aus politischen Gründen noch marktpreisgünstiger zu bekommen. Wer konnte, schlug, daher zu und drückte meistens den Schnäppchenpreis noch weiter runter. Wer anständig war, zahlte den Schnäppchenmarktpreis.

Vom zuletzt genannten Muster »profitierte« Karl Wolffsohn 1934 beim Verkauf des Wolffsohn'schen Ur- und Haupteigentums: des Verlags ›Lichtbildbühne‹ an die Vereinigten Verlagsgesellschaften Franke & Co. KG, Berlin. Paul Franke (1881–1984), der Käufer, war bis 1933 ein Freund, und er blieb ein Freund der Familie. Weshalb ihn mein Großvater trotzdem Anfang der 1950er Jahre verklagte, konnte ich nicht ermitteln. Ich weiß nur, dass seine ihren Karl heiß und hingebungsvoll liebende Ehefrau Recha auf Vorschlag meines Vaters nach seinem Tod das Verfahren einstellte und die Frankes oft und gerne in ihrer schönen Villa in Rottach-Egern am Tegernsee besuchte. Auch meine Eltern und ich.

Im Hause Franke ging es auch nach dem Zweiten Weltkrieg hochherrschaftlich zu. Über dem Esstisch hing eine Klingel, mit der die Köchin oder das Dienstmädchen herbeizitiert wurden. »Thea, klingeln Sie«, bat Paul Franke meine Mutter, als wir die Frankes einmal besuchten und das Fleisch zu trocken war. Für uns war diese Realität surreal, aber Paul Frankes Anstand bleibt für die Wolffsohns historisch sehr real und vorbildlich, denn auch bei der Arisierung von Karl Wolffsohns Berliner Lichtburg-Kino war er die einzige Lichtgestalt.

Karl Wolffsohn wollte die Lichtburg 1938/39 nicht verkaufen, er musste. Paul Franke übernahm die Lichtburg. Er wollte zahlen, durfte aber nicht, weil es die Nazis verboten. Als Karl und Recha Wolffsohn bettelarm im Dezember 1949 »zeitweilig« (wie sie meinten, vorgaben oder sich selbst einredeten) aus Israel nach Deutschland kamen, steuerten sie zuerst das Freundeshaus Franke am Tegernsee an.

Im September 1951 legte Paul Franke im Luxushotel »Axelmannstein« Karl Wolffsohn einen großen Batzen Geld sozusagen auf den Tisch des Hauses. Erstmals konnten die Wolffsohns finanziell halbwegs durchatmen. Sie zogen um. Aus der Zweizimmerwohnung ihres einstigen »Dienerehepaares« Paul und Elli Pötschner in der Weddinger Gartenstadt Atlantic in eine Dreizimmerwohnung in Wilmersdorf. Dort wohnten sie etwas komfortabler, aber auch nur als Untermieter. Zuvor hatten sich ihre »Diener«, die Pötschners, mit ihren ehemaligen Herrschaften die winzige Wedding-Wohnung im Arme-Leute-Stadtteil Gesundbrunnen geteilt. Früher hatten die Wolffsohns im proletarischen Wedding investiert, aber natürlich nicht gewohnt … Üppig wie einst vor 1933 lebten Karl und Recha immer noch nicht. Nie mehr. Aber sobald es ihnen finanziell wieder etwas besser ging, war es für sie selbstverständlich, Elli als gut bezahlte Hausdame wieder zu beschäftigen. Bis zu Rechas Tod.

Wer Berlin kennt, kennt auch den Zoo-Palast, immer noch oder wieder »das« Kino Berlins. Paul Franke war einer der Gründer und Gesellschafter dieses 1956/57 wieder erbauten Prachtkinos. Er setzte Max Knapp als Geschäftsführer ein, der später zum »Filmzaren« Berlins emporstieg. In einem der Knapp'schen Kinos, dem Gloria-Palast an der Gedächtniskirche, konnte Paul Pötschner mit Hilfe Karl Wolffsohns seine kümmerliche Rente als Kartenabreißer wenigstens etwas aufstocken.

Das Klein-Glück hielt an. Gemeinsam mit meinem Vater Max Wolffsohn schloss Max Knapp bis 1962 das Familienkapitel Lichtburg Berlin ab. Es kam zu einer Vereinbarung zwischen zwei Ehrenmännern. Kein böses Wort, wechselseitige Wertschätzung, nur der Wunsch, auf persönlicher und geschäftlicher Ebene be- und auszugleichen, was auf der nationalen und geschichtlichen weder aus- noch zu begleichen und schon gar nicht wirklich wiedergutzumachen war.

Wie so oft, traf es den Anständigen. Die Geschichte, genauer: Walter Ulbricht und seine DDR, ließen kein Happy End zu. Direkt an der Grenze zu Ostberlin liegend, hatte die Lichtburg, die nach dem Krieg »Corso« hieß, vornehmlich von Ostberliner Besuchern profitiert. Seit dem Mauerbau, dem 13. August 1961, waren alle Übergänge dicht, Ostberliner blieben aus, und bald darauf musste Max Knapp das Corso dichtmachen. Er verkaufte das bauhistorische Juwel an den (West-)Berliner Senat, der den Prachtbau in eine Lagerhalle für Konserven umwandelte. Wie das? Anders als bei der Berlin-Blockade 1948/49, sollte der Westen der nur-noch-so-genannten Hauptstadt auf eine neuerliche Abkapselung nicht unvorbereitet reagieren oder gar hungern. Der Unterhalt der »Lagerhalle« wurde zu teuer. 1970 ließ der Senat die Abrissbirne anrücken. Die Lichtburg verschwand auf Nimmerwiedersehen. Auf Denkmalschutz pfiff man damals in Berlin ebenso wie anderswo in Deutschland. Ein hässliches, lieblos gebautes und dann wenig gepflegtes Mietshaus füllt heute den Platz der Lichtburg. Besser, man schaut weg oder hindurch.

Im Jahre 2017 leistet die Weddinger Bezirkspolitik symbolische Wiedergutmachung. In einem Neubauviertel, am Mauerpark, einen Steinwurf von der alten Lichtburg und der Gartenstadt Atlantic entfernt, wird eine Straße »Lichtburgring« benannt. Neben ihr der Bärbel-Bohley-Ring. Gute Gesellschaft. Die DDR-Bürgerrechtlerin und Karl Wolffsohn, zwei aufmüpfige Dick- und Querköpfe. Sie passen bestens zusammen.

Der Albtraum: »Arisierung« und »Wiedergutmachung«
Die Lichtbildbühne war nicht das einzige den Wolffsohns geraubte Gut. Ebenfalls unmittelbar nach der Machtübergabe an die Nationalsozialisten begann die Arisierung der »Scala« und »Plaza«. Sie wurde, wie die erfolgte, genauer: nicht oder nur sehr teilweise erfolgte Rückerstattung, Entschädigung oder Wiedergutmachung im Kapitel »Götterdämmerung« zusammenfassend beschrieben. Ergänzt werden sollte ein »ethisches« Detail. Auf den Rückerstattungsanspruch Karl Wolffsohns reagierte die Bank durchaus ungewöhnlich. Sie legte nicht nur Widerspruch gegen Wolffsohns Antrag ein, sondern verklagte ihn im Gegenzug noch auf die Begleichung einer Bürgschaft, die er gemeinsam mit anderen Gesellschaftern für die Kredite der Scala Theater GmbH übernommen hatte.«[99] Karl Wolffsohn erhielt nicht nur keine Entschädigung, er musste die Bank entschädigen. Höchstrichterlich wurde so nach (Un-)Recht und (Un-)Gerechtigkeit entschieden. Auf Jiddisch sagt man dazu »Makkes (= Schläge) und faule Fisch«.

Die Arisierung des Wolffsohn'schen Großkinos »Lichtburg« in Essen, gleich neben dem Dom in der heutigen Fußgängerzone, ließ ebenfalls nicht lange auf sich warten. Dessen Anziehungskraft auf Nationalsozialisten und UFA-Profiteure war so groß, dass die Enteignung ebenfalls im Frühjahr 1933 begann und zügig vollendet wurde. Wer ist überrascht zu erfahren, dass Karl Wolffsohn diesen Rückerstattungsprozess, wie andere danach, vor bundesdeutschen Gerichten verlor?[100] Allerdings musste er hierfür nicht noch einmal »Vergnügungssteuer« bezahlen. Nur die Gerichts- und Anwaltskosten. Immerhin. Was für ein Glückskind.

Zäh zog sich von 1949 bis 1962 die Rückerstattung der Weddinger Wohnanlage Gartenstadt Atlantic hin. Karl Wolffsohn erlebte sie nicht mehr. Er starb 1957. Sein Sohn Max vollendete diese Prozess-Serie erfolgreich.[101]

Die Arisierung der Gartenstadt Atlantic wurde Karl Wolffsohn während seiner Gestapo-»Schutzhaft« abgepresst. Als besonderes Entgegenkommen der NS-Räuber durfte er sich die Arier aussuchen, denen er ohne Gegenleistung die Aktien überließ. Er und seine Frau Recha »durften« Deutschland verlassen, mussten jedoch ihr Resteigentum in Germanien belassen. Es waren vier »Arier«, die Karl Wolffsohn jeden Eid der Welt geschworen hatten, ihm die Aktien der Gartenstadt Atlantic zurückzugeben, wenn er eines Tages zurückkehre. Ein Geschenk sollten die Aktien sein. So wollten es die NS-Machthaber. Eine Treuhandschaft war es. So wollte es Karl Wolffsohn. Dem stimmten die Treuhänder zu.

Wider Erwarten (und Erhoffen?) kehrte Karl Wolffsohn im Dezember 1949 zurück, weil die Rückerstattung »klemmte«. 1950 aber erstatteten zwei der vier Begünstigten tatsächlich ihre Anteile zurück. Den beiden anderen musste gerichtlich jahrelang etwas nachgeholfen werden. Das war mühsam, doch – man staune – schließlich erfolgreich.

Jenseits der familiengeschichtlichen Aspekte gab es allgemeine Gründe für das so offenkundige Knirschen bei Wiedergutmachung, Entschädigung und Rückgabe des geraubten jüdischen und teils auch nichtjüdischen Eigentums nach 1945.

Die neue Justiz war die alte. Wohin man blickte: personalpolitische Kontinuität.

Dabei kam der selbst amnestierten Justiz zugute, dass ein sowohl moralischer als auch rechtlich und wirtschaftlich korrekter Wert für das ab 1933 geraubte und nach Großkrieg plus Sechs-Millionen-Judenmord zurückverlangte Gut gar nicht bestimmbar war. In der NS-Haupt-Raub-phase war die seit 1929 tobende Weltwirtschaftskrise noch nicht zu Ende und der damalige Marktwert entsprechend niedrig. In den 1950ern und 1960ern boomte die deutsche und Weltwirtschaft. Welcher Preis war also wirtschaftsrechtlich anzusetzen? Eindeutige, objektive Kriterien gab es nicht, bestenfalls halbwegs objektivierbare, sprich: letztlich subjektiv begründbare.

Dass die Raubprofiteure nicht erpicht waren, das Raubgut den Beraubten (sofern sie überlebt oder Nachfahren hatten) zurückzuerstatten, wird niemanden überraschen. Die Sowjetunion und ihre Marionetten waren antikapitalistisch und dachten nicht im Traum daran, den »Kapitalisten«, jüdisch oder nicht, ihr Eigentum zu erstatten. Die Westalliierten, besonders die USA, hatten nichts gegen deutsche Wiedergutmachung an Juden, aber weit wichtiger war ihnen nach dem Ausbruch des Koreakrieges im Juni 1950 und der dadurch bedingten Verlagerung von US-Soldaten aus Westdeutschland nach Ostasien die Schließung der Verteidigungslücke am östlichen Westrand. Westdeutschland sollte, ja musste, gegen die Rote Armee aufgerüstet werden. Wiederaufrüstung statt Wiedergutmachung war deshalb für die USA und damit für den Westen, das Gebot der Stunde. Der rechts- und personalpolitisch blockierenden Justiz und den innenpolitischen Wiedergutmachungsgegnern diente diese weltpolitische Priorität als Stützmauer ihrer eigenen Ablehnungswand.

Es gab zwei weitere Barrieren auf dem Weg zur Rückerstattung. Wer persönlich von der Arisierung direkt oder indirekt profitiert hatte, war erwartungsgemäß selten bereit, das Geraubte wieder herauszurücken. Dabei hatten sich hier und da die seltsamsten Koalitionen gegen den oder die ursprünglichen Eigentümer gebildet. Bezüglich der in »Corso« umbenannten Berliner Lichtburg hatte Karl Wolffsohn gegen eine Mauer anzurennen, die von einem Ex-Nazi, einem Oberst der französischen Besatzungsarmee, einem Vorstandsmitglied der Jüdischen Gemeinde zu Berlin sowie einem deutschen »Nur«-Geschäftemacher errichtet worden war. Diese Koalition der Gegensätze war sich in einem Punkt einig: Das Wolffsohn'sche Eigentum sei, selbst zu je einem Viertel, bei ihnen besser aufgehoben als vier Viertel bei Wolffsohn.

Da waren die vier Ganoven bei meinem wehrhaften Großvater an der richtigen Adresse. Als sich der raubgierige Herr Oberst als legitimer und legaler Kommandant in Sachen Rückerstattung aufspielte, geigte ihm der alte Wolffsohn ein eher ungewöhnliches Violinkonzert.[102] Er machte den uniformierten Franzosen auf, sagen wir, einige Ungereimtheiten aufmerksam. Dieser Franzose hieß übrigens Chambon und nicht »Jambon« wie Schinken, also das Hinterteil des für Juden unkoscheren Schweines. Aber mein Großvater empfand das alles doch eher als unkoschere Schweinerei.

Monsieur Chambon-nicht-Jambon wurde zackig: »Hier habe ich zu befehlen, nicht Sie!«, brüllte er Karl Wolffsohn an. Cool, wie man neudeutsch sagen würde, reagierte Karl Wolffsohn: »Selbstredend haben Sie hier zu befehlen, aber kann Ihr Befehl auch Gesetze brechen?« Das »Vorgehen gegen (die) französische Regierung ist für einen deutschen Anwalt unmöglich. Jede Kritik an den Besatzungsbehörden ist nämlich verboten. Und weil Israel zudem keine konsularische Vertretung hat, muss sich jeder Jude seiner Haut selbst wehren. Ob mit Erfolg, bleibt abzuwarten«, notierte Karl Wolffsohn.[103]

Wie ›Vor dem Gesetz‹ (Franz Kafka) stand Karl Wolffsohn, und sein realer und realistischer »Prozess« trug dann durchaus surrealistische Züge. Der Über-Wolffsohn ließ sich nicht abweisen. Beim französischen Hochkommissar persönlich beschwerte er sich.[104]

Schon Anfang 1950 gab es Gesetze zur individuellen Entschädigung beziehungsweise »Wiedergutmachung«. »Aber der Geist dieser Gesetze wird (in den deutschen Behörden) in ein Nichts verwandelt«, notierte Karl Wolffsohn bitter.[105] Und »gefühlsmäßig« seien die alliierten Stellen »stillschweigend einverstanden, sonst könnten die Gesetze jederzeit entsprechend ergänzt werden«. Sein Fazit: »Langsam wird der Gedanke der ›Sabotage‹ bei allen Beteiligten zur Tatsache.«[106] Stimmt. Ohne die Enttäuschungen in seiner Mini-Welt in die geostrategische Situation einzuordnen, erkannte er, dass jene Gemeinheiten, dieser Wahnsinn, System hatte und von »ganz oben« gesteuert wurde – nicht nur in

Deutschland oder von Deutschen. Karl Wolffsohn war den Historikern mit seiner Analyse Jahrzehnte voraus.

Auch vor der israelischen Regierung glaubte er, auf der Hut sein zu müssen: Sie wolle selbst alle jüdischen Werte in Deutschland auflösen und den Berechtigten im Lande bar oder in Anleihen zahlen.[107] Das, so »Opa Karl«, bringe den Eigentümern große Verluste – die er nicht hinnehmen mochte. In israelische Anleihen setzte er damals offenbar so wenig Vertrauen wie in die Landeswährung, das schwindsüchtige israelische Pfund. Da war ihm die D-Mark lieber. Na, so was.

Noch merkwürdiger als vermutet war demnach die ohnehin schon seltsame Koalition, der Karl Wolffsohn trotzen musste. Es war eine Koalition der Wirkung, nicht unbedingt des Willens und erst recht keine formale, eher funktionale: Die Alliierten, einige Juden (deren Namen keiner der Leser kennen würde) und auch der Staat Israel machten es ihm nicht gerade leicht. Von »den« Deutschen ganz zu schweigen.

Viele Fälle wie die eines Karl Wolffsohn gab es nicht, weil nur wenige der einst deutschen Juden in ihre frühere Heimat zurückkehrten. Aber einzig oder gar einzigartig ist der Fall Karl Wolffsohn nicht. Er ist durchaus repräsentativ für die kleine Gruppe der frühen deutschjüdischen Rückkehrer. Die meisten dieser wenigen betrachteten sich, wie mein Opa Karl, nicht mehr als Deutsche, sondern als Israelis. »Unser Land« und »unsere Regierung« waren für Karl Wolffsohn in einem Brief zwei Jahre vor seinem Tod das Land Israel und die Regierung Israels.[108]

»Ist Deutschland heute noch das Vaterland der in Eretz (Israel) oder sonstwo lebenden deutschen Juden?«, fragte sich Opa Karl im Juli 1950. Seine Antwort: »Das Vaterland hat uns Juden abgestoßen, verleugnet und negiert. Deshalb hat Deutschland seine Stellung als Vater-land verloren … Wenn ein Vater seinen Sohn verstößt, bleibt er doch der Vater, wenngleich ein schlechter, und der Sohn bleibt doch der Sohn. Deutschland bleibt deshalb unser Vaterland, aber Israel ist unser Mutterland, auf das wir nun unser Interesse konzentrieren.«[109]

»Für die empfindlichen Auslandsjuden« (zu denen sich Karl Wolffsohn zählte) sei die Atmosphäre auch im Westsektor Berlins »nicht tragbar. Man empfindet, dass man nicht mehr hierher gehört und will daher seine Sachen ordnen«.[110]

Von jenen vier deutsch-jüdisch-französischen Gaunern ward bald nichts mehr zu sehen oder zu hören, die Weichen waren zum Kompromiss zwischen Paul Franke und Max Knapp einerseits und Karl sowie später Max Wolffsohn andererseits gestellt.

Man vergesse nicht ein anderes, hohes Wiedergutmachungshindernis: Die Unwilligkeit der Bevölkerung. Weder individuell noch kollektiv war der Rückgabewille ausgeprägt. Wer gibt gerne was zurück, auch und gerade, wenn es Raubgut war? Menschen sind Menschen. Oft unmenschlich. Einen schlagenden Beweis für diese These gibt es auf der allgemeinen Ebene. Das von der Adenauer-Regierung mit Israel und diasporajüdischen Organisationen im September 1952 geschlossene Luxemburger Wiedergutmachungsabkommen wurde, laut einer »Allensbach«-Umfrage, von 44 Prozent der Westdeutschen abgelehnt und nur von 11 Prozent befürwortet.

In diesem Wasser schwammen nicht nur die Wolffsohn'schen Wiedergutmachungsfische. Am Einzelfall wird das Allgemeine erkennbar. Die Be- und Getroffenen kostete es Herzblut und viel Geld.

Erst braun, dann rot

Obwohl, nein gerade weil vorheriges Mitglied im Aufsichtsrat der Gartenstadt Atlantic und zeitweise sogar dessen Vorsitzender, zählte »Rechts«anwalt Walter Neye 1938/39 nicht zu den Begünstigten, denen Karl Wolffsohn seine Gartenstadt-Atlantic-Aktien übertragen hatte. Kein Wunder, denn Neye war am 10. März 1937 vom damals neuen Eigentümer der Gartenstadt Atlantic, Karl Wolffsohn, aus dem Aufsichtsrat hinauskatapultiert worden.

Neye oder Wolffsohn, das war zur Jahreswende 1936/37 bezüglich des Neu-Eigentümers der Gartenstadt Atlantic die Frage. Bernhard Sperber, ein guter Freund Karl Wolffsohns sowie Gründer und Ersteigentümer der Weddinger Wohnanlage, war im November 1936 gestorben. Sein Bruder Max war Erbe. Er wollte es verkaufen. Bei einem Verkauf der Gartenstadt Atlantic an »Arier« fürchtete mein Großvater, die Lichtburg-Pacht zu verlieren, denn der Grund des Großkinos gehörte zur Wohnanlage. Die einzige Möglichkeit, die Lichtburg, wenn überhaupt, weiter betreiben zu können, schien der Kauf der Wohnanlage.

Max Sperbers Überlegungen lagen ebenfalls auf der Hand: Er wollte mehr als den ns-bedingten Schnäppchenpreis. Von einem »Arier«-Nazi – Neye oder Nicht-Neye – konnte er keinen echten Marktpreis erwarten. Für andere Juden als Karl Wolffsohn wäre ein Kauf wirtschaftlicher Wahnsinn gewesen, für ihn war es die einzige, winzige, letzte Chance. Zwischen Chance, Leicht- und Wahnsinn war auch bei ihm schwer die Trennungslinie zu ziehen.

Am 23. Februar 1937 erwarb er in Prag die Gartenstadt Atlantic von Max Sperber. Das war im Dritten Reich illegal, denn deutscher Boden sollte nicht jüdisch »befleckt« werden.

Dagegen hatte Rechtsanwalt Walter Neye, seit dem Frühjahr 1933 als »Märzgefallener« eifrig mitlaufender NSDAP-Parteigenosse, das NS-(Un-)Recht auf seiner Seite. So hoffte und meinte er, die Wohnanlage samt Lichtburg-Großkino als Metzijeh (=Schnäppchen) erwerben zu können. Er hatte die Rechnung ohne das »jüdische Köpfchen« von Karl Wolffsohn und Max Sperber gemacht. Dieser verkaufte meinem Großvater die Gartenstadt samt Lichtburg-Grund zu einem für beide fairen Preis.

Wie das in Zeiten des Nationalsozialismus? Käufer und Verkäufer mieden die Judenfallen des NS-Marktes, indem sie ihn ganz einfach über Prag umschifften. Einfach war es, weil Max Sperber 1937 in Wien lebte, das erst im März 1938 »heim ins Reich geholt«, weil die Wehrmacht erst im März 1939 Prag besetzte und dann die »Resttschechei« zerschlug.

Ganz so einfach war es schließlich doch nicht. Den NS-Behörden war die Transaktion nicht verborgen geblieben, und Neye sann auf Rache. Gemeinsam mit anderen, kleineren Schuften, Regimeprofiteuren und Negativcharakteren denunzierte er meinen Großvater bei der Gestapo, die ihn von 15. August 1938 bis 13. Februar 1939 in »Schutzhaft« nahm, weil er sich beharrlich geweigert hatte, die Gartenstadt Atlantic arisieren zu lassen.

Natürlich obsiegte die Gestapo. Die Gartenstadt Atlantic wurde arisiert. Aber als »Entgegenkommen« durfte sich Karl Wolffsohn, wie gesagt, die begünstigten Arier sozusagen à la carte aussuchen. Wodurch, wie oder warum ihm dieses Kunststück gelang, weiß ich nicht. Ein

Kunststück war es tatsächlich, denn intern war zwischen den nicht und nichts zahlenden »Käufern« sowie dem »Verkäufer« vereinbart worden, dass sie die Aktien der Gartenstadt Atlantic »zu treuen Händen« bekämen. Er bleibe der eigentliche Eigentümer.[111] Nach dem Krieg zeigte es sich, dass nur die Hände eines Treuhänders wirklich treu waren »Menschliches, allzu Menschliches«.

Neye ging leer aus. Er wurde aber anders und von anderen belohnt. Zuerst von seinen Mit-Nationalsozialisten und dann den DDR-Kommunisten.[112] Nach 1945 wechselte er bald in die Sowjetische Besatzungszone, aus der 1949 die DDR wurde und in der er wieder nach oben kam: Zuerst wurde er, unhabilitiert, Juraprofessor in Rostock, ab 1948 an der Ostberliner Humboldt Universität. Hier wurde er 1950 Dekan der Rechtswissenschaftlichen Fakultät. Des braun-roten Aufstiegs kein Ende: Von 1952 bis 1957 amtierte er als Rektor der ehrwürdigen Alma Mater Unter den Linden.

Bei der Bewerbung um die Universitätsleitung hatte Neye einen gewichtigen Gegenkandidaten und ausgewiesenen Wissenschaftler: den Wirtschaftshistoriker Jürgen Kuczynski. Dieser kommunistische Veteran, ein bedeutender Gelehrter, der nach dem Zweiten Weltkrieg aus dem Westexil freiwillig nach Ostdeutschland zurückkehrte, hatte sich persönlich bei Ulbricht um das Rektorat beworben, doch der entschied zugunsten Neyes. Die Wahl war zynisch, doch sinnvoll, denn Neye war gefügig, weil durch seine NS-Vergangenheit jederzeit erpressbar. Kuczynski hatte dagegen zwei erhebliche Nachteile. Als Alt-Kommunist verfügte er über eine gewisse Hausmacht, und er war Jude. Das wog 1952 schwer, denn von 1948 bis zu Stalins Tod im März 1953 wurden Juden in der Sowjetunion und ihren Satellitenstaaten verfolgt und teilweise auch ermordet.

Die Entscheidung zugunsten Neyes erwies sich als Glücksfall für die DDR, die sich – gute deutsche Erziehung – dankbar zeigte. 1954 erhielt Neye die Feld-Wald-und-Wiesen-Stufe des Vaterländischen Verdienstordens, 1960 war es dann die Goldstufe.

Neye hatte den DDR-Gipfel erreicht. War er ein Opportunist? Das sei ferne. In die SED trat er 1963 ein, also erst nachdem er bereits den Gipfel seiner Karriere erklommen hatte und nicht, um zu ihm aufzubrechen. Auch der Liebe Gott zeigte sich erkenntlich und schenkte ihm ein langes Leben. Er war sogar so gnädig, dass er Neye erst im August 1989 zu sich nahm. Mauerfall und Ende der DDR blieben ihm erspart. Noch ein Glückskind.

Der Baron: Hitler widerstanden, dem Mammon erlegen

Die Massenbachs sind ein uraltes, erstmals im 12. Jahrhundert erwähntes, reichsunmittelbares Adelsgeschlecht aus Schwaben. Echte deutsche Aristokratie, Ober-, ja, oberste Schicht. Im Vergleich dazu sind die Wolffsohns aus der jüdischen Mittel-Bourgoisie Unter-Unterschicht, ein Dreck.

Welch »Wunder«, auch ganz oben gibt es Verhaltensweisen, die manche eher ganz unten erwarten. Die Wirklichkeit ist nicht selten noch komplizierter, denn ein und dieselbe Person verhält sich manchmal (nicht nur im aristokratisch nobilitierten Sinne) nobel und hoch moralisch, ein anderes Mal perfid.

Wolf Freiherr von Massenbach-Salleschen – diesem Baron hatte der Bourgeois Karl Wolffsohn vertraut. Zuerst zu Recht. Bis 1945. Kurz nach dem Kauf der Gartenstadt Atlantic, am 3. Dezember 1937, bestellte Karl Wolffsohn bzw. der Aufsichtsrat der Gartenstadt Atlantic unter der Regie meines Großvaters Baron Massenbach zum alleinigen Vorstand. Den Vorstandsposten hatte er bereits ab November 1933 inne. Walter Neye hatte ihn in seiner Eigenschaft als Aufsichtsratsvorsitzender 1937 zwischenzeitlich abgesetzt. Im Zuge der Arisierung übergab Karl Wolffsohn dem Baron »zu treuen Händen« von den 600 000-Reichsmark-Gartenstadt-Atlantic-Aktien 450 000. Aus taktischen Gründen, um den Schein der Arisierung zu wahren, wurde ein Proforma-Kaufvertrag verfasst. Geld floss jedoch nicht aufs Wolffsohn'sche Konto. Es war ein Scheinkauf. Massenbach sowie der Wirtschaftsprüfer Georg Bohmhammel, dem Karl Wolffsohn, (auch nachträglich zu Recht) vertraute, sowie zwei andere Herren, NS-Mitläufer, die Karl Wolffsohn aus taktischen Gründen mit einbeziehen musste, zahlten null Komma nichts für die Aktien, die sie treuhänderisch bekamen. Nach außen sah auf diese Weise alles arisch-rein aus.

Die beiden NS-Anfälligen, Rechtsanwalt Wolfgang Fischer sowie der

Margarinenfabrikant Wilmar Wienholz, vertrauten dem Führer, dass er Karl Wolffsohn sozusagen entsorgen, ihre Aktiensorgen beenden und ihnen das Wolffsohn'sche Eigentum wenigstens teilweise dauerhaft zuführen würde. Fischer war als sachkundig-mögliche Plaudertasche ein unsicherer Kantonist, den Karl Wolffsohn durch die Aktientreuhandschaft sozusagen stilllegen wollte, Wienholz musste er durch die Wertpapiere befriedigen und befrieden, denn jener Herr hatte gedroht, der Gestapo den Scheincharakter der Aktienüberlassung zu verraten.[113] Nette Menschen.

Massenbach füllte die Tätigkeit als Vorstand der Gartenstadt Atlantic offensichtlich nicht aus. Er wurde bald nach der Gartenstadt-Atlantic-Arisierung auch noch Mitarbeiter des Berliner Stadtkommandanten Paul von Hase, einem Widerstandskämpfer gegen die Hitler-Bande. Von Hase wurde am 8. August 1944 in Berlin-Plötzensee auf ausdrücklichen Befehl des »Führers« erhängt, Massenbach nach dem 20. Juli 1944 »nur« inhaftiert, gequält und gefoltert. Ein Mann mit weißer Weste in brauner Zeit.

Wie viele Deutsche konnten das nach 1945 von sich behaupten? In Hitler- und Holocaust-Zeit war er auf dem Pfad der Tugend geschritten, danach begab er sich bergab auf einen moralischen und rechtlichen Irrweg. Der Hitler-Bande widerstand der Mann, nicht jedoch dem Wohlgeruch des Mammons. Wieso, weshalb? »The answer is blowing in the wind.« Die Dokumente geben keine Antwort. Als Historiker bin ich überfordert. Ich übergebe den Fall Psychologen.

Der NS-Horror endete bekanntlich formal am 8. Mai 1945. Erst am 12. September 1946 wurde der Kontakt zwischen Karl Wolffsohn und dem Baron wiederhergestellt. Die Initiative ergriff mein Großvater, nachdem er vom Aufsichtsratsvorsitzenden der Gartenstadt Atlantic, seinem einstigen (und dann künftigen) Steuerberater, Erstinformationen aus dem zerstörten Berlin erhalten hatte.

»Von Herrn Willi Schulz erfahre ich, dass Sie den Krieg gesund überstanden haben und dass von den Grundstücken einige nicht Opfer des Krieges geworden sind.«[114] Vier der 49 Häuser waren ganz und die Lichtburg teilweise zerstört. »Ich habe mich über diese Mitteilung …

sehr gefreut, andererseits darüber gewundert, dass Sie selbst nicht Veranlassung genommen haben, mich direkt zu informieren.«[115] Den Grund sollte Karl Wolffsohn wenige Tage später erfahren.

»Inzwischen habe ich die Abschrift eines Berichtes erhalten, den Sie an die Jewish Agency in München gerichtet haben. Ich nehme aus dem Bericht nur die Behauptung heraus, dass ich zwar die Aktien der ›Atlantic‹ zwar kurze Zeit besessen habe, dass ich diese aber an Deutsche d. h. auch an Sie verkauft habe. Hierzu möchte ich klar und einwandfrei feststellen, dass ich weder Ihnen, Herrn Dr. Fischer noch Herrn Bohmhammel [er vergaß Herrn Wienholz; MW] Aktien der Atlantic verkauft habe. Ich habe die Aktien Ihnen und den genannten Herren nur zur treuhänderischen Verwaltung gegeben, und weder Sie noch die anderen Herren werden ernstlich behaupten, dass sie die Aktien an mich bezahlt haben. Sie wissen doch auch genau, dass ich gerade deshalb von der Gestapo sechs Monate in Schutzhaft genommen worden bin, weil ich es ablehnte, die Aktien zu verkaufen und, wie es damals hieß …, nicht arisieren wollte. Nachdem ich aus der Schutzhaft wegen dieser Weigerung endlich entlassen worden bin, hat man mir eine Frist gestellt, das Land zu verlassen, und so kam es zu der Treuhänderschaft.«[116]

Psychologisch pikant ist die Tatsache, dass Karl Wolffsohn die Begriffe seiner Peiniger übernahm. Er sprach nicht von einer Gestapofolter oder auch nur von einer Gestapohaft, sondern seiner Gestapo-Schutz(!)haft.

Rechtlich bedeutsam war die Massenbach'sche Behauptung gegenüber der Jewish Agency. Nun stand nämlich der Beraubte als Lügner da. Es dauerte Jahre, bedurfte zahlreicher Briefwechsel und schließlich der »zeitweisen« Rückkehr Karl Wolffsohns nach Deutschland, bis dieses Hindernis ausgeräumt werden konnte.

Am 7. November 1946 reagierte Massenbach endlich und schrieb dem »sehr geehrten, lieben Herrn Wolffsohn«, dass er sich »wirklich gefreut« habe, »von Ihnen endlich einmal Nachricht bekommen zu haben, nachdem Sie auch die ganzen Jahre vor dem Kriege nichts von sich hören ließen«.[117]

Ja, seltsam, Karl Wolffsohn war im März 1939 Hals über Kopf aus Hitler-Deutschland nach Britisch-Palästina geflohen und im September, also wenige Monate – und nicht Jahre – danach hatte das NS-Reich den Großen Krieg begonnen. Angriff, hatte der Hitler-Gegner vom Führer offenbar gelernt, wäre die beste Verteidigung. Kein Wort zum Schicksal der Juden oder auch nur der Familie Wolffsohn.

Schnell kam Massenbach zur Hauptsache. Er erzählte von – sich. »Was mich anbelangt, so habe ich allerhand durchgemacht. Beim Beginn des wahnsinnigen Krieges wurde ich sofort einberufen und habe diesen bis zur Neige mitmachen müssen. Als Aktivist vom 20. Juli wurde ich von der Gestapo verhaftet, in der Lehrter Straße ins Gefängnis geworfen und in nicht zu schildernder Weise behandelt.« Das darf man wortwörtlich verstehen. Auch das: »Das Kriegsende hat mich vor der am 23. April angesetzten Verhandlung vor dem Volksgerichtshof bewahrt.« Dass er während des Krieges geheiratet habe, ließ der Baron meinen Großvater wissen; auch dass seine Wohnung »kurz nach Einzug der Russen vollständig« verbrannte. Dabei sei (wie schrecklich und bedeutsam) »leider auch die hübsche Hängelampe umgekommen (umgekommen!), die Sie mir seinerzeit noch liebenswürdigerweise beim Abschied schenkten«.[118]

Des Barons Vorgehensweise gegenüber dem jüdischen Bourgeois belegen die Dokumente zweifelsfrei. Er wollte Karl Wolffsohn zeitlich hin-, geografisch weiter weg- und die Aktien behalten. Dabei umhüllte er sich mit Liebenswürdigkeiten sowie Gedanken über den Lauf der Welt.

Karl Wolffsohn reagierte ausgesprochen weich: »Verlieren Sie Ihren Kopf nicht, die Welt dreht sich, und dann kommen die Dinge immer anders als man denkt. Das können wir an dem Resultat des Hitlerregimes sehen. Man wollte das Böse – für die Juden – und hat das Gute – allerdings mit großen Opfern geschaffen.« Das war schon beinahe goethisch-faustisch, wobei ich nicht weiß, ob oder wie genau mein Großvater den ›Faust‹ kannte oder irgendetwas von Goethe gelesen hatte. Über Goethe gesprochen hat er mit mir nie. Kein Wunder, ich war zehn, als er starb. Jedenfalls war mit dem Guten die Gründung Israels gemeint, und einmal mehr überraschte (mich), der Wille zur positiven Interpretation des Ur-Negativen. Betrachtete Karl Wolffsohn nicht sich und die Seinen, sondern »die« überlebenden Juden als Glückskinder?

Besondere Einfühlungsgaben und Elementarkenntnisse über das Judentum zeigte der deutsche Baron nicht. Mit oder ohne dieses Wissen wusste der Herr Baron, wie man schnorrt. Er wusste zudem, dass israelische Orangen lecker schmeckten: »Hoffend, recht bald einmal wieder Nachricht zu bekommen, es kann auch in Form einer großen Apfelsinenkiste sein«, verblieb er im März 1947 besten Gewissens »mit den herzlichsten Grüßen«.[119]

»Längst« hätte er dies getan, antwortete der Adressat, doch er habe festgestellt, dass Orangenlieferungen oft nicht ankämen.[120] Konkretes über die Aktienrückgabe hatte er freilich noch immer nicht in den Händen, doch beide blieben beim Florett. Keiner nahm den Holzhammer in die Hand, und im Dezember 1947 wünschte der christliche Baron dem Juden Wolffsohn im Judenland ein frohes Weihnachtsfest.[121] »Leise rieselt der Schnee.« Nun ja, nicht unbedingt in Tel Aviv. Weder damals noch heute.

Wie nicht anders zu erwarten, waren die NS-Profiteure Wolfgang Fischer und Wilmar Wienholz aus anderem Holz, wenngleich – mit jahrelanger gerichtlicher Nachhilfe – nicht »hart wie Kruppstahl«. Sie verweigerten zunächst die Aktienrückgabe, zu der sich Massenbach bequemt hatte, nachdem Karl Wolffsohn im Dezember 1949 nach Berlin gekommen war, um diesen Teig an die Wand zu nageln. Nicht nur diesen. Ursprünglich wollte er »nach dort« nur noch »zu Besuch kommen, um die Gräber der Meinen zu besuchen, bevor ich selbst abkratze. Meine Frau meint zwar, dass es noch eine Weile Zeit hat, aber immerhin bin ich nicht mehr 20 und muss das in meine Kalkulation ziehen.« Selbst hier war er Kaufmann. Er kalkulierte und gebrauchte dabei das Holperdeutsch von Bürokraten wie »zu Besuch kommen«, statt einfach »besuchen«.

In seinem Wiedergutmachungsgepäck trug er nicht nur Rückforderungen bezüglich der Gartenstadt Atlantic und Lichtburg. Aufzuzählen wären noch seine Ansprüche an die UFA (Universalfilm-Aktiengesellschaft) wegen der Essener Lichtburg, gegen die Städtische Sparkasse in Köln (für ich weiß nicht was), gegen die Stadtverwaltung Dortmund wegen des Olympia-Theaters, gegen eine Frau Hohmann in Düsseldorf wegen des Alhambra-Kinos, gegen die Besitzerin des Hauses Schildergasse 99 in Köln wegen der »Lichtspiele des Centrums« sowie gegen den Kölner Gerling-Konzern wegen der Wiederherstellung seiner Lebensversicherung Nr. 276871-292 135.[122]

»Seien Sie versichert, dass ich mir die Butter nicht vom Brot nehmen lasse wie damals«, hatte mein Großvater Massenbach noch aus Tel Aviv siegesgewiss angekündigt.[123]

Karl Wolffsohn »kam, sah und siegte« – nicht. Meistens verlor er, weil er mit seinem Kopf gegen die Mauern des deutschen »Rechts«wesens, der Welt- sowie deutschen Politik und der wohlvernetzten NS-Profiteure stieß.

Ganz anders als der deutsche Freiherr von Massenbach verhielt sich der deutsche Bourgeois Georg Bohmhammel. Die ihm treuhänderisch übergebenen Aktien waren zwar im Safe der Commerzbank kriegsbedingt verbrannt, er versprach aber, alles zu veranlassen, um Karl Wolffsohns Eigentum zu erstatten. So geschah es.

Georg Bohmhammel hielt Wort. Er war wirklich ein Freund und gab seine Aktien unverzüglich zurück. Massenbach fügte sich der Einsicht in die Notwendigkeit und versuchte sogar, Fischer und Wienholz von der Vergeblichkeit ihrer Weigerung zu überzeugen: »W(olffsohn) hat zweifellos einen Anspruch auf Rückgabe der Aktien, wie mir mein Anwalt klar und eindeutig sagte, als seinerzeit W in Deutschland erschien und seine Ansprüche anmeldete. Nehmen wir aber mal an, dass er auch juristisch keinen Anspruch hätte, so stehe ich persönlich auf dem Standpunkt, dass wir moralisch die Verpflichtung haben, W zu befriedigen, da doch die Transaktion seinerzeit nur in dieser Art durchgeführt wurde, um den damaligen Gesetzen der Naziregierung Genüge zu leisten … Wir dürfen ja auch nicht vergessen, dass Herr W seinerzeit für die Aktien keinerlei Gegenwert erhalten hat … Die Aktien sind Ende 1937 in den Besitz der Wolffsohn-Gruppe übergegangen, während die Übergabe der Aktien an uns erst im Jahre 1938 erfolgte. Ich bekam 450 000 Mk Aktien um … die Grunderwerbsteuer zu sparen. Sie sollten das Zünglein an der Waage sein, damit Sie und ich den Einfluss von Wienholz ausschalten, der, wie Ihnen bekannt sein muss, von Wolffsohn die Aktien unter Drohungen mit der Gestapo herausholte. Für mich kann es gar keinen Zweifel geben, dass wir die Aktien in treuhänderischer

Verwaltung hatten, unter dem Aspekt, dass Wolffsohn wieder nach Deutschland zurückkommt. Hätte Hitler gesiegt und Wolffsohn wäre nicht nach Deutschland gekommen, so wären wir Besitzer der Aktien geblieben ... Ich habe mich daher nach Beratung mit meinem Anwalt dazu entschlossen, Wolffsohn (1950; MW) die Aktien im Vergleichswege zu geben, und ich sage Ihnen in aller Offenheit, dass ich dies nicht bedauere, denn moralisch fühlte ich mich dazu verpflichtet ... Wie ich annehme, werden Sie jetzt ... annehmen, dass ich auf der Seite von W stehe. Sie irren sich, lieber Doktor, ich bin nur objektiv und will vermeiden, evtl. als Zeuge gegen Sie vorgeladen zu werden.«[124]

Ob es Moral oder Moneten waren, die Massenbach anspornten, lassen wir offen, denn Karl Wolffsohn hatte ihm gegenüber sein Versprechen gehalten. Als Dank für die »Treu«handschaft in NS-Zeiten und die Rückgabe der Aktien sollte der Baron kostenlos 15 Prozent der Aktien bekommen und Vorstand der Atlantic bleiben[125]. Mehr noch: An 15 Prozent der Gewinne und Transaktionen der Gartenstadt Atlantic sollte Massenbach beteiligt werden.[126]

Der Appetit kommt beim Essen. Im Mai 1951 wollte der Baron »als Dank für meine loyale Haltung bei der Regelung unserer Beziehungen« 30 Prozent. Diesen Wunsch offenbarte er Karl Wolffsohn im Glückwunschbrief zu dessen 70. Geburtstag.[127]

Es kam ganz anders. Angesichts der erdrückenden Beweise, die mein Großvater gesammelt hatte, gab der Baron im Sommer 1954 zu, seit 1950, also nach der Rückkehr Karl Wolffsohns, »unberechtigte Entnahmen« getätigt und »geklaut« zu haben.[128] Mit dem Geld der Gartenstadt Atlantic hatte er seiner Frau in Berlin-Gatow ein Grundstück, mindestens einen damals hochbegehrten amerikanischen »Plymouth«-Straßenkreuzer gekauft,[129] sich unberechtigterweise eine Provision geben lassen, überhöhte Reparaturkosten angegeben und wohl die Differenz privat verwendet.[130] Das »ihm oder seiner Frau gehörige Grundstück im Grunewald« ließ er »mit Geldern der Atlantic« ausbauen. Ebenfalls mit Geldern der Gartenstadt Atlantic habe er sich »an dem Bankgeschäft Neumann & von Massenbach beteiligt« und Börsenspekulationen getätigt. An einer Baufirma, deren Miteigentümerin Frau und deren Geschäftsführer Herr von Massenbach war, wurde die Gartenstadt Atlantic zusätzlicher Miteigentümer. Sie gewährte der Baufirma zinslose Kredite und stellte überhöhte Rechnungen aus. Wohin der Mehrbetrag floss, vermutet jeder richtig.[131] Zugleich schanzte der Baron dieser Baufirma den einen und anderen Gartenstadt-Atlantic-Auftrag zu.[132]

Die Tatsachen waren so offenkundig, dass der Baron am 5. Juli 1954 von sich aus »bereit« war, zum 1. Juli als Vorstand »ohne einen Anspruch auf Gehalt« zurückzutreten und seine restlichen Gartenstadt-Atlantic-Aktien zurückzugeben. Im Gegenzug erwarte er, »dass alle weiteren persönlichen Angriffe ... gegen mich unterbleiben«.[133]

Baron von Massenbach fühlte sich missverstanden: »Es ist mir ... unverständlich, dass Sie Ihren Hass wegen der erfolgten Unrechte Ihnen und Ihren Glaubensgenossen gegenüber nunmehr allein auf mich übertragen.«[134]

Karl Wolffsohn reagierte: »Entgegen Ihrer Annahme stelle ich fest, dass ich von keinem Hassgefühl bei meinen Dispositionen getragen bin, sondern einzig und allein von einer tiefen Enttäuschung darüber, dass Sie mein unbegrenztes Vertrauen, besonders seit meiner Anwesenheit in Berlin, missbraucht haben.«[135]

Der Baron maulte nach und behauptete, dass eigentlich die JRSO »Alleinberechtigter« der Gartenstadt Atlantic wäre, weil 1937 der Verkauf der Aktien von Max Sperber erfolgte, der ebenfalls Jude war und verstorben ist.[136]

Die 1948 in New York gegründete JRSO bzw. IRSO (Jewish Restitution Organization), die später in der Jewish Claims Conference aufging, bemühte sich nach dem Krieg um die Rückgabe von erbenlosem jüdischem Privatvermögen, das sie dann an Institutionen in Israel und den USA weitergab. Da Karl Wolffsohn im Februar 1937 in Prag die Aktien der Gartenstadt Atlantic rechtmäßig und zu einem fairen Preis von Max Sperber, dem Bruder und Alleinerben des verstorbenen Bernhard Sperber, erworben hatte, war die Gartenstadt Atlantic kein erbenloses jüdisches Eigentum. Nebenbei: Max Sperber verlangte – nicht ganz koscher – unmittelbar nach dem Verkauf der Aktien einen finanziellen Nachschlag. Wie auch immer, der rechtmäßige jüdische Eigentümer, Karl Wolffsohn, war 1954 zwar nicht gesund und nur geistig putzmunter, aber er lebte, und Max Sperber, der 1937 in Wien lebte, hatte, anders als deutschen Juden, keine politisch bedingte wirtschaftliche Notsituation gedroht, denn Österreich wurde erst im März 1938 großdeutsch. Nicht Hitlers wegen hatte der Jude A (Wolffsohn) demnach vom Leid des Juden B (Sperber) profitiert.

Die IRSO blieb draußen vor der Tür. Ihr durchaus legitimer und legaler Versuch scheiterte.[137] Es war ein durchaus allgemein übliches innerjüdisches Hickhack, das in diesem Fall – in anderen oft nicht – durch die Fakten – vorhandene Erben – zügig beendet werden konnte, denn nach allem und trotz allem lebten der Eigentümer, seine Ehefrau, seine beiden Söhne und die Enkelschar.

Zuvor hatte sich auch noch das Berliner Finanzamt für Körperschaften gemeldet. Es wollte die Karl Wolffsohn zurückerstatteten Vermögenswerte, die Gartenstadt Atlantic und andere, vollständig versteuern.[138] Jeder nimmt, was er bekommt. Wie in der großen, weiten Welt duftete auch in der kleinen Wolffsohn-Welt das vermaledeite Geld (hier als Vermögen) gleichermaßen verführerisch. Egal, ob es sich um Juden oder Nichtjuden, Personen oder Institutionen handelt(e), Geldduft berauscht(e). Stank es? Nein, es duftete wirklich, denn dessen Rückgabe entsprach Recht und Gerechtigkeit.

Zum 1. Juli 1954 hatte also Baron von Massenbach (Familienjargon »der Lügenbaron«) die Gartenstadt Atlantic verlassen (müssen). Es »liegt nun in Ihrer Hand zu entscheiden, ob Kampf oder Frieden eintreten soll«, hatte er Karl Wolffsohn gedroht.[139] Der griff den Fehdehandschuh bei der Wahl »zwischen Krieg und Frieden« auf: Er könne »auch ›Krieg‹ führen, dessen Ausgang mir heute völlig klar ist. Die Entscheidung liegt nicht bei mir, sondern allein bei Ihnen, und es ist Ihre Sache, mir Vorschläge zu machen, die den Forderungen entsprechen, die die ›Atlantic‹ wegen Ihrer ›privaten‹ Geschäfte gegen Sie hat.«[140]

Mein Großvater gab sich hochgerüstet. Inhaltlich, rechtlich traf das zu, nicht jedoch gesundheitlich. Er war hitler- sowie wohl auch wieder»gut«machungsbedingt schwer herzkrank und sah sich deshalb außerstande, diesen und andere Rückerstattungskriege weiter alleine zu führen. Mit Ausnahme der Gartenstadt Atlantic haben er und mein Vater, abgesehen von Klein»kriegen« alle großen verloren. Nix Berliner Lichtburg, nix Scala, nix Plaza, nix Essener Lichtburg.

Hätte Karl Wolffsohn das schon 1954 gewusst, wäre er wahrscheinlich unverzüglich gestorben, nicht 1957. Nach Massenbachs Abgang bat er um die Hilfe seines in Israel lebenden Sohnes Max. Zeew, der immer noch glühende Zionist, hätte seinem Vater im übertragenen Sinne einen Vogel gezeigt. »Nach Deutschland? Bei mir piepst 's doch nicht.« Max war schon als Kind der bravere und pflegeleichtere Sohn. Artig siedelte er ohne Begeisterung im September 1954 »zur (wechselseitigen) Probe« mit Frau und Sohn nach Berlin über.

Für einige Monate beherbergte nun die nette Wohnungsvermieterin aus Dänemark, Frau Auerbach, in der Duisburger Straße 13, Berlin-Wilmersdorf, fünf Wolffsohns als Untermieter. Sie behielt ihr Zimmer, Karl und Recha Wolffsohn nutzten das Schlaf- und Wohnzimmer. Meine Eltern und ich lebten im dritten Untermieterzimmer. Bad und Toilette waren »Gemeingut«. Gut ging das nur wenige Wochen, denn schlecht lebt es sich für viele und unterschiedliche Generationen auf engstem Raum. Wir zogen im Frühjahr 1955 in eine winzige Zweieinhalbzimmerwohnung am Hohenzollerndamm. Das war, selbst gemessen an unserem vorherigen minimalistischen Israel-Maßstab, ein gewaltiger Rückschritt. In Tel Aviv, im »Land der Väter«, das nicht unser Vaterland wurde, hatten sich meine Eltern allmählich emporgemietet: Vom Mini-Zimmer beim deutschjüdischen Metzger-Ehepaar Sachs 1943 bis 1950, über die kleine Zweizimmerwohnung Karl und Recha Wolffsohns 1950 bis 1951, in eine Dreizimmerwohnung im eher proletarischen, aber damals noch grünen Teil der Tel Aviver Nebenstadt Ramat Gan 1951 bis 1953.

In den Augen (und Ohren) meiner Mutter war Frau Sachs eine »Hexe« oder glich (Opfer wie Täter) zumindest einem klischeedeutschen Feldwebel. Sauberst war ihr nicht sauber genug: »Thea, der Wolffsohn hat schon wieder Dreck gemacht. Auf dem Badezimmerspiegel ist ein Wasserfleck.«

Recha Wolffsohn hat im Herbst 1954 zwar nicht »rumgekeift, aber rumgezickt«, verkündete Thea und stellte meinen Vater vor die klare Alternative: »Entweder wir ziehen in eine eigene Mietwohnung, und sei sie noch so klein, oder wir kehren nach Israel zurück.« Nach dem Zwischenspiel am Hohenzollerndamm zogen wir 1957 in den feinen Grunewald, ins Trabener-Straße-Haus der Gartenstadt Atlantic, das der

»Lügenbaron« ohne Karl Wolffsohns Genehmigung hatte bauen lassen. Das siegreiche Ende des Massenbach-Wolffsohn-Krieges? Wer hat wie und weshalb gesiegt? Das Israel-Kapitel der Familie Max Wolffsohn war jedenfalls zu Ende. Fortan widmete sich mein Vater bis an sein Lebensende der Gartenstadt Atlantic. Wie und wovon hatte er zuvor in Israel gelebt? Und wie war es seinem Bruder Willi/Zeew und den Seinen wirtschaftlich ergangen?

Wolffsohns als Arbeiter
Geschichten über das Arbeiterleben Max Wolffsohns in Britisch-Palästina und Israel, seinen unfreiwilligen hitlerbedingten Wechsel von der Bourgeoisie zur Unterschicht wurden bereits in den »Personenbildern« erzählt und bedacht.

Zur Erinnerung: Anders als sein Bruder Willy blieb Max W., mein Vater, stets ein bürgerlicher Städter. Bäuerlich-Ländliches verabscheute er, wie seine Eltern. Max musste 1938 das Bismarck-Gymnasium verlassen und lernte, als Vorbereitung für die Auswanderung nach Palästina, das Druckergewerbe im Intensivkurs in Halle an der Saale. Dann die Auswanderung, sprich: Flucht nach Palästina im November 1938. Max ist im Kino Platzanweiser, Kartenabreißer, Kinomanager, Diamantenschleifer, was ein harter und die Gesundheit gefährdender Beruf ist. Dann ins Paradies von Levin-Epstein, einer für Israel recht großen Druckerei. Wie einst Karl Wolffsohn bei Ullstein. Es lebe der kleine Unterschied! Dann der Aufstieg vom Proletariat ins Kleinbürgertum. 1950 übernimmt Sohn Max die von Karl gegründete Glaserei »Raawa« und die Glasversicherung »Sigug«.

1954 nach Westberlin. Mit Karl Wolffsohn Kampf um die Rückerstattung des Familienvermögens. Beginn der Arbeit in der noch nicht vollständig rückerstatteten Wohnanlage Gartenstadt Atlantic.

Bei Max und Thea Wolffsohn war bis zum September 1954, also bis zu ihrer Übersiedelung, sprich: Auswanderung nach Deutschland Schmalhans Küchenmeister. Ich erinnere mich noch heute an das erste Steak meines Lebens. Es war ein regelrechtes Großereignis, und es geschah eines Abends, irgendwann im Jahre 1952 in unserer Ramat Ganer Zwergenküche. Auch an die erste Salami meines Lebens erinnere ich mich haargenau. An meinem vierten Geburtstag, am 17. Mai 1951, hielt sie mir mein Onkel Jizchak (Judith Saalheimers Mann) in der Nathan-Strauß-Straße 3, der Tel Aviver Wohnung meiner Wolffsohn-Großeltern, unter die Nase:»Micki, schließ die Augen und rat, was das ist.« Ich schnupperte wie ein Dackel und hauchte hingebungsvoll:»Woschscht«, Wurst. Was für ein Geschenk! Opa Karl und Sabta Recha hatten die Salami aus»Germania«, Deutschland, geschickt.

Gewiss, auch bei den meisten Deutschen herrschte in den frühen 1950er Jahren Schmalhans als Küchenmeister, denn noch ließ das Wirtschaftswunder auf sich warten. Aber Schmalhans servierte schon damals in Germanien üppiger als in Israel. Das war mit Händen zu greifen, Augen zu sehen und dem Gaumen zu schmecken. Es war auch Gegenstand der internationalen Politik.

Als sich Israels Gründer-Ministerpräsident David Ben-Gurion im Frühjahr 1951 bei der Truman-Administration in Washington, DC, darüber beklagte, dass es dem deutschen Volk der Täter besser gehe als dem Opfervolk in Israel, entgegnete ihm der Leiter der Deutschlandabteilung im US-Außenministerium unbeeindruckt:»Das sind unsere Prioritäten.«[141]

Diese US-Prioritäten waren kriegsbedingt. In Korea tobte seit Juni 1950 Krieg, die USA wollten, wie Adenauer, einen westdeutschen Wehrbeitrag für und in Westeuropa und halfen der Bundesrepublik weit mehr als, wenn überhaupt, dem jüdischen Staat.

Ohne sie zu kennen, erkannte sogar ein Sechsjähriger wie ich die Auswirkungen jener US-Prioritäten beim Vergleich Israel–Deutschland.»Germania«, das wir 1953 erstmals besuchten, wirkte auf mich wie das Schlaraffenland, von dem ich damals noch nichts gehört hatte. Es schien mir, als flögen einem hier die gebratenen Tauben in den Mund.

Die einst wohlhabenden, ja steinreichen Wolffsohns und die einst wohlhabenden Saalheimers waren in Palästina arme Leute.»Aber trotzdem«, erinnert sich meine Mutter,»hatten wir Saalheimers immer zweimal die Woche noch ärmere Leute bei uns am Tisch. Da war ein jüngerer Mann. Den haben wir Zwetschgerl genannt, weil er ein kleines, aber feines Männchen war. Der musste in Tel Aviv hausieren. Einmal die Woche luden wir ihn zum Essen ein. Alle hatten damals nichts und manche noch weniger. Wir hatten wenigstens immer unser Essen, und das haben wir dann mit anderen geteilt. Das war einfach selbstverständlich.«

Nicht selbstverständlich – der Not gehorchend oder aus Geiz? Meine Mutter weiß es bis heute nicht – war dies: Justus Saalheimer überließ seiner Tochter Thea nach ihrer Hochzeit ihr bisheriges Bett. Es stammte noch aus Bamberger Zeiten. Max musste es bezahlen.

... und Bauern

»Viel Steine gab's und wenig Brot«, so kommentierte der halbbildungsbürgerlich deutsche Teil der Wolffsohn-Sippe mit Ludwig Uhlands Gedicht ›Der wackere Schwabe‹ aus dem Jahre 1814 das bäuerliche Unterfangen von Willi/Zeew und Lea Wolffsohn.

Das zionistisch-idealistische Paar stieß in der galiläischen Genossenschaftssiedlung (Moschaw) Schadmot Dworah, am Tabor, dem »Berg der Erleuchtung« aus dem Neuen Testament, tatsächlich auf »viel Steine«. Die waren den landwirtschaftlichen und damit finanziellen Erträgen wenig förderlich, und deshalb gab es »wenig Brot«, obwohl die beiden sich Arme und Beine ausrissen. Reich wurde keiner in jenem Dorf, aber allmählich wurde die Gegend immer grüner und schöner. Nur die älteren und jüngeren Wolffsohns kamen dort nie auf einen wirtschaftlich wirklich »grünen Zweig«.

Das lag auch, doch keinesfalls nur, am Strukturwandel der israelischen Wirtschaft. Seit dem Regierungsantritt des rechtsnationalistisch-religiösen Lagers im Jahre 1977 verblasste das avantgardistisch-elitäre Bild des landwirtschaftlichen Pioniers (»Chaluz«). Der Schwerpunkt der israelischen Ökonomie verschob sich zunehmend von der Landwirtschaft zur Industrie, dem Dienstleistungssektor und schließlich der Informationstechnologie.

Das »alte Israel« der zionistischen Gründerzeit ist spätestens seit Mitte der 1970er Jahre untergegangen. Nur wenige Inseln, meist in den Kibbuzim (Kollektivsiedlungen) und Moschawim (Genossenschaften) verblieben. Auch dort ist die alte Welt so gut wie verschwunden. Eine Altinsel fand man im Haus von Lea und Zeew Wolffsohn.

Wie in ganz Alt-Israel gehörte der bewusste, ideologisch demonstrative Verzicht auf jegliche Ästhetik dazu. Ästhetik? Bürgerlicher Krimskrams! Sauber, sehr sauber war alles, aber genauso scheußlich wie sauber. Austauschbar und unpersönlich. Egalitär, sozialistisch. Die Bilder? Entsetzlich. Waren die Billigölbilder hakennasiger Juden auf dem Flohmarkt gekauft? Hatte es bei Zeews und Leas großbürgerlichen Eltern in Berlin und Hamburg je vergleichbar spießige Spitzendeckchen auf dem Couchtisch gegeben? Undenkbar. Besteck und Heugabeln kaum voneinander zu unterscheiden. Das Geschirr lange aus Plastik. Das war wahrlich nichts für die piekfeine Recha Wolffsohn. Küss mich mit dem Feinen am Ärmel, werden sich Lea und Zeew gedacht und vielleicht auch gesagt haben. Zumindest körpersprachlich. Man kann sich denken, wie entspannt sie mit Lady Recha umgingen.

Wenn sich Recha überhaupt je freiwillig in die Nähe der Bauern-Wolffsohns begab, dann eben doch lieber, wie erzählt, im Luxushotel »Galei Kinneret« (Kinneret = See Genezareth, Galei = Wellen). Sein herzliches Willkommen drückte Sohn Zeew auf seine Bauern-Pionier-Weise aus. Laut knatternd fuhr er mit seinem Traktor vors Hotel. Aufsehen und Aufregung waren programmiert, sein Auftritt ideologisches und privates Antiprogramm gegen Recha und die Bourgeoisie schlechthin.

Elementare Bescheidenheit und Selbstlosigkeit im Dienste der Allgemeinheit – ohne Verzicht auf Individualität. Diese Alt-Israel-Tugend lebten Zeew und Lea. Es galt: »Wir pfeifen auf Äußerlichkeiten, auf die inneren Werte kommt es an. Und die bestimme ich, bestimmen wir.« Dieses Selbst-, Wert- und Weltverständnis gehörte zum alten Israel und zu den alten Schadmot-Dworah-Wolffsohns. Sie haben es ihren Kindern weitergegeben.

Erst die meisten Enkel, nicht die vier Söhne von Zeew und Lea, vollzogen einen Lebens- und Strukturwandel. Sie wurden erfolgreich. Sie wohnten freilich mehrheitlich weiter auf jenem nicht nur des Neuen Testamentes wegen »himmlischen« Erdfleckchen. Das ländliche Wurzelwerk dieses Familienteils wuchs weiter. »Zufrieden jauchzet Groß und Klein: Hier bin ich Mensch, hier darf ichs sein!« »Hier« heißt Schadmot Dworah. Dieses ländliche Lust-, Lebens- und Zugehörigkeitsgefühl haben Zeew und Lea allen ihren Nachfahren erfolgreich vermittelt. Jeder ihrer Söhne und Enkel engagierte sich ehrenamtlich in der

einen oder anderen Weise für die Gesellschaft, die sie stets als Gemeinschaft empfanden. Nein, Hurra-Nationalismus, gar Militarismus, war
das nicht, sondern gelebter, unaufgeregter Patriotismus: Einsatz für die
eigene Gesellschaft, weil es die eigene ist, damit sie lebenswerte Gemeinschaft bleibt oder noch lebenswerter wird.

Doch selbst in dieser altzionistisch-altisraelisch-»aristokratischen«
Welt gibt es resignative Ermüdungserscheinungen, die zu Ab- und Aus-
wanderungsgedanken führten. Wohin? Ja, nach Deutschland. Stellt sich
erneut die Frage nach den Haupt- und Nebenwurzeln, dem Kreis- oder
Fortlauf der Geschichte? Im Mikro- und Makrobereich, im Mikro- oder
Makrobereich?

Für Zeew und Lea Wolffsohn, ebenso wie für ihre Kinder, war Geld
allein Mittel zum Zweck, nie Lebenszweck. Nur umgehen konnten sie
mit Geld nicht. Dieser agrarisch-kollektiv-ideelle Lebensstil blieb familiär, jenseits des lange missionarischen, dann sehr sanften Zionismus,
sagen wir, nicht unumstritten.

Gemischte Gefühle zeigten Zeews Eltern, Karl und Recha, sein Bruder Max und seine Schwägerin Thea ganz offen. Vater Karl, der große
Agrarexperte, gab Zeew aus dem fernen Berlin gute Bauerntipps in den
Nahen Osten. Lustspielreif ist der Anfang der 1950er Jahre geführte
Briefwechsel zwischen Vater und Sohn über den Kauf von Zeews erstem Traktor. Karl verstand zwar nichts von Landwirtschaft und erst
recht nichts von Traktoren, aber viel von Wirtschaft. Im Rückblick hatte
er mit seiner Empfehlung, einen großen Traktor zu kaufen, wahrscheinlich recht. Er war der deutlich bessere Unternehmer, doch Zeew entschied sich schließlich für den Mini-Traktor Marke »Holder«, diesen,
wir erinnern uns an Zeews ersten Berlin-Besuch, »Scheiß-Nazi-Traktor, der leider verdammt gut« funktionierte.

»Wo hat mein Bruder Zeew das viele Geld der Gartenstadt Atlantic
auf seinem Hof nur vergraben?«, fragte Max spitz seine Frau, wenn sie
Schadmot Dworah besuchten. Das geschah ohnehin nicht häufig, denn
vor allem für Mutter Recha und Bruder Max galt eher »Stadtluft macht
frei«. Bei den Moschaw-Wolffsohns war es ihnen zu ländlich, derb,
nicht fein genug und das Plumpsklo der ersten Dorfjahre der Horror
schlechthin. Mir ging es als Kind ähnlich.

Zeew Wolffsohn konnte fesselnd über Landwirtschaft dozieren und theoretisieren, praktisch reüssierte er weniger. Dennoch (oder gerade deshalb?) entsandte ihn die israelische Regierung 1967/68 als landwirtschaftlichen Berater nach Indonesien. Offiziell wirkte er auf den Philippinen, weil das muslimische Indonesien, wie bis heute so mancher Staat, Kontakte zum jüdischen Israel nicht für die Außenwelt sichtbar machen wollte.

Den Indonesiern brachte Zeew bei, wie man Mais anbaut, und verriet ihnen dabei ein Geheimnis: dass man Mäuse und Ratten töten und dadurch den Ernteertrag gewaltig steigern könne. Gesagt, getan. Zu gut getan, denn so viel, nun zu viel Mais, konnten seine Lehrlinge nicht vermarkten. In Indonesien drehte er viele Amateurfilme. Bei deren Betrachten gab es nur ein Problem: Man musste kopfstehen, denn irgendwie hatte er die Kamera verdreht.

Ja, er war liebenswert. Er liebte Kameras, Uhren und Spielzeug jeder Art. Damit überhäufte dieser scheinbar so herbe, harte, stachelige, in Wahrheit butterherzige Zeew liebevoll seine Kinder und Enkel. Voller Begeisterung lag der große Mann dann auf dem Boden und spielte mit den Kleinen. Tja, wo nur hatte Zeew das viele Geld, das er aus Berlin bekommen hatte, vergraben? Wirtschaften konnte er nicht. Wollte er? Was er hatte, wollte der lebenslustige Viel-gern-und-gut-Redner Zeew seinen Lieben verschenken. Er hat und auch sie konnten oder wollten das Geld (sofern und solange vorhanden) nicht zusammenhalten. Liebenswert, lebenswert, aber unwirtschaftlich.

Das Geld zusammenhalten – genau das wollte und konnte Zeews ängstlicher, schweigsamer, verschlossener, gehemmter Bruder Max. Der Brüderkonflikt war programmiert und hatte, wie bei fast jedem Geschwisterkonflikt, Ursachen, die weit in die Kindheit zurückreichten. Sie zu erzählen, würde langweilen. Drehbücher dieser Art sind allbekannt.

Durchaus relevant sind dagegen die Konflikte zwischen dem Zionisten Zeew und dem Nichtzionisten Max (samt den Eltern Karl und Recha). Da ging es um die Fragen: Dorf- oder Stadtleben, Ideologie oder Pragmatismus, Dominanz des Wir oder Ich, des Ideellen oder Materiellen?

... und Berliner Großgrundbesitzer

Nach dem Tod von Vater Karl hatten Zeew und Max die Gartenstadt Atlantic zu gleichen Teilen geerbt. Das konnte nicht gut gehen. Es ging nicht gut. Besser ging es der Gartenstadt Atlantic seit Mitte der 1950er Jahre. Abgesehen von der Lichtburg waren die Eigentumsverhältnisse zugunsten der Familie Wolffsohn allmählich geregelt, die Wohn- und Gewerbemieten flossen quasi von alleine.

Wieder waren die Wolffsohns Glückskinder im Unglück, denn die Wohnanlage lag in Westberlin, nicht im Osten. Genau an der Grenze zwischen dem französischen und russischen Sektor. »Der jüdische Gott lebt«, hatte Karl Wolffsohn politisch total inkorrekt ausgerufen, als er sich erstmals nach dem Krieg davon überzeugte, dass seine Gartenstadt auf der »richtigen Seite« stand. Bis zum Mauerbau boomte das Umfeld des U- und S-Bahnhofs Gesundbrunnen. Wenn man aus Ostberlin kam, war er die erste West-Station. Jedes Geschäft in der Nachbarschaft war eine Goldgrube. Eine solche war »Die Goldene 13«, eine Gewerbeeinheit der Gartenstadt Atlantic.

Betrieben wurde »Die Goldene 13« von zwei umtriebigen Glaubensgenossen der Wolffsohns, zwei Holocaust-Überlebenden, den Herren Schauder und Borenstein, die in der Behmstraße 13 Damen- und Herrenkonfektion verkauften. Wer in Schauders Goldener 13 eine Jacke anprobierte, erschauderte nicht, sondern fand in einer Tasche garantiert einen Silberling. Grübelnd schauten dann die Herren und Damen in den Spiegel und meinten schließlich nach nicht allzu langem Zögern: »Ja, die nehm' ich.« ... Dem neutestamentlichen Judas wurden 30 Silberlinge geboten (Matthäus 26,15). Schauder und Borenstein hatten den Betrag der veränderten Bedeutung und Zeit angepasst, und die Silberlinge nahmen Nichtjuden ... Neue Zeiten, neue Formen christlich-jüdischer Zusammenarbeit.

Mit einem Schlag, am 13. August 1961, mit dem Bau der Mauer, änderten sich die Zeiten. Billig, besser, schöner und bequemer kauften Westberliner nicht in der »Goldenen 13«, sondern in der Innenstadt. Auch die ehemalige Lichtburg verwaiste, denn die Ostberliner Besucher blieben draußen vor der Mauer. Diese Last trug nun Berlins Kinozar Max Knapp und nicht mehr Max Wolffsohn. Glück gehabt. Das Areal vergammelte, doch Wohnraum war knapp und begehrt in Westberlin. Folglich litt selbst die Gartenstadt Atlantic unter keinem Mietermangel. Das änderte sich mit dem Fall der Mauer. Plötzlich hatten die Berliner »Auslauf«- und größere Wahlmöglichkeiten. Der Exodus in den Speckgürtel um Berlin schien das wirtschaftliche Ende der Wohnanlage Gartenstadt Atlantic rapide herbeizuführen.

Die um die Jahrtausendwende einsetzenden Zuzugsströme – ungefähr zeitgleich mit dem Tod von Max Wolffsohn – sowie die Tatsache, dass in Berlin, wie in den meisten deutschen Städten, der Mietwohnungsbau von öffentlichen ebenso wie privaten Bauherren sträflich vernachlässigt bzw. verschlafen wurde, und nicht zuletzt der Umstand, dass die seit 1995 denkmalgeschützte Wohnanlage vollständig modernisiert wurde, ließ die Wohnanlage, die seit 2001 um ehrgeizige deutsch-jüdisch-muslimische Kultur- und Integrationsprojekte für Kinder und Jugendliche bereichert wurde, erneut erblühen. Seitdem trägt sie den Namen »Gartenstadt Atlantic« wieder zu Recht.

Sozial-, wirtschafts- und kulturpolitisch wurde an die Gründerzeit unter Bernhard Sperber, Karl Wolffsohn und dem Architekten Rudolf Fränkel angeknüpft. Erleichtert wurde diese neuerliche Blüte auch dadurch, dass die deutsche Wolffsohn'sche Mini-Familie bei der Konzipierung und Realisierung der neuen Gartenstadt Atlantic durch keinen Bruderstreit gelähmt war.

Nach dem Tod von Karl Wolffsohn wurde die Aktiengesellschaft von Max Wolffsohn in und aus Berlin »regiert«, ihr Ertrag alljährlich zwischen ihm und seinem in Israel lebenden Bruder Zeew aufgeteilt. Der hatte »ein für allemal mit Deutschland abgeschlossen«. Zeew war nicht 1935 vor Hitler & Co. nach Zion geflohen und hatte dort idealistisch als Bauernpionier geschuftet und seine Viehwirtschaft aufgebaut, um deutsches Geld wieder in Deutschland zu investieren. »Keinen Pfennig« für, »keinen Pfennig« in Deutschland. Investieren und reinvestieren wollte er nur in Kühe im nordisraelischen Galiläa. Historisch, psychologisch und auch ökonomisch war Zeews Standpunkt nachvollziehbar. Die Gartenstadt Atlantic im Norden Berlin betrachtete und behandelte er als Melkkuh und Dukatenesel. Wer wollte ihm das verübeln?

So verständlich Zeews Sicht war, so unbekömmlich war sie für die wirtschaftliche Fortentwicklung der Wohnanlage. Nicht nur seine Vierbeiner, auch seine heißgeliebten Zweibeiner, seine Kinder und Kindeskinder, wollte Zeew verwöhnen. Für all das reichten Mitte der 1970er Jahre nicht einmal die Jahreserträge der Berliner Dukatenesel-Milchkuh. Zeew wollte seine Aktien verkaufen, weil er sie verkaufen musste.

Max wollte nicht kaufen. Schulden ängstigten den Zögerlichen. Als Käufer kam jedoch nur der jeweils andere Bruder in Frage. Das hatte Vater Karl testamentarisch verfügt. Zeew drängte, Max blockte und bockte. Er gab schließlich nach, setzte allerdings einen Kaufpreis durch, der unbestreitbar weit unter dem Verkehrswert der Gartenstadt Atlantic lag. Subjektiv fühlte sich jeder der beiden vom anderen erpresst. Zu Recht. Objektiv hatte der zum Kauf quasi gezwungene Max das Geschäft seines Lebens gemacht. »Brüderlich mit Herz und Hand«? Nix da, verbrannte Erde.

Das seit jeher spannungsgeladene Verhältnis der Brüder endete im Zerwürfnis. Bis dass der Tod sie im schweigenden Unfrieden schied. Jeder der beiden fühlte sich erpresst. Und jeder hatte recht. Max, weil er kaufen musste und seinen Bruder nicht in die Zahlungsunfähigkeit treiben wollte. Zeew hatte recht, indem er Max vorwarf, seine Notsituation ausgenutzt zu haben, um die Gartenstadt Atlantic kostengünstig zu übernehmen. Geld ist spaltbares Material.

Theoretisch konnte Max nun alleine regieren, investieren, sanieren oder modernisieren. Doch ein zusätzliches Wagnis, eine weitere Verschuldung, widersprach seiner Mentalität. Wäre mehr Draufgängertum ratsam gewesen? Max sah es anders: War es nicht gerade Zeews Draufgängertum, das ihn wirtschaftlich scheitern ließ? Max unterließ es, und außerdem war er krank. Zeew behielt trotz und nach allen historischen sowie persönlichen Brüchen seine Lebensfreude und -lust, Max hatten sie gebrochen. Nicht Lebenslust und Lebensfreude, Lebenslähmung strahlte er aus.

Diese Interpretation legt auch das Entstehen, Nichtverwenden und erst recht das Nichtverschwenden seines Schweizer Schwarzgeldkontos nahe. Bis zu seinem Tod im Februar 2000 zahlte er immerfort nur ein. Ausgegeben hatte er keinen Pfennig. Der sichere »Notgroschen« sollte noch sicherer als sicher sein. »Man kann ja nie wissen«, und »Gerade wir haben doch schon mal alles erlebt. Erst hatten wir alles, dann nichts.« Das war sein Credo, sein »Nie-Wieder!«.

Unmittelbar nach dem Tod meines Vaters haben wir dann aus Schwarz Weiß gemacht. Das Konto wurde freiwillig legalisiert, und zwar lange vor der von Bundesfinanzminister Hans Eichel 2003/04 erbauten, doch nur von wenigen betretenen »Brücke zur Steuerehrlichkeit«. Damals, im Jahre 2000, konnte sich niemand vorstellen, dass eines Tages jemand aus der Schweiz deutschen Behörden bankinterne Daten anbieten und der deutsche Staat diese bezahlen würde.

»Nach allem« blieb ein Neu-Holocaust für die Holocaust-Generation Max und Thea Wolffsohns eine zwar unwahrscheinliche, doch nicht auszuschließende Möglichkeit. »Man kann nie wissen …« Viele der Holocaust-Überlebenden haben diese oder jene Sicherung(en) eingebaut. Manche sammelten »Notgroschen« in der Schweiz. Andere, wie Heinrich Fraenkel, der Filmjournalist, NS-»Größen«-Biograf und Karl-Wolffsohn-Freund, der nach England emigrierte, oder der Regisseur Imo Moszkowicz, ein Auschwitz-Überlebender, ließen ihre Söhne nicht beschneiden, damit … und wiederum andere nannten ihre Kinder David oder Sarah zumindest nach außen Dieter, Siegfried, Hans, Birgit, Hilde, Hiltrun; jedenfalls unverdächtig deutsch oder germanisch.

Für die nach dem Krieg geborenen Wolffsohns war Deutschland nicht nur ein demokratischer Staat wie jeder andere, sondern judenpolitisch eher sicherer als andere demokratische Staaten. »Nach allem und trotz allem.« Kein Paradies auf Erden, doch einer der besten Plätze hienieden, der, um funktionieren und fortbestehen zu können, auf die Steuern seiner Bürger angewiesen ist. Anders als für unsere Älteren und Eltern konnte deshalb die Vergangenheit kein Argument und erst recht nicht Ausrede sein, den Volkssport Steuerbetrug mit zu betreiben. Nein, den »Gesellschaftsvertrag«, den sich Jean-Jacques Rousseau und andere ausgedacht hatten, gab und gibt es faktisch nicht. Intellektuell ist er ein Hirngespinst. Emotional gibt es ihn sehr wohl. Wenn man ganz einfach seine staatsbürgerliche Pflicht erfüllt, damit der Staat ebenfalls seine Pflicht erfüllen kann: den Einzelnen und die Gemeinschaft nach innen und außen zu schützen sowie »Leben, Freiheit und das Streben nach Glück« – wie immer man es definiert – zu ermöglichen.

Folgerichtig wollten wir auch die Gartenstadt Atlantic wieder in einen lebens- und liebenswerten Wohnort durch Totalerneuerung zurückverwandeln.

Auferstanden

Alle Fachleute hatten meiner Familie und mir, der Enkelgeneration, nach dem Erbfall, dem Tod Max Wolffsohns, im Jahre 2000 zum Verkauf der Gartenstadt Atlantic geraten und nachdrücklich davor gewarnt, blauäugig, unvorbereitet und unwissend ins »Haifischbecken« der Immobilien- und Bauwirtschaft zu springen.

Was hat uns davon abgehalten? Warum verzichtet eine Familie jahrelang auf mögliche Einnahmen? Woran wollten wir anknüpfen? Es war schon die Rede von Mäzenen wie James Simon, der Berlin nicht nur die Nofretete schenkte, sondern auch weitere Schätze. Berlins Museen wären ohne seine Großzügigkeit und die anderer deutscher Juden nicht, was sie sind: Weltkulturstätten. Von einer »Offenen Gesellschaft« konnten er und die noblen und dann doch verfolgten und vernichteten jüdischen Mäzene nur träumen. Daran konnte man nicht nahtlos anknüpfen.

Zunächst haben wir es als Verpflichtung empfunden, das nicht nur bauhistorisch wertvolle Ensemble zu erhalten. Wer eine Cheopspyramide erbt, verscherbelt sie nicht einfach. Zudem hat uns das dieser Architektur zugrunde liegende Konzept menschlichen Wohnens fasziniert. Diese Gedankenwelt wollten wir wiederbeleben und weiterentwickeln. Als Verpflichtung haben wir es auch gesehen, hässlichen Klischees und Vorurteilen gegenüber dem Negativimage des jüdischen Immobilienbesitzers entgegenzutreten. Wir wollten am »Brückenbau« in der deutschen Gesellschaft mitwirken und ihn auch gestalten. Wir leben gern und freiwillig in diesem Land. Wir fühlen uns sicher trotz gelegentlicher Anfeindungen. Diesem neuen Deutschland, einem freiheitlich-demokratischen Staat, gilt unser Patriotismus, und das nicht erst seit der Fußballweltmeisterschaft 2006. Diesen Patriotismus haben wir schon lange vorher gelebt und verkündet. Wir sind dafür verbal gesteinigt worden. Doch nicht diesen und anderen Steinewerfern galt unser Einnahmensverzicht.

Sehr häufig wurde, stets ungläubig, irritiert oder misstrauisch, die

Frage gestellt: »Warum machen Sie das?« Geben irritiert. Nehmen ja, geben nein. »Geiz ist geil.« Wir trafen auf Misstrauen, weil unser Verhalten offensichtlich unglaubwürdig erschien oder die Frage nach unlauteren Motiven provozierte. Wer Fortgang und Abschluss der Modernisierung sah, wurde eines Besseren belehrt und staunte, hielt uns möglicherweise für sympathisch, aber total meschugge.

Wer die familiengeschichtliche Seite der Wohnanlage kennt, versteht uns meistens noch weniger: Wir haben auf das Melken unserer einst von den Nationalsozialisten geraubten, in den Jahren 1949 bis 1962 nur teilweise zurückerkämpften Melkkuh faktisch verzichtet. Diese spezifisch jüdische Dimension wurde kaum wahrgenommen – selbst von Wohlwollenden nicht. Das hat uns überrascht, auch enttäuscht.

Trotz und nach allem war und blieb die Familie Wolffsohn Deutschland verbunden, weil es, abgesehen von unendlich vielen »Kleinigkeiten« im Großen und Ganzen ein vorbildlicher Rechts- und Wohlfahrtsstaat wurde. Deshalb haben wir schon lange vor der Gartenstadt-Atlantic-Modernisierung nicht die Hand geöffnet und gefragt: »Was gebt ihr?«, sondern die Hand zur Versöhnung ausgestreckt.

Manchen war das nicht genug. Nicht selten hatten wir den Eindruck, dass der oder jener private oder auch öffentliche Akteur sich mit anderen zusammengeschlossen und auf uns eingeschossen hatte. Wir sollten, so unsere Wahrnehmung, scheitern und die Gartenstadt Atlantic als Metzijeh (jiddisch für Schnäppchen) verkaufen müssen.

Zum Glück hatten wir mit dem Architekten- und Projektsteuerungsteam Braun-Feldweg (Würzburg-Berlin) sachkundige und vertrauenswürdige Partner, die den sprichwörtlichen Berliner Filz durchschauten, ohne in ihm zu stecken. Nein, jene Filzokraten waren gewiss keine »Antisemiten«. Sie waren schlicht und ergreifend gierig. Einmal platzte uns der Kragen, und wir ließen diese Herrschaften wissen: »Den Nazis ist es langfristig nicht gelungen, uns zu enteignen. Sie werden es auch nicht schaffen.«

Wir modernisierten die Wohnanlage in den Jahren 2001 bis 2005. Es war die Frühphase des wiedervereinigten Berlin, und in unserem Bezirk Mitte-Wedding-Tiergarten »regierte« eine seltsame Kommunal-Koalition aus CDU, PDS und Grünen gegen die SPD. Tatsächlich war es eine Bezirks-Koalition Ost gegen West, also Alt-Östler gegen die gute »alte Tante« SPD, zu deren Hochburgen der Arbeiterbezirk Wedding seit jeher gehörte. Wir waren in jeder Hinsicht Alt-Westler und zudem – wie »schrecklich« – Investoren, also »Kapitalisten«.

Wir verstanden die Welt nicht mehr. Obwohl wir jedermann erkennbar für Jahrzehnte auf die Früchte unseres Vermögens verzichtet hatten, galten wir, weil Investoren, als böse Geister. Mit der Selbstbezeichnung »Investorenschreck« warb die damalige Grünen-Bezirks-Stadtbaurätin für sich auf ihrer Website.

Ich bat den damaligen Senatsbaudirektor Hans Stimmann (SPD) um Nachhilfe: »Sie sind für die als Investor eine Negativfigur. Ganz einfach.« Wir fühlten uns an den Patriarchen in Lessings ›Nathan der Weise‹ erinnert: »Tut nichts! der Jude wird verbrannt.« Die Dame hatte und lebte ihre Prinzipien. Machtlüsterne Amtsschimmel verbarrikadierten sich hinter widersinnigen Paragrafen und Verordnungen. Als diese ad absurdum geführt waren, meinte der oberste Denkmalhüter Berlins, um sein Gesicht zu wahren: »Angesichts der besonderen Vergangenheit der Familie und der Wohnanlage« sei er bereit, »trotz aller rechtlichen Bedenken« den von uns gestellten Antrag zu bewilligen. Das ließen wir uns nicht bieten und verzichteten auf demütiges Bitten: »Im Klartext, Sie sprechen von einem Judenbonus. Nix Judenbonus. Unser Antrag ist koscher und weil er koscher ist, werden Sie ihn bewilligen. Wenn Sie behaupten, er wäre nicht koscher, müssen wir darüber öffentlich diskutieren.« Der Antrag wurde bewilligt, und das Landesdenkmalamt verwöhnte uns weiter mit Schikanen.

Der Denkmal-Bürokrat sann auf Rache. Als die UNESCO die Gartenstadt Atlantic neben einigen anderen Berliner Wohnanlagen ins »Weltkulturerbe« aufnehmen lassen wollte, legte er sein Veto ein. Das ist der Gartenstadt Atlantic gut bekommen, denn so blieb sie von der tonnenschweren Last zusätzlicher Vorschriften verschont. Die Rache des kleinen Amtsmannes mit großem Einfluss erwies sich als Wohltat und er, obwohl nur Teufelchen und kein Mephisto, »ein Teil von jener Kraft, die stets das Böse will und stets das Gute schafft«.

Und siehe da: Sogar im Berliner Politik-und-Bürokraten-Filz fand sich die eine oder andere Lichtgestalt, die wirklich und selbstlos half.

2005 war die Modernisierung der Gartenstadt Atlantic abgeschlossen, aber von 500 Wohnungen standen rund 130 leer. Die Wahrnehmung der Anlage war so gut wie das Ansehen des sozialen Brennpunkts Berlin-Gesundbrunnen: also miserabel. Dennoch erblühte die Gartenstadt Atlantic in Windeseile. Die Gründe sind schnell genannt. Bekannt ist der bald einsetzende Berlin-Boom. Wohnraum wurde knapp, und die Zinsen blieben lange niedrig. So viel zu den wichtigsten Außenfaktoren.

Die Binnenfaktoren sollten nicht unerwähnt bleiben. Zunächst wurden sie von den Fachleuten, besonders Bankiers, belächelt und hinter unserem Rücken wohl auch belacht. Am Ende lachten wir, denn unsere vermeintlich rein weichen Wohlfühlgedanken wirkten auch wirtschaftlich. Schon bald waren alle Wohnungen und Gewerbeeinheiten vermietet. Wer zu uns wollte, musste sich auf Wartelisten setzen lassen.

Die neue Gartenstadt Atlantic

Unser Ziel war es, im Herzen des sozialen Brennpunkts Berlin-Gesundbrunnen, wenigstens in unserer Mikrowelt, der Gartenstadt Atlantic, ein Wirgefühl zwischen den Menschen zu schaffen. Vor allem zwischen Vermietern und Mietern. Ohne Vorleistungen auf unserer Seite war das unmöglich, denn jahrelang war in der Wohnanlage weder saniert noch modernisiert worden. Den Mietern waren die familienhistorischen Gründe unbekannt und wenn doch bekannt, zu Recht gleichgültig. Für sie war die Gartenstadt sozusagen ein »Saustall«. Punkt.

Pinselsanierungen reichten nicht. Jedes Haus, alle Häuser mussten rundum erneuert, »modernisiert«, auf den neuesten technischen Stand gebracht und wieder lebenswert gemacht werden.

Als Brückenbauer zwischen Vermietern und Mietern wählten wir vor Beginn der Baumaßnahmen mit Hilfe unserer Mitarbeiter sowohl Alteinheimische als auch Neu-Berliner »mit Migrationshintergrund« als Vertrauensmieter aus. Von Anfang an sollte erkennbar sein, dass die neue Gartenstadt Atlantic ein deutsch-jüdisch-türkisch-interkulturelles Gemeinschaftsprojekt sei. Nicht nur mit schönen Worten à la Berlin (»große Klappe, nichts dahinter«) oder wie (damals medial und politisch eingetrichtert) »mein Freund ist Ausländer«, sondern durch Taten.

Anders als andere haben wir leere Wohnungen auch nicht beliebig vermietet. In keinem Haus sollte ein Herkunfts- oder Religionsgetto entstehen. Lieber ließen wir eine Wohnung länger leer stehen, als im jeweiligen Haus etwa eine »rein deutsche«, »rein türkische« oder sonst wie »reine« Mieterschaft entstehen zu lassen. Integration durch Begegnungen und Mischung im Alltag, war Motto und Ziel. Unser Leitgedanke: Wenn die deutschen Mieter A während ihres Urlaubs mit den nichtdeutschstämmigen Mietern B die Wohnungsschlüssel tauschen, um ihre Zimmerpflanzen zu gießen oder den Wellensittich zu füttern, ist »Integration« erreicht oder auf gutem Wege. Jedenfalls wird die Wahrscheinlichkeit ethnischer Konflikte verringert. Und ja, es gab sie – vor der Modernisierung sehr heftig.

Wer erzieht, muss bei sich selbst anfangen. Wir wollten, dass die Wohnanlage sauber wurde und blieb, denn wer im Dreck lebt, ist unzufrieden und identifiziert sich nicht mit seinem Umfeld. Von der Entwicklung eines Wirgefühls ganz zu schweigen. Das aber war und ist unsere Absicht. Daraus folgte, dass unsere Mitarbeiter mehrfach täglich in und um die 49 Häuser Abfall und anderen Dreck beseitigten; nicht zuletzt die Visitenkarten der besonders von Berlinern heiß geliebten Vierbeiner.

Unsere Belegschaft setzte sich mit Haut und Haaren für die neue Gartenstadt Atlantic ein. Wenn zum Beispiel Herrchen oder Frauchen den Haufen von Schäferhund Wolf nicht eingesammelt hatten, kam unser Haustechniker. Er sprach Herrchen oder Frauchen freundlich an, zeigte auf Wolfs Haufen und bat, diesen zu entfernen. Dank seiner natürlichen Autorität und seines starken Körperbaus widersprach niemand.

Graffiti sind die Pest der Großstadt. Zugleich sind sie oft ein anonymer Hilfeschrei von meist jungen Menschen, die unter ihrer Einsam- und Bedeutungslosigkeit leiden. Was für den großen Goethe ein Gedicht, ist für sie ihr Graffito: ein kleines Stück Unsterblichkeit. »Seht, da bin ich, das kann ich, ich kann ja doch was.« Wird das Graffito schnell entfernt, ist die Unsterblichkeit beendet, bevor sie begann. Wiederholungstäter werden durch die Schnelligkeit und Wirksamkeit der Wiederholungsentferner demotiviert. Zumindest dort, wo Graffiti entfernt werden. Das war einer der Grundgedanken: Ästhetik und Kultur sind an sich ein wundervoller Selbstzweck. Kultur und Ästhetik um ihrer selbst willen. Darüber hinaus erfüllen Kultur und Ästhetik eine zivilisierende Funktion. Wo Kultur und Ästhetik sichtbar sind, verrichten weder Hundchen noch Herrchen oder Frauchen ihr »Geschäft«. Dachten wir. Dabei gedachten wir des hinreißenden Gedichts von Christian Morgenstern, in dem Palmström sein rotes Taschentuch mit Mensch-plus-Eiche-Motiv nicht benutzt, denn

Palmström wagt nicht, sich hineinzuschneuzen –
er gehört zu jenen Käuzen,
die oft unvermittelt nackt
Ehrfurcht vor dem Schönen packt.

Liebe Leser, Sie können sich vorstellen, wie lyriklaue Bankiers und andere Fachleute reagierten, als wir ihnen, Morgenstern zitierend, die zivilisierende Funktion der Ästhetik, also der »weichen Faktoren, im Allgemeinen und in der Gartenstadt Atlantic im Besonderen« erklärten. Sie hielten uns für plemplem.

Nach zehn Jahren galt es, die Darlehen zu verlängern. Dieselben Kreditgeber besichtigten die neue Gartenstadt Atlantic. Sie kamen aus dem Staunen nicht heraus:

»Wie ha'm Sie das gemacht?«

»Mit dem, worüber Sie gelacht.«

Mit den weichen Faktoren, Kultur und Ästhetik. Dazu gehörte auch eine für die Passanten von außen einsehbare Dauerausstellung mit preisgekrönten Werken des bundesdeutschen Design-Pioniers Wilhelm Braun-Feldweg. Er war der Vater meiner Frau, so dass wir auch hierbei unserem Motto gemäß »Spitzenklasse ohne Spitzenkosten« handelten.

Außerdem wurden Lernwerkstätten für Kinder und Jugendliche im Alter von vier bis circa zwanzig Jahren gegründet. Im Laufe der Jahre entstanden Lernwerkstätten für Musik, Physik, Bildende Kunst, Theater, Literatur, Natur, Neue Medien sowie in den ersten zehn Jahren nach der Modernisierung das »Lichtburgforum«, ein Aufführungsraum mit selbst gestaltetem Kulturprogramm. Die Gesamtheit dieser Einrichtungen ist der »Mikrokosmos Gartenstadt Atlantic«. Ihre Programme werden von einem ehrenamtlichen Koordinator aufeinander abgestimmt. Dass dieser ehrenamtliche Koordinator sich ebenfalls Arme und Beine ausreißt und Deutschtürke ist, überrascht sicher niemanden.

Den Mikrokosmos Gartenstadt Atlantic fördert und finanziert die von uns gegründete gemeinnützige »Lichtburg-Stiftung«. Lichtburg, Lichtburg, immer wieder Lichtburg. Der Name schlägt die Brücke von der Gegenwart in die Vergangenheit, zu den Gründern der Gartenstadt Atlantic, nicht zuletzt zu Karl Wolffsohn. Keine Gegenwart oder Zukunft ohne Vergangenheit. Und dieses Gestern ist auch morgen und übermorgen vorzeigbar. Es verbindet die Mikro- mit der Makrogeschichte.

Das eher kümmerliche Stiftungskapital stammte aus der ersten und lange einzigen Dividende, die nach dem Tod Max Wolffsohns ausgezahlt werden konnte. Die Gartenstadt Atlantic konnte und kann nichts beisteuern. Sie muss jahrzehntelang 32 Millionen Euro Kredite samt Zinsen tilgen. Finanziert werden daher die Aktivitäten der Lichtburg-Stiftung durch Drittmittel. Pro Jahr ungefähr 240 000 Euro, die landauf, landab in der Republik schnorrend erworben werden.

Als hilfreich erwies sich dabei ein Freundeskreis Mikrokosmos Gartenstadt Atlantic, dessen Ehrenmitglied Bundespräsident a. D. Richard von Weizsäcker und dessen Beiratsvorsitzender der ehemalige Regierende Bürgermeister von (West-)Berlin Klaus Schütz war. Mit Ausnahme des Kaisers von China musste jeder halbwegs Prominente bei uns antreten und die Lernwerkstätten besichtigen, sodass auch auf diese Weise das Negativ-Image des wilden Berliner Nordens allmählich aufpoliert wurde. Nicht nur, doch sicherlich auch wegen des Mikrokosmos Gartenstadt Atlantic wurde der Gesundbrunnen deutlich weniger pfui und nach außen nicht nur auf unserem Areal mehr hui. Im Frühjahr 2016 strich die verantwortliche Senatsbehörde den Gesundbrunnen von der Liste der Berliner »Problem-Kieze«.

Eine wichtige Vorgabe für den Mikrokosmos Gartenstadt Atlantic: Personal und Programm der Lernwerkstätten mussten Spitzenniveau bieten. Die Erklärung liegt auf der Hand: Wer den Rand der Gesellschaft (»Peripherie«) ins Zentrum führen will, muss das Zentrum zum

Rand bringen, um den Rand schließlich in die Mitte der Gesellschaft zu führen. Sokrates und andere Philosophen des antiken Athen gingen auf den Markt (»Agora«), sie warteten nicht, bis die Agora zu ihnen pilgerte. Das wäre nämlich nie geschehen.

Angesichts der begrenzten Finanzmittel der Lichtburg-Stiftung und unserer Weigerung, ausbeuterische Billiglöhne zu zahlen, kam unser Konzept der Quadratur des Kreises gleich.»Wo ein Wille, da ein Weg.« Doch wollen heißt nicht immer können. Die Gartenstadt Atlantic steht wieder auf festen Füßen. Die Lebensfähigkeit und -dauer des Mikrokosmos Gartenstadt Atlantic, die Förderkraft der Lichtburg-Stiftung, hängt langfristig vom Wohlwollen sowie ideellen und materiellen Einsatz Dritter ab.

Auf diese Feststellung reagieren die meisten Politiker und Bürokraten scheinbar überzeugend. Ein ehemaliger Senator sagte uns: »Auch von mir bekämen Sie keine Unterstützung. Ihre Lernwerkstätten funktionieren prächtig, und Drittmittel sammeln Sie erfolgreich. Die öffentliche Hand greift vernünftigerweise nur solchen Akteuren unter die Arme, die zu scheitern drohen.« Wie kurzsichtig. Weil jene Akteure auch mit öffentlichen Geldern mangels Einsatz, Inhalt oder Fantasie scheitern, sind diese Fördermittel »Perlen vor die Säue« geworfen (Matthäus 7, 6). Auf diese Weise werden in bester Absicht obrigkeitsstaatliches Denken sowie Sozialbonzentum zementiert und Privatinitiative sabotiert.

Einmal mehr und immer wieder: Unser Mikrokosmos ist Spiegelbild des deutschen Makrokosmos.

IX

AUF DER SUCHE NACH WISSEN UND GEIST

»Hochstudiert und doch saudumm« (Sidonie Saalheimer)[142]
»Ich lerne und lese so viel, dass ich bald ganz blöd sein werde.«
(Zeew Wolffsohn, 1977)[143]
»… aber er kann doch gar nicht blöd sein. Er ist Professor.«
(Max Wolffsohn, 1975)[144]

Eine zumindest mehrschichtige Wertschätzung von Bildung und Gebildeten in der Wolffsohn-Sippe legt das kapiteleinführende Sprücheklopfen nahe. Es pendelt zwischen Verehrung und Verachtung. Seien wir ehrlich, beide Wahrnehmungen treffen zu. Auch diese: dass Bildung im Sinne von Wissen Lichtjahre von Herzensbildung, Anstand oder Moral entfernt sein kann und eben nicht zwangsläufig »Aufklärung« bedeutet. Zur Aufklärung gehören untrennbar Menschlichkeit bzw. Menschenwissen im Dienste des Menschen. Zum Niederschmetternden an der deutschen Tragödie gehört die Tatsache, dass nicht zuletzt Hochgebildete, etwa der Großteil der deutschen Professorenschaft, flugs mitlief und teils mitmachte; spätestens nach dem NS-Wahlsieg vom 5. März 1933. Als ich hiervon, etwa 15-jährig, also um 1962, erstmals im Geschichtsunterricht an meinem Berliner Gymnasium, der Walther-Rathenau-Schule, hörte, wurde mir diese Ambivalenz klar, obwohl ich mit den entsprechenden Begrifflichkeiten noch nicht vertraut war. Gebildete verdienen generell und automatisch weder Verehrung noch Verachtung. Nur die individuelle Bewertung ist rational und emotional vertretbar.

Jüdische (Bildungs-)Gene?

Die vielen Juden – in Deutschland wohl wiedergutmachungsbedingt – manchmal sogar genetisch unterstellte Genialität oder das kollektive Bildungsethos gehören in den Bereich der Legende. Das zeigen nicht zuletzt die Bildungsgeschichten der Familie Wolffsohn: Ausbildung auf jeden Fall, als funktionale Erfolgsvoraussetzung, Bildung ja, unbedingt, aber eben nicht unbedingt als Selbstzweck. Letzteres gehörte jedoch, weil überlebenswichtig, sehr wohl zur kollektivjüdischen Tradition. Der folgte auch die Wolffsohn-Sippe. Das »machte man«.

»Mädchen brauchen weder Abitur noch Studium.« Diese vormoderne Weltsicht wurde in der aufgeklärt-bürgerlichen, westjüdischen Welt nachweislich weniger als in der nichtjüdischen geteilt und deshalb häufiger, heftiger und früher als in der nichtjüdischen gebrochen. So modern waren jedoch die Saalheimer- und Bickart-Urgroßeltern noch nicht. Wie ihre späteren Ehemänner besuchten Gretel Bickart und Thea Saalheimer die Schule nur bis zur mittleren Reife.

In Berlin schickten Karl und Recha ihre Söhne Willi und Max – mit mäßigem Erfolg – aufs Gymnasium. Willi war ein guter, doch keineswegs überragender, dafür (im Klischee: ganz »unjüdisch«) sehr sportlicher (und somit »modern jüdischer«) Schüler. Max vollzog aus vorauseilender Verbundenheit mit seinem künftigen Schwiegervater Justus eine Klassenwiederholung. Immerhin, die Wolffsohn-Söhne gingen nicht auf irgendein, sondern aufs Bismarck-Gymnasium. Da lag der Schwerpunkt auf alten Sprachen und nicht auf dem »modernen Zeugs« der Realschule, also »neue« Sprachen wie Englisch und Französisch sowie Naturwissenschaften. Wer »was auf sich hielt«, wollte seine Kinder trotzdem in die Welt der Humanitas und Latinitas eingeführt sehen. Hier trafen sich die Ableger der vermeintlichen und tatsächlichen Crème der Berliner Gesellschaft, also die Wolffsöhne als vermeintliche und Richard von Weizsäcker in einer Klasse mit Max Wolffsohn, als echt »feine Sahne«. Weizsäcker-Höhen erreichte kein Wolffsohn, auch und schon gar nicht auf der Schule.

Selbst während des NS-Regimes wurde am Bismarck-Gymnasium weiter das Fach Hebräisch gelehrt. Daraus auf allgemeine NS-Distanz zu schließen, wäre verfehlt. Willi Wolffsohns Sportlehrer hatte, wie erwähnt, den jüdischen Schülern »erlaubt«, mit »Heil Hitler« zu grüßen. Was für ein »Privileg«. »Aufgeklärter Nationalsozialismus«? Nun ja. Nicht alle Lehrer, ob Nazis oder nicht, gehörten in die Kategorie aufgeklärter Pädagogen. »Koteletten-Ziegler« eher nicht. Wenn er Schüler bestrafen oder ärgern wollte, griff er in die Schläfenhaare, drehte sie und zog die auf der Schulbank sitzenden Jungs nach oben. Lehrer X (seinen Namen vergaß der Chronist) sagte dem nicht ganz genialen und wieder einmal versagenden und sich schlecht benehmenden Schüler Max: »Reich könn' Se werden, Wolffsohn, aber fein nie.«

Offen antisemitisch war diese Frechheit nicht, sie bediente das Klischee vom reichen und eben nicht feinen Juden. Das Erschreckende an Klischees, auch an diesem, ist der Umstand, dass sie falsch und doch nicht ganz falsch sind. Recha und Karl Wolffsohn waren reich und, ja, sie waren feine Menschen, doch »fein« im Sinne der dünkelhaften Mitschwingungen bedeutete auch »klassisch gebildet«. Das waren die reichfeinen Wolffsohns nicht. Das dürften sie sich für ihre Nachfahren erhofft haben. Es kam bekanntlich anders, ganz anders, weil Adolf H. & Co. andere Pläne hatten.

Bauer oder Agronom?
Bildungsstrategisch und letztlich auch hier kreativ und flexibel unternehmerisch reagierte Karl Wolffsohn auf die unerwartete Entwicklung. Als Willi 1935 Deutschland verlassen und Bauer werden wollte, empfahl der Vater dem Sohn vorher die beste agrarwissenschaftliche Ausbildung, um auf alle Eventualitäten instrumentell sowie intellektuell und konzeptionell vorbereitet zu sein. Im kalifornischen Berkeley oder Stanford solle Willi studieren, um dann als Bauer in Palästina zu reüssieren. »Ick jeh' nach Mikwe Israel«, der zionistischen Landwirtschaftsschule bei Tel Aviv, verkündete Willi trotzig. Gesagt, getan. Und ja, leider, als Bauer scheiterte Willi/Zeew.

Karl Wolffsohns Rat, bei einem der Schmiede und nicht beim Schmiedchen zu studieren, um mit Theorie und Praxis der Landwirtschaft erfolgreich hantieren zu können, befolgte einer seiner israelischen Urenkel, Zeews Enkel Schiran. Auch in anderer Hinsicht kehrte Schiran, Joaw Ben Zeews Sohn, zu den urgroßväterlichen Wurzeln zurück. Kurz vor seinem Diplom deutschte er, wie auch noch weitere Zeew-Enkel, den hebräischen Familiennamen »Ben Zeew« ein – in Wolffsohn bzw. (angelsächsisch-global besser verwendbar) Wolfson. Postzionismus. Auch hier wird er sichtbar.

Karl Wolffsohn war sehr wohl fähig, Sinn oder Unsinn, Wert und Unwert der Wissenschaft einzuordnen. Ein Intellektueller war er nicht, aber der Lust des vernetzten, strategischen Wirtschaftsdenkens hingebungsvoll erlegen. Ein Beispiel: Wir wanderten durch ein winziges, damals noch weitgehend unerschlossenes Schwarzwalddorf. Opa Karl blieb stehen und entwickelte im Nu ein Konzept zur kommerziellen Entwicklung einer touristischen Infrastruktur.

Ideologie und Bildung

Setzt Ideologie Bildung voraus? Darüber kann man streiten. Nicht jedoch darüber, dass die zionistisch-sozialistische Ideologie ohne Bildung (im Sinne von Wissen) undenkbar und unmachbar gewesen wäre und zeitweise zu einer unbestreitbaren Verbildung führte.

Der zionistische Sozialismus wollte – auch in seiner gemäßigten, sprich: sozialdemokratischen Ausprägung – den »neuen jüdischen Menschen« (er)schaffen. Ein bisschen Gott spielt jeder Ideologe, indem er den »real existierenden« Menschen verändern, also quasi neu erschaffen möchte. Anders als der bürgerliche oder religiöse Zionismus wollte der sozialistische aus dem gelehrten- oder talmudschule-blassen, wehrlos-schwachen Juden einen bäuerlichen Kraftprotz machen. Bildungsideologisch bedeutete dies überspitzt: Der (relativ) Gebildete frönt der Nicht- oder sogar der Un-Bildung. Noch schärfer ausgedrückt. Nicht-Bildung wird »Bildungs«programm.

So gesehen überraschte es den städtischen Zweig der Wolffsohns wenig, als Lea und Zeew in den 1950er und 1960er Jahren beinahe stolz verkündeten, dass das von ihren vier Söhnen geschriebene Hebräisch manchmal vor Fehlern strotzte. Tenor: Geschieht den Juden und Gojim ganz recht. Das ha'm se nu' von 2000 mit Lehrsamkeit und Leid gleichermaßen beladenen Judenjahren. Dieser bildungsideologische Trotz war Selbstbetrug. Lea und Zeew blieben auch in ihren am stärksten von Ideologie geprägten Jahren Buchleser, ja, Buchfresser.

Allmählich wurde in Israel jüdisch-zionistische (und bis zum Regierungswechsel 1977 sozialistisch-zionistische) Staatlichkeit Selbstverständlichkeit und Alltäglichkeit. Mangel an Bildung wurde in der feindlichen Nahostumwelt lebensgefährlicher Ideologieluxus. Ohne Hochleistungen im Bildungsbereich drohte Israels Technologievorsprung nicht zuletzt im militärischen, also überlebensnotwendigen Kernsektor verlorenzugehen.

Gewiss, Israel war der Nabel der Welt, aber von der Welt, besonders der westlichen, nie abgenabelt, und in der westlichen Welt waren die 1960er Jahre eine Ära der quantitativen Bildungsexplosion. Nicht nur in der westlichen, auch der östlich-sozialistischen. Selbst hartgesottene Ideologen jeglicher Färbung und jeglichen Kalt-Krieg-Lagers erkannten, dass ihre kleine Welt ohne Massenbildung im Weltwettbewerb unterzugehen drohte. Nun sprossen neue Universitäten wie Pilze aus dem Boden, und nun konnten sich Zeew und Lea ohne Gesichtsverlust offen zur Bildung bekennen. Auch ihre Söhne.

Zwei der vier holten das Abitur nach. Einer, Joaw, begann in der »zweiten Halbzeit« seines Lebens, als Mittfünfziger, an der Universität Haifa ein Soziologie-Studium, das er erfolgreich abschloss. Beide wandten sich zwar nicht nur, aber doch erheblich mehr als zuvor und gerne, sofern es die Arbeitszeit zuließ, der Welt des Geistes zu.

Und die Kindeskinder von Zeew und Lea Wolffsohn? Fast alle sind Akademiker und in ihren Berufen erfolgreich. Die Saat der agrarischen Sturm-und-Drang- sowie Lebenszeit von Lea und Zeew ging aber zumindest wohngeografisch auf. Die meisten ihrer Enkel leben auf dem Land, zum Teil sogar in Schadmot Dworah, und sie verbinden in ihren Berufen Agrarisch-Ökologisches mit Technologisch-Wissenschaftlichem, letztlich also Hand- und Kopfarbeit. Auf Wolke sieben schwebt Karl Wolffsohn und winkt von da oben seinen Ur- und Urenkeln zu. »Seht ihr«, ruft er, »ich hatte doch recht!«

Dass diese bildungspolitische Entwicklung nicht nur auf die Wolffsohn-Generationen zutrifft, versteht sich von selbst. Auch die Tatsache, dass die Bildungsnachfrage allgemein, in Israel und weltweit, stieg. Lea hatte ein Doppelangebot: Perfektes, akzentfreies Englisch sowie kenntnisreiche Vermittlung englischer Literatur im Besonderen und hier ganz besonders Shakespeare. Anfangs saß Lea mit dem »Idiotenhut« (»kowa tembel«) als Sonnenschutz auf dem Traktor, knatterte durchs Dorf und schien nur an ihre Hühner zu denken. Nun saß und fuhr sie auf der »Zugmaschine« und deklamierte Shakespeare.

Kleinkarierte Professoren

Zeew Wolffsohn, als Bauer in seinen biologischen 50er Jahren wirtschaftlich endgültig gescheitert, schrieb sich an der neuen Universität Haifa ein, legte die BA- und Magisterprüfung im Fach Geschichte mit großem Erfolg ab und wollte promovieren. »Das schulde ich meinem Vater, und außerdem ärgert es die Nachbarn, wenn auf meinem Grabstein Doktor Zeew Wolffsohn steht.« Über »Wirtschaftliche und soziale Entwicklungen in Brandenburg, Preußen, Schlesien und Oberschlesien in den Jahren 1640–1853« wollte er promovieren.[145]

Nicht in Haifa, nicht in Israel, sondern in Deutschland. »Ich hätt's auch damals gekonnt. Bei euch.« Das wollte er demonstrieren. Diese örtliche Rückverlagerung seines Daseins war seiner Lebens- und Volksgeschichte geschuldet. Geschichte, hier wurde sie wieder wirksam »Ereignis«. Zeew scheiterte an der Kleinkariertheit deutscher Geschichtsprofessoren. Sie verkannten den rein symbolischen Charakter seines Vorhabens. Wollten sie ihn verkennen? Sie verhielten sich und argumentierten so, als ob der knapp 60-jährige Zeew Wolffsohn zum wissenschaftlichen Nachwuchs gehöre und eine deutsche Professur anstrebe. Was für ein Schwachsinn. Zeew wollte es doch nur sich selbst, den Nazis, die ihn und die Seinen vertrieben hatten und »meinem Vater im Himmel« beweisen: »Ja, ich kann's.« Auf unkonventionelle Art und Weise »konnte« Zeew Wirtschaftsgeschichte des vor- und frühindustriellen Zeitalters sogar besser als die meisten Hochschullehrer, denn er verband (land)wirtschaftliches Wissen mit Praxis. Für Akademiker ebenfalls atypisch war Zeews geradezu erotisches Verhältnis zum Denken, dem ausgeklügelten, »talmudischen« Entwickeln von Thesen und Gegenthesen. Sein Gegenüber sagte oder schrieb A, Zeew entgegnete automatisch »Nein«. Es konnte nicht sein, dass A oder B oder auch nur C das »Ende vom Lied« wären. Er liebte die Lust am Denken, die Erotik des Geistes hatte ihn gepackt. Dennoch: Besagte Professoren handelten formal, akademisch korrekt. Dämlich und taktlos verhielten sie sich »nur« menschlich, geschichtsethisch und geschichtspolitisch.

Jahre später zeigte die Berliner Humboldt-Universität, wie man Probleme dieser Art elegant löst. Sie verlieh dem jüdischen Literaturkritiker Marcel Reich-Ranicki (MRR) ehrenhalber, also ohne Dissertation, die Doktorwürde, die ihm, Adolf Hitler sei »Dank«, seinerzeit, wie Zeew Wolffsohn, unerreichbar blieb.

Zeew Wolffsohn hatte eine gar nicht mal schlechte, abgabefertige und annahmereife Studie vorzulegen. Sie war kein Glanzlicht der Wissenschaft, aber mit Sicherheit nicht schlechter als Abertausende Dissertationen von Generationen deutscher Historiker, die von diesen und anderen Herren und Damen Kollegen promoviert worden waren. Dem »Nachwuchs«wissenschaftler Zeew Wolffsohn hätten sie ebenso gut den »Dr. phil.« verleihen können. Die Grundpfeiler der deutschen Geschichtswissenschaft wären nicht ins Wanken gekommen.

Das Schulzeugnis im Fluss

Der Saalheimer-Zweig der Familie hatte die Nähe zur Welt des Wissens nicht als Lebensaufgabe gewählt. Die Erotik des Denkens blieb ihnen eher fremd. Wahrscheinlich ermöglichte ihnen gerade diese Lebenseinstellung, dieses Fehlen von »des Gedankens Blässe«, ihre geradezu sinnliche Lebensfreude. Diese Lebensfreude steckte an und machte glücklich.

Schlechte Zeugnisse? Na und. Die Schülerin Ruth Saalheimer hatte schon eine ganze Sammlung solcher Papiere. Zeugnistage sind für Schüler und Eltern immer »Tage der (Schul-)Wahrheit«. Heute nicht anders als in den frühen 1940ern. Ruths Tel Aviver Schule lag in unmittelbarer Nähe des Jarkonflusses, sprich: Flüssleins. Sie kommt nach Hause. Vater Justus fragt nach dem Zeugnis. »Weißt, Vati, ich wollt' dich nicht damit ärgern und hab's gleich in den Jarkon geschmissen.«

Das heißt nicht, dass es in ihrer Familie nicht Intellektuelle gab, die zu durchaus beachtlichen Geistestaten in der Lage waren. Zum Beispiel Ruths späterer Ehemann Doktor Zeew Rotem. Er gehörte zu den Pionieren der israelischen Bakteriologie – möglicherweise auch ihrer militärischen Variante – und amtierte in den 1960er Jahren als wissenschaftlicher Attaché Israels in London. Ruths und Zeews Sohn Ornan, Jahrgang 1957, wanderte nach einer universitären Kurzkarriere als Indologe aus Israel über Rom nach London als selbstständiger Verleger in die Wunderwelt des schöngeistigen Buches. Er schaffte und schuf eine beneidenswerte Verbindung von mütterlich-saalheimerischer Lebensfreude mit der Geistesschärfe seines Naturwissenschaftler-Vaters. Nie hat, nie hätte Ornan ein Zeugnis in den Jarkon oder die Themse geschmissen. Auch keines seiner drei Kinder – von denen zwei (ausgerechnet?) in Deutschlands Hauptstadt leben.

Bildung für Reichtum statt Reichtum der Bildung
Für Ornan, Ruths Sohn, bedeutet Bildung Lebensfreude und Selbstzweck. Reich wurde er auf diese Weise nicht, wohl aber glücklich. Zumindest nach außen.

Joram Turbowicz, Jahrgang 1956, ist Judiths (einst Edith) Sohn. Für ihn und seine Mutter war Bildung weniger Selbstzweck als Mittel zum Zweck, ein erfolgreiches Karriere-Instrument. Sein Weg führte vom Tel Aviver Gymnasium über die Hebräische Universität Jerusalem zur Jura-Promotion an der US-Elite-Universität Harvard.

»Joram wird einmal reich«, hatte seine Schwester Dalia schon früh verkündet. Ihre Vorhersage traf ein. Joram wurde reich. Er wurde darüber hinaus – als Leiter des Premierministeramtes unter Ehud Olmert – auch politisch einflussreich. Seine Ausbildung war optimal, und er war – nach dem Selbstmord des beruflich gescheiterten Vaters – ein sehr guter Sohn seiner schon früh verwitweten Mutter. Er liebte schnelle Pferde und Motorräder. Wie sein Großvater Justus Saalheimer und sein politischer Ziehvater Ehud Olmert, genoss Joram gutes Essen, edle Weine und Zigarren. Noch ein Glückskind.

Apropos Glückskinder: Nicht nur Wein, Feinkost, Zigarren und die sinnlichen Genüsse des Enkels lassen den ketzerischen Gedanken aufkommen, dass die generationelle Abfolge weitgehend nur eine geografisch und zeitlich verschobene Rückkehr zum einstigen deutschbürgerlichen Wohlleben wäre. Anders als Zeew und Lea Wolffsohn waren die Ur-Saalheimers allesamt nie von Sozialismus und Idealismus angehaucht. Sie waren wirtschaftsbürgerlich bis auf die Knochen. Aber auch hier gab es über Jorams Frau Anat Turbowicz, studierte Japanologin, eine Verbindung zur Welt des Geistes.

Der Kapitalist als Idealist: Wilfrid Israel
Anat leitet das Wilfrid-Israel-Museum für Asiatische Kunst im Kibbuz Hazorea, der 1936 von deutschjüdischen Flüchtlingen gegründet wurde. Die meisten waren zunächst religiös-sozialistische, in den 1930/40er Jahren fast lupenrein linkssozialistische Wanderbündler. Diesen fühlte sich Wilfrid (oh, wie »jüdisch« der Vorname!) Israel (jüdischer geht's nimmer) so verbunden, dass er ihnen seine Sammlung japanischer und fernöstlicher Kunst testamentarisch überließ. Seit 1951 wird sie in jenem Kibbuz im Wilfrid-Israel-Museum ausgestellt. Auch dieser Kibbuz ist, wie inzwischen fast alle einst so linken landwirtschaftlichen Kollektiv-siedlungen Israels, völlig verbürgerlicht. Wilfrid Israel war ein Ge-schäftsmann, aber auch ein charismatischer Philanthrop und Kunst-sammler. Er unterstützte die rettenden »Kindertransporte« deutscher Judenkinder nach England. Und er war Miteigentümer und Leiter des ersten und zeitweise größten Berliner Kaufhauses »Nathan Israel«. Die-ser offenbar hochgebildete und feinsinnige Mann, der freiwillig und auf eigene Kosten Sozialarbeiter für seine Mitarbeiter eingestellt hatte, war zugleich ein unternehmerisch kreativer Erneuerer. Bereits 1932 be-gründete sein Kaufhaus eine Versandhandel-Abteilung. Innerhalb Ber-lins wurde kostenfrei geliefert. Wie so oft: Bedingt durch ihre Situation wurden Juden Vorreiter von Innovation.

Schulstationen: Klassenkampf in die »feinste Gesellschaft«
Sechsjährig, als Schulanfänger, war ich Revolutionär. Vermeintlicher Reaktionär wurde ich erst später. Revolutionär, klassenkämpferisch, be-gann 1953 in Israel meine Schul»karriere«. Der Enkel des deutschjüdi-schen Kapitalisten und Umstands-Zionisten Karl Wolffsohn kam auf die Ber-Borochow-Grundschule in Givatajim bei Tel Aviv.

Benannt war diese Schule nach einem waschechten Sozialisten und Zionisten. Ber Borochow (1881 bis 1917) glaubte fest an die Überwin-dung der bürgerlich-kapitalistischen durch die proletarisch-sozialisti-sche Produktionsweise. Nun ja, als Juden brauchten sowohl jüdische

Kapitalisten als auch jüdische Sozialisten eine nationale Gemeinschaft. Die könne und dürfe nur im Land der Väter entstehen, wo es im frühen 20. Jahrhundert, mangels Industrie, weder Bourgeoisie noch Proletariat gab. Ergo müsse Palästina industrialisiert werden. Die jüdisch-palästinensische Gesellschaft müsse, solle und werde sich dann, wie von Papa Marx vorhergesagt, zunächst bürgerlich-kapitalistisch entfalten und das Proletariat unterdrücken. Dann sei definitiv Schluss mit lustig – also antikapitalistische Revolution. Beim Übergang vom Kapitalismus zum Sozialismus müsse, versteht sich, auch in der jüdischen Gemeinschaft Palästinas eine »Diktatur des Proletariats« errichtet werden. In seinem Kopf ließ der gute Ber das Bürgertum entstehen, das mit proletarischer Hilfe vergehen sollte. Etwas verquer, aber seinerzeit auch im »Volk des Buches« modisch.

Was wären Ideologien ohne (Katzen-)Musik? Nichts. Also wurde auch am Ende meiner Einschulungsfeier laut und inbrünstig gesungen. Zuerst, wie es sich gehörte, die Internationale, dann die »Hatikva«, Israels Nationalhymne. Nie wieder habe ich die Internationale gesungen. Auch meiner Mutter, die mich begleitete, war dieses Vergnügen nicht mehr vergönnt. Die bürgerliche Berlin-Wilmersdorfer Grundschule war auch kein Paradies auf Erden, aber Lieder und (wenn überhaupt) Ideologie waren lockerer.

Außer Frau Nolte, die so gerne wollte, dass ich am Volkstrauertag und Totensonntag die toten Deutschen betrauerte, und einigen nachnazistischen Lehrerinnen, die gerne ohrfeigten, gab es Frau Ramm. Die küsste uns, zumindest mich, wach für Schönheit als Möglichkeit des Geistes, Gedankens, der Sprache, des Worts, Wortklangs, des Buchs. Meine Gymnasiallehrer an der Walther-Rathenau-Schule konnten und haben diese Erweckung erweitert.

(K)ein Grund zur Nostalgie – (m)ein Berliner Gymnasium

Jede Schule ist für den einen Paradies, für den anderen Hölle. Für mich war die Walther-Rathenau-Oberschule fast immer ein Paradies, ein Teil Bestdeutschlands. Damals hieß meine Schule, das ehemalige Grunewald-Gymnasium, gegründet 1903, übrigens nur Walther-Rathenau-Schule. War man so elitär, dass man auf die Vorsilbe »Ober« bei

»Schule« verzichtete? Oder war damals das gesamte Schulwesen sozial-demokratischer, sprich: mehr an Gleichheit orientiert, obwohl der Direktor, Wilhelm Padberg, seinerzeit einer der (damals) wenigen bekennenden Christdemokraten in Berlin war? Er gehörte sogar dem Abgeordnetenhaus unserer Stadt an.

Ich war meist Klassenbester, aber trotzdem oder vielleicht gerade deswegen bis vor wenigen Jahren so dumm, dass ich gar nicht verstehen konnte, wie jemand meine Walther-Rathenau-Schule als Hölle empfinden konnte. Im fernen Lateinamerika, bei einem Vortrag im Goethe-Institut, traf ich Rolf K. Natürlich würden wir am anderen Ufer des Atlantiks ins Meer der Nostalgie eintauchen. Dachte ich. Rolf K. spuckte in die köstliche Suppe und erzählte mir, wie sehr er gelitten hatte und dass er Jahrzehnte gebraucht hätte, um seinen Schulschock zu überwinden und Mensch zu werden.

Waren wir auf derselben Schule? Scheinbar nein, tatsächlich ja.

Mit der Zeit wurde sogar ich klüger – dank meinen Kindern. Dasselbe Gymnasium, teilweise dieselben Lehrer, gestalteten die Oberschulzeit unseres ältesten Sohnes zum Himmel auf Erden, um sie für unsere Tochter und unseren Jüngsten zur Hölle zu verwandeln.

Auch die Schule ist zugleich das Eine und das Ganz-Andere. Wer liest, weiß. Ich weiß dank Frau Wellhausen (später ›Stern‹), meiner Deutschlehrerin. Sie pflanzte mir die Liebe zur Literatur ein. Lebenslänglich. Auch zu »problematischen« deutschen Dichtern. Etwa Gottfried Benn. Ein Großer der Literatur. Auch groß in der politischen Statur? Inneres Exil. Ethisch? Thomas Mann? Ja, der ging ins Exil. Ging oder wurde gegangen? Linke Literaten, Brecht? Selbstverständlich. Nachkriegsliteratur? Selbstverständlich. Auch die Gruppe 47. Problematisch. Das wussten wir lange vor den meisten bundesdeutschen Feuilletonlesern. Andere verprellte Frau Wellhausen, auch lebenslänglich. Wegen und durch Frau Wellhausen griffen andere bei Gedrucktem lieber zur Zeitung. Manche zogen den ›Playboy‹ vor oder wurden Playboys.

Ein anderer Lehrer, der mir viel bedeutete und zum väterlichen Freund wurde, war »Otto«, Dr. Otto Schwiderski. Er unterrichtete Englisch, Französisch und Italienisch und veranstaltete Literaturkreise, auch bei sich zu Hause. Damals erreichten zwei bis drei Prozent eines

Jahrgangs das Abitur. Viele der Abiturienten waren schon damals alles andere als Elite. »Otto« nahm es jedenfalls sehr ernst mit der Elitenbildung. Für mich war er eine Lichtgestalt, für andere genau die Art von Bildungsreaktionär, die die 68er massiv bekämpften. Allerdings ist auch nicht aus jedem Alt-68er, ein guter Lehrer geworden. Vor und nach 68 gab es solche und solche. Wir waren zu meiner Zeit eine reine Knabenschule. »Sah ein Knab' ein Röslein stehn …« Für viele Knaben war unsere Schule, wenn überhaupt eine Rose, dann eher dornen- als liebreich. Mich verwandelte jedenfalls meine Vor-68er-, also vermeintlich »reaktionär-muffige« Schule in einen denkenden Menschen, bilde ich mir ein.

Im Frühjahr 1966 hielt ich die Abiturrede meines Jahrgangs. Ein Quatschkopf war ich schon immer. Auch ein Vielschreiber – damals in unserer Schülerzeitung ›Ictus‹. Natürlich war der ›Ictus‹ eine gute Schülerzeitung. Für uns die beste. Ein wahrer Preisregen prasselte in den 1960er Jahren auf uns herab. Schon zu meiner Zeit, noch mehr kurz danach. Wenn ich heute im ›Ictus‹ das damals mir so sinnvoll Scheinende nachlese, finde ich es fast nur unsinnig, auf jeden Fall wichtigtuerisch und kaum erträglich. Meinen Mitschülern, Freunden und mir selbst gegenüber bin ich heute weniger nachsichtig, als unsere Lehrer es uns gegenüber waren. Weil die meisten unserer Lehrer keine »Pauker«, sondern Pädagogen waren. Meine ich. Meint Rolf K. sicher nicht.

Erinnerungen, Personen, Gesichter tauchen wieder auf: »There are faces I remember … Some are gone and some are living.« Die Beatles. In meiner Schulzeit begann die Karriere der Beatles. Damit begann für viele einmal mehr der »Untergang des Abendlandes«. Beatles- und andere Pop-Musik gab es auf unserer Schule zum Beispiel auf »Ictus-Partys«. Diese waren sehr beliebt. Weniger bei den Eltern. Manche protestierten, als auf Ictus-Partys richtig »geknutscht« wurde. Selbst die Pädagogen unter unseren Lehrern mussten uns schließlich diese zügellosen Orgien verbieten. Als, kurz danach, freie Liebe, »Make Love not War« einmal mehr das Rad der Liebe neu erfand, sehnten sich die einst Geschockten in die Zeiten vermeintlich orgiastischer Ictus-Knutschpartys zurück.

Und werden die Namen der Besten genannt, dann werden auch Schüler meiner Schule genannt. Max Delbrück etwa (1969 Nobelpreisträger für Physik und Medizin), auffallend viele Widerstandskämpfer gegen Adolf Hitler hatten am Grunewald-Gymnasium gelernt: Justus Delbrück, der Bruder von Max Delbrück, Dietrich und Christine Bonhoeffer, Hans von Dohnanyi, Ellen-Marion Winter (die Frau von Peter Graf Yorck von Wartenburg), Fritz von Twardowski, Hans Schönfeld, Bernhard Klamroth, Bogislav von Bonin. Große Deutsche. Sie hatten die Größe, dem größten deutschen Verbrecher zu widerstehen.

Andere Schulkameraden, jüdische, mussten fliehen, um sich zu retten. Ernst Simon zum Beispiel. Abiturjahrgang 1916, Notabitur, im Ersten Weltkrieg. In der Hubertusallee 9 wohnte seine Familie. Ernst Simon, enger Freund und Kollege von Martin Buber, prägte jüdisch-israelisches Denken und Denker, die sich schon in den 1930er Jahren als Brückenbauer zwischen Juden und Muslimen sowie Juden und Christen betätigten. Humanitas weltweit. In Jerusalem sprachen Ernst Simon und ich in den 1960er und 1970er Jahren oft über das Grunewald-Gymnasium, die deutsche Geschichte und Gesellschaft. »Recht fortschrittlich« sei seine Schule gewesen, erinnerte sich Ernst Simon 1975. In der Jubiläumsschrift zum Fünfundsiebzigsten unserer Schule ist es nachzulesen.

Mit der Tradition des Grunewald-Gymnasiums und seiner Widerstandskämpfer gegen Hitler sowie mit herausragenden liberalen, intellektuellen deutschen Juden konnte und hat sich die Walther-Rathenau-Schule schon in den angeblich nur restaurativen 1950er Jahren geschmückt. Opportunismus? Zufall? Nein, behaupte ich und belege meine These.

Jene Widerstandskämpfer und ihre deutschjüdischen Vor-, Mit- und Nachschüler waren vom Geist jener Schule geprägt. Diesen Schulgeist kann man soziologisch erklären, und diese Schulsoziologie ist ohne Stadtgeografie nicht verständlich. Das Grunewald-Gymnasium war das Gymnasium der 1889 gegründeten Villenkolonie Grunewald und damit die Oberschule des großstädtischen Großbürgertums, des Wirtschafts- und/oder Bildungsbürgertums sowie auch der städtischen Aristokratie; wohlgemerkt der städtischen, im Kopf und Verhalten durchaus verbürgerlichten Aristokratie, nicht der aristokratischen Großgrundbesitzer Ostelbiens, der »Junker«.

Schüler des Grunewald-Gymnasiums waren vor allem Kinder von Wissenschaftlern, Geistes- und Naturwissenschaftlern sowie Medizinern und Juristen, Kinder der Prominenz aus Handel, Börse, Technik, Industrie. Bürgerlich-bürgerliche, adelsbürgerliche und altadelige Leistungseliten Berlins (und damit auch Deutschlands) lebten im Grunewald, und am Grunewald-Gymnasium lernten ihre Kinder.

Aus dem Geschichtsunterricht wissen nicht nur Schüler meines Klassenlehrers Dr. Fred Huhn: Bürgertum = Leistungsgesellschaft. Leistung zählt, nicht Geburt. Also Meritokratie, nicht mehr die Vorrechte der alten Geburtsaristokratie. Merito, Adverb = »nach Verdienst, nach Leistung«. Ohne Leistung kein Aufstieg und ohne Bildung keine Leistung. In dieser Weltsicht trafen sich christlichdeutsches Bürgertum, christlichdeutsche Adelsbürger, altadelige Preußen und natürlich das jüdischdeutsche Bürgertum. Eine echte Leistungsgesellschaft achtet nicht auf die Herkunft der Leistenden, sondern auf deren Leistung. Getto, Trennung, Diskriminierung, Intoleranz sind für Leistungsgesellschaften nicht nur unmoralisch, sie sind (unabhängig von der Moral) dysfunktional, weil leistungsschädlich, ja, leistungsfeindlich.

Wer also vor und nach 1933, auch nach der Glanzzeit des Grunewald-Gymnasiums, in der Walther-Rathenau-(Ober-)Schule das bürgerliche Leistungsideal ernst nahm und nimmt, kann Nationalsozialismus und jedweden Rassismus nicht billigen und wird ihn bekämpfen.

Gleiches gilt für echte Preußen, Adelige zumal, wenn sie in der Tradition des Großen Kurfürsten oder Friedrichs des Großen stehen wollten. Friedrich wollte jeden nach seiner Fasson selig werden lassen, der Große Kurfürst nahm bereits 1671 fünfzig jüdische Familien als Schutz-Juden auf. Zuvor waren sie aus Wien vertrieben worden. Weder Friedrich II. noch der Große Kurfürst predigten dabei Menschen- oder Judenliebe, sie dachten und handelten pragmatisch, zum Nutzen ihres Staates, den sie mit ihrem ganz persönlichen gleichsetzten. Sie tolerierten Juden als Juden, sie akzeptierten sie nicht als Gleiche, sie diskriminierten sie, aber – es lebe der Unterschied zum Nationalsozialismus – sie liquidierten die Juden nicht.

Meistens wird Toleranz mit Akzeptanz gleichgesetzt. Das ist falsch. Dazu der gute alte Goethe, den man wirklich nie genug lesen und zitieren kann, in der 875. seiner ›Maximen und Reflexionen‹: »Toleranz sollte eigentlich nur eine vorübergehende Gesinnung sein: sie muss zur Anerkennung führen. Dulden heißt beleidigen.«

Genau hier ist auch die entscheidende Trennlinie zwischen dem traditionellen aristokratischen und bürgerlichen Antisemitismus einerseits und dem liquidatorischen der Nationalsozialisten andererseits. In makabrer Weise beschrieb der erzkonservative, eingefleischte Antisemit und Reichsverweser Ungarns, Admiral Horthy, Hitler gegenüber im April 1943 diesen Unterschied: Er, Horthy, habe alles getan, was man als Antisemit anständigerweise (!) gegen die Juden tun könne, aber liquidieren könne und werde er sie eben nicht.

Ob im alten Grunewald-Gymnasium Juden anerkannt oder nur geduldet wurden, müsste in Fallstudien genau untersucht werden. Unstrittig ist dies: Bis 1933 wurden sie geduldet und viele fühlten sich anerkannt. Das bestätigten mir jüdische Ehemalige; zum Beispiel Ernst Simon und sein Bruder Michael, unter anderem Israels Botschafter in Wien, oder auch Gerti Hoffnung, die in den 1960er und 70er Jahren das Sozialreferat der Jüdischen Gemeinde zu Berlin leitete. Sogar in den Jahren 1933 bis 1938, den ersten des nationalsozialistischen Zivilisationsbruchs, wurden jüdische Schüler zivilisiert behandelt. Die folgende Katastrophe betraf nicht nur das Grunewald-Gymnasium. Auch dessen Welt ging ab 1939 unter. Und diesem Untergang widersetzten sich gerade diejenigen Exschüler, die wirklich in jener Alt-Grunewalder bürgerlich-bürgerlichen und adelsbürgerlichen Welt verwurzelt waren wie Kiefern im Boden der Mark Brandenburg.

Natürlich gab es unter den Exschülern des Grunewald-Gymnasiums auch Mitläufer und Mittäter. Wer war immun? Einige waren immun, manche bekundeten Widerstreben oder Widerwillen, nur wenige widerstanden. Dass die – wie immer und überall nur wenigen – Gerechten aus den Reihen unserer alten Schule kamen, ist nicht unser Verdienst, doch unsere Genugtuung und Ermutigung, denn es war eben kein Zufall, dass sie wurden, wie sie wurden. Die Kultursoziologie des Grunewald-Gymnasiums erklärt dies besser als die dort gelehrte Humanitas-Ideologie, die leider keine Garantie für Humanität ist.

Dass eine Traditionsschule mit dem politisch angenehm unverbindlichen, soziokulturell und soziogeografisch prestigegeladenen Namen »Grunewald-Gymnasium« am 24. Juni 1946 in Walther-Rathenau-Schule umbenannt wurde, halte ich für beachtlich. So kurz nach dem millionenfachen Judenmord bekannten sich nicht viele Deutsche zur Verantwortung und Haftung für die deutsche Ur-Schande. Es waren Rechtsextremisten, die Walther Rathenau am 24. Juni 1922, genau 24 Jahre zuvor und vor der NS-Machtübernahme, ermordet hatten.

Mit dem neuen Schulnamen signalisierte man unmittelbar »nach Auschwitz«: Die deutsche Ur-Schande und das deutsche Ur-Verbrechen haben nicht erst 1933 begonnen, sondern früher. Damit signalisierte man auch: Gut, dass es einem Juden in der Weimarer Republik möglich war, Reichsminister zu werden. Mit der Umbenennung signalisierte man 1946 auch: Gut, wenn wieder ein Jude deutscher Minister würde. Auf Bundesebene wurde bis heute nicht erreicht, was auf Reichsebene in der Weimarer Republik möglich war.

Ob man bei der Umbenennung auch wusste, dass Walther Rathenau innerjüdisch alles andere als unproblematisch war (und ist), weiß ich nicht. Jedenfalls gilt innerjüdisch der hyperassimilierte Jude Walther Rathenau schon allein wegen seiner judenkritischen, beinahe judenfeindlichen, zumindest nicht judenfreundlichen Schrift ›Höre, Israel!‹ nicht als jüdische Lichtgestalt. Wie viele europäische Juden, assimilierte und hyperassimilierte, wurde Rathenau als und weil Jude ermordet. Das verwandelt seine individuelle Ermordung zum kollektiven Musterfall der europäisch jüdischen Tragödie.

Das Anknüpfen an die geschichtssoziologisch erklärbare Tradition deutschjüdischer Grunewald-Toleranz habe ich an der Walther-Rathenau-Schule erlebt. Nicht nur, weil Dr. Fred Huhn und Dr. Joachim Kramarz 1964 mit meiner Klasse zu den ersten Deutschen zählten, die eine Klassenreise nach Israel unternahmen. Der Geschichtsunterricht endete bei uns nicht mit Bismarck, sondern mit Adenauer und Erhard und natürlich erfuhren wir bei Dr. Huhn und den anderen Historikern dieser Schule alles damals Bekannte über den millionenfachen Judenmord.

Natürlich besuchten wir die Theateraufführungen ›Andorra‹ von Max Frisch 1961 oder 1964 Peter Weiss' ›Die Ermittlung‹ über den Frankfurter Auschwitz-Prozess. Natürlich verfolgten wir – live – mit Dr. Huhn im Frühjahr 1965 die Bundestagsdebatte über die Verjährung nationalsozialistischer Verbrechen. Tabuisiert wurde nichts, thematisiert alles.

Zum Bildungs- und Lebensstil meiner Schule gehörte nicht nur eine vorzügliche, ja, elitäre geistige, bildnerische und klassisch-musische, sondern auch eine, ebenfalls nicht unelitäre sportliche Ausbildung. Wie bei den ollen Griechen und Römern besonders Leichtathletik, weniger der »proletarische« Fußball. Natürlich Tennis, damals der Edelsport des Blut- und Geldadels, der sich nachmittags in den Grunewalder Nobel-Tennisklubs Rot-Weiß und Blau-Weiß traf. Wo ich spielte? Natürlich im Blau-Weiß. Der hatte nicht nur der Farben wegen eine jüdischere Grunewald-Tradition, ohne ein jüdischer Klub zu sein.

Den klassischen Sportarten entsprach die klassische Sportphilosophie: »Mens sana in corpore sano.« Wenngleich der eine oder andere dicke Corpus am Reck hing wie ein nasser Sack. »Macht nichts«, sagte Sportlehrerlegende »Papa Galle« und fügte hinzu: »Der gute Wille zählt.« Und dieser gute Wille wurde zum Beispiel beim Mehlsack Peter B. mit einer Eins in Sport belohnt, die als Ausgleich zur dicken Fünf in Latein diente. Meritokratisch koscher war das nicht, doch sehr sympathisch und vor allem pädagogisch: Motivieren statt drangsalieren.

Bei Papa Galle kam noch etwas dazu: Als Ex-Kommunist, und dies vor allem als echter Antifaschist, dann Sozialdemokrat, gab er sich – Schnauze mit viel Herz und ebenso viel Verstand – als politisch gesellschaftliche Opposition in einem eher CDU-geprägten Schul-Ambiente. Soziologisch und parteipolitisch hatte Papa Galle recht. Soziologisch war die Walther-Rathenau-Schule bis weit in die 1960er Jahre immer noch das Grunewald-Gymnasium, und ihr »Direx«, Oberstudiendirektor Wilhelm Padberg, gehörte, wie gesagt, lange Zeit der CDU-Fraktion im Berliner Abgeordnetenhaus an. Mit versetzungsrettenden Einsern und Zweiern beglückte Papa Galle jedoch keineswegs nur Arbeiterkinder, sofern es sie bei uns überhaupt gab. Papa Galle war Linker mit offenem Kopf und Herzen, so offen, dass die von ihm gegründete Ski-gruppe der Walther-Rathenau-Schule im Laufe der Jahre durchaus exklusiv Grunewalder Züge bekam. Das wiederum war kein Zug der Zeit, denn das Grunewalder und bundesdeutsche Bürgertum hatte sich seit Mitte der 60er Jahre auf den alternativ, scheinbar antibürgerlichen Zug gesetzt. Papa Galle war sich treu geblieben. Ein echtes Vorbild, gegen den Strom schwimmend, ein Mann mit Zivilcourage, nicht nur Sportlehrer, sondern auch Oppositionslehrer, Medizinmann gegen die Mitläuferkrankheit.

Die historische Soziologie der Walther-Rathenau-Schule kann ich aus eigener Anschauung nur bis 1966 skizzieren: Unsere »Penne« blieb auch unter neuem Namen ein Grunewald-Gymnasium, bürgerlich durch und durch, Adelige eingeschlossen. Dass ein direkter Nachfahre des letzten deutschen Kaisers vor seinem Abitur meine Facharbeit über ›Lasalle als Deutscher und Jude‹ übernehmen, sprich: abpinseln wollte, sei als humoristische Einlage zum Thema neues Deutschland am Rande erwähnt. Dieses Grunewalder Oberschichten-Gymnasium war bis Mitte der 1960er Jahre eine fast geschlossene Gesellschaft, wie in der »guten alten Zeit« bis 1933 – Freundschaften, Liebschaften, Heiraten mit dem benachbarten Mädchengymnasium, der Hildegard-Wegscheider-Schule, und Juden eingeschlossen. Nicht die Regel, aber keine Ausnahme. Kein Wunder, wenn ich als Alt-Rathenauer, sogar in München, in der Frau eines (natürlich bürgerlichen) Kollegen eine Alt-Wegscheiderin erkenne. Ob Rotary- oder Lions- oder Oder-Klub, Rathenauer trifft man überall, nicht nur in Berlin, sondern fast überall in der bürgerlichen Gesellschaft Deutschlands.

Mitte der 60er Jahre bahnte sich an der Walther-Rathenau-Schule, wie in der Bundesrepublik Deutschland überhaupt, ein bildungssoziologischer, bildungspolitischer und bildungsgeografischer Fundamentalwandel an. Schüler aus kleinbürgerlichem oder proletarischem Milieu aus ferner gelegenen Stadtteilen gesellten sich zu uns.

Die Absicht der Eltern, vielleicht auch der Schüler selbst war klar: Die Walther-Rathenau-Schule sollte Aufstiegskanal zwischen den Schichten werden und nicht mehr nur die bürgerlich-bürgerliche und adelsbürgerliche Grunewald-Welt zementieren. Spannungsfrei war dieser Clash der Schichten nicht. Es gab durchaus den einen oder anderen Crash.

Ich erinnere mich an Werner G. Besessen lernend und arbeitend, weil bestrebt, ja, beseelt, durch Bildung aufzusteigen und dem proletarischen Kreuzberg-Milieu zu entsteigen, wurde Werner G. ein echter Streber und als solcher Klassenbester. Von der bürgerlich-adeligen lässigen Nonchalance der meisten Rathenau-Schüler hatte das Proletarierkind nichts. Alles an ihm war verkrampft. Kein Wunder. Sein Bestreben und Strebertum wirkte ab- und ausgrenzend. Er war deshalb nicht beliebt. Eines Tages wurde er im Unterricht abgefragt. Die Klasse war laut. Das störte ihn. Seine sehr gute Zensur schien gefährdet. Plötzlich explodierte Werner G: »Jetzt haltet doch eure Klappe, verdammt noch mal!« Die Klasse war empört. Heute sehe ich ein: Werner G. hatte vollkommen recht. Seine Explosion war eine milde Form des Klassenkampfs, im doppelten Wortsinne. Was aus Werner G. später wurde, weiß ich nicht. Er sei an der Freien Universität Berlin beim Kommunistischen Studentenverband, KSV, gelandet, hörte ich. Heute verstehe ich Werner G. Ich schäme mich, dass wir – dumme Wohlstandsjungs – sein berechtigtes und verständliches, sozial bedingtes Streben mit Strebertum verwechselten.

Der Fall Werner G., genauer sein erhoffter Aufstieg vom Kreuzberger Proletariat zum Grunewalder Bildungsbürgertum, personifiziert den bildungspolitischen Umbruch der Bundesrepublik während der 1960er und 70er Jahre. Als ich die Walther-Rathenau-Schule 1966 verließ, schlossen rund zwei Prozent eines Schülerjahrgangs ihre Schullaufbahn mit dem Abitur ab, 2016 waren es 51 Prozent. Auch im Mikrokosmos der Walther-Rathenau-Schule erkennen wir den deutschen Makrokosmos.

Folgerichtig wurde seit den 1970er Jahren aus dem Grunewalder ein Berliner Gymnasium. Rasant änderte sich der soziale Einzugsbereich: weniger Grunewald, kaum noch Dahlem, mehr Halensee, Schmargendorf und andere Berliner Fernplaneten sowie Quasi-»Sozialflüchtlinge« zum Beispiel aus Moabit und anderen Bezirken, die Alt-Grunewalder bestenfalls von der Durchfahrt kannten. Dem lokalen Wandel entsprach der internationale: Bedeutsam die Zunahme von Schülern rus-

sisch-jüdischer und polnischer Herkunft, auch von Kindern aus sogenannten Mischehen. In dieser Erneuerung erkennen wir nun doch
wieder die gute alte Tradition des Grunewald-Gymnasiums: Weltoffenheit, nicht zuletzt die intellektuell höchst bekömmliche Verbindung zur
jüdischen Welt.

Die 68er

1968 – die magische Jahreszahl bundesdeutscher Nachkriegsgeschichte.
Für manche die zweite Staatsgründung. Die neue alte Bundesrepublik.
1968 steht, zu Recht oder nicht, für Aufbruch und Umbruch, Neues und
Dynamik, mehr Demokratie, »Partizipation« in allen Lebensbereichen,
Bewältigung der NS-Vergangenheit, Neue Linke, Studentenrevolte, Brei-
tenbildung, Antiautoritäres, Selbstverwirklichung, Lebens- und scheinbar erstmals in der Menschheitsgeschichte entdeckte Liebeslust oder
Sex statt Krieg. Nicht nur ein neues Deutschland, neue Deutsche. Was
konnte deutschjüdischen Familien, also auch den Wolffsohns, Besseres
passieren? Entsprach der schöne Schein dem 68er-Sein?

Umbruch und Aufbruch kennzeichneten die Stimmung der Jugend-
Mehrheit, der 68er. Längst sind die meisten selbst 68 oder älter. Gerne
verklären sie nostalgisch die selbst erlebte Epoche ihres basisdemokra-
tisch geprägten, rebellischen Jugendzaubers. Der Rebellion gegen folgte
die stille Konversion zum Establishment, dessen Wohlstand verführte
und den man emsig vermehrte. Das einst Verpönte verwöhnte. Wie so
viele Menschheitsgenerationen vor ihnen wurden auch die meisten
68er die »Kinder ihrer Eltern«. Wie und warum, das hat Götz Aly in seinem brillanten Buch ›Unser Kampf 1968‹ ebenso empirisch-faktenreich
wie kritisch und nicht zuletzt selbstkritisch beschrieben.

Götz Alys Buchtitel war Programm, denn der Autor hielt den 68ern,
die für sich beansprucht hatten, das NS-Erbe ihrer Eltern und Großeltern zu überwinden und zu bewältigen, den Spiegel vor. Der anti-
faschistische Schein habe zumindest teilfaschistisches Sein der Rebel-
lierenden überdeckt. Es sei nicht erst durch den Übergang von An-
führern wie Horst Mahler und Bernd Rabehl von linksaußen nach
rechtsaußen erkennbar geworden, sondern schon von Anfang an vorhanden gewesen.

Als Jung-Student der Freien Universität (FU) Berlin habe ich 1966/67 die rebellischen Scharen erlebt und meine Mutter zu manchen »Teach-Ins« mitgeschleppt. Wie ich wollte sie die quasi angekündigte Selbst-Schöpfung der neuen Deutschen erleben; zuschauen, miterleben. Ich stand schon früh auf der anderen Seite der Rebellen-Barrikaden. Dabei gefiel mir ihre kesse Aufsässigkeit zunächst. Doch das oft kindisch übersteigerte, antibürgerliche Gehabe dieser (mehrheitlich) Bürgerkinder, ihr schriller, rechthaberischer, aggressiver Ton, das Demagogische, missfiel mir sofort. Besonders bei Rudi Dutschke weckten diese Stimmen Erinnerungen an Stimmungen, die ich aus NS-Film- und Tondokumenten oder Erzählungen meiner Eltern und Großeltern kannte. Ja, für mich und noch viel mehr für meine Mutter klang D(utschke) wie seinerzeit G(oebbels). Auch der rauschhafte Jubel der Jünger war uns, wie jeder Massenauflauf, zutiefst zuwider. Bitte so nicht, bat ich innerlich inständig. Heute trägt eine Straße in Berlin Rudi Dutschkes Namen. Als Symbol und Beweis deutschdemokratischer Erneuerung. Nebbich.

Immer wieder suchten und fanden sie demonstrative und demonstrierende Betätigungsmöglichkeiten: Bei Massenprotesten gegen die Atompolitik des SPD-Kanzlers Helmut Schmidt seit Mitte der 1970er Jahre oder dessen NATO-Nachrüstungsinitiative in den Jahren 1979 bis 1982. Helmut Kohl, Schmidts Nachfolger, setzte sie durch, sodass ungebrochen und unverdrossen durch Demonstrationen Weltuntergangsszenarien auf unterschiedlichen Demos inszeniert werden konnten. Auch gegen die »Militarisierung« der US-amerikanischen und in deren Gefolge seit 1991 bundesdeutschen Außenpolitik und nicht zuletzt gegen staatliche Großprojekte.

1991: Demos der Friedensbewegung gegen und Faschingsverzicht wegen des angeblich nur um Iraks Öl geführten Golfkriegs der ewig-»imperialistischen« USA. Blut würde für Öl vergossen, lautete der Vorwurf. Als Iraks Diktator Saddam Hussein Raketen auf Israel niederprasseln ließ, protestierten und demonstrieren die Pazifisten nicht. Wer es dennoch wagte, wurde beschimpft und behindert. Mit solchen Pazifisten wollte ich so wenig zu tun haben wie sie mit mir.

Sehr wohl gab es Massenproteste gegen die humanitären Interventionen des Westens im Balkankrieg 1991 bis 1999, als die so verhasste

NATO die serbischen Mörder schasste. Zuvor hatten diese Bosniaken und dann Kosovaren regelrecht geschlachtet. Nein, so richtig überzeugt hat mich die Friedensliebe der jungen und älteren 68er nie. Weder vor 1968, nämlich 1967, während des Sechstagekrieges, noch seitdem. Vorhang zu.

»Nazi«-Notgemeinschaft

November 1970. Mein erstes Semester nach meiner dreijährigen Militärzeit in Israel. Ort der Handlung: Ein Hörsaal der Wirtschaftswissenschaftlichen Fakultät der »Freie Universität« genannten Dahlemer Hochschule. Die Hörsaal-Tische waren übersät mit gelblichen Flugblättern. Schon die Farbe war ungewöhnlich. Auch die Papierqualität jener Flugblätter hob sich deutlich vom FU-üblichen Gammel ab. Schon damals verabscheute ich Flugblätter, weil meistens äußerlich schmuddelig und inhaltlich (mir) unerträglich. Doch, wie gesagt, jenes Flugblatt einer mir damals gänzlich unbekannten »Notgemeinschaft für eine freie Universität« hob sich zumindest äußerlich ab. Ich nahm's und las.

Was ich las, fand ich höchst überzeugend und sympathisch; auch, dass, nicht wie sonst auf FU-Flugblättern, ein Name, sondern mehrere als Verantwortliche genannt wurden.

Da ich von einer oder der »Notgemeinschaft« noch nichts gehört hatte, fragte ich einen Kommilitonen, wer oder was denn jene »Notgemeinschaft für eine freie Universität« (Nofu) sei. »Nazis«, antwortete er wie aus der Pistole geschossen. Finita la commedia, dachte ich, denn mit Nazis wollte ich nichts zu tun haben. Versteht sich. Das war die eine Seite. Die andere: Das Nofu-Flugblatt war so überzeugend und sympathisch, dass ich Augen, Ohren, Kopf und Herz ganz einfach offen hielt, mich umhörte und umschaute. Eher passiv als aktiv, denn ich war wie ein trockener Schwamm und wollte studieren, studieren und nochmals studieren.

Leider war gerade das nicht so einfach, wie ich gedacht und gehofft hatte. Die Fortsetzung der Geschichte können Sie sich denken, liebe Leser. Vom Herbst 1973 bis zum Sommer 1975 saß auch ich, als zweites studentisches Mitglied, im Unterzeichner-Vorstand. Meine spätere Frau war schon vor mir die erste Studentin in diesem Gremium. Um mich herum im Vorstand also – klarer Fall – lauter »Nazis«.

Die Nofu war der Westberliner Zweig des »Bund Freiheit der Wissenschaft« (BFW), der sich seit 1970 den diversen sozialistischen und kommunistischen Gruppen der 68er-Studenten und Dozenten widersetzte. Er galt natürlich ebenfalls als »finster reaktionär und braun«. O ja, sehr »braun«. Zu den Nofu- und BFW-Gründungs- oder Vorstandsmitgliedern gehörte zum Beispiel der berühmte Politikwissenschaftler Richard »Rex« Löwenthal, Berliner Jude, von 1926 bis 1929 Mitglied der Kommunistischen Partei Deutschlands, später SPD-Urgestein und ostpolitischer Berater von Willy Brandt. Er war 1935 vor den Nazis über Prag und Paris nach London geflohen und 1961, in »dem« Schicksalsjahr Berlins, in seine Heimatstadt zurückgekehrt. Er wurde von den wahrhaft fortschrittlichen FU-Studenten über den Nationalsozialismus belehrt und auch als »Nazi« beschimpft. Nicht besser erging es dem Politikwissenschaftler Ernst, »Ernesto« Fraenkel, ebenfalls deutscher Jude, während der Revolution von 1918 Mitglied eines Soldatenrates, seit 1921 Sozialdemokrat, 1938 Flucht in die USA, wo er 1941 den Klassiker ›Der Doppelstaat‹ veröffentlichte. Es gilt noch heute als »das« Buch über die NS-Rechtspolitik. 1951 kehrte Ernst Fraenkel nach Deutschland zurück. Von den diversen K-Gruppen an der FU attackiert, verhöhnt und verachtet, trug er sich in den 1970er Jahren mit dem Gedanken, erneut aus Deutschland auszuwandern.

Vergleichbare »Nazi«-Professoren und Dozenten umgaben mich im Nofu-Vorstand: Der Altphilologe Georg N. (»Nico«) Knauer, der so »braun« war, dass er 1975 Deutschland in Richtung USA (o Schande, nicht nach Moskau) verließ. Ich erinnere mich an »Otto den Großen«, sprich: Otto von Simson, der 1937 Nazi-Deutschland verlassen und bis 1957 im US-Exil gelebt hatte. Hans Joachim Geisler. Wie Knauer Altphilologe und noch unermüdlicher als dieser. Mit ihm und nach ihm der eigentliche Stratege und Macher der Notgemeinschaft.

Das also waren die Nofu- und-BFW-»Nazis«. Finstere Gestalten, allesamt; Lichtgestalten ihre Gegner, allesamt.

Das ganz gewöhnliche Wasser der Eliten: Harvard & Co.
Im Frühjahr 1993 löste ich im Center for European Studies in Harvards Heil'gen Hallen schon allein durch die Themenwahl meines Gastvor-

trags Unruhe aus: »The World Jewish Congress and the End of the German Democratic Republic«.

Wissenschaftlich wasserdicht hatte ich bereits zuvor in diversen Veröffentlichungen nachgewiesen, dass und wie der Jüdische Weltkongress unter der Regie von Präsident Edgar Bronfman 1988/90 versuchte, nicht nur Politik, Unmoral und Geschäft miteinander zu verbinden, sondern die Wiedervereinigung Deutschlands zu verhindern. Da auch US-amerikanische Medien, darunter die ›New York Times‹ und das ›Time Magazine‹, darüber berichtet hatten, überraschte die große Zahl der Zuhörer nicht.

Auf den ersten Blick konnte ich wahrnehmen, dass die wenigsten mich in ihre Abendgebete einschlossen. Insbesondere der Harvard-Historiker Erich Goldhagen. Eifrig seine Arme in die Höhe schleudernd, meldete er sich unmittelbar nach Diskussionsbeginn zu Wort und verblüffte mit einer eher theologischen als historischen Feststellung: »Ich glaube Ihnen nicht.« Einen Moment war ich verunsichert: Hatte ich mich – nichts für ungut – in eine Synagoge oder Kirche verirrt oder referierte und diskutierte ich wissenschaftlich an einer Eliteuniversität?

Ich schlug den Bogen von der Glaubens- in die reale Welt und antwortete dem Herrn Kollegen, dass jeder von uns in einem freien Land lebte, wo jeder glauben oder nicht glauben könne, was er wolle. Meine Analyse befasse sich allerdings mit eindeutig Nachweisbarem und keinen Glaubensfragen. Ich sei Historiker und kein Theologe. Wie an vielen Universitäten des In- und Auslands stellten die anwesenden Harvard-Studenten oft intelligentere und fachlich kompetentere Fragen als so mancher Professorenkollege, der sein jeweiliges Kartell bedienen musste oder wollte. »Freiheit der Wissenschaft«. Wieder wurde sie Ereignis.

Allein, dass so ein unwissenschaftlich-polemisches Ereignis auch an der hochgelobten Harvard-Universität stattfand, traf mich unerwartet, zumal ich fünf Jahre zuvor, im Herbst 1987, mit der Crème de la Crème der Nahost-Wissenschaft, an einem anderen Harvard-Institut, nach einem anderen Vortrag eine vorzügliche Gesprächsrunde genossen hatte.

Der Vorhölle der öffentlichen Diskussion mit den Unter-Teufeln folgte 1993 nichtöffentlich der innere Kreis der Hölle mit den Ober-

Teufeln bei der »Dinner Discussion«. Das Steak war zäh und wenig schmackhaft. Ich aß es kalt, weil ich so viel reden musste. »Erich« (sprich »Eric«) war mit von der Partie. Bevor wir Platz genommen hatten, schwärmte er vom nächsten Buch seines Sohnes Daniel. Damals kannte ihn kaum jemand. Ich auch nicht. Das werde sich schlagartig mit Erscheinen des Buches ändern, prophezeite Vater Goldhagen. Obwohl auch bei uns Juden das Zeitalter der Propheten seit mehr als 2000 Jahren eigentlich vorbei ist, bewahrheitete sich Erichs Vorhersage. Daniel Goldhagens ›Hitlers willige Vollstrecker‹ wurde 1996 auf Anhieb ein Welt-Bestseller, wenngleich gewiss nicht das beste Buch über den Holocaust.

Bei der Harvard-»Dinner-Diskussion« im Jahre 1993 fehlte mir noch die Ehrfurcht vor dem Vater des 1996 so erfolgreichen Sohnes. Wir gerieten heftig aneinander. Die meisten der rund zwanzig anderen »Mitesser« und -Streiter waren ebenfalls nicht gerade friedlich und noch weniger sachlich. Viel innerjüdische Polemik. Wissenschaft? Fehlanzeige. Elementare, nachgewiesene Tatsachen wurden bestritten. Nie und nimmer hätte der Jüdische Weltkongress mit der DDR gekungelt, um die Wiedervereinigung Deutschlands zu verhindern. Ich wäre Fälschungen der DDR-Staatssicherheit auf den Leim gegangen, und Bronfman sei ein integrer Kaufmann. Interessierte finden die Belege in meinem 1995 erschienenen Buch ›Die Deutschland-Akte‹, und inzwischen wissen wir, dass Bronfman später sein Amt verlor, weil er eben nicht ganz koschere Geschäfte betrieben hatte.

Nach zwei Stunden platzte mir der Kragen: Ich sei nach Harvard in der Annahme gekommen, es wäre die beste Universität der Welt, und erhoffte einen Austausch mit den weltweit kundigsten Kollegen über Methoden und Fakten. Stattdessen müsse ich eine Diskussion führen, die dem Niveau einer schlechten deutschen Fernseh-Talkshow entspreche. Dafür sei ich nicht nach Harvard gekommen. Die Kollegen sollten wählen: Abbruch des Spektakels oder Beginn eines der weltbesten Universität würdigen Fachgesprächs. Manche gingen, auch Erich, die Mehrheit blieb, und fortan obsiegte Sachlichkeit. Der Dekan fasste die Ess-Sprech-und-Streitrunde zusammen: Er hätte an dieser Fakultät viele besondere Dinner-Diskussionen erlebt. Diese sei »sehr besonders« gewesen. Artige Begründungen folgten. Unter vier Augen und Ohren ergänzte er: »Sehr besonders« sei der Umstand gewesen, dass innerjüdische Kontroversen vor Nichtjuden ausgetragen wurden. Nach vielen Harvard-Jahren sei das für ihn und andere eine Premiere gewesen. Das war nett gemeint und gesagt, doch mir leuchtet bis heute nicht ein, wie es zweierlei Wissenschaft geben könne, eine allgemeine und eine innerjüdische.

»Und die Moral von der Geschicht?« Auch an Spitzen-Universitäten wird meistens mit ganz normalem Wasser gekocht. Dort gibt es, wie überall, gute und schlechte Professoren, gute und schlechte Nochnicht-Professoren, gute und schlechte Studenten. Wer viel weiß, ist gebildet, aber nicht unbedingt intelligent und, obwohl akademisch, nicht automatisch »intellektuell«. Intelligenz bedeutet nicht zuletzt Einsicht und die Fähigkeit, Sinn-Zusammenhänge zu erkennen, zu verstehen, zu begreifen, einzusehen (lateinisch »intellegere«). Intelligenz und Intellektualität oder gar Humanität hängen nicht vom akademischen Grad ab. Mein erster und einziger Chef, Professor Jürgen Domes, ein bienenfleißiger Gelehrter, nannte manch Akademisches »Akadämliches«. Böse, doch gut.

Meine (Bundeswehr-)Universität – eine Selbstsicht
Von 1981 bis 2012 war ich Professor für Neuere Geschichte an der Bundeswehruniversität München. Ich hatte es damit weiter gebracht als der übliche Sohn im üblichen Judenwitz: »Mein Sohn, der Doktor, hat, kann, will, wird ...« Ich wurde Professor. Einer der ersten, allerdings nicht der erste Hochschullehrer der Wolffsohn-Sippe war ich. Der erste war Manfred Landecker, ein Vetter meines Vaters vom Stamme seiner Mutter Recha. Obwohl Professor (für Politikwissenschaft) an der University of Illinois, war der Akademiker Manfred Landecker auch ein Intellektueller. Wir mochten uns, wir schätzten uns und verloren uns doch aus den Augen. Seltsam. Die »Stimme des Blutes und Stammes« war, wie so oft im Leben, schwächer als der unsere Lebenssubstanz auffressende Alltag.

Professoren kommen, Professoren gehen, die Universitäten bleiben (meistens). Was bleibt von mir wissenschaftlich, wenn überhaupt –

außer der Prägung und Einführung des Begriffs »Geschichtspolitik«, meinen Israel- und Nahostbüchern, der mit Thomas Brechenmacher vollzogenen »Erfindung« und Einführung der historischen Demoskopie, also der öffentlichen Meinung in vordemoskopischer Zeit, Veröffentlichungen zur deutschjüdischen Geschichte, Föderalismen oder Zivilcourage? Das mögen, das müssen andere beurteilen.

Kein Zweifel, jene 31 Jahre gehören zur Familien- und zu meiner eigenen, persönlichen Geschichte. In meiner Abschiedsvorlesung unternahm ich jenseits des Artigkeiten-Protokolls den Versuch, die Professor-Erfahrungen an meiner Hochschule in den größeren Zusammenhang zu stellen. Auch hier sollte der Blick von der Mikro- zur Makrowelt gelenkt werden. Getreu dem Motto: »Einer, der aller Welt gefällt, ist selten mehr als ein gefälliger Allerweltskerl.« Warum ging ich, manche sagen, »ausgerechnet« an eine Universität der Bundeswehr, wo die Studenten Offiziere sind? Weil diese Hochschule trotz des Arbeitgebers und gewiss in meinem Fach eine zivilwissenschaftliche Einrichtung ist, weil mich der akademische Arbeitsmarkt dorthin brachte, weil sie bestmögliche Rahmenbedingungen für intensive Forschung bot und weder direkt noch indirekt Auftragsforschung oder Auftragslehre verlangte. Dankbar hatte und nahm ich mir jede denkbare Freiheit.

Das altdeutsche Offizierskorps war rein militärisch professionell herausragend, doch politisch meist »dümmer, als die Polizei erlaubt«. Politisch bot es mehr Dünkel als Wissen. Genau das wollte und sollte die Bundeswehr nicht zuletzt mit Hilfe ihrer zwei Bundeswehruniversitäten – die eine in Hamburg, die andere in München – überwinden. Sie hat. Diese Herausforderung mitzugestalten, reizte mich mehr als Feld-Wald-und-Wiesen-Lehrveranstaltungen an »normalen« Universitäten. Das, hier, an einer Bundeswehruniversität, war eine besondere Aufgabe. Dass eitel Sonnenschein herrschte, wäre Fiktion.

Ich bekenne: Dass ich kein Diplomat, sondern Professor wurde, ist kein Zufall, denn »Professor« kommt von »profiteri«, lateinisch »bekennen«, und das offene, auch einzelgängerische Bekennen auf der Grundlage von Kenntnissen liegt mir eher als das diplomatische Ver- und Übermitteln oder das verdeckende Überzuckern. Professorenpflicht ist für mich diese Dreiheit als Einheit, die »Trinität« des Wissenschaftlers: Erkennen, benennen, bekennen.

Die Münchener und die Hamburger Bundeswehruniversität wurden 1973 gegründet. Westweltweit jagte damals eine Universitätsgründung die andere. Die Zahl der Studenten explodierte, und man »produzierte« Professoren am Fließband. Habilitiert oder nicht, glichen universitäre Berufungsverfahren dem Brezlbacken. Eher atypisch war das Berufungsmuster unserer Discount-Professoren. An den zivilen Universitäten dominierten politische Rot-Schattierungen, die Bundeswehruniversitäten waren bunter, genauer und in dieser Gewichtung: SPD-rot, CDU/CSU-schwarz und FDP-gelb. Die beiden Bundeswehruniversitäten waren, weil Bundeswehr, anfänglich weniger beliebt und mussten als Hochschullehrer zunächst nehmen, was sie bekamen, weniger, wen und was sie wollten. Boshafte nannten sie »Fußkranke der professoralen Völkerwanderung«. Warum bewarb ich mich trotz dieser Rahmenbedingungen Anfang der 1980er Jahre an der Münchener Bundeswehruniversität? Ich gebe mehrere Antworten. Es gibt keine gute oder schlechte Universität, es gibt nur gute oder schlechte Professoren, Mitarbeiter und Studenten. Die Bundeswehruniversitäten waren damals neu. Neues aufzubauen, fand ich stets reizvoller als Bewährtes auszubauen. Mehr als deutsche Zivilisten benötigten deutsche Offiziere angesichts der deutschen Geschichte und besonders der Militärgeschichte die Heranführung an die Welt des akademischen Wissens und, noch wichtiger, des geistigen Verstehens und Einsehens. »Bürger in Uniform« sollten Bildungsbürger in Uniform sein, wobei Bildung mehr als rein quantitative Ausbildung, also auch Nachdenken über Moralisches sein muss. Die Grundkräfte und Ursachen der Geschichte sollten sie verstehen – um es auf meine Disziplin zu beschränken. Geschichte erforschen und lehren reichte mir nicht, ich wollte sie mitgestalten, gerade als deutsch-jüdischer Historiker, gerade hier.

Die Sättigung des professoralen Arbeitsmarktes und die dadurch bedingte Verschärfung des Habilitierten-Wettbewerbes seit den späten 1970er Jahren, der Um- und Ausbau der Fächer und das allmähliche Erreichen der Altersgrenze der einst Jungen veränderte, nein, verbesserte allmählich das akademische Niveau und die akademische Akzeptanz der deutschen Universitäten im Allgemeinen sowie der Bundeswehruniversitäten im Besonderen. Letztere profitierten außerdem von der gestiegenen gesellschaftlich-politischen Akzeptanz der Bundeswehr. Jedenfalls verblasste langsam das Feindbild Bundeswehr sogar unter deutschen Akademikern, und was nicht die Akzeptanz, Toleranz oder Einsicht bewirkte, schaffte der Regulator Arbeitsmarkt. Ergebnis: Das wissenschaftliche Niveau der Universität und Fakultät kann sich heute sehen lassen.

Gerade deshalb und weil das zivildemokratische Fundament der Bundeswehr weitgehend unumstritten und nachhaltig zu sichern ist, könnte und sollte eine Bundeswehruniversität selbstbewusst genug sein, sich intensiver als bisher der historischen, sozialwissenschaftlichen sowie ethischen Analyse von Militär und Gesellschaft zu stellen und einen solchen akademischen Schwerpunkt zu einem akademischen Exzellenzfeld ausbauen. Das sahen viele hochqualifizierte Kollegen ziviler Universitäten ebenso. Mehr noch: Sie wunderten sich über diesbezügliche Berührungsängste der Bundeswehruniversitäten. Je leerer die Forschungstöpfe, desto lockerer übersprangen die am längsten zaudernden Kollegen der Geistes- und Sozialwissenschaften auch diese Hürde. Ein deutlicher Pluspunkt zeichnete beide Bundeswehruniversitäten von Anfang an aus: Die grundsätzliche Gleichbehandlung aller Professoren. Die Ordinarienuniversität musste hier nicht beerdigt werden, man ließ ihre Geburt gar nicht erst zu.

Meine Präsidenten
Über den ersten Präsidenten der Bundeswehruniversität (damals noch »Hochschule«) München kann ich nichts sagen. Er hatte das Glück, mich nicht erleben zu müssen. Kurz nachdem er mich als deutscher Beamter vereidigt hatte, wurde er pensioniert. Der zweite Präsident, der Physiker Rudolf Wienecke, war nicht nur Professor, sondern ein bedeutender Wissenschaftler. Dass Bürokratie und auch das Ministerium wenigstens im Bereich der Universität der Wissenschaft zu dienen hatten, war seine Überzeugung. Sie verband uns, und auch deshalb mochten wir uns. Leider trat er vorzeitig zurück. Er rieb sich an Bürokratie und Ministerium und wurde zerrieben. Er gab den unwürdigen Kampf auf.

Sein Nachfolger kam aus meiner Fakultät, und hier hatte er sich 1980/81 entschieden für meine Berufung eingesetzt. Er sollte es bereuen. Ein Universitätspräsident muss administrieren und repräsentieren, nicht forschen. Repräsentieren konnte mein dritter Präsident. Unter seiner Ägide bekam unsere Universität neues Briefpapier. Symbolträchtig: Mit dem Kopf der Pallas Athene. Welch glückliche Verbindung von Militärischem und Zivilem, Geist und Macht, Göttlichem und Menschlichem sowie Demokratischem, weil aufs urdemokratische, antike Athen verweisend. Unter uns: Das ist nicht schlechter als die Namens- oder Logo-Botschaften der meisten zivilen Universitäten, sieht man von Goethe, Schiller oder Humboldt ab. So klug und weise oder gut und gerecht wie fürstliche Namensgeber ziviler deutscher Universitäten ist der Kopf der Athene allemal.

Jener dritte Präsident stellte sich schützend vor die Mitarbeiterinnen, die man damals noch »Sekretärinnen« nannte. Eine – inzwischen längst pensionierte – Sekretärin sympathisierte nicht gerade heftig mit mir, aber dafür mit einer nicht ganz koscheren Partei: der NPD. Nur einmal schien die Chemie zwischen der Dame und mir zu stimmen: Ich hatte 1990/91 durch meine Forschungen über deutsch-jüdisch-israelische Beziehungen aufgedeckt, dass und wie der Jüdische Weltkongress unter Edgar Bronfman nach dem Fall der Berliner Mauer auf intrigante Weise versucht hatte, ausgerechnet die Staatlichkeit der antisemitischen und antiisraelischen DDR zu retten. Diese Ergebnisse erregten seinerzeit weltweites Aufsehen, auch in der ›Nationalzeitung‹, dem Leib- und Magenblatt der damaligen Dekanatssekretärin. Dass ich den »Mut« gehabt hätte, das zu veröffentlichen, begeisterte sie. Nebenbei, obwohl grundsätzlich: Es bedarf keines Mutes, es ist die Pflicht des Historikers, seine Ergebnisse kosmetikfrei zu veröffentlichen. Sann der Präsident auf Rache? Was auch immer: 1992/93 verwandelte er eine Fakultätsmücke in einen veritablen Elefanten, der tollpatschig trampelnd nicht nur universitäres Porzellan zerschlug.

Mein damaliger Dekan hatte 1992, auf dem Höhepunkt einer fremdenfeindlichen und antisemitischen Welle, die das jüngst vereinte Deutschland erfasste, außerhalb der Universität, also öffentlich, aus Adolf Hitlers ›Mein Kampf‹ gelesen, ohne jeden Kommentar, wenngleich den »größten Führer aller Zeiten« persiflierend. Dieser Kollege war kein Rechter, eher ein Linker, und glaubte gerade deshalb, völlig unverdächtig zu sein. Er wäre wohl gerne, außer Professor, ein zweiter Helmut Qualtinger geworden, der den Reigen der Mein-Kampf-Lesungen eröffnet hatte.

Ich fand eine unkommentierte ›Mein-Kampf‹-Lesung durch meinen Dekan, ebenso wie Jahre zuvor die Qualtinger'sche und erst recht unter den Umständen des Jahres 1992 politisch schädlich, gefühl- und geschmacklos, ganz abgesehen von der strafrechtlichen Problematik, denn das unkommentierte Verbreiten nationalsozialistischen Un-Gedankengutes war und ist eine strafbare Handlung. Wenn Professor ABC, erst recht ein Linker, den ›Mein Kampf‹-Krampf öffentlich unkommentiert und straffrei vorträgt, kann und darf man das in einem Rechtsstaat nicht nur gesetzlich, sondern auch rechtssystemisch den rechten Herrn und Frau XYZ nicht verwehren.

Meinen Protest hatte ich zunächst nur fakultätsintern geäußert, doch Dekan, Präsident, Fakultät und Universität machten daraus eine Haupt- und Staatsaktion, die nationale Wellen schlug.[146] Die Kollegenmehrheit (ach ja, Mehrheit …) wollte »rücksichtslos aufklären«. So nannte es ein Theologe. »Ja, rücksichtslos«, konterte der erdverbundene Soziologie-Kollege, mein Freund Eckart Zimmermann. Am Ende der ›Mein-Kampf‹-Affäre schwemmte eine Welle außeruniversitärer Empörung den Dekan hinweg, eine andere den Präsidenten. Mein Präsident fiel – mit Hilfe des Verteidigungsministers? – weich. Obwohl unhabilitiert, bekam er in Stuttgart einen Lehrstuhl und sprang dabei auf die nächst höhere Besoldungsstufe.

Mein Präsident war politisch nicht mehr haltbar, nachdem einer seiner Mitarbeiter insgeheim eine Besprechung zwischen mich unterstützenden Kollegen und mir mitgehört und aufgezeichnet hatte. Das Gesprächsprotokoll leitete der Präsident an Bundesverteidigungsminister Rühe weiter, in der Hoffnung, jene Kollegen und mich anzuschwärzen, wenngleich wir eher harm- und bedeutungslos geschwätzt hatten. Irgendjemand im Präsidentenumfeld schwatzte seinerseits etwas zu viel, indem er sich der abgehörten Niederschrift brüstete und die präsidentielle Weiterleitung rühmte. Ich protestierte bei Rühe. Nach

Hick und Hack wurde der Präsident zurückgetreten (Passivform), und, wie immer bei solchen Gelegenheiten, hieß es diplomatisch-amtlich, er sei zurückgetreten (Aktivform). Dem geschassten Präsidenten folgte ein Mann des Übergangs aus dem Hause. Luft- und Raumfahrttechniker. Er hatte wirklich abgehoben und war auf Erden mehr Mit- als Vorläufer. Wegen meines Mein-Kampf-Kampfes legte er im Verteidigungsministerium Dienstaufsichtsbeschwerde gegen mich ein. Sie landete im Papierkorb, genauer: folgenlos in den Akten.

Mein vierter Universitätspräsident, ein evangelischer Theologe, war als Vertreter des Gottesfaches sozusagen von Amts wegen auch für Ethik zuständig. Er kam zu uns als oberster Verwalter. Das blieb er. Er musste und sollte nicht der oberste Wissenschaftler der Universität sein, scheint sich aber als Nur-Promovierter ohne Professorentitel unter Professoren nicht ganz wohlgefühlt zu haben. Irgendwann wurde er im ungarischen Pec und als Abschiedsgeschenk 2005 an der Humanwissenschaftlichen Fakultät der Universität der Bundeswehr München »Professor« ehrenhalber.[147] Im Mai 2004 wurde mir, wie geschildert, unterstellt, ich hätte in einem Fernsehinterview den Einsatz von Folter befürwortet.[148] Das stimmte zwar nicht, und schon gar nicht so, aber die Wahrnehmung zählt, nicht die Wahrheit, und auch deswegen ist »Perzeption«, Wahrnehmung, eine zentrale Kategorie politikwissenschaftlicher Analyse. Gerne nahmen es auch viele Kollegen an Fakultät und Universität so wahr. Das ließen sie dankenswerterweise die Außenwelt wissen.

Der Präsident wollte weitere öffentliche Eskalationen vermeiden, lavierte, taktierte und flunkerte auch ein bisschen. Er schlug Minister Struck vor, ein deeskalierendes Gespräch mit mir zu führen. Dazu kam es vierzehn Tage später. Würde mich mein Präsident verteidigen oder den Sachverhalt richtigstellen? Den Mut hierzu hatten zum Beispiel Margarete Bause und Jerzy Montag von den Grünen. Mit anderen Argumenten half mir die Schriftstellerin Monika Maron, auch ein hoher israelischer Diplomat, der von einem Verteidigungs-Staatssekretär belehrt wurde, dass man »das« in Israel, aber nicht in Deutschland sagen könne. Es half dank einiger Nachhilfen Paul Spiegel vom Zentralrat der Juden, noch mehr und ohne Nachhilfe sein Vize Salomon Korn.

Klug, sachkundig und öffentlich verteidigten mich der Präsident der Wissenschaftlervertretung (Deutscher Hochschulverband), der Juraprofessor Bernhard Kempen, sowie der Berliner Hochschullehrer Richard Schröder, wie mein Präsident evangelischer Theologe. Richard Schröder zeigte, wie immer, Mut. Mein Präsident und die Mehrheit meiner Kollegen stellten mich an den Pranger. Wenn schon Folter, dann folgerichtig. Immerhin – und darob lobte sich mein Präsident selbst – habe er mich in seinen öffentlichen Stellungnahmen trotz der Kontroverse als »Kollege Wolffsohn« bezeichnet. Sollte ich dankbar niederknien?

Dem Präsidenten folgte eine Präsidentin. Wie ihr Vor-Vorgänger war auch sie Historikerin, und auch sie kam aus meiner Fakultät. Persönlich kannte ich sie nur vom Guten-Tag-Sagen bei einigen wenigen Fachveranstaltungen und von ihrer vorherigen Lehrstuhlvertretung. Da hatte sie gleich am Anfang mehr als »Guten Tag« gesagt. »Wir müssen doch gegen das schwarze Lager« zusammenhalten, vertraute sie mir an. »Lager« jeder Art waren mir stets zuwider. Bei ihrer Berufung hatte ich mit dem auswärtigen Kommissionsmitglied, einem weit über Deutschland hinaus geachteten Historiker[149], gewagt, sie aus rein fachlichen Gründen auf Platz zwei der Liste, nicht auf eins, zu setzen, unter anderem weil ihr beim Bewerbungsvortrag ein krasser methodologischer Fehler unterlaufen war. Die Dame wurde dennoch berufen.

Im Frühjahr 2004 hatte sie die meisten der damaligen Fakultätskollegen dazu bewegt, mich in einer öffentlichen Entschließung zu attackieren, und zwar mit der Behauptung, ich würde Folter befürworten und hätte zwei Grundgesetzartikel gebrochen. Das Erste stimmte nicht und das Zweite ist schon rein rechtlich nicht möglich und deshalb wissenschaftlich absurd. Das Grundgesetz bindet den Staat, nicht die Bürger. Der Bürger kann Straf- und Zivilrecht brechen, nicht jedoch die Verfassung. Pranger und Maulkorb hielt die Kollegin auch in einem anderen Fall für das geeignete politische Instrument. Im Sommer 2011 drückte sie ohne Rechtsgrundlage drei unbescholtenen Redakteuren der Studentenzeitung hochschulöffentlich das Etikett »rechtsextrem« auf und setzte alle Hebel in Bewegung, um die Angeprangerten ihres Offiziers-Postens zu entheben.

Man muss seine Fantasie nicht sonderlich anstrengen, um zu erraten, dass die Karriere junger Menschen durch den Aufkleber »rechtsextrem« nicht nur in der Bundeswehr beendet ist, bevor sie angefangen hat. Das ist im Prinzip richtig, aber falsch, wenn Aufkleber und Inhalt nicht identisch sind. Dann ist das Aufkleben ein Bruch der Fürsorgepflicht. Es ist zudem unwissenschaftlich, unverantwortlich und unentschuldbar, weil unmenschlich.

Das fand auch die Redaktion der ›Frankfurter Allgemeinen Zeitung‹. Sie befragte zwei Kollegen und mich. In einem gemeinsamen Artikel entkräfteten wir den Vorwurf, die drei Studenten-Redakteure seien rechtsextremistisch, und verwiesen auf die grundgesetzlich gesicherte Meinungsfreiheit. Vielleicht, hoffentlich haben wir den zu Unrecht Beschuldigten geholfen. Abgesetzt wurden die drei Redakteure nicht. Wichtiger war die Makellosigkeit ihrer Personalakte.

Wie bei allen politischen Konflikten, die ich in drei Professoren-Jahrzehnten an meiner und anderen Universitäten erlebt habe, gehören Kollegen der Technikfächer mit Ergebenheitsentschließungen an die Hochschulleitung meist zur Spitze der »Ruhe-ist-die-erste-Professoren-und-Studenten-Pflicht«-Bewegung. Professor-profiteri-bekennen? Fehlanzeige. Stattdessen: Ruhe im Karton!

Meine Studenten

Ladies first: Am Anfang gab es an beiden Bundeswehruniversitäten (München und Hamburg) keine Studentinnen. Seit 2001 dienen auch Frauen in der Bundeswehr. Im Jahre 2012 waren es ungefähr zehn Prozent, an der Bundeswehruniversität München 368 von 2204 also 13 Prozent.[150] Das hat auch an der Bundeswehruniversität München (wahrscheinlich ebenfalls in Hamburg) das Klima verändert, will sagen: erheblich verbessert. Gleiches gilt übrigens für Fakultäten und Universitäten, für alles und jedes. Nicht nur als Absolvent einer reinen Jungenschule, ehemaliger Soldat in männerdominierten Einheiten oder einst rein männlichen Lions- oder Rotaryklubs ziehe ich überall und immer Gemischtgeschlechtliches vor. Wer 's anders mag, möge es anders.

Ebenfalls ist festzustellen, dass die Leistungen der Studentinnen – an der Bundeswehruniversität wie an anderen Universitäten, oft besser als die der männlichen Kollegen sind. Diese Feststellung ist nicht hormonell, sondern soziologisch erklärbar: Bezogen auf Karrieren sind Frauen leider immer noch eine Minderheit und als solche stärker aufstiegsmotiviert und daher leistungswilliger als etablierte Mehrheiten, in diesem Falle Männer. Keine Sorge oder Proteste, Ausnahmen bestätigen die Regel – widerlegen sie aber nicht.

Weniges, wenngleich einiges, unterscheidet Studenten der Bundeswehruniversitäten von anderen Studenten, die ich an den zivilen deutschen Groß- und Klein-Universitäten oder auch (Elite- und »Excellenz«-) Hochschulen im In- und Ausland erlebt habe. Überall kochen die Studenten (und Professoren!) mit ganz normalem Wasser. Glanz- und Fehlleistungen sind individuell, nicht gesamtuniversitär, geschweige denn national.

Erstaunlich finde ich diese Tatsache: In all meinen Jahren an der Bundeswehruniversität München, von 1981 bis 2012, hatte nur ein winziger Teil der Studenten jemals Clausewitz, den bedeutendsten Militärdenker, gelesen, den ausländische Offiziere oft und zu Recht in- und auswendig kennen. Bei einer meiner »Evaluierungen« wurde ich durch einen Studenten aufgeklärt: »Auch ohne Clausewitz zu kennen, sind Bundeswehroffiziere die besten der Welt.« Amen. Wie hielten es Bundeswehrstudenten, also junge Berufs- und Zeitoffiziere bis zu (damals zwölf) Jahren, zu meiner Zeit mit dem Militärischen an sich? Ich wage folgende Aussage, die jedoch nicht auf empirisch-repräsentativen Untersuchungen beruht. Im Kalten Krieg, bis zur Wiedervereinigung und zum zweiten Golfkrieg (Oktober 1990 bzw. Januar, Februar 1991), motivierte und dominierte den akademisch-westdeutschen Offiziersnachwuchs ein angenehm unstrammer, gemeinschaftsbezogener Patriotismus, verbunden mit atlantisch-westlicher Weltanschauung, die Außenstehende gerne »Antikommunismus« nannten. Dieses Schlagwort war, bezogen auf die meisten Studenten-Offiziere, falsch. Richtig wäre »Freiheitserhalt durch Abschreckung«.

Zu Beginn des zweiten Golfkriegs, kurz nach der Wiedervereinigungs-Riesenanstrengung, drängten die USA auf eine deutsche Beteiligung, die das Tandem Kohl/Genscher gegen viel Geld an die westliche Koalition und (zunächst) vier U-Boote an Israel für einen eventuellen atomaren Zweitschlag Israels (seinerzeit gegen Saddams Irak, heute gegen den Iran der Mullahs) abzuwehren vermochte. Jedenfalls schien es Anfang 1991, dass Bundeswehrsoldaten möglicherweise erstmals Krieg führen müssten. Seltsam, aber wahr(genommen): Damit hatten damals viele (die meisten?) Nachwuchsoffiziere = Bundeswehrstudenten nicht gerechnet. Sie wachten vom kriegsfreien Wunschtraum auf und bekamen Albträume, und mit diesen kam erstmals die Erkenntnis, dass Soldatsein eben doch kein »Job« wie jeder andere und manchmal tödlich ist.

Fortan stieß erkennbar und deutlich häufiger als zuvor ein neuer Typus zur Bundeswehr: Nicht »Rambo«, aber doch der Kämpfer, für den Akademisches eher Akadämliches war. Staat, Gesellschaft, Medien und Militärführung der vereinigten Bundesrepublik beharrten auch in (den lange Zeit nicht so genannten) Kriegseinsätzen – Höhepunkt Afghanistan seit 2002 – konsequent auf dem Primat des Ethischen und wie auch immer zu bewertenden Politischen. Das zeigte Wirkung. Dem Kämpfer folgte der Idealist oder Pragmatiker, jedenfalls ernsthafte und ernst zu nehmende Jung-Persönlichkeiten, die »trotz allem« und »trotz Gefahr für Leib und Leben« und trotz der auch von ihnen erkannten eklatanten Politik- und Strategie-Defizite der Bundeswehr und Bundesregierung(en) Soldaten wurden, nicht zuletzt (oft quasi gehaucht, gehört und nie pathetisch hinausposaunt), um dieser freien Gesellschaft etwas zurückzugeben, ihre Freiheit zu erhalten. Nicht nur, aber auch Studenten-Offiziere »mit Migrationshintergrund«, selbst ein Deutscher chinesischer Herkunft, begründeten ihre Entscheidung so oder so ähnlich. Es klang nie eingetrichtert oder auswendig gelernt.

Viele meiner besten Ex-Studenten waren als Berufsoffiziere Kosovo- und Afghanistan-Veteranen. Die meisten beklagten sich über die bürokratische, fiskalische, gefühlskalte, wenig rücksichtsvolle Menschenführung und Personalbehandlung sowie Materialdefizite der Bundeswehrleitung. »Warum bleiben Sie dennoch in der Bundeswehr?« fragte ich sie. Die häufigste Antwort: »Geld bekomme ich woanders mehr. Top-Angebote aus der Wirtschaft hab ich. Ich gehöre zur Afghanistan-Generation. Ich will unseren Staat, unsere Gesellschaft, die Bundeswehr besser machen, menschlicher.«

Diese Offiziere haben nicht nur ihren Clausewitz verstanden und das Primat der Politik vorbehaltlos verinnerlicht. Für sie ist »Innere Führung« keine Worthülse, sicher nicht Militarismus, sondern demokratischer Idealismus. Sie verstehen ihr Leben in der Bundeswehr als Einsatz von Menschen mit Menschen fürs Leben anderer Menschen, für, ja, Mitmenschlichkeit. Keine Sorge, es ist mir bekannt, dass andere das anders sehen. Wie viele Bundeswehr-Angehörige kennen sie?

Unvermeidlich: von Juden und ausländischen Inländern
Zu den Anwendern der Antisemitismus-Keule gehörte ich nie, und den umstrittenen Begriff der »Auschwitz-Keule« hat nicht Martin Walser 1998 erfunden. Ich war's 1990 in ›Keine Angst vor Deutschland‹. Dieser Begriff war die tagespolitische Versinn*bild*lichung meines in ›Ewige Schuld‹ (1988) erstmals vorgetragenen Gedankens, dass der Holocaust nicht selten von bestimmten jüdischen ebenso wie nichtjüdischen Akteuren in bestimmter Absicht als »politisches Instrument« missbraucht würde.

1990 war dies der Zusammenhang: Wegen Auschwitz, so Günter Grass nach dem Fall der Mauer, dürfe es keine Vereinigung Deutschlands geben. Ich warnte vor Auschwitz als Argument und Wort»Keule«.

Studenten (und Studentinnen) der Bundeswehruniversitäten sind zugleich Offiziere. Sie stehen, das wissen wir seit knapp vier Jahrzehnten aus diversen Umfragen, mehrheitlich nicht rechtsaußen, eher mitterechts, doch häufiger rechts von der Mitte als zivile Studenten. Sind sie auch antisemitisch(er)?

Ich bin mit dem beim inflationär gebrauchten Antisemitismusvorwurf sehr zurückhaltend, weil er viel zu oft und oft auch unberechtigt ohne empirische Argumente als verbales Totschlaginstrument missbraucht wird. Ohne nähere Begriffsbestimmungen will ich dies und jenes beschreiben, was, sagen wir, direkt oder indirekt jüdische Dimensionen aufweist. Wer was wie nennt, bleibe jedem überlassen.

Nicht obwohl, sondern weil jüdisch und nicht trotz, sondern wegen der deutschen Militärgeschichte empfand ich (m)eine Lehrtätigkeit an einer Bundeswehruniversität als herausfordernde Aufgabe: Demokratisches Engagement, Wissenschaft und Bürgerlichkeit. Hier ist, meine ich, das Aufgabenfeld nicht nur wissenschaftlich, sondern auch historisch pädagogisch im Rahmen des Primats demokratischer Politik spannender als an zivilen Hochschulen; zumindest für mich wegen der deutschen (Militär-) sowie der jüdischen und meiner Familiengeschichte. Ich war erster jüdischer Professor an einer Bundeswehruniversität. In meiner Antrittsvorlesung wollte ich darauf hinweisen – als Zeichen erfolgter Entkrampfung, ja, Normalisierung. Bitte nicht, sagten mir besonders die Kollegen, von denen ich wusste, dass sie sich besonders für meine Berufung eingesetzt hatten. Ihre Begründung:»Wir wollten Sie berufen, weil Sie für uns der beste Bewerber, nicht weil Sie Jude sind.« Ich war menschlich und geschichtspolitisch dankbar und beglückt.

Meine Studenten und -innen begegneten mir meist freundlich, obwohl oder gerade weil oder unabhängig davon, dass ich durch meine Dienstzeit in den Jahren 1967 bis 1970 das israelische Militär von innen besser als die Bundeswehr kannte.

Dass ein deutscher Jude und Exsoldat Israels den»deutschen Offiziersnachwuchs«, wie die ›National- und Soldatenzeitung‹ es mehrfach beschrieb,»vergiftete«, empörte deutsche Rechtsextremisten seit meiner Berufung an diese Universität und bis zum letzten Tag an dieser Stätte. In meinem Vorlass (er lagert im Archiv des Münchener Instituts für Zeitgeschichte) kann sich, wer will, anhand zahlreicher Liebesbriefe samt saftig, vulgär antisemitischer Morddrohungen davon überzeugen.

Nun können Alt- und Neunazis endlich aufatmen. Die beiden Bundeswehruniversitäten sind, soweit ich sehe,»judenrein«. Doch zu früh gejubelt, denn inzwischen sind Bundeswehr und Bundeswehruniversitäten, wie die deutsche Gesellschaft überhaupt, bezüglich der Herkunft ihres Personals längst nicht mehr»rein deutsch«. Einige meiner besten und nettesten Studenten bzw. Offiziere waren rumänischer, ungarischer, russischer, türkischer und, ja, chinesischer Herkunft. Womit nicht gesagt sei, dass unter den Herkunftsdeutschen keine guten und netten Studenten zu finden gewesen wären.

In meinen 31 Jahren an dieser Universität kam es gelegentlich zu antisemitischen Zwischenfällen. Über»die« Juden wurde, meist im Suff, höchst Unerfreuliches ausgespuckt. Die Medien berichteten schnell. Das war gut und richtig. Sie berichteten aufgebläht, denn sie nahmen sich (wie so oft) zu wichtig. Und sie verallgemeinerten. Das war und ist schlicht falsch.

Persönlich begegnete ich keinem antisemitischen Studenten – und es kamen, offenbar gerne, recht viele, die von und bei mir lernen wollten. Nach einem der vermeintlichen oder tatsächlichen medial multiplizierten Antisemitismen fragte ich Stamm-Studenten (m)eines Seminars, wo denn die Antisemiten auf unserem Campus steckten, mir sei keiner zu Augen oder Ohren gekommen.

Wohlwollend, überlegen lächelnd blickten mich die jungen Männer an (damals gab es noch keine Studentinnen), schließlich sagte einer: »Die kommen zu Ihnen bestimmt nicht. Ja, es gibt jene Antisemiten, sehr ärgerlich, aber nicht sie sind die Mehrheit, sondern wir, und wir stehen zu Ihnen.« Ich werde diesen und diesen folgenden, ähnlich denkenden und auftretenden Studenten immer dankbar bleiben.

Jenseits der Dankbarkeit ist dies ein schönes Beispiel dafür, dass und wie subjektive Wahrnehmungen Bilder und Meinungen erzeugen, die man selbst für richtig hält, die es aber nicht sind. Persönlich tappt fast jeder, selbstverständlich auch ich, in diese Falle. Beruflich liefern hierzu unprofessionelle Journalisten und sogenannte Wissenschaftler fast täglichen Anschauungsunterricht.

Wie richtig jene Studenten ihr Umfeld beurteilten, bestätigte mir ein ranghoher Offizier, der im November 2011 an einer vom American Jewish Committee organisierten Israelfahrt der Bundeswehr teilnahm. Er hatte an der Bundeswehruniversität Hamburg studiert, wo er mehrfach dies gehört habe: »Ein Glück, dass wir in Hamburg und nicht in München studieren. Dort lehrt der Quotenjude Wolffsohn.« Regt mich das auf? Ja. Oder doch nein, denn da fällt mir der jüdische Kabarettist Georg Kreisler ein: »Nur in Israel ist der Antisemitismus eine innerjüdische Angelegenheit.«

Inner- und außeruniversitär unappetitlich, ätzend und verletzend, wurde das jüdische Thema im Zusammenhang mit der ›Mein-Kampf‹-Kontroverse. Kollegiale Abneigung, selbst Feindschaft ist alltäglich und nicht der Rede wert, geschichtspolitische Rücksichtslosigkeit und mangelndes Einfühlungsvermögen sind unter zivilisierten und gebildeten

Menschen aus meiner Sicht unverzeihlich. Die spaßgruseligkitzlige, kommentarlose Lesung aus ›Mein Kampf‹ ist für mich, ob Jude oder nicht, keine Aufklärung.

Persönliche Feindschaft, Ablehnung, Vorurteile, der immer zuverlässige Neid und falsche Wahrnehmung, nicht Antisemitismus, motivierten im Jahre 2004 meine Kollegen zu öffentlichen Schlachten gegen mich. Es ging ihnen wie dem ›Zauberlehrling‹ von Goethe: Die Geister, die sie riefen, wurden sie nicht los. Mit medialer und politischer Rückdeckung besonders des Bundesverteidigungs- und Außenministers, Struck und Joschka Fischer, wurden subjektiv ungewollt, doch objektiv, faktisch unbestreitbar antisemitische Geister gerufen, innerhalb und noch mehr außerhalb der Universität. Die Fakten? Brutale Mails und Briefe zuhauf, darunter eindeutige Morddrohungen, die ausdrücklich »dem Juden« oder auch »dem Saujuden Wolffsohn« galten. Wer öffentlich wirkt, muss wissen, was er bewirkt.

Der letzte Konflikt mit einer unerwarteten, unerfreulichen jüdischen Dimension wurde kurz vor meiner Pensionierung vor allem von einem Kollegen weniger auf meinem als auf dem Rücken eines Doktorandenkandidaten ausgetragen. Ich hatte diesem vorgeschlagen, die »Arisierung« und »Wiedergutmachung« meines Großvaters, des Filmpioniers Karl Wolffsohn, zu erforschen. Sein Nachlass lagert, wie gesagt, im Archiv des Instituts für Zeitgeschichte München und wird von dessen wissenschaftlicher Leitung als das Umfangreichste und Beste zur NS-Enteignung und der bundesdeutschen »Rückgabe« jüdischen Vermögens bewertet. Weil Enkel der historisch-juristisch analysierten Persönlichkeit, hatte ich von Anfang an darauf verzichtet, die Arbeit zu begutachten bzw. zu bewerten. Gleichviel. Einige machten daraus einen Neubiberger Cocktail aus Guttenberg (Dissertationsplagiat), Wulff (vermeintliche Käuflichkeit) und Wolffsohn (einfach so).

Ethisch prickelnd und wissenschaftlich preisverdächtig war dieser Vorwurf: Meinen Großvater, dessen Vermögen die Nazis enteignet bzw. »arisiert« hatten, der also NS-Opfer war, verwandelte jener Kollege in einen Fast-Täter. Hinter meinem Rücken, versteht sich. Ich wolle meinen Großvater, so die Kollegen-Behauptung, »weißwaschen«. In einem Rundschreiben an alle Herren und Damen Professoren stellte ich die

Dinge vom Kopf auf die Füße. Der Kollege rechtfertigte sich – nicht bei mir: Nicht vom Weißwaschen habe er gesprochen, sondern von einem Schatten, der bei Arisierung und Wiedergutmachung auf meinen Großvater gefallen sei.

Das alles ist gewiss kein Antisemitismus, erst recht nicht von rechts, es wirft aber einen Schatten auf denjenigen, der Täter von Opfern nicht unterscheiden kann oder will und, so würde der Berliner ganz unwissenschaftlich sagen, »einen Schatten hat«.

Von Juden zu ausländischen Inländern. In der Bundeswehr gibt es inzwischen nicht wenige. Nutzt sie das Potenzial optimal? Der Werdeund spätere Abgang (m)eines chinesischen Studenten H. lässt Zweifel aufkommen. Die Rückkehr dieses an unserer Hochschule ausgebildeten deutschchinesischen Offiziers in seine Heimat war eine selbst verschuldete Dummheit der Bundeswehrverantwortlichen. Dieser junge Deutsche volkschinesischer Herkunft war »den Deutschen« dankbar, dass sie seine Familie und ihn so freundlich aufgenommen und ihm die deutsche Staatsbürgerschaft verliehen hatten. Als »Dank an Deutschland« diente er in der Bundeswehr.

Die Bundeswehr hatte ihn im Jahre 2000 aufgenommen und erkannte im Jahre 2003, dass er chinesischer Herkunft war – was natürlich weder sein chinesisches Aussehen noch sein chinesischer Vor- und Nachname verraten hatten. Der junge Mann wurde 2003 als »Sicherheitsrisiko« eingestuft. Er durfte trotzdem bis 2010 bei uns studieren. Nach seinem Examen erteilte ihm die Bundeswehr Gottes gerechte Strafe für seine Herkunft. Er wurde nicht seiner Qualifikation gemäß eingesetzt. In irgendeiner gottverlassenen Amtsstube musste er Fliegenbeinchen zählen. Er bat deshalb um vorzeitige Entlassung. Sein Antrag staubte nicht nur auf dem Schreibtisch des damaligen Wehrbeauftragten Reinhold Robbe (SPD) ein.

Mein Exstudent bat um meine Hilfe, auf deren Beschreibung ich verzichte. Am Ende gewann China, verlor Deutschland einen begabten Ökonomen, der schnell die hohen Sprossen der Manager-Karriereleiter erklomm und unser Land gesellschaftlich, kulturell und wirtschaftlich bereichert hätte. Mehr Deutsch-Türken als Deutsch-Chinesen dienen heute in der Bundeswehr, auch als Offiziere, die bei uns studieren. Sie sind allesamt ein Beispiel für unverkrampfte, gelungene Integration. Das ist nicht nur das Verdienst der bundesdeutschen Gesellschaft, sondern auch der Bundeswehr.

Meine Minister

Die universitäre Berufungskommission hatte mich auf Platz eins der Bewerberliste gesetzt. Dennoch war offen, ob mich Helmut Schmidts Verteidigungsminister Hans Apel, SPD, berufen könne. Ich war weniger das Problem als das 1,2 Milliarden-DM-Loch bei der Finanzierung des Tornado-Kampfflugzeuges. Ein Tornado oder ein Wolffsohn? – das war hier (Vorsicht, Ironie) die Frage. Am Ende machte mein Professorengehalt den Kohl auch nicht mehr fett. Es wurden Tornados und ich finanziert. Hans Apel, das sagte er mir 1993 oder 1994 auf der Frankfurter Buchmesse, habe das nicht bereut. Einige seiner Nachfolger sahen das bestimmt anders, und Sie, verehrte Leser, kennen die wichtigsten Geschichten hierzu bereits aus dem Kapitel über den Kriegsgott und die Wolffsohns.

»Medienprofessor«

Wissenschaftler runzeln die Stirn, wenn von »den« Medien, besonders vom »Idiotenmedium« Fernsehen die Rede ist. Medienkeuschheit war deshalb »zu meiner Zeit«, besonders in Deutschland, ein Karrieregebot für Akademiker, die in ihrer Zunft »etwas werden« oder bleiben wollten. Gegen dieses Keuschheitsgebot habe ich wissentlich und willentlich verstoßen. Dass ich mich dadurch an der Wissenschaft versündigt hätte, sehe ich nicht. Warum sollen Wissenschaftler ihr Wissen nur im Elfenbeinturm verbreiten und die breite Masse dem Oligopol der Schwätzer ungeschützt aussetzen? Ganz abgesehen davon, dass die meisten Akademiker trotz allem gerne medial auftreten – wenn man sie ruft. Nur ruft man sie eben selten, weil sie meistens vor lauter Bäumen den Wald nicht erkennen und benennen, sprich: nicht »zu Potte kommen«. Was Außenstehende nicht wissen oder verkennen: Dauerhafte Medienpräsenz bringt einen dramatischen Verzicht auf Privatheit und birgt Gefahren für Leib und Leben. Selbst Nasenbohren an der roten

Ampel ist unerkannt nicht möglich. Erst recht nicht gegenüber der Polizei, die meine Familie und mich seit mehr als zwanzig Jahren freundlich schützt.

Meine Medienvergnügen waren gemischt. Hätte ich besser geschwiegen? Vielleicht wäre ich »Philosoph geblieben« (wenn ich je einer war), aber dann hätte ich Schwindsucht im Rückgrat und wäre, weil nicht bekennend, kein wirklicher Professor. Professor – profiteri – bekennen.

Wilhelm Braun-Feldweg, ein Maler und Designer (1908–1998)

Die Liebe oder gar Fähigkeit zur Bildenden Kunst, ja, zum Schönen an und für sich, war und blieb bei den Wolffsohns und Saalheimers eher unterentwickelt. Funktion galt mehr als Ästhetik. Das ist, trotz namhafter jüdischer Künstler, Mäzene oder Sammler seit dem 19. Jahrhundert in gewisser Weise »typisch jüdisch«.

Jenseits des Familiären oder Individuellen ist die historische Ursache das vermeintliche Bilderverbot im Judentum. Ich sage »vermeintlich«, denn es handelt sich um eine historisch gewordene und eben nicht religiös vorgeschriebene Entwicklung. Sie hat die durchaus vorhandene jüdische Bild-Tradition, die bis zum Hochmittelalter bestand, jäh abgebrochen. Zählebig hält sich innerhalb und außerhalb der jüdischen Welt das Missverständnis vom Bilderverbot im Judentum. Die weitgehende Bildlosigkeit der jüdischen Welt setzte sich vom Hochmittelalter bis weit ins 19. Jahrhundert fort. Auch der Wolffsohn-Clan bedurfte deshalb der ästhetischen Entwicklungshilfe der »Gojim«, also der Nichtjuden. Mein Schwiegervater, Wilhelm Braun-Feldweg, hat sie geleistet. Diese den Wolffsohns neue Welt sei vorgestellt.

Wilhelm Braun-Feldweg war ein Bauernsohn. Das »Gut« seines Vaters war eher ein »Schlecht«. Sieben Jahre Volksschule im Dorf, anschließend Industrielehrling als Stahlgraveur und Ziseleur. 1927 bis 1935 Kunstgewerbeschule und Akademie der Bildenden Künste Stuttgart, zuletzt Meisterschüler des Schweizer Expressionisten Heinrich Altherr. Einjährige Unterbrechung: externes Abitur. 1932 erste Teilnahme an einer Ausstellung der Stuttgarter Sezession, an Ausstellungen des Württembergischen Kunstvereins und erste Einzelausstellung im Kunstverein Heilbronn. April 1933 erneut in der Stuttgarter Sezession. Die

NS-Politik verhindert die Eröffnung der Ausstellung. Ende der Sezession und zugleich, aus WBFs Sicht, Beginn deutscher Tatbestände. Um den Nationalsozialismus zu bekämpfen, will er am 2. Mai 1933 Mitglied der Kommunistischen Partei (KPD) werden. Die SA hat das Parteibüro geschlossen. 1935 eine WBF-Koje im Rahmen der Akademieausstellung. Seitdem Ausstellungsverbot. Gedachter Ausweg: Studium der Kunstgeschichte. Promotion 1938 über einen Barockkünstler (Titel der Dissertation: ›Der Maler Christian Thomas Scheffler, ein Asamschüler‹, Stuttgart, 1939).

An diesem Punkt der Vita bieten sich einige zeitgeschichtliche Erklärungen an. Sie lassen die nicht erwähnten Existenzprobleme ahnen, jene Zwänge, die der jeweils Betroffene durch berufliche Weichenstellungen unschädlich zu machen hoffte. Da spielen im damaligen Kampf um die Kultur markante Jahre eine verhängnisvolle Rolle. Zwischen 1933 und 1937 gab es immerhin Zeiten geringeren Drucks, in denen man sich dem Glauben und der Hoffnung hingab, quasi überwintern zu können. Das in diesem Zusammenhang herausragende Ereignis war dann ohne Zweifel die Eröffnung des zur Repräsentation im großen Stil erbauten Hauses der Deutschen Kunst. Das war 1937.

Bis 1937 waren Rosenberg und Himmler einerseits sowie Goebbels und Baldur von Schirach andererseits die Spitzenregisseure des nationalsozialistischen »Kulturkampfs«. So sei diese Auseinandersetzung hier bezeichnet. Man erzählte sich damals, dass über dem Schreibtisch von Goebbels immer noch ein Bild Emil Noldes hänge. Das war auch deshalb glaubhaft, weil Goebbels selbst als dichtender Dilettant, und in dieser Eigenschaft Anhänger expressionistischer Ausdrucksformen, einen (grausligen) Roman verfasst hatte mit dem aussagekräftigen Titel ›Michael, Roman einer deutschen Seele‹.

Jedenfalls konnte sich Nolde Hoffnungen auf amtliche Anerkennung machen. Immerhin hatte ihn Goebbels mit einem Handschreiben zur Teilnahme in München eingeladen. Dieser zunächst bekennerhaft deutsche Maler glaubte daher, Gesinnungsgenossen gefunden zu haben. Nach jahrelanger Unterdrückung durch – so sah es Nolde – »pariserisch« eingefärbte Kritiker wie Karl Scheffler.

Der Sommer 1937 kam, das Haus der Deutschen Kunst wurde eingeweiht, Hitler hielt die Eröffnungsrede, und diese bereitete Noldes Illusionen ein jähes Ende. Da war, ohne Namensnennung, aber eindeutig auf Nolde gezielt, die Rede von Malern, die den Himmel grün und die Wiese blau sahen oder färbten. Bilder dieser Art, so Hitlers neues Programm, sollten den Grundstock einer neuen, einer anderen Ausstellung bilden. Ein Pranger der »Entarteten« sollte entstehen. Man weiß heute einigermaßen, oder sollte jedenfalls wissen, was daraus wurde.

Bei den eben in den Nestern der Meisterateliers flügge werdenden Nachwuchskünstlern lieferten solche Nachrichten einen massiven und nachhaltigen Schock. Was sie verehrten, fanden sie, garniert mit hämischen Bildtexten, in den Räumen der Münchner Galerie am Hofgarten. Als »entartet« präsentierten die Nationalsozialisten dort die späten Selbstbildnisse Lovis Corinths, Arbeiten von Paula Modersohn-Becker, Namen wie Munch, Chagall und viele andere. Drüben aber, im Haus der Deutschen Kunst, fand sich alles ein, was abgetan schien.

Wilhelm Braun-Feldweg brachte der Sommer 1937 einen doppelten Rückschlag. Nach der eigenen Produktionssperre kam nun die Gefahr, die dem geistigen Fluchtweg galt. Er hatte seit zwei Jahren an einem Buch über seinen letzten Lehrer und Freund gearbeitet, den Maler und Stuttgarter Akademieprofessor Heinrich Altherr. Heinrich Altherr war Mitbegründer der Stuttgarter Sezession und ein international renommierter Expressionist. Jene heute berüchtigte Kommission, angeführt vom sogenannten »Meister des Schamhaars«, Adolf Ziegler, Präsident der Überwachungsbehörde »Reichskammer der bildenden Künste«, hatte auch alles, was von Altherr in den öffentlichen Kunstsammlungen hing, abgehängt und beschlagnahmt.

WBFs Altherr-Buch konnte 1938 bei Orell-Füssli in Zürich erscheinen. Das hatte eine Groteske zur Folge, die erwähnenswert ist. Im Dezember 1938 hatte ein Stuttgarter Buchhändler den Schneid, das Altherr-Buch zu zerlegen und mit den großformatigen Abbildungen eines seiner Schaufenster in der Königstraße von oben bis unten zu dekorieren. Daraus entstand ein Zwischenfall: Aktiv als SA-Obergruppenführer war in Stuttgart der ehemalige Reichswehrleutnant Hanns Ludin. Zur Erinnerung: Hitler-Prozess in Ulm, dem Röhm-Massaker gerade noch entkommen, nach dem Zweiten Weltkrieg von Slowaken in Preßburg gehenkt. Ludin, aus kultivierter Familie stammend, zitierte gelegentlich Hölderlin, gab kunstbezogenen Anwandlungen nach und sich denselben hin. Ludin war in musischen Fragen offenbar ein Gegner Alfred Rosenbergs, wollte eine Gegenbewegung organisieren und entdeckte begeistert das für seine Absichten ihm sehr geeignet erscheinende Schaufenster mit den Abbildungen aus dem Altherr-Buch Braun-Feldwegs.

Nichts kann die Ambivalenz dieser Kreise drastischer demonstrieren als der Vorschlag Ludins, der Autor möge sich in diese Bewegung einreihen. Doch Braun-Feldweg war inzwischen Soldat.

Im Frühjahr und Sommer 1987 haben die neu begründete Galerie der Stadt Böblingen und die Galerie Schloss Dätzingen gemeinsam eine großzügige Rehabilitierung der in den 1930er Jahren aufgelösten Stuttgarter Sezession unternommen. Umfangreiche Ausstellungen sowie repräsentative Kataloge trugen dazu bei, die Erinnerung an einstmals gewachsene Strukturen der Malerei im deutschen Südwesten wachzurufen. Stadt und Staat unterstützten dieses Vorhaben. Natürlich, denn heute, im neuen Deutschland, wollen wir uns lieber an das künstlerische Vorgestern als an das Gestern erinnern. In seiner Rede zur Eröffnung dieser Ausstellung gestand Heinrich Dilly, Professor für Kunstgeschichte an der Universität Stuttgart, ihm seien die Auswirkungen der NS-Politik auf arrivierte Künstler natürlich bekannt; er habe jedoch keine Ahnung davon gehabt, dass der Nachwuchs praktisch unter einer Art Berufsverbot zu leiden hatte, das heißt, auf Abwege gezwungen und quasi amputiert wurde.

Die Vorboten des kommenden Krieges und erst recht sein Ausbruch enthoben die meisten von ihnen weiterer Berufssorgen. Braun-Feldweg für nahezu zehn Jahre.

1948: Rückkehr aus britischer Gefangenschaft in Ägypten. Danach stellte sich die alte Frage mit der von Währungsreform und familiärer Existenz bedingten Dringlichkeit. Auch dies eine keineswegs einzigartig-persönliche, sondern eine Generationsaufgabe. Die Lösung: Rückbesinnung auf handwerkliche Erfahrung. Eine Ausstellung der amerikanischen Militärregierung, Titel: ›Wir bauen ein neues Leben‹, stellte den Kontakt mit den einstigen Werkbund- und Bauhausideen wieder her.

Auf dieser Ausstellung waren vor allem Arbeitsbeispiele emigrierter deutscher Künstler und Handwerker auf allen Gebieten des Interior-Design zu sehen. So kam es zu praktischer Arbeit mit der Industrie und für die Industrie. Braun-Feldweg wurde Designer und als Designer weltbekannt. Internationale Auszeichnungen und Exponate im New Yorker Museum of Modern Art beweisen dies. Obwohl die Malerstaffelei auch im Berliner Atelier am Steinplatz, in der Hochschule der Künste, ihren Platz in der Ecke beanspruchte, wurde sie nie benützt. Allzu deutlich überwog die Einsicht, beides nebeneinander – hier Design, dort Malerei – sei unmöglich. Erst nachdem in allen einschlägigen Auskünften zu lesen stand: »Übernimmt keine Designaufträge mehr«, und auch dann noch mit Verspätung, begann sich das eigentliche Ich, das Maler-Ich Braun-Feldwegs, wieder zu regen. Allerdings mit umso größerer Heftigkeit.

Form und Normen in Kunst und Gesellschaft
Form ist das Schlüsselwort zu Wilhelm Braun-Feldweg. Was denn sonst bei einem Designer? WBF und die Form gehören aber nicht nur beruflich, künstlerisch und äußerlich zusammen, sondern auch innerlich und politisch-zeithistorisch.

Der immens literaturkundige WBF griff gern und oft ein Schillerzitat »Über das Schöne und die Kunst« auf. Es stammt aus den ›Schriften zur Ästhetik‹: »Es gehört also zu den wichtigsten Aufgaben der Kultur, den Menschen auch schon in seinem bloß physischen Leben der Form zu unterwerfen und ihn, so weit das Reich der Schönheit nur reichen kann, ästhetisch zu machen, weil nur aus dem ästhetischen, nicht aber aus dem physischen Zustand der moralische sich entwickeln kann.«

Dabei solle das »Ding«, so WBF, »nicht repräsentieren. Es soll dem Menschen seine Freiheit lassen, sich ihm unterordnen und seinen Zweck erfüllen.«

Die gute Form soll also jedermann zugänglich, erschwinglich und möglich sein; kein Instrument der Reichen und Repräsentanten, sondern der Repräsentierten oder (in der Sprache der 68er) der »Massen«.

Die gute Form ist somit auch ein Instrument zur Sicherung oder Erlangung individueller sowie kollektiver Freiheit. WBF hatte diese Gedanken 1954 in seinem Buch ›Normen und Formen‹ veröffentlicht. Rund anderthalb Jahrzehnte später formulierte es Herbert Marcuse.

Bei mir weckte das Erinnerungen an den wilden Juni 1967, ans Audimax der Freien Universität Berlin. Ich hatte fasziniert und angewidert zugehört, wie Rudi Dutschke in seiner mich an Goebbels erinnernden Rhetorik »Herbert« davon überzeugen wollte, dass Ästhetik reaktionär wäre. Für Marcuse war sie »revolutionär«, weil sie Wirklichkeiten positiv überwand.

Ironie des Schicksals: Seinen Schülern und vielen Kollegen, die in den Sog der 68er, der deutschen Studentenrevolte gerieten, galt Marcuse als Apostel, WBF als Beelzebub und »Reaktionär«, manchem, so das damalige Allerweltswort, gar als »Faschist«. Diese auch auf mich feuernde Allerweltskanone der 68er traf mich nicht, aber WBF zog sich resigniert und bitter in die innere Emigration der Emeritierung zurück, aus der Hochschule der Künste in Berlin ins brav-biedere Würzburg, wo er wieder – gar nicht brav und bieder – zu malen begann, woran ihn die wirklichen Faschisten, die deutschen Nationalsozialisten nämlich, seit 1933 systematisch gehindert hatten. Wie war es möglich, dass WBF, vom Blickpunkt seiner Laufbahn eher ein Leidtragender des Faschismus, von seinen einstigen Jüngern nicht, wie Marcuse & Co., als Fast-Ikone verehrt, sondern als »Faschist« verschrien und Schwiegervater eines Holocaust-Nachfahren wurde? Was für eine Kopfstand-Welt.

Nicht nur wegen seiner kantigen, vielleicht sogar autoritären Persönlichkeit – ein Softy war WBF nicht. Das ist jedoch keine Erklärung für jene Entfremdung. Auch nicht Anzüge oder gar Krawatten, die WBF vor 1968 als »Zivilisationsstrick« bezeichnet und seit 1968 provokativ zur Schau getragen hatte. Kleiderordnung als Formgebung, »Kleider machen Leute«, Kleider signalisieren Gesinnung und Normen.

Der Formbruch der 68er war für WBF zugleich ein Normenbruch, der Bruch der bürgerlichen Gesellschaft. Doch hatte er mit seinem Existenzialisten-Look bis 1968 nicht selbst den Formen- und Normenbruch vorgeführt? Nur oberflächlich. Épatter le bourgeois, den (Spieß-)Bürger wollte WBF kitzeln, nicht killen, noch weniger »die bürgerliche Gesellschaft«.

Dieser bürgerlichen Gesellschaft entstammte der Bauernsohn und Autodidakt WBF nicht. Als junger Mann hatte er gegen sie rebelliert, in aller Form, mit den Mitteln provokativer Formlosigkeit im Alltag. Der Form- und Norm-, dann Zivilisationsbruch der Nationalsozialisten machte WBF klar: Nur die Normen und Formen der »Offenen Gesellschaft« (Popper), von den 68ern als bürgerliche Gesellschaft verdammt, rettet den Menschen vor dem Menschen, verhindert den moralischen Dammbruch, den Zivilisationsbruch. ›Normen und Formen‹, einer von WBFs Buchtiteln, war sicher kein Zufall.

Ebenfalls kein Zufall, dass auch der deutschbürgerliche Teil der Wolffsohns aus eben diesen Gründen die Bundesbürgerlichkeit der Adenauer-Ära, oft als »Restauration« verschrien, durchaus schätzte und sich der Entbürgerlichung Deutschlands widersetzte.

Gesittung und Gesinnung machten WBF zum kritisch-überzeugten, streitbaren Bürger der bundesdeutschen Demokratie. Bürger, nicht Spießbürger, und ohne die Insignien des Bürgers, zum Beispiel die Krawatte. Das änderte sich durch und seit 1968. Nun betonte er, seiner Lust am Herausfordern gerne nachgebend, fast ritualisierend, die Form, während beruflich formgebende 68er, also auch Designer, den Formenbruch zelebrierten.

Designer und Formgeber ohne Form? Das war von Anfang an ein Widerspruch in sich selbst. Absurd. Nicht zuletzt deshalb haben inzwischen die meisten Designer ihren Frieden mit WBF geschlossen. Der Staub jener Schlachten hat sich gesetzt, und WBF-Exponate findet man heute in den besten Design-Sammlungen der Welt.

Die Form, auch als Kunstwerk, löst die Vergänglichkeit des Menschen nicht auf. Sie vergegenwärtigt aber den Formgeber über seinen Tod hinaus. Das gilt für WBF ebenso wie für Karl Wolffsohn, die Lichtburg und die Gartenstadt Atlantic.

X

GESCHICHTETE GESCHICHTE

Die Toten leben

Die Toten leben. Wir leben durch sie. Sie sind tot und zugleich, wie Hamlets Vater, geistig sowie genetisch in und mit uns. Wer heute lebt, ist morgen Vergangenheit. Wir und sie leben in den Späteren.

Erzählte Zeit ist die Verschmelzung von Vergangenheit, Gegenwart und angenommener Zukunft. In der jüdischen, besonders der talmudischen Erzählweise, fließen die verschiedenen Zeiten oft in eine einzige. Dort treffen wir auf Geschichten, in denen Gott, »der Zeitlose ohne Anfang und Ende« (Maimonides), der biblisch-symbol-, doch nicht realhistorische Moses sowie Rabbi Akiva, der im zweiten nachchristlichen Jahrhundert lebte und als Märtyrer starb, einander zur selben Zeit begegnen. In einer, sagen wir, »Metazeit« oder »Überzeit« einander begegnen.

Nicht nur Heils-, auch Real-Geschichte erzeugt, wenn mächtig genug, eine Art überzeitlicher, nicht zuletzt gefühlsaufwallender Geschichte. In ihr und durch sie sind die Toten lebendig. Die Lichtgestalten ebenso wie die Mächtigen der Finsternis. Sowohl individuell als auch kollektiv will oder soll eine fiktive oder die faktische Geschichte die Toten zu neuem, in der Gegenwart und Zukunft anleitendem, überzeitlichem, körperlosem Leben erwecken. Nicht selten geschieht das in erzieherischer Absicht.

Geschichtspolitik und Volkspädagogik wollen Tote wiedererwecken – und machen sie damit ungewollt meistens noch toter als tot. Ich war so vermessen, eine Mischung aus Wissen und Gefühl, Sachlichkeit und Parteilichkeit zu wagen. Ob mir das gelang, können nur Sie, verehrte Leser, ermessen. Vielleicht gelang es mir, Ihnen wenigstens zu schildern, weshalb und wie »meine« Toten in mir und für mich in meiner kleinen und großen Welt leben.

Geschichte besteht aus Schichten. Die Summe aller teilgeschichtlichen Schichten ist »die« Geschichte. Nicht alle Schichten sind sichtbar, aber sie alle sind vorhanden. Wer sie sehen will, muss sie ausgraben. Das ist die Aufgabe der Historiker.

Die Geschichtsereignisse geschehen nacheinander. Beim Ausgraben liegen sie übereinander. Der Ausgrabende sieht das einst nacheinander Geschehene in einer eigenen Jetztzeit. Diese abstrakte Aussage sei konkretisiert.

Aufgewachsen bin ich in Berlin-Grunewald, Trabener Straße. Eine Adresse wie Millionen andere, gäbe es an deren einem Ende nicht den Bahnhof Berlin-Grunewald mit Gleis Nummer 17. Von dort wurden die Juden Berlins ins Gas transportiert. Lange wusste ich es nicht, und als ich es wusste, änderte sich mein Alltag nicht grundsätzlich. Beim Zähneputzen blickte ich auf die Gleise. Mal »sah« ich die Toten und dachte an sie, mal nicht. Im Jahre 2004 feierten wir den ersten Abend des Pessachfestes (Seder) mit einem Freund meiner Eltern. Er trat ins Esszimmer, schaute aus dem Fenster, erschrak erkennbar, und es brach aus ihm hervor: »Auf diesen Gleisen wurde mein Bruder im Viehwagen nach Auschwitz gebracht.« In diesem Zimmer denke ich manchmal an jene Begebenheit, oft auch nicht. Das jeweilige Jetzt ist die oberste Schicht, darunter liegt die Seder-Schicht 2004, darunter wiederum die Auschwitz-Schicht der Jahre 1942 bis 1944 und noch tiefer, sofern überhaupt bekannt, die ersten Schichten der Bahnhofsgeschichte seit 1879. Historisch am wichtigsten ist die Auschwitz-Schicht, im Alltag dominiert allerdings die Jetzt-Schicht. Bei jedermann.

Machen wir uns nichts vor: Jede Heute-Schicht überlagert bei jedem die Gestern-Schichten. Das ist (phrasendeutsch) kein Vergessen, Verdrängen oder Verniedlichen, sondern Zeit-Schichtung und damit Geschichte. Dass auch sie wirkt, bleibt unbestritten, denn Gleis 17, Bahnhof Berlin-Grunewald, erregt und bewegt mehr als Gleis 17 am Bahnhof Krähwinkel.

Eine meiner Gegenwartsschichten: Ich habe mehrfach im Industrie-Club Düsseldorf gesprochen. Adolf Hitler auch. Am 26. Januar 1932.

Auf diese Weise, ist oft zu hören, hätten ihn »Ruhrbarone« »salonfähig« gemacht. Welche Schicht wirkt auf wen wie stark?

Ein anderes Beispiel: Mein Schulweg von der Trabener Straße zur Walther-Rathenau-Schule in der Herbertstraße war nicht weit. Rechts in der Erdener Straße, gleich nach der Einbiegung, wohnte während seiner letzten Lebensjahre bis zu seinem Tod im Jahre 2015, Egon Bahr, der geistige Vater der Brandt'schen Ostpolitik der Jahre 1969 bis 1974. Diese Zeitschicht hatte ich als Zeitzeuge, zustimmend und erregt, miterlebt. Viel später waren wir uns bei Veranstaltungen, stets wechselseitig hochachtend und nicht immer übereinstimmend begegnet. Ein Fall von Schichtenmischung. Drei Schichten: Ostpolitik, Veranstaltungen, sein Haus.

Wenige Schritte weiter, Erdener Straße 8: In diesem Haus wohnte und wirkte der bedeutende deutschjüdische Verleger Samuel Fischer (1859–1934). Kaiserzeit, Weimar, Hitler und vor allem die Hoch-Zeit der klassischen Moderne deutscher Literatur. Zeitliche und inhaltliche Schichtenmischung. Noch eine: Vom S.-Fischer- führen meine Gedanken zum Ullstein-Verlag, dem deutschjüdischen Konkurrenten, und von den Ullsteins zu meinem Großvater Karl Wolffsohn, Freund und Geschäftspartner dieser Familie.

Ich gelange zur Ecke Erdener-/Wissmannstraße. Ein Steinwurf von der Koenigsallee. Hier wurden die Juden auf dem Weg zum Bahnhof Grunewald, also nach Auschwitz, abgesetzt. Sie wurden das kurze Stück von der Koenigsallee zur Wissmannstraße und von dort in die Trabener Straße getrieben, von wo sie bis zum Gleis 17 gehetzt wurden. In meinem Jetzt »sehe« ich das alles, ich denke an die geschundenen Menschen, »sehe« sie auf dem Leichenberg – und ich denke an den Bus M19, den ich verpasse, wenn ich mich nicht spute und zu heftig ans Gestern und Vorgestern denke.

Ich laufe wenige Schritte weiter. Linker Hand die Wallotstraße mit dem Wissenschaftskolleg, das im Heute nicht gerade selten jüdische Topwissenschaftler einlädt. Schlechtes Gewissen wegen des Gestern? Schichtenmischung?

Gegenüber, an der langen Kurve der Koenigsallee steht der Gedenkstein für Walther Rathenau, Industrieller, Schriftsteller, Politiker. Der erste und bislang einzige Jude als deutscher Außenminister. Wo heute der Gedenkstein steht, wurde Walther Rathenau am 24. Juni 1922 von Rechtsextremisten ermordet. 1922–1933 – Auschwitz. ›Von Kommenden Dingen‹. So lautete der Titel eines seiner Bücher, 1917 erschienen. Schichtenmischung. Im Jetzt meines damaligen Schulalltags erregte und bewegte mich freilich die nächste Mathematikprüfung mehr als Rathenau und der Millionenmord an Deutschlands und Europas Juden. Folglich ging ich oft achtlos am Gedenkstein vorbei.

Ich erreiche schließlich mein Ziel: die Walther-Rathenau-Schule in der Herbertstraße. Benannt wurde sie nach Bismarcks Sohn Herbert. Wir gelangen damit in die Bismarck-Schicht deutscher Geschichte. Guten Tag, Familie Bismarck. Wie viele Frühstückseier haben der Herr Reichskanzler heute verspeist? Unweit sind der Bismarck- sowie der seiner Frau gewidmete Johannaplatz, von dem die an Bismarcks Tochter Hertha erinnernde Straße abgeht. Der Johannaplatz liegt an der Bismarckallee, die fast direkt zur Fontanestraße, uns also von der politischen zur Literaturgeschichte bringt.

Die Fontanestraße endet am Bahnhof Grunewald. Führt also der Weg Bismarckallee–Fontanestraße–Bahnhof Grunewald Gleis 17 »von Bismarck zu Hitler«? Führt etwa nicht nur die Fontanestraße, sondern auch das Werk des Dichters nicht nur straßengeografisch zum Bahnhof Grunewald? Manche behaupten, Fontane sei Antisemit gewesen. Ich halte diese wie jene These für absurd.

Welches Gewicht bringt Familie Bismarck wem und warum auf die Geschichtswaage? Welches kollektive oder individuelle Geschichtsgewicht hat die Bismarck-Geschichtsschicht im Vergleich zur Juden-Geschichtsschicht der Erdener-Wissmann-und Trabener-Straße? Wen erregt diese oder jene Schicht mehr oder eben weniger?

So oder so, was, wenn nicht das alles wäre eine Mischung der zeitlichen und damit auch inhaltlichen Schichten auf engstem Raum; sei die Bedeutung angelesen, erlesen, erforscht, erzählt, erfühlt, erlebt oder erlitten?

Der kollektiven und individuellen, der Makro- und Mikro-Beispiele wären viele. Lange vor dem großen Grauen, unendlich schöner und witziger, hat Heinrich Heine dieses Phänomen, allerdings auf Gleichzeitiges bezogen, beschrieben: »Neben dem Denker ein prosaischer Mensch, der ruhig sein Geschäft treibt – neben jeder Krippe, worin ein Heiland, eine welterlösende Idee den Tag erblickt, steht auch der Ochse, der ruhig frisst.«[151]

Das Erschreckende und doch ganz Normale, weil Überlebensnotwendige: Das Leben geht weiter. Selbst nach Katastrophen. Bert Brecht, der während des Holocaust über diesen geschwiegen hatte, empörte sich Anfang der 1950er Jahre: »Kaum raus aus den Konzentrationslagern« strebten »die« Juden »die Rückkehr in die Geschäftstätigkeit« an.[152] Ja, was denn sonst? Wie alle Juden, die konnten, schlugen sich auch die Wolffsohns »danach« mehr schlecht als recht durchs Alltagsleben, um weiter zu überleben.

Am 23. Juni 2016 wurde an der Gartenstadt Atlantic eine Gedenkstele für Karl Wolffsohn enthüllt. Fünf seiner Urenkel und drei Ururenkel waren dabei. Allein aus Israel waren sechs engste Nachfahren angereist.

Zwei der vier Enkel von Ruth Rotem, der Schwester meiner Mutter, leben mit ihrer Familie in Berlin. Nicht in Bamberg. Nie zuvor hatten sie zu Berlin eine frühere Verbindung. Sie leben nicht mehr in Israel und können, wie die anderen etwa 20 000 Berlin-Israelis, perfekt Englisch. Warum zogen sie nicht nach London oder New York? Nur das niedrigere Preisniveau erklärt es nicht. Es lässt den ketzerischen (?) Gedanken aufkommen, dass die generationelle Abfolge weitgehend nur eine geografisch und zeitlich verschobene Rückkehr zum einstigen, bis 1933 teilweise eben doch verwirklichten Wunschtraum modernjüdischer Hoffnung schlechthin ist: Dem ideellen und materiellen deutschjüdisch-bürgerlichen Wohlleben. Jeder Mensch sucht das »Gut-Leben« bzw. das, was er oder sie für »gut« oder, in der Sprache Aristoteles, für »Glückseligkeit« hält. Das scheinbar neue deutsch-jüdisch-israelische Phänomen lässt sich somit mühelos in die Geschichte »des« Menschen einordnen.

Keiner, auch kein einziger Wolffsohn, kein Jude oder Nichtjude, trägt lebenslang an 365 Tagen, 24 Stunden lang in Kopf und Herz und Hirn ein Holocaust-Mahnmal. Wer sollte wem die Suche nach Wohlleben vorwerfen?

Der Albtraum *war*, der Wunschtraum *ist* wieder. Die Jetzt-Schicht überlagert die Gestern- und Vorgestern-Schicht. Die Zeiten und Umstände ändern sich, und wir mit ihnen.

Jene jungen Juden kehren Israel, der jüdischen Insel im islamischen »Meer«, sowie den Nahostkriegen den Rücken und versuchen, mit arabischen Gesinnungsfreunden, besonders in Berlin, so etwas wie den in Nahost unmöglichen Nahostfrieden. Im Bild gesprochen: Nach der Zerstörung des ersten und zweiten Jerusalemer Judentempels sowie nach dem Dritten Reich bauen sie nun den dritten Judentempel. Diesmal nicht in Jerusalem, sondern in Berlin. Der Versuch ist ehrenwert, doch wirkungslos, denn Berlin ist weder Nahost noch Nabel der jüdischen Welt.

Jene jungen Israelis kehren ihrer Heimat ausgerechnet in einer Epoche den Rücken, in der Nahost und Islam demografisch millionenfach in Deutschland und Westeuropa präsent sind, noch gegenwärtiger und damit politisch gewichtiger werden und ihnen, wie in Nahost, möglicherweise (lebens)gefährlich werden. Jene jungen Juden suchen in Deutschland die Erfüllung oder nachträgliche Vollendung des Vorfahren-Wunschtraums und finden eines späteren Tages vielleicht nur eine Variante ihres heimatlichen Albtraums: den muslimisch-jüdischen Konflikt..

Schuld, Sühne und Versöhnung
Wenn überhaupt materielle Wiedergutmachung geleistet wurde, wenn wir überhaupt entschädigt wurden, besitzen wir ganz oder teilweise das Gleiche. Doch das Gleiche ist eben nicht das Selbe. Sollen wir – die zweite, dritte oder teils vierte Generation – das nicht zurück Gegebene, jetzt nach Jahrzehnten, einfordern? Ausgehend von, doch weit über die Wolffsohns oder das Problem von Raubgut und Raubgut-Rückgabe hinaus sei am Ende die Menschheitsfrage von Schuld, Sühne und Versöhnung bedacht.

Aktuell wird das weite Thema auf Raub*kunst* verengt. Wir können uns nicht allein auf Raubkunst beschränken. Wir müssen den Raub an sich, den gesamten Raub der NS-Räuber betrachten – und natürlich auch die Frage nach den vielfältigen Profiteuren stellen. Der Blick auf die Profiteure, also die Räuber, reicht nicht. Wir müssen Räuber und Beraubte, Täter und Opfer, Väter, Söhne und Enkel betrachten.

Die vielen Wenn und Aber sind bekannt, doch die Bundesrepublik Deutschland war, ist und bleibt ein Rechtsstaat. Trotz bekannter oder noch unbekannter Rechtsdefizite. Nie sind Ideal und Wirklichkeit deckungsgleich. Natürlich auch nicht in unserem Lande. Obwohl viele deutsche Eltern, Kinder und Enkel noch immer mutmaßliche Profiteure der NS-Raubaktionen sind, kann man unmöglich »die« Deutschen als willentliche oder wissentliche Profiteure oder gar Miträuber bezeichnen. Lassen wir die Kirche im Dorf.

Dass die Essener Lichtburg meiner Familie gehörte, war familienintern bekannt. Als Historiker kann ich aber – egal, ob Nachfahre von Opfern oder Tätern – Zeitzeugenaussagen, also deren Wahrnehmung, methodisch nicht mit deren Wirklichkeit gleichsetzen. Das wäre eine handwerkliche Sünde. Gleichwohl ließen sich Wahrnehmung und Wirklichkeit durch Gründlichkeit der (Nach)forschung vergleichen. Das ist inzwischen geschehen. Die großväterliche Wahrnehmung und Schilderung entsprach der Wirklichkeit. Womit wir, nach der Analyse, beim normativen Ansatz wären.

Kein Zweifel: Karl Wolffsohn wurde im Dritten Reich, also dem Vorgängerstaat der Bundesrepublik Deutschland, beraubt. Profiteur des Raubes war betriebswirtschaftlich die UFA, volkswirtschaftlich Deutschland. Recht und Gerechtigkeit verlangten Rückgabe oder Entschädigung an die Familie Wolffsohn, heute die dritte Generation, also an mich, oder die vierte, meine Kinder. Gleiches gälte für die rechtmäßigen Kinder-Enkel-und-Urenkel-Erben der Kunstwerke, die sich zu Unrecht im Hause von einstigen NS-Kunsträubern befinden.

Groß, dominant ist daher der Chor derer, die zu Recht sagen: Rückgabe oder Entschädigung. Andere sagen, ebenfalls zu Recht, Rückgabe und Entschädigung. Das gebiete die Gerechtigkeit. Und wenn es das Recht nicht gebiete (ein Stichwort heißt »Verjährung«), so sei das Recht zu ändern. Die nachträgliche Änderung eines Rechts ist rechtssystematisch höchst problematisch, sie ist eigentlich inakzeptabel. »Nulla poena sine lege.« Keine Strafe ohne Gesetz. Will heißen: Ohne Gesetz zum Zeitpunkt der Straftat. Wer heute dieses und morgen jenes Gesetz à la carte *rück*wirkend ändert, untergräbt den Rechtsstaat – wenngleich (manchmal) sogar in bester Absicht. Rechtsakrobatik ergibt kein Recht.

In diesen recht sauren Rechtsstaatsapfel müssen wir Anhänger und Verfechter des Rechtsstaates beißen. Das ist hart, aber aus den genannten übergeordneten Gründen notwendig. Für die Menschen, nicht gegen sie, obwohl es auf den ersten Blick anders scheint.

Recht führt wahrlich nicht immer zu Gerechtigkeit, doch Recht verhindert Rache, und nicht selten ist die von »Volkes Stimme«, vom »gesunden Volksempfinden«, verlangte »Gerechtigkeit« nur ein anderes Wort für Rache.

Wissensschwache und Meinungsstarke grenzen gerne jene Scheingerechtigkeit positiv vom alttestamentlichen Rechtsprinzip »Auge um Auge, Zahn um Zahn« ab. Sie übersehen erstens: Die Strafe darf dabei nicht härter als die Tat sein. Zweitens beruht auf diesem Grundsatz jedes zivilisierte Rechtssystem, natürlich auch das bundesdeutsche, denn jenes Wortbild besagt: Zwischen Tat und Strafe muss Verhältnismäßigkeit gewahrt bleiben.

Recht und Gerechtigkeit (wie immer man sie definiert) sind hohe Güter. Der innere Frieden ist es auch. Der innere Frieden, der auf Versöhnung basiert. Doch der innere, auf Versöhnung fußende Frieden wird, so hart das klingt, manchmal durch Recht und Gerechtigkeit gefährdet. Ich muss das erklären.

Jegliche Straftat erfolgt zum Zeitpunkt eins. Die Strafe folgt zum Zeitpunkt zwei, drei, vier oder später. Die Strafe ist die Reaktion auf die Aktion. Sie gilt jedoch der Person, welche die Straftat bzw. Aktion begangen hatte. Die Strafe für die Tat der Väter auf deren Kinder, Enkel oder Urenkel zu übertragen ist ein Systembruch. Das zur Seite der Täter und ihrer Nachfahren.

Angewandt auf die Seite der Opfer-Nachfahren: Die meinem Großvater Karl Wolffsohn geraubte Lichtburg-Essen wäre, wie auch anderes ihm geraubtes Eigentum, mir mindestens zurückzugeben. Wahrscheinlich müsste ich darüber hinaus für entgangene Gewinne entschädigt werden. Das wäre gerecht und rechtens.

Operation gelungen, Patient gestorben. Verbrannte Erde. Keine Versöhnung weit und breit. Keine Versöhnung zwischen den Nachfahren der Seite A und der Seite B, Juden und Nichtjuden, den Nachfahren der Räuber, die selbst keine Räuber sind, und den Nachfahren der Beraubten, die nicht selbst beraubt wurden. Verbrannte Erde, keine Versöhnung.

Deshalb habe ich seinerzeit, bereits vor der geschichtswissenschaftlichen Aufarbeitung des Essener Lichtburg-Raubes an meinem Großvater, dem Oberbürgermeister der Stadt versichert: Aufarbeiten ja, Rückerstattung oder Entschädigung nein. Gegenüber der Dresdner Bank (ver)suchte ich die öffentliche, mediale Ächtung. Manche Medien halfen, die Massen gähnten gelangweilt. Das Recht besagte: Verjährung, und außerdem war es, zuletzt 1962, durch den Bundesgerichtshof einmal mehr ge- und verdreht worden. Guten Gewissens gähnten die Massen, Politik, Recht und Geschichtswissenschaft hakten die Causa ab.

Recht ist zur Regelung von Gesellschaften unverzichtbar. Dass rechtliche Entscheidungen immer richtig oder gar mit Gerechtigkeit gleichzusetzen wären, bleibt ein frommer Wunsch. Das hat (auch) Familie Wolffsohn oft erfahren.

Nie vergesse ich den Fall eines Freundes, der ohne einen einzigen Beweis und wider jede Empirie oder Empathie als »Kinderschänder« zu neuneinhalb Jahren Gefängnis verurteilt und dort seelisch sowie körperlich gebrochen, folglich scheibchenweise hingerichtet wurde. Die Justiz irre sich nicht, behauptete die Justiz über sich selbst und war dabei so bescheiden, dass sie »nicht« statt »nie« sagte. Die Vollzugsbehörden beriefen sich auf die Justiz, Medien und andere Menschen gingen reflexartig auf Distanz, sobald das Schlüsselwort »Kinderschändung« fiel. Das ist moralisch verständlich, aber zu Verurteilung und Ächtung bedarf es der Beweise, nicht der Behauptungen, die dann quasi Enthauptungen wären. Unsere familiären Bemühungen, diesem Justizopfer zu helfen, scheiterten bislang. Keiner hatte den Mut, sich gegen die Götter in Richterroben »seines eigenen Verstandes zu bedienen«.

Recht reicht nicht, Gerechtigkeit reicht nicht. Zu erreichen ist Versöhnung. Versöhnung heißt nicht verdrängen oder vergessen. »Gegen das Vergessen!« Oh, wie ist das platt. Natürlich nicht vergessen. Im Jahre 1274 v. Chr. bekämpften sich Ägypter und Hethiter bei Kadesch. Ist diese blutige Großschlacht von welthistorischer Bedeutung vergessen? Die Schlacht von Cannae wurde im Jahre 216 v. Chr. zwischen Rom und

411

Karthago geschlagen. Ist sie vergessen? Der Dreißigjährige Krieg kostete Millionen Menschen zwischen 1618 und 1648 das Leben, in manchen Regionen bis zu 70 Prozent der Bevölkerung. Ist er vergessen? Wie könnten, wie sollten die millionenfachen NS-Verbrechen vergessen werden? Diese Vorstellung ist absurd.

Wahrheits- und Wirklichkeitsleugnung sind langfristig nicht möglich. Irgendwann kommt die historische Wahrheit immer ans Licht, auch wenn der sogenannte Atem der Geschichte oft lange auf sich warten lässt. Irgendwann, jetzt nämlich, wenngleich erst nach Jahrzehnten, wurde die NS-Raubkunst auch öffentlich entdeckt und thematisiert.

Was ein werteorientiertes Gemeinwesen außer Recht und Gerechtigkeit braucht, ist historische Wahrheit. Historische Wahrheit als Grundlage der Versöhnung. Versöhnung durch Wahrheit. Den Grundgedanken Mahatma Gandhis folgend, hat uns der große Nelson Mandela diesen Königsweg gezeigt, indem er nach dem Ende der Apartheid »Wahrheits- und Versöhnungskommissionen« einrichten ließ – ohne Recht und Gerichte oder den Anspruch auf Gerechtigkeit. Dazu ein Mitglied jener Kommission: »Gerichte ermutigen Menschen, ihre Schuld zu bestreiten. Die Wahrheitskommission lädt sie ein, die Wahrheit zu sagen. Vor Gericht werden Schuldige bestraft, in der Wahrheitskommission werden Reuige belohnt.«

Keine Strafverfolgung. Das scheint empörend. Doch Hand aufs Herz: Entsprachen die meist nicht einmal abgesessenen Haftstrafen der in Nürnberg oder im Frankfurter Auschwitz- oder im Münchener Demjanuk-Prozess Verurteilten ihren Verbrechen? Nein. Das jeweilige Strafmaß mag dem Recht entsprochen haben, doch nicht dem Gerechtigkeitsempfinden. Haben die Justizpossen nach dem Ende der DDR für Recht oder gar Gerechtigkeit gesorgt? Im schönen, fernen Chile durfte Erich Honecker sein Leben friedlich aushauchen. Soweit ich weiß, fehlten dort in seinem kleinen Garten nur noch die Gartenzwerge zum vollständigen Idyll an der Seite seiner Frau Margot.

Der Verzicht auf vermeintlich klar bestimmtes oder bestimmbares Recht, welches – noch unwahrscheinlicher – Gerechtigkeit herstellen solle, deckt sich übrigens durchaus mit biblisch-alttestamentlichem Denken. Stichwort: Kain und das Kainszeichen. Der Brudermörder

Kain wird weder von Gott noch von Menschen bestraft. Er muss lebenslang das Kainszeichen tragen. Einerseits ist es Schandmal, andererseits Schutz. Schutz vor Strafe durch andere Menschen. Jenseits des bildhaft Wortwörtlichen steckt in diesem Bild eine schier unermessliche Weisheit: Mord ist weder wiedergutzumachen noch gerecht zu bestrafen. Die wirksamste Strafe für den Mörder ist seine dauerhafte, lebenslange moralische Ächtung und gesellschaftliche Isolierung durch Sichtbarmachung bzw. Brandmarkung seiner Tat, durch das Kainszeichen. Die Wahrheit über die Tat ist die härteste aller Strafen für den Täter. Diesen alttestamentlichen Gedanken hat der US-amerikanische Schriftsteller Nathaniel Hawthorne in seinem famosen Roman ›The Scarlet Letter‹ (deutsch: ›Der scharlachrote Buchstabe‹; 1850) aufgegriffen. Wir, die Gegenwärtigen und auch die Zukünftigen, sollten im Zusammenhang mit Strafe, Recht und Gerechtigkeit uns dieser grandiosen alttestamentlichen Idee bzw. Botschaft erinnern. Nelson Mandela und Desmond Tutu haben, seltsamerweise ohne den Kainsbezug, genau danach gehandelt. Ähnlich auch der Grundgedanke im alten Athen: Nach der Herrschaft der Dreißig, um 403 v. Chr. wurden durch die Amnestie nur (wie beim Nürnberger Prozess) die Hauptschuldigen verurteilt, die Übrigen bildeten in Eleusis eine eigene Gemeinde – abgesondert. Das war ihr Kainszeichen.

Das Kainszeichen anbringen kann nur eine, genauer: die moralische Instanz. In der Bibel ist es Gott. Das Bibelbild übertragen auf die Wirklichkeit des Menschen wäre das Gewähren von Amnestie bei gleichzeitiger Kennzeichnung bzw. Nennung des Schuldigen und seiner Schuld. Diese Amnestie gewährt, wie gesagt, der Mensch. Aber nicht jeder Mensch, sondern eine moralische Instanz, zum Beispiel das und die Opfer: etwa »die« Juden, »die« schwarzen Südafrikaner oder dort allen voran eben Nelson Mandela und Desmond Tutu.

Jene Wahrheits- und Versöhnungskommissionen verhinderten auch zivilrechtliche Schadensersatzklagen. Pro Opfer oder Opfer-Nachfahre zahlte der Staat 20 000 Euro. Eine läppische Summe. Falsch? Scheinbar. Tatsächlich richtig, denn eine angemessene, »richtige« Entschädigung für Leid, Folter oder gar Tod gibt es nicht. Auch die finanzielle »Wiedergutmachung« durch die frühe deutsche Bundesrepublik an »die« Juden innerhalb und außerhalb Israels (sofern sie überhaupt erfolgte) war finanziell unzureichend, wie nicht zuletzt (und überproportional beachtet) die neuen Erkenntnisse zur NS-Raubkunst beweisen. Das böse Wort, Rembrandt hätte nie so viele Bilder gemalt, wie den Juden ab 1953 für seine Bilder von der BRD bezahlt, war nicht nur böse, es war schlicht falsch.

Längst bewiesen ist außerdem, dass auch bekanntes Raubgut nicht als solches benannt und deshalb auch nicht erstattet wurde. Siehe Karl Wolffsohn und viele, viele andere. Privat und öffentlich haben sich Deutschland und »die« Deutschen, nicht alle, doch sehr viele, am Raubgut langfristig bereichert. Manche Enkel wissen es nicht einmal. Anders als das arme Südafrika könnte und sollte aber das reiche Deutschland dafür sorgen, dass noch lebende Opfer oder ihre Nachfahren nicht als Spätfolge ihres Leids ihr Dasein in Armut fristen. Das ist leider nicht selten der Fall.

Wir hätten es leichter als Nelson Mandela und Desmond Tutu, denn sie (ver)suchten die direkte Versöhnung zwischen Opfern und Tätern. Nach dem Abtreten bzw. Ableben der meisten Täter und Opfer müssen wir nur die leichtere Wahrheitsversöhnung zwischen den Nachfahren der Täter und Opfer (ver)suchen. Diese Suche, dieser Versuch, ist eigentlich unsere moralische Pflicht, denn Schuld ist immer nur individuell, nie kollektiv.

Kinder und Enkel der Täter sind keine Täter, und Kinder oder Enkel der Opfer sind keine Opfer, wenngleich Ergebnisse der wissenschaftlichen Psychologie dokumentieren, dass die historisch wahren Taten oder Leiden der Eltern die Kinder und Enkel erheblich belasten bzw. traumatisieren.

Durch Wahrheit Versöhnung. Das war auch meiner Familie und meine Maxime, als wir für die Erneuerung der Gartenstadt Atlantic langfristig auf Erträge aus diesem Familieneigentum und, wie erwähnt, auf Entschädigung zum Beispiel für das folgende, 1933/34 geraubte Eigentum Karl Wolffsohns verzichteten: nicht nur, sondern nicht zuletzt aufs dombenachbarte Großkino Lichtburg in der Essener Fußgängerzone, die Riesengrundstücke der einst weltberühmten Berliner Variétés Scala und Plaza, diverse andere Kinos oderoderoder.

Rückgabe oder Entschädigung nach 1949? Weder noch. Im BRD-Westen erhielt die Familie Wolffsohn keinen West-Pfennig; für die Essener Lichtburg sowenig wie für die Scala. Nicht anders im DDR-Osten, wo einst die Plaza stand und seit 1933/34, wenn voll besetzt, dreitausend Kraft-durch-Freude-»Volksgenossen« erfreut hatte. Freudig, weil kostenlos übernahm 1952 der Verlag des SED-Zentralorgans ›Neues Deutschland‹ das Plaza-Grundstück.

Warum trotzdem unser Verzicht? Weil der Teufelskreis von Tat und Vergeltung durch Bestrafung durchbrochen werden sollte. Das klingt edel und nobel, doch es fiel uns nicht schwer. Unsere Lebensentwürfe hatten wir ohne jenes Eigentum, ohne dieses Erbe, geplant und verwirklicht, obwohl der Erbgang in der Tradition der europäischen und amerikanischen Demokratie ein Naturrecht ist. »Life, liberty, property« und property auch verstanden als Erbe.

Anders als in unserem Falle gab und gibt es freilich Holocaust-Opfer und Opfernachfahren, die nach der Schoah in bitterster Armut lebten. Das war, das ist ein Skandal. Doch wozu mehr oder wieder haben, wenn man, wie meine Familie und ich, trotz und nach dem Raub auch ohne vollständige Erstattung genug hat? Mehr als genug brauchen wir nicht, wollen wir nicht.

Aus Naturrecht, Recht und Vergangenheit abgeleitet, rückwärts betrachtet, wäre die Rückgabe gerecht und rechtens. Vorwärts beschaut, hätte sie alte Wunden aufgerissen. Wem das Sein mindestens so wichtig wie das Haben ist, wird mir zustimmen. Das ist meine Sicht. Ich maße mir nicht an, sie für allgemeingültig zu erklären. Ich sehe mich jedoch bestätigt, wenn ich an das viele böse Blut denke, das zum Beispiel im Zusammenhang mit der Rückgabe des Kirchner-Gemäldes ›Straßenszene‹ floss.

Der Chef der Villa Grisebach, der nicht nur in deutsch-jüdischen Dingen absolut koschere und noble Bernd Schultz, durch und durch ein Herr, hatte 2006 in der ›FAZ‹ einen Artikel veröffentlicht, in dem er kenntnisreich und sachlich begründete, weshalb das Bild nicht erstattet werden solle oder müsse. Er bohrte, leider zu Recht, in einer Wunde: Jene vermeintlich zwingende Kirchner-Rückerstattung habe mehr mit Geld als dem Holocaust und dessen moralisch-finanzieller Aufarbei-

tung zu tun. Daraufhin machte eine amerikanisch-jüdische Bürger-
initiative aus diesem Herrn einen antisemitischen Hund. Als er und fünfzig andere prominente Berliner, darunter Altbundespräsident Richard
von Weizsäcker, seit 2008 den USA als Dank für die Freiheitssicherung
Westberlins Gerhard Marcks' berühmte Statue ›Der Rufer‹ schenken
wollten, verhinderte dies jene Bürgertruppe. Nicht einmal die Fürspra-
che des amerikanisch-deutsch-jüdischen Henry Kissinger half, und der
deutsche Botschafter in Washington litt an einem Defizit, das schon
Heinrich Heine bei seinen deutschen Zeitgenossen diagnostiziert hatte:
Schwindsucht am Rückgrat.

Versöhnung sei das Ziel. Das ist die Aufgabe. Nach Schuld: Umkehr.
Nach Umkehr: Sühne. Nach Sühne Versöhnung und durch Versöhnung
Frieden. Schuld-Umkehr-Sühne-Verzicht-Versöhnung, Frieden.

Schuld, Umkehr, Sühne war die Aufgabe der Tätergeneration. Auf
der gesamtstaatlichen Makroebene und, wo nötig, auf der individuellen
Mikroebene.

Versöhnung und Frieden ist die Aufgabe der Täter-Nachfahren *und*
die Aufgabe der Opfer-Nachfahren. So schwer es Opfer-Nachfahren auf
der Makro- oder Mikroebene und auch mir (manchmal) fällt, so bitter
es scheint, so ungerecht es ist, so phrasenreich, acht- und gedankenlos
Gedenkpolitiker denken und reden – für Versöhnung und Frieden soll-
ten die im Wohlstand (nicht die in Armut) lebenden Erben der dritten
Generation sowie ihre Nachfahren auf das geraubte und nicht erstattete
Familieneigentum verzichten. Dieses einst geraubte und nicht erstattete
Eigentum sollte jedoch als solches dauerhaft gekennzeichnet werden.
Als Kainszeichen. Siehe Lichtburg, Essen; siehe Plaza und ›Neues
Deutschland‹.

Wer, wenn nicht wir? Wann, wenn nicht jetzt? Ich bin nicht so vermessen, uns oder gar mich an Mandela zu messen. Doch wozu haben
wir Vorbilder? Wir können es ihnen nicht gleichtun. Ich, wir bestimmt
nicht. Aber den Vorbildern nacheifern können und sollen wir. Wir müssen, wenn wir nach der Unmenschlichkeit Menschlichkeit, Versöhnung
und *Frieden* wollen.

Genealogie

Karl Wolffsohn: der Über-Wolffsohn, 1881 Wollstein – 1957 Berlin (West)
Cäcilie, Heinrich, Willi, Jakob bzw. Jacques, Georg, Max, Elise: Geschwister
Recha, geborene Landecker: seine Frau, 1886 Exin – 1972 Berlin (West)
Hedwig, Trude, Grete: Geschwister
Justus Saalheimer, Vater von Thea Wolffsohn, 1887 Bamberg – 1964 Tel Aviv
Martin, Siegfried (Fredi), Hermine: Geschwister
Gretel Saalheimer, geb. Bickart, Justus' Ehefrau, 1895 Nürnberg – 1967 Tel Aviv
(»Das Mutterle hat nicht viel gesprochen«, Tochter Thea. Daher ist nur wenig zu überliefern.)
Willi (später Zeew) Wolffsohn: Sohn von Karl und Recha Wolffsohn, 1916 Berlin – 1991 Schadmot Dworah, Israel
Max Wolffsohn: Sohn von Karl und Recha Wolffsohn, 1919 Berlin – 2000 Berlin
Lea, geborene Zadek: Willis Ehefrau, 1920 Hamburg – 2000 Schadmot Dworah
Jigal, Juwal, Joaw, Jaron: Söhne von Lea und Zeew
Thea, geborene Saalheimer: Max' Ehefrau, 1922 –
Edith, in Palästina/Israel *Judith*, 1925 Bamberg, Schwester von Thea Wolffsohn, verheiratet mit *Jitchak Turbowicz* Kinder: *Dalia, Joram*
Ruth, 1927 Bamberg, Schwester von Thea Wolffsohn, verheiratet mit *Zeew Rotem*; Söhne: *Ron, Ornan*
Michael Wolffsohn, geboren 1947 in Tel Aviv, Sohn von Max und Thea
Rita, geborene Braun-Feldweg, geboren 1948 in Geislingen an der Steige, Michaels Ehefrau
Philip, Katrin, Andreas: Kinder

Anmerkungen

1 Vgl. die Biografie von Ulrich Döge, »Er hat eben das heiße Herz«. Der Verleger und Filmunternehmer Karl Wolffsohn, Berlin 2016.

2 Heinrich Heine, Aphorismen und Fragmente Nr. 74, in: Heinrich Heine, Säkularausgabe, Red. Hans Böhm, Berlin (DDR) 1988, S. 196.

3 Fabian Riedel, Arisierung und Wiedergutmachung. Das Beispiel Karl Wolffsohn, Dissertationsvorhaben, Universität Potsdam, Lehrstuhl für deutschjüdische Geschichte.

4 Amos Oz, Eine Geschichte von Liebe und Finsternis, Frankfurt am Main 2002, S. 105.

5 Belege in Wolffsohn/Brechenmacher, Die Deutschen und ihre Vornamen. 200 Jahre Politik und öffentliche Meinung, München 1999.

6 http://www.konrad-adenauer.de/dokumente/briefe/brief-pro-palaestina1 (Abruf 22.11.2015, 14:58h). Vgl. besonders Hans-Peter Schwarz, Adenauer. Der Aufstieg 1876–1952, 3. Auflage München 1986, S. 327 ff.

7 Michael Wolffsohn, Ewige Schuld? 40 Jahre deutsch-jüdisch-israelische Beziehungen, München/Zürich 1988; M. Wolffsohn: Das deutsch-israelische Wiedergutmachungsabkommen von 1952 im internationalen Zusammenhang. In: Vierteljahrshefte für Zeitgeschichte, 36. Jg. Heft 4, (1988).

8 Wer genauere Begründungen erfahren möchte, sei auf mein Buch ›Keine Angst vor Deutschland‹, Erlangen 1990, verwiesen oder auf meine Textsammlung ›Verwirrtes Deutschland‹, München 1991. Dem gleichen Gericht eine neue Sauce zu übergießen empfinde ich als Zumutung an andere und mich.

9 http://www.gerhildkomander.de/frauen-in-berlin-themen/101-frauen-themen-frauen-abitur.html

10 Vgl. dazu Michael Wolffsohn/Thomas Brechenmacher, Die Deutschen und ihre Vornamen. Politik und öffentliche Meinung, München 1999.

11 Belege im Nachlass Karl Wolffsohn, Institut für Zeitgeschichte, München, ED 0230-0070.

12 Ausführlich belegt ist alles in denselben Archivunterlagen, a. a. O.

13 A. a. O.

14 Karl Wolffsohn an Rechtsanwalt Helmut Lass, Berlin, 14.4.1950, a. a. O.

15 Hans Neumann an Recha Wolffsohn, Berlin, 18.5.1950, a. a. O.

16 Rechtsanwalt Lass an Karl Wolffsohn, Berlin, 18.7.1950, a. a. O.

17 Karl Wolffsohn an Hans Neumann, Berlin, 10.11.1950, a. a. O.

18 Dieser Abschnitt ist eine umgearbeitete Fassung der Passage über Thomas Brasch in meinem Buch ›Meine Juden – Eure Juden‹, München 1997, S. 103 ff. Das Gedicht »Meine Großmutter« ist entnommen aus: Thomas

Brasch ›Die nennen das Schrei. Gesammelte Gedichte‹. © Suhrkamp Verlag Berlin 2013.

19 Michael Wolffsohn/Uwe Puschner, Geschichte der Juden in Deutschland, München 1992, S. 209. Für Preußen: Monika Richarz, Die Entwicklung der jüdischen Bevölkerung, in: Deutsch-Jüdische Geschichte in der Neuzeit, Band III, 1871–1918, hrsg. von Steven M. Lowenstein u. a., München 1997, S. 19 f.

20 Michael Wolffsohn, Israel – Geschichte, Politik, Gesellschaft, Wirtschaft, 7. Auflage Wiesbaden 2007, S. 381.

21 Pew-Umfrage, http://www.nytimes.com/2013/10/01/us/poll-shows-major-shift-in-identity-of-us-jews.html?ref=us&_r=0 (Abruf 29.12. 2016, 11:23).

22 T. W. Adorno an M. Horkheimer, in: Theodor W. Adorno/Max Horkheimer, Briefwechsel 1927–1969, Band IV: 1950–1969, hrsg. von C. Gödde und H. Lonitz, Frankfurt am Main 2006, S. 55.

23 Vorsicht, Diebstahl. Die Überschrift habe ich von John Updikes Roman ›In the Beauty of the Lilies‹, deutsch: ›Gott und die Wilmots‹ gestohlen.

24 Demnächst im Nachlass Karl Wolffsohn, Institut für Zeitgeschichte, München. Dort ist der gesamte Karl-Wolffsohn-Nachlass, ebenso wie mein Vorlass, auf Antrag allgemein zugänglich. Es gelten die üblichen Sperrfristen und Genehmigungsregeln.

25 Ricarda Huch, Lebenslauf des heiligen Wonnebald Pück, Wiesbaden 1956, S. 75.

26 Zuletzt hierzu telefonisch am 18. Juli 2016, 21:35 Uhr.

27 Der Babylonische Talmud, neu übertragen durch Lazarus Goldschmidt, Neuausgabe Frankfurt am Main 1996, S. 634. Ich habe das angestaubte Deutsch etwas poliert.

28 Rafael Plaut, Jeschiwa Ateret Kohanim, Jerusalem, an Arno S. Hamburger, 25.8.1993. Die Kopie ist in meinem Privatbesitz und kann demnächst im Vorlass Michael Wolffsohn, Institut für Zeitgeschichte, München, eingesehen werden.

29 Ebd.

30 Karl Wolffsohn, Reisetagebuch 1949 ff., Institut für Zeitgeschichte, München, ED 230/10.

31 Jean-Marie Lustiger, Gotteswahl, München 1992.

32 Tagebuch, 15.6.1942, S. 18.

33 Tagebuch, 7.12.1942, S. 82.

34 Vgl. dazu die klassische Schrift Erich Fromms, You shall be as Gods. A Radical Interpretation of the Old Testament and its Tradition, New York 1966.

35 Reisetagebuch Karl Wolffsohn, Institut für Zeitgeschichte, München, Archiv, ED 230/10.

36 Michael Wolffsohn, Meine Juden – Eure Juden, München/Zürich 1997, S. 168 ff.

37 Reisetagebuch Karl Wolffsohn, S. 15.
38 Henry Leide, NS-Verbrecher und Staatssicherheit. Die geheime Vergangenheitspolitik der DDR, Göttingen 2005.
39 Vgl. Michael Wolffsohn, Die Deutschland-Akte. Juden und Deutsche in Ost und West. Tatsachen und Legenden, München 1995, S. 88 ff.
40 Gábor T. Szántó, In Schuld verstrickt. Tagebuch eines ungarischen Rabbiners, Berlin 1997.
41 Heinz Galinski an Michael Wolffsohn, Berlin, 31.1.1990, Vorlass Michael Wolffsohn, Institut für Zeitgeschichte München, Archiv.
42 Michael Wolffsohn an Heinz Galinski, München, 28.10.1991, Institit für Zeitgeschichte, Archiv, Vorlass Michael Wolffsohn.
43 Notarurkunde, Hubertus Schlenzig, 7. Mai 1965. Die notarielle Urkunde für den Verkauf bzw. Kauf am 7. Mai 1965 befindet sich im Amtsgericht Schöneberg, Berlin, S. 6. Hubertus Schlenzig, Berlin, Uhlandstr. 15 war der unterzeichnende Notar.
44 Fabian Riedel, Universität Potsdam 2017. Notarurkunde, 7.5.1965, a. a. O.
45 Notarurkunde, 7. 5.1965, S. 10.
46 Siehe die Notarurkunde vom 7.5.1965. Die Einsichtnahme in das Grundbuch war am 12. April 1965 erfolgt, a. a. O., S. 4.
47 Notarurkunde, 7.5.1965, a. a. O., S. 12 f.
48 Interview Ignatz Bubis, Frankfurter Rundschau, 15.10.1992.
49 Ein gewisser Jonathan Morse hatte in einer US-Postille behauptet, ich sei ein (zum Christentum) »konvertierter Jude« (»converted Jew«). Ich hatte geklagt. Das Oberlandesgericht (OLG) Frankfurt wertete in seiner Entscheidung vom 10.2.1997 jene Behauptung als legitime Meinungsäußerung. Die Faktenlage kümmerte das OLG offensichtlich nicht.
50 Roland Timm, Süddeutsche Zeitung, 17.11.1992.
51 Michael Wolffsohn, Meine Juden – Eure Juden, München/Zürich 1997, S. 69 ff.
52 Ignatz Bubis, Ich bin ein deutscher Staatsbürger jüdischen Glaubens. Ein autobiographisches Gespräch mit Edith Kohn, Köln, 4. Auflage 1997, S. 97 (1. Auflage 1993).
53 Ignatz Bubis mit Peter Sichrovsky, »Damit bin ich noch längst nicht fertig«, Die Autobiographie, Frankfurt – New York 1996, S. 73.
54 Bubis, a. a. O., S. 74.
55 Bubis, a. a. O., S. 75.
56 Hans Leyendecker, Das Echo der Vergangenheit, Süddeutsche Zeitung, 13.11.2003, S. 3.
57 Dr. Mechthild Wolf, Degussa-Archiv, Frankfurt, an Michael Wolffsohn, 13.11.2000, Vorlass M. Wolffsohn, Institut für Zeitgeschichte München, Archiv.
58 Dr. Andrea Hohmeyer, Degussa-Archiv, Frankfurt, an Michael Wolffsohn, 9.5.2011, Vorlass M. Wolffsohn, a. a. O.

59 Christian Hiller von Gaertringen, FAZ, an Andrea Hohmeyer, Degussa-Archiv, 10.5.2011, Vorlass M. Wolffsohn, a. a. O.

60 Peter Hays, Die Degussa im Dritten Reich, München 2004.

61 Ausführlich dazu Jonathan Zatlin, »Repetition and Loss: Jewish Refugees and German Communists after the Holocaust, 1945–1951«, The Leo Baeck Institute Yearbook 59 (2014): 197–230

62 M. Wolffsohn, München, an Staatsminister Steffen Heitmann, 3.2.1995, Vorlass M. Wolffsohn, Institut für Zeitgeschichte, München, Archiv. Der Präsident des Landgerichts Dresden, Georgi, an M. Wolffsohn, Dresden, 28.3.1995, a. a. O.

63 Präsident Georgi an M. Wolffsohn, 28.3.1995, a. a. O.

64 Aktennotiz M. Wolffsohn nach einem Telefonat mit Minister Heitmann, München, 16.6.1999, Vorlass M. Wolffsohn, a. a. O.

65 Der Präsident des Landgerichts Desden, Scheffold, an Rechtsanwalt Peter-Michael Diestel, Dresden, 19.9.1999, Vorlass M. Wolffsohn, a. a. O.

66 Vgl. Andreas Wassermann, Der Spiegel, 2.8.2004, S. 50 (Online 12.7.2004).

67 Hier und im Folgenden eigene Recherchen sowie Nachforschungen des Journalisten Andreas Born, 1999.

68 http://www.hagalil.com/deutschland/bubis/presse/stern.htm (Abruf 28.2. 2016; 18:13)

69 Michael Wolffsohn/Thomas Brechenmacher, Die Deutschen und ihre Vornamen. 200 Jahre Politik und Öffentliche Meinung, München 1999, und Michael Wolffsohn/Thomas Brechenmacher, Deutschland, jüdisch Heimatland. Die Geschichte der deutschen Juden vom Kaiserreich bis heute, München/Zürich 2008.

70 Vgl. Michael Wolffsohn, München, an Bernhard Walter, Vorstandssprecher Dresdner Bank, Frankfurt am Main, 18.9.1999, »Unser Gespräch am 13.9.1999«, S. 2, Vorlass Michael Wolffsohn, Institut für Zeitgeschichte, München. Darin weiteres Material.

71 M. Wolffsohn an B. Walter, ebd.; B. Walter an M. Wolffsohn, 6.10.1999; auch B. Walter an M. Wolffsohn, 30.9.1999. Hier nennt B. Walter meine schriftliche Zusammenfassung unseres Gesprächs »etwas verkürzt und teilweise nicht zutreffend«. Ein Dementi liest sich anders. Alles im Vorlass M. Wolffsohn, a. a. O. Vgl. auch Focus 4/2000, 24.1.2000, S. 70.

72 M. Wolffsohn an B. Walter, 5.10.1999, Vorlass M. Wolffsohn, a. a. O.

73 Fax Prof. Dr. Hans Günther Hockerts, München, an Michael Wolffsohn, 21.12.1999, Vorlass Michael Wolffsohn, a. a. O.

74 Vgl. M. Wolffsohn, München, an Jürgen Sarrazin, Vorstandssprecher Dresdner Bank, 14.7.1997; M. Wolffsohn an Volkmar W. Kübler, München 3. und 6.7.1997, Vorlass M. Wolffsohn, a. a. O.

75 Notizen M. Wolffsohn, in: Spiegel, 5/1999, S. 70. Focus, 31/1999, S. 12; Christian von Hiller, in: Frankfurter Rundschau, 10.6.1999, S. 3; Focus, 2.8.1999.

76 Die Dokumente sind im Nachlass Karl Wolffsohn einsehbar. Archiv, Institut für Zeitgeschichte, München.

77 Christian von Hiller, Betrügerischer Bankrott oder getarnte Arisierung?, in: Frankfurter Rundschau, 10.6.1999, S. 3.

78 Jens Schnauber, Die Arisierung der Scala und Plaza. Variété und Dresdner Bank in der NS-Zeit, Berlin 2002; Fabian Riedel, Arisierung und Wiedergutmachung: Die Scala und Plaza, Universität Potsdam, wahrscheinlich 2017.

79 Klaus-Dietmar Henke (Hrsg.), Die Dresdner Bank im Dritten Reich, München 2006. Ralf Ahrens, Die Dresdner Bank 1945–1957. Konsequenzen und Kontinuitäten nach dem Ende des NS-Regimes, München 2007. Zu Karl Wolffsohn Band 3 und 5.

80 http://www.spiegel.de/wirtschaft/dresdner-bank-spitzel-affaere-hat-folgen-a 109071.html (abgerufen 23.2.2016; 16:18).

81 Michael Wolffsohn, Die Deutschland-Akte, München 1995, S. 339 ff.

82 John Tagliabue, New York Times, 28.3.1992, siehe http://www.nytimes. com/1992/03/28/world/waldheim-is-given-welcome-by-kohl.html (Abruf 28.2.2016, 21:18).

83 Gunter Hofmann, Das Schwanken als historische Linie, Die Zeit, 3.4.1992, siehe http://www.zeit.de/1992/15/das-schwanken-als-historische-linie (Abruf 28.2.2016, 21:24).

84 Mordecai Richler, Solomon Gursky Was Here, New York 1989.

85 American Jewish Year Book 1997, New York 1997, S. 333.

86 Aktennotiz Michael Wolffsohn über ein Telefonat mit Paul Spiegel am 27.10.2000, Vorlass Michael Wolffsohn, Institut für Zeitgeschichte, München, Archiv.

87 Landtag Nordrhein-Westfalen, Ausschuss für Wissenschaft und Forschung, 14.9.2000, 2. Sitzung (nichtöffentlich), Protokoll 13/47.

88 Michael Wolffsohn, München, an Ministerpräsident Wolfgang Clement, 28.11.2000, Vorlass Michael Wolffsohn, Institut für Zeitgeschichte, München, Archiv.

89 München 2009.

90 Sprüche der Väter, Kap. 1, 2.

91 A. a. O., 1, 18.

92 A. a. O., 2, 1.

93 Israelischer Ministerpräsident 1977–1983.

94 Ausführlich dargestellt und durch Dokumente belegt in M. Wolffsohn, Verwirrtes Deutschland. Provokative Zwischenrufe eines deutschjüdischen Patrioten, München 1993, S. 193 ff.

95 Für eine Zusammenfassung aus meiner Sicht »J'accuse«: in: Frankfurter Allgemeine Zeitung, »Gegenwart«, 25. Juni 2004. Auch das Interview von Roger Köppel und Jacques Schuster mit mir »Die Welt, 26. Juni 2004.

96 Ich muss hier den Quellenschutz beachten, habe aber diese Information aus erster Hand.

97 Vgl. bei Wikipedia »Heuschreckendebatte«.

98 In zahlreichen vertraulichen Hintergrundgesprächen ergab sich dieses eindeutige Bild. Auch hier gilt Quellenschutz.

99 Ralf Ahrens, Die Dresdner Bank 1945–1957. Konsequenzen und Kontinuitäten nach dem Ende des NS-Regimes, München 2007, S. 383.

100 Christoph Wilmer, Karl Wolffsohn und Lichtburg, Die Geschichte einer Arisierung, Essen 2006.

101 Zur Gartenstadt Atlantic siehe Gerwin Zohlen, Hg., Rudolf Fränkel, die Gartenstadt Atlantic und Berlin, Zürich 2006.

102 Vgl. Reisenotizen Karl Wolffsohn, 12.1.1950, Nachlass Karl Wolffsohn, Archiv des Instituts für Zeitgeschichte, München, ED 230, Mappe 10. Ausführlicher in: Michael Wolffsohn, Meine Juden – Eure Juden, München/Zürich 1997, S. 33 ff.

103 Karl Wolffsohn, a. a. O., ohne Datum, aber Anfang 1950.

104 Ebd.

105 Karl Wolffsohn, Reisenotizen II, (Mai) 1950.

106 Karl Wolffsohn, Reisenotizen II, (Mai) 1950.

107 Karl Wolffsohn, Reisenotizen II, Juli 1950.

108 Karl Wolffsohn an den Regierungsbeamten J. Nussbaum (Jerusalem), Berlin, 22.9.1955, Israelisches Staatsarchiv, ISA, 2526/3.

109 Karl Wolffsohn, Reisenotizen II, Juli 1950.

110 Karl Wolffsohn, a. a. O., ohne Datum, aber eindeutig Anfang 1950.

111 All diese und noch viel mehr Einzelheiten sind im Nachlass Karl Wolffsohn, Archiv des Instituts für Zeitgeschichte, München, Bestand ED 230, einsehbar.

112 Fabian Riedel, »Braun« und »Rot« – Akteur in zwei deutschen Welten. Der Jurist Dr. Walter Neye (1901–1989), in: Deutschland-Archiv, Heft 1/2012; auch unter dem Suchbefehl »Fabian Riedel, Neye«. http://www.bpb.de/geschichte/zeitgeschichte/deutschlandarchiv/132929/braun-und-rot-akteur-in-zwei-deutschen-welten?p=all.

113 Einzelheiten und Belege im Nachlass Karl Wolffsohn, Institut für Zeitgeschichte, München, besonders Band 58.

114 Karl Wolffsohn an Massenbach, 12.9.1946, Nachlass Karl Wolffsohn, IfZ ED 230, Band 58.

115 K. Wolffsohn an Massenbach, Tel Aviv, 12.9.1946, a. a. O.

116 K. Wolffsohn an Massenbach, Tel Aviv, 2.10.1946, a. a. O.

117 Massenbach, Landeskrankenhaus Neustadt Holstein, an K. Wolffsohn, 7.11.1946, a. a. O.

118 Massenbach an K. Wolffsohn, 7.11.1946, a. a. O.

119 Massenbach an K. Wolffsohn, Berlin, 2.3.1947, Nachlass K. Wolffsohn, IfZ München.

120 Karl Wolffsohn an Massenbach, Tel Aviv, 17.8.1947, a. a. O.

121 Massenbach an Karl Wolffsohn, Berlin, 1.12.1947, Nachlass Karl Wolffsohn, IfZ, München.

122 KW an das Zentralamt für Wiedergutmachung, Bad Nenndorf, Berlin, 11. 2.1950, IfZ, ED 230, Band 35. Eine noch ausführlichere Liste mit 20 Adressaten für Erstattung oder Entschädigung siehe a. a. O., Band 91, Blätter 17 ff.

123 K. Wolffsohn an Massenbach, Tel Aviv, 15.9.1949, Nachlass K. Wolffsohn, IfZ, ED 230, Band 58.

124 Freiherr von Massenbach an RA Dr. Wolfgang Fischer, Berlin, 1, Juni 1952, IfZ, Nachlass Karl Wolffsohn, Band 34.

125 K. Wolffsohn an Massenbach, Berlin, 6.2.1950, Nachlass K. Wolffsohn, IfZ, ED 230, Band 58.

126 K. Wolffsohn an Massenbach, Berlin, 10.2.1950, a. a. O. Zunächst war nur von 15 % der Fischer-Wienholz-Aktien die Rede, dann verpflichtete sich K. Wolffsohn zu 15% seines ihm zugesprochenen Aktenpaketes; K. Wolffsohn an Massenbach, Berlin, 23.4.1951, a. a. O.

127 Massenbach an Karl Wolffsohn, Berlin, 11.5.1951, Nachlass K. Wolffsohn, a. a. O.

128 Karl Wolffsohn, Notizen in Sachen von Massenbach, Berlin, 9.3.1954, Nachlass K. Wolffsohn, Band 58, a. a. O.

129 Vertrag zwischen von Massenbach und Karl Wolffsohn, Berlin, 11.3.1954, Nachlass K. Wolffsohn, Band 58, a. a. O. Nach Karl Wolffsohns »Übersicht« habe sich Massenbach 3- oder 4 Mal Autos (auf Kosten der Gartenstadt Atlantic; Michael Wolffsohn) gekauft (Notizen, K. Wolffsohn, ohne Datum), K. Wolffsohn Nachlass, ED 230, Band, 58, Blatt 211, a. a. O.

130 Notizen, K. Wolffsohn, ohne Datum, K. Wolffsohn Nachlass, ED 230, Band, 58, Blatt 211f, a. a. O.

131 »Vorwürfe, die Herrn von Massenbach als Vorstand der Gartenstadt Atlantic AG in seiner Geschäftsführung gemacht werden«, ohne Datum, wahrscheinlich Februar 1954, Nachlass K. Wolffsohn, IfZ, ED 230, Band 58, Blätter 218 ff.

132 Z. B. Trabener Str. 47 im Grunewald, Aktennotiz Rechtsanwalt Dr. Jodidio (für K. Wolffsohn) nach einer Rücksprache mit von Massenbach im Hotel Kempinski, Berlin, 10.2.1954, a. a. O., 12.2.1954, Blatt 221.

133 Massenbach an Karl Wolffsohn, Berlin, 5. Juli 1954, Nachlass Karl Wolffsohn, IfZ, München, ED 230, Band 58, Blätter 234 ff.

134 A. a. O., Blatt 234.

135 K. Wolffsohn an Massenbach, Berlin, 8.7.1954, a. a. O., Blatt 243.

136 Massenbach an K. Wolffsohn, Berlin, 17.7.1954, Nachlass Karl Wolffsohn, a. a. O., Blatt 247.

137 In den 1960ern hat die IRSO alle Einzelfallakten vernichtet, und im Nachlass

Karl Wolffsohn oder woanders waren keine Detailakten auffindbar. Die Auskunft über die IRSO-Akten verdanke ich über den Direktor der Claims Conference (CC), Herrn Roman Haller, einer E-Mail von Herrn Jürgen Roth, Claims Conference, Frankfurt am Main, 20. April 2016.

138 Steuerberater Willi Schulz an Hauptfinanzamt für Körperschaften, Berlin, 17.1.1963, IfZ, München, ED 230, Band 35.
139 Massenbach an Karl Wolffsohn, Belin, 5.7.1954, IfZ, ED 230, 58, Blatt 235.
140 Karl Wolffsohn an Massenbach, Berlin, 8.7.1954, a. a. O., Blatt 245.
141 Michael Wolffsohn, Ewige Schuld, 40 Jahre deutsch-jüdisch-israelische Beziehungen, München/Zürich 1988, S. 24.
142 Aus der familiären Zitatensammlung.
143 Zeew Wolffsohn an Max und Thea Wolffsohn, Schadmot Dworah, 5.9.1977
144 Aus der familiären Zitatensammlung
145 Die Arbeit erschien dann als einfache Studie: Zeew Wolffsohn, Wirtschaftliche und soziale Entwicklungen in Brandenburg, Preußen, Schlesien und Oberschlesien in den Jahren 1640–1853, Frankfurt am Main 1985.
146 Dokumentiert in: Michael Wolffsohn, Keine Angst vor Deutschland, Erstauflage Erlangen 1993.
147 Michael Brauns, Pressesprecher Bundeswehruniversität München, an Michael Wolffsohn, 11.5.2016 15:11.
148 Meine Sicht, Michael Wolffsohn, J'accuse, in Frankfurter Allgemeine Zeitung, 25. Juni 2004 und Die Welt, 28./29.6.2004.
149 Professor Dr. Horst Möller, langjähriger Direktor des Instituts für Zeitgeschichte München und Berlin. Seine wissenschaftliche Bandbreite ist imposant. Sie reicht vom 18. Jahrhundert bis zur Gegenwart.
150 Simone Heller, Präsidialamt Bundeswehruniversität München, 7.2.2012.
151 Heinrich Heine: Gedanken und Einfälle – Kapitel 6, Spiegel Online, Kultur, Projekt Gutenberg.
152 Niklas Zaboji, FAZ, 17.8.2016.

Personenregister